国家出版基金项目
NATIONAL PUBLICATION FOUNDATION

辛亥革命资料选编

第六卷

刘萍　李学通／主编

清末社会风潮

——辛亥前十年报刊资料选

（中册）

张振鹤　李学通　孙彩霞　张会芳
卞修跃　刘萍　古为明／编

社会科学文献出版社
SOCIAL SCIENCES ACADEMIC PRESS (CHINA)

目　录

·上　册·

·中　册·

·下　册·

安　　徽

江督下派办处议抽酒捐札

为札行事。据安徽筹议公所司道等禀称：窃皖省派筹赔款，岁需百万之多，现经设法筹捐，不敷尚巨，前奉部文重征酒税，已转行厘卡照办在案。查各属城乡村镇，酿酒卖酒者所在皆有，亦应饬令认捐。兹经酌定上中下三则捐章，上则岁捐库平银三十两，中则岁捐库平银二十两，下则岁捐库平银一十两。无论自酿贩卖，各分生意大小，按则纳捐，由本公所刊印单照，发给各州县，俾各酒店就近承领，每年一换，有闭歇者，报明缴销，有新开者，随时请领。如无单照，不论城乡一概不准私酿私卖，以免藉口而重捐务。除通饬各属照办外，谨将所拟告示缮具清折，呈祈鉴核批示祗遵等情到本部堂。据此，除批禀折均悉，所议章程甚属妥洽，江苏能否仿办，候抄禀札行派办处核议，详复察办，仰即通饬遵照，仍将捐收情形随时具报查核，仍候抚部院批示缴单，折存印发外，合就抄折札行，札到该处，即便遵照核议，详复察办，毋违此札。

《中外日报》光绪二十八年一月十四日（1902年2月21日）

滁州教民等藉教会势力横行*

西三月四号即正月二十五日滁州函云：滁地一切情形均与内

地各处略同，所异者，此间只有耶稣教而无天主教传教耳。故他处每因两教并立，其教民受华人怂恿，而启衅端之事，此间竟得无之。惟事之求助于外人者日多，向尚只教民为之，今则士人房主，甚而至于微员末秩，亦多有欲央请教士向州官说情者，然教士皆不允之。

计教士于团匪乱后，由沪回滁者已几及一年，除教民每因讼事欲求教士干预外，更多有欲图入教、藉教士之力而修其私怨者。

自八股废而改试策论以来，即多有棍徒至内地声言为滁州教士所派，来此代捐外国功名，既得执照，即不受华官管辖云云。事经教士所闻，特榜示于门，声明并无此事。其自至教士处求捐功名者，教士即以受愚斥之。州官刻亦出有示谕，所言与教士榜示者相同，言明捐纳外国功名，实系匪徒造谣愚人，切弗受愚自误云云。

更有某员与教会认识已历多年，向尝盛称耶稣教之善，以收取渔人陋规为生，刻因上司更张其事，塞其生财之路，亦来求教士代为斡旋，教士未允所请。此辈真无耻之尤，推其意，殆以为洋人亦然者，真堪痛恨也。

《中外日报》光绪二十八年二月四日（1902年3月13日）

店铺因捐罢市（铜陵）

大通和悦州之筹议分所，因举办铺捐，不洽舆情，致两岸店铺均于上月二十日一律闭市，直至本月初二日尚未启门。

《中外日报》光绪二十八年二月九日（1902年3月18日）

皖抚批皖省关于征收铺捐事*

皖省铺捐计分七则，优则每月十二千，上则四千，二则三千，三则二千五百，四则一千五百，五则一千，六则五百，本尚公允，唯委员司事于写捐时，多未察生意之盛衰，仅论铺面之大小，以致铺民不服，初三日同至抚辕递禀。当日即由中丞批示云：皖省每年奉派偿款银一百万两，筹捐抵解，出于万不得已，当为绅商士庶所共谅。阅禀内敢不争先报效等语，亦足见各该铺民急公奉上之忱。夫以省垣之大铺捐仅千余串，不得谓多，具禀只一百六十余人，是此外各铺均无异言，已可概见。揆其所以联名具禀者，大抵因委员写捐之时，但看门面招牌，间有未能细察生意大小，否则，因他人得有便宜希冀藉端减少，非尽商力未逮也。于此而筹持平办法，或分地段，或按行业，各举各董，邦同经理，则买卖盈余见闻，较委员司事写确，分别派认，自不致有欺蒙偏抑之虑。或参酌前办团练捐章，按成加增，以符现定等则，似足以昭公允。仰筹议公所□遵批示，妥议详复，饬知遵办，务在一秉大公，即日定案，使捐出于乐输，旁观无可藉口，是为至要。如办法已臻周妥，一二狡黠之徒，敢于从中煽惑，任意阻挠，则是不明大义，不思安分营生，大局攸关，惩究断难宽贷。该铺民各有身家，切勿为人所愚，致贻后悔云云。

《中外日报》光绪二十八年三月八日（1902 年 4 月 15 日）

和民铁泪辞（和州官吏侵吞工赈银）

和州上年被灾最重，蒙朝廷浩荡之恩，大宪忧勤之谊，发帑留漕，有加无已，先后共发工赈银四万四千余两，我和民方庆更生，岂知官吏之贪悍残酷，反以绝我和民之生而重我和民之困哉。方去年腊月，我和民就食逃亡在外者，方闻工归来领款，做工未及旬日，而今任郑官淑璋于元旦到任，正月初三日即有悍役持签下乡，随出严示，勒令停工。嗟乎！饥民待哺，一日不工，即一日不食，已领之款，不数日间亦坐食殆尽。郑官停工乃四十日，我和民固已忍死以待矣。而我和民之尤不幸者，则圩工委员陈耕三之同恶相济，而苛酷贪狡为尤甚也。陈委于正月初四日，即由城带虎役八十名，州役凡四班，每班二十名，加以小委员司事等，人夫轿马至二百余人，蜂拥下乡，至州城南三十里之姆下街设立公馆，于是郑心、武梁两圩受祸之酷，为阖州最矣。州境凡二百数十圩，被灾以后，溃口坍堤凡四百数十处，皆于上年历禀前官，业经前官勘明估丈者也。岂知陈委推翻前局，为婪索计，不得规费，不与复勘，我和民敲肤吸髓以应之，然终不能遂其所欲，于是硬将溃口坍堤二百数十处置之不理，其仅予勘丈者不过百数十处耳。然即其予勘之处，不以土方计，而以埂段每丈计，每丈之中实合土十数方、五六方、七八方不等。而陈委一概不理，每埂一丈只订发价一百文。嗟乎！吾和忍饥垂毙之民，其能枵腹做工，即此一百文口食，而挑十数方、七八方不等之土乎？其一文不发之二百余处溃口坍堤，更无论矣。矧陈委所订之每丈一百文，亦留难不发也。先勒取绅董领状，乃不发一文，我和民终此二月，实未领过一文钱，仅恃前官所发些须之款，忍死支持。乃虎差四出，苛罚做工，乃将圩董李廪生、彭教职诱拿收押，诬以抗工详革以示威，遂捉拿乡民，挞压赶工。吾和乡民之臀被创而作板花者，即以郑心、武梁两圩论，已一千六百余人，且典妻鬻子以了差费。和民何辜，乃受此惨刑，膺此奇辱，遭此厚祸，呜呼痛哉！郑官高居城中，乃任听劣幕江姓与陈委勾结蚕食吾民，吾和民尚有瘳乎？方今国步艰难，库款支绌，和民虽愚，岂不知大义？诚使我和民忍饥待死，饮泣趋工，而得以节省帑金，有益于国，和民即肝脑涂地，亦何敢怨？所怪者，承办官府一面苛待小民，一文不发，一面禀请上宪，索加巨款二万金，是则我和民所不能忍死不言者也。去年吾和自六月被灾，直至腊月，始得大宪发齐内帑、提漕共银一万四千余金。今聂中丞莅皖，于本年正月即加发银一万两，其轸恤吾和民者至矣。乃郑官、陈委讳莫如深，有叩以一万加款者，辄怒目相向，而厉声曰无之，而又加请银二万两，隐讳于小民而张皇于上宪，此则吾民所不解也。和郡滨江为国，以圩堤为性命。去年被灾以后，合境绅民盼望圩工有如望岁，幸及上年腊月，大宪给发工赈已及一万四千余金，可以勉强开工，因请前官给发，当时亦仅领得本洋四千元不足，在前官已属局小力薄，不能放手做事，吾和民为所羁勒，然犹以其将近交卸原之。岂知郑官接任以后，非曰前官浮估，即曰吾民冒领，不验工而追缴钱，于是提追押缴，报工不收，因是以破家者比比也。及考其复估之工，请发之银，又加于吾民前领之钱十倍。试问前领少数者浮冒乎？抑后请多数者浮冒乎？抑压于下而张大于上，是诚何心？是又吾民所不解也。正月全属停工，二月未发分文，及三月间，闻将有省委来工，始议发钱。未几方委员来和，而陈委始发前勒领状工价之半。万一大宪始终专任，省委不来，将上宪原发工赈二万四千余金留待何用？今省委来矣，估价发半矣，其郑官续请之二万金又存储何用？此又吾民所不解也。当方委之来也，陈委遽以甘言齁吾民曰：曩者溃口坍堤，尔等自修之，今吾发款以与尔加高培厚可也。盖陈委自知存款太多，而为支销计也。嗟乎！吾和周境溃口坍堤共及二十余万方土，只领前所发本洋四千元不足耳，每方土只合二十余文，盖糜吾和千万饥民血肉以成之祸，已莫可悔矣。四月以降，刈麦插秧，农事方亟，而官府转欲涂饰加高培厚之外观，以掩蔽上司之耳目，乃勒逃亡仅存南亩之民，弃其耰锄，以供畚筑，一岁之计，尚复何赖？是岁大熟，而吾和重灾也，其谓之何？吾和圩堤外滨江河，内逼夹沟，限于地势，圩脚无从展宽，斯高何从加？厚何从培？乃令抛及时之农工，饰无谓之观美，其谓之何？嗟我和民，初困于新官四十日之停工，继伤于二月间不发价以勒工，终祸极于目前加高培厚以夺农工。今者上忙催征之差与捉拿圩工之差，凡数百人，旁午于衣食穷尽之区，试问和民生耶死耶？若不即时速停圩工，召回委员，吾和民尚得延残喘以活耶？嗟我和民，独非上天之苍生，朝廷之赤子，受祸于一二官吏之手，乃至此极。谨沥血濡墨以吁世之恤民者，是为铁泪辞。

《中外日报》光绪二十八年五月二十五日（1902 年 6 月 30 日）

镇压芜湖白莲教起义*

在理会党即白莲教，近在芜南北两岸开堂集众，左道敛钱事，为关道吴季乡观察访闻，当即传谕该处保甲委员方兆麟少尉，会同芜湖县柳小汀大令严拿惩办。柳大令即于上月念七日，不动声色，亲诣该堂，拿获匪党多人，并获得神像、符箓各物，惟匪首高、唐二姓业已被某署门丁走漏风声，先行逃逸南京、镇江一带而去。闻吴观察现拟禀请江督札属密扑匪首，一面出示解散胁从，并欲将该堂所置产业、所赁房屋一律充公，为窝藏匪党者戒。

《中外日报》光绪二十八年六月三日（1902 年 7 月 7 日）

皖抚聂奏陈仿办盐斤加价凑济偿款折

奏为安徽省筹备偿款尚未足数，现拟仿办盐斤加价，以资凑济，恭折仰祈圣鉴事。窃臣前因安省筹备偿款，多方设法，只得七十余万两，所短之二十余万两，实属无以取给，于本年六月间复陈偿款情形案内，奏恳将奉派偿款一百万，饬部量减改拨，俾纾喘急。旋准户部咨，现在筹款为难不独一省，未便将所短之数另行改拨，无论如何为难，务须查照奏派原案，如数妥筹等因。当经札饬司道赶紧设筹去后，兹据筹议公所署布政使联魁、署按察使毓秀、署安庐滁和道冯咏蘅会详称：安省自去冬设局筹议偿款以来，酒肉各捐亦复搜罗殆尽，万难再事苛求，所短之数即奉部议不准核减，又未便再行渎请，公同筹议，唯有盐斤加价一事尚可仿办。查照南省每盐一斤，加价四文，可抵派款一半，绅民均以为便，业已奏明开办。安省徽州六属、广德二属向销浙盐，宿州全境、涡阳四庄向销东盐，其余均销淮盐，约照现在各岸每岁实销盐数，若每斤加收卖价二文，亦可得大宗进项，以民间每人日食三钱而计，岁仅需盐七斤，所费加价不过一十余文，极贫之户亦不为累。值此款巨期迫之际，舍此别无善策，恳请援照湖南办法，准将安省行销两淮、两浙、山东等处各盐，一律每斤再加二文，专备本省偿款，一面严饬各州县认真缉私，以期官盐畅销，不但于偿款有裨益，兼可保全销路，于盐课亦毫无窒碍。并声明上年两江总督臣具奏前淮盐斤加价酌量变通片内，有现照部议加价四文，产盐、销盐省分各半分用，他省若再另加，则现加四文全归淮用之语。此次安省仿办盐斤加价，事出万不得已，仍需设法另筹，方可无误偿款要需。请将前有加价照旧分拨，俟安省筹有的款，再由江省收回等情，详请具奏前来。

臣查安省地瘠民贫，筹款之艰，实较他省为尤甚。部库同一支绌，固未便一再续请，而捐款名目已多，尤不宜别滋扰累。该司道等所拟仿办盐斤加价，取之至微，集之甚巨，只须就西坝拨销淮北盐斤处及徽州、大通、宿、涡原设局卡，派员会同征收分解，不独民间毫无纷扰，在公家可得大宗资助。合无仰恳天恩俯准，将安省行销两淮、两浙、山东等省高功盐斤，于前次户部饬筹偿款案内加价外，一律每斤再加二文，专作安徽省备解偿款之用，并请将江省原拨二文暂免收回，以资凑济。论者谓官盐加价则私盐必畅，有碍销路，其说殊未尽然。查皖岸销数之短，实由于下关、大通两掣验卡得规卖放，各处缉私不力，暨捏报淹销所致，否则本年加价较多，理应较上年未曾加价及加价甚少之时，销数尤短，乃自江苏候补道赵有伦接办下关掣验以来，躬亲查验，一洗折价卖放积弊，销数因之日旺，计自本年五月至八月，销盐八千余引，比较本年正月至四月，多销至四千一百余引，比较上年夏季情形，亦多销一千四百余引。又见销之畅滞，惟视下关、大通两掣验卡有无得规卖放，及缉私是否得力，淹销有无捏报为断，不在区区两文加价之明证也。如蒙俞允，即当分饬试办，并咨请两江督臣饬令认真掣验。一面由臣责成州县，严堵私枭，并添募缉私勇丁，分驻扼要之处，日夜梭巡，以畅官销而保引课。通盘核计，与奉派一百万之数，似已不相上下，只须年谷顺成，市面安静，当可无虑短绌。除咨户部查照外，谨恭折附驿驰陈。伏乞皇太后、皇上圣鉴训示。谨奏。

奉朱批：著照所请，户部知道。钦此。

《中外日报》光绪二十八年十一月九日（1902年12月8日）

芜湖粤商米号呈请皖抚核减米厘禀

具禀。芜湖广潮帮米商隆泰昌、三益等，为米厘太重，商力难支，恳恩酌量核减，以恤商艰而顾大局事。窃商等来芜采办米粮，向由轮船出口，只完关税，因米由各埠贩来，用民船装载，经过各处厘卡，业已抽厘也。光绪二十一年，江苏始创轮船出口，米厘每一百五十斤抽厘银一钱，商等谨遵办理。迨二十六年，皖省以练军筹饷，又议仿照江苏成案，每一百五十斤加抽银三分三厘，其时商等即以生意艰难为虑。后以北方拳匪之乱，京师失守，长江大通各处伏莽堪虞，因见时局阽危，只得勉遵，而商力从此瘁矣。至二十七年，皖省因办商务，又加一分，蒙芜湖商务局宪许体恤苦况，转禀前抚宪王批准，嗣后芜湖轮船米厘，永远不再加增，有案可稽。是年冬，又以赔款无偿，搜罗各捐，商等以食毛践土，不忍自外生成，米厘江、安两省迭次加至一钱四分三厘，不能再加，故设法于出口杂粮，具禀报效，每石情愿缴捐银七分五厘。此是商人献曝情殷，并非有人迫勒。惟米厘自一再加抽以来，出口米数骤少，去今两年更形短绌。七月以后米市始有起色，缘本省各属收成十分丰稔，两粤则旱乱交乘，米价昂贵，各善堂倡议平粜，专恃芜米接济，藉平市价，以安人心，是以九、八两月出口米数较多，旁观不免骇异，致有以加为禁之议。忽于十月初五日辰刻，见有芜湖关宪吴示谕，即于本日起，凡出口之米，每石加抽银一钱等因。奉此，商等见示，惊惶莫知所措，因已到之船，湾泊江中，已买之米，堆存栈房，且商人买卖将本求利，例将关税、厘金、水脚各项费用预先加在货价之中，有利则进，无利则止，本非强以所难，原可毋庸禀诉，所苦者未出示加厘以前，买存之米约数十万石，以每石加厘一钱计之，业已吃亏不少。于是万不得已，环求芜湖关宪吴，先则具禀求免，再加奉批申斥，继则禀求转详酌减，亦未蒙允准。其时本拟径赴宪辕乞恩酌减，因往返需时，装米铁船守候多日，迫不及待，只得先行遵照新章如数完厘，将栈房堆存之米尽数装运出口，再定行止。商等不能安于缄默者，诚欲保全芜湖码头耳。芜湖全靠米市，凡大小贸易均视米为盛衰。去今两年长街各店倒闭歇业者，不一而足，幸秋间米市转机，各项贸易始有声色。若欲以加为禁，即仿照湖南每石加厘四百，亦不为多，其重在于遏粜。如芜湖情形，似有不同，统计关税厘金，每年可得百余万两，为入款之大宗，今一旦加重米厘，商人必裹足不前，名为加多，实则减少，此是公家入款显而易见者。至于地方贸易冷淡，农民谷米不能流通，暗中受亏不能计数，而商人之血本更不足论矣。商等统筹全局，沥胆披肝，具禀上陈，为此联名环叩大帅大人俯念粤省民食，皖省饷源，专恃芜湖出口米量日多，于公私均有裨益，恳恩将此次新加每石一钱之米厘，可否转饬芜湖关宪吴、商务局宪许，体察地方米市情形，酌量减少若干，能减一分，则受一分之惠。与其多取而出口少，不如少取而出口多，朝三暮四，暮四朝三，其实一也。境同水火，望切云霓，临禀不胜悚惶叩祷之至。顶祝上禀。

皖抚聂批：本年皖省旱蝗相继，各属虽间有丰收之处，惟上年大灾之后，户鲜盖藏，来岁民食甚为可虑。迭据绅民暨芜湖道以出口米石过多，呈请禁阻，本部院不忍遽尔遏籴，仅议加捐，原冀去流稍节，而销路仍通，所以顾全邻省食米与尔等市面者不为不至。即以加捐日期而论，九月二十五日，即由商务分局许道传谕该商等迭经会议，复电致粤省停办，何致忽于初五日见示惊惶；且因有已装未运之米，又复展限三日，放出数十万石，在本部院已属格外体恤。该商等定欲逞其贪利之见，任意妄渎，试思从前每石水脚若干，每元银价若干，现在情形相去甚远，何以该商等均无异言，独于区区输之公家者一再哓渎，是诚何心？总之，皖省此次加捐出口，系为兼筹并顾起见，事非得已，该商等亦早知之。如果尔等毫无利益，尽可停运，留作本省民食，正与绅民禁阻之意相符。倘必须在芜采购，则以每石一百五十斤而计，加此一钱，每斤尚不及一文，在该商未必遂无利可图，于食户亦未必遂有所窒碍，何得以市面救饥为词，纷纷请减，名似因公，实则济私。仰芜湖关道传谕各该商等一体遵照，毋再妄生希冀，多渎无益。切切。禀发仍缴。

《中外日报》光绪二十八年十一月二十六日（1902年12月25日）

桐城罢考续志

桐城考生因倪某一案罢考，已登前报。兹悉众考生因捕厅江少尉堂讯拐案，出签提人，未能立时提到，即妄行滋闹。人众之时，衙内什物半为折毁，而倪某独出。且江少尉禀商大令将倪某获到，鞭责四百，血肉横飞，后又经大令加责数百，交捕衙看管。刻闻倪某鞭责之后又受私刑，因之身死，众考生大为不平。惟罢考之时，蒋大令已考过正场，只初复未考耳。至上台如何办理，刻尚未知。

《中外日报》光绪二十九年一月五日（1903年2月2日）

查察新党

藏书楼自陈忠甫、潘缙华等演说后，当道查禁甚严。因是陈、潘两君相率赴沪，而丁橦轩等在内提倡。皖江公学恐遭不测，于是逢官场中人则力辨开学宗旨本与陈、潘两途，而桂太守尚恐陈、潘诸君暗地来皖，开立爱国报馆名目，引动新学，特于前日步行至藏书楼查察一切。

《中外日报》光绪二十九年闰五月七日（1903年7月1日）

纪涡亳阜太匪乱始末

得安徽涡阳、阜阳来函云：六月初旬，传说阜阳县境内宫土楼地方，有大刀会匪日散夜聚，图谋不轨，十七日先攻亳州起事。经涡阳县得信，密约阜阳、亳州、太和地方官在该处附近亳境之高公庙至十六日齐集会哨。是日，四州县先后统率防营、绿营与马步队驰抵该集。距〔讵〕料会匪恐漏泄消息，先于十三日半夜聚匪三百余人，各持刀械，烧香动身，行十八里抵王家楼。胁从诸人因知系谋反，私逃大半，该匪首宫广善即宫秃孜查点人数，仅余一百零二人，知事不利，遂折回。十四日又聚集，人数尚不满百。十五日，亳州、涡阳两州县先到高公庙，该匪即闻风四窜，经亳州、涡阳官兵冲击兜拿，当将宫秃孜之妻朱氏，并伙匪李大好之父李中拿获。又经过涡阳县，于是日将刀匪老头目赵满天、匪渠郑长春一并拿获，阜阳团练又将宫秃孜之子宫堂拿送阜阳县管押。百姓虽纷纷逃避，经四州县齐集出示，晓谕安民，并解散胁从，三日之内人心渐定。先是，山东八卦教匪即上年拳匪赵满天到处收徒，有商邱县人张泽文之子张传修，睢州白家楼人廪生白宗连、徐廷瑞，山东人王元维、高升堂，阜阳人张振纲、杨志远、李庆、张其，从涡阳人郑长春、赵满天之子赵景兴十数人为首，称宫秃孜、张泽文均为伪王，赵满天为伪老王，余均各有伪封。张泽文、宫秃孜初商乘亳州六月十七日城隍会期，聚人起事，因预为涡阳县访知，即改期十三日，并议定如不能攻亳州，即将人带至睢州白家楼白宗连家聚集，另邀山东、河南在会之匪接应。自经四州县冲击拿获数名后，匪首宫秃孜等皆逃窜。现闻涡阳县又获张振纲、赵景兴二匪，渠已联衔通禀，奉聂中丞批饬，悬赏千金勒拿宫秃孜。昨闻宫秃孜已经某县弋获。目下地方安静，良民均相继各返本籍矣。以上访稿。

《中外日报》光绪二十九年八月十五日（1903年10月5日）

繁昌教民私采煤斤及芜湖征收巡警捐*

繁昌县晋康公司矿山为教民蔡春发私挖一案，前经江督行知芜湖关道暨商务局委员查勘提审饬封在案。讵蔡竟玩法无忌，先后窃出煤斤，近更雇驴骡由该山驼运。日昨已经晋康公司面禀商务局矣。

近有素为芜关包揽货税之贺老二，自称煤业董事，赴抚辕具禀认捐巡警经费，每煤一石，抽捐钱十文，可以集成巨款等情，已奉批准，令芜湖道、商务局会衔出示晓谕，自八月初十日起，无论何项煤质，一律抽捐。现皖南一带煤矿公司相率禀请核减，将出口常税改为进口，先捐巡警捐云。以上访稿。

《中外日报》光绪二十九年九月一日（1903年10月20日）

照录芜湖道会同商务局调和民教示

为出示晓谕事。照得保护教堂，辑和民教，节次钦奉谕旨，何等森严，地方官尤应随时切实保护，力予调和。繁昌县佘、蔡二姓互争矿山一案，前奉南洋大臣札饬另行委员勘办，并以佘登云等不谙约章，贸然致函英领事，请开导屠司铎勿再干预，实属不合，饬即严饬佘姓以后不准再行妄有牵及等因，已经札行在案。兹据印委另行确勘，并传两造调核契据，讯明蔡春发挖煤之处，实系租自佘姓尖山，定章未领矿照不准私自采煤，佘、蔡两姓既无矿照，自应照章由官封禁。灰岭头白契两纸，载系陈世发卖与裕源公厂，并无粮串。查灰岭头实系官山，民间不能私相买卖，应照契载原价共洋三十二元，由县讯明如数追给蔡春发具领，即将灰岭头山地归官所有。蔡春发承租佘姓尖山各租约及裕源公厂白契二纸，应饬佘、蔡二姓一并检送涂销完结禀复前来。本道等查此案已经印委勘明，蔡春发遵断封禁无异。屠司铎绝无干预，且前有劝饬应遵官办之言，足征屠司铎专司传教，心存公恕，于讼案是非并不庇护，于欺凌百姓自决其无。蔡春发现已遵断封矿销契，并无恃教抗官、强占佘姓山界情事。佘登云等妄有牵及渎呈，实属不合，已奉南洋大臣批斥，当亦自知省悟。诚恐此案是非，或未周知，或怀疑虑，致损教堂声名，反生民教猜嫌，合亟出示晓谕，为此示仰董保诸色人等一体知悉。尔等须知屠司铎为人公正，于民教所为之事绝不偏徇。地方官应遵谕旨，于各处传教之堂，切实保护。凡词讼案件，不论平民教民，一律由地方官秉公讯断，不准稍涉歧视。嗣后民教人等，务各安守本分，共敦睦谊，不得妄起争端，致干严究，其各凛遵毋违。切切。特示。

《中外日报》光绪二十九年九月十四日（1903年11月2日）

凤浦铁路近闻（华籍仆役仗势欺人）

探闻凤阳至浦口之铁道线，业经勘丈两次，惟滁州有高山名关山（山在珠龙桥镇之南面），阻碍线路，须由山后绕越而过。

洋工程师勘路，对待土人甚为和平（土人多称洋人无他），惟跟随之华人，不免依恃威势，沿路滋扰。兹据凤阳府属之事述闻如左。

前月十三日，勘至刘府镇地方（按刘府即陆福，在凤阳府城之西南），适工程师之住居棚房（按棚房系沿路搭盖，为工程人居住，以免露宿者）拆卸，堆放于麦田空地，土人以其有碍田谷，不与堆放，跟随洋人之华人（按跟随想系仆役之类）立传该乡保正，责问不应阻挠，甚将保正捆缚树上鞭打，一时干犯众怒，鸣锣聚众至数百人。该处本有团练，乡勇闻警，各携枪械而至，声势汹汹，不知何事。其时保护勘路之差勇及弹压之兵弁，亦皆各出枪弹，准备迎敌，幸内中有江南派来之哨官某，出为排解，向两造打拱作揖，始免交哄。其当场扭获之乡人二名，当交县收押，现尚未经释放。

过陆福镇二十余里，有考城镇，市面甚大，工程师勘至该处，跟随华人在市上买物，不给物价，始而口角，继遂用武。因之合镇乡民大启龃龉，幸董保在场竭力劝导，始渐渐散去。

越数日，工程师之仆役（又云是兵）某甲，即凤阳临淮人，日暮与众伴游行街市，路遇民间迎娶之轿，即同多人上前拦阻，扯出新嫁娘调戏。事经绅民联名公禀凤阳通判周朝霖别驾（即正阳关通判），别驾白诸洋工程师，工程师查实，即将甲交出，请照中法重办，不得曲护丝毫。刻甲已被押，想当严惩以儆将来也。以上访稿。

《中外日报》光绪三十年五月一日（1904年6月14日）

记皖省匪耗近情

前者安徽北境忽传有土匪滋事之信，业已两志报端。按此股匪徒，来不知其何自来，去不知其何所往，匪踪飘忽，如入无人之境。官兵瞠目坐视，莫敢谁何，始终未获一人，良可异也。以彼处民风最悍之地，为自古四战之域，平时防营未尝不星罗棋布，宜有猛虎在山，藜藿不采之威。而蠢兹小丑，乃敢乘间抵隙，为官兵所不及防，而官兵亦卒无能惩创之，此真不可解之事也。设使巨憝窃发，伏莽丛兴，不知更何以御之。言念及此，可为寒心。兹将皖省文武各官来往电报汇录如下，亦足见当时情事之一斑也。

皖北道张上皖抚诚电　安庆抚宪钧鉴：密。前闻宿州与江苏萧县毗连地方，时有游匪抢劫，人心不靖，当于初二日派拨马队二十名，驰往会州巡缉，并札饬驻宿之威靖右营吴管带，就近派队巡防，复分移卓胜、威靖两统领派队会哨。今据宿州李牧禀，该匪党羽甚众，连日在州属东北乡用町集等处肆行劫掠，裹胁可虑等语。又经职道添拨马队廿名前往，一面专马飞移卓、靖两统领，速派勇队赴宿会缉。谨以禀闻。成勋。

皖抚致皖北道电　凤阳张道台：密电悉。宿州东北乡游匪肆掠，必须迅速擒捕，庶免蔓延为害。现已分电王镇台、高统领派拨营勇，驰往会拿。高电即请尊处专马飞送，并望严饬该州会营，克期扑捉，一面保护教堂，倘敢玩延，定干未便。其毗连之颍州等处，亦请转饬该府县一体严防，勿稍仓皇，亦不得松懈。仍希饬探确情，随时驰报，是为切要。勋。

皖抚致寿州镇王电　寿州王镇台：密。接凤阳张道电，宿州东北乡用町集等处有匪徒肆劫，弟已电亳州高统领饬驻宿营官率队往捕。惟闻匪党颇众，尚恐兵单，祈派得力将官酌带卓胜营精锐，速赴该处会拿，务须克期扑灭，勿任蔓延，并饬所部于接壤之颍州、灵璧、怀远等处，一体严密防范，以杜窜越。仍望保护教堂，随时电示确情，至为盼祷。勋。

皖抚致亳州防营统领高电　凤阳张道台专送亳州高统领：

密。宿州东北乡有匪徒肆掠，党與颇众，该州本驻有威靖右营，祈速饬该管带率队前往擒扑，务获首匪，解散掳胁，勿任蔓延，一面防护教堂，是为至要。除电寿春王镇派卓胜营赴宿会拿外，仍望随时驰报，盼切。勋。

寿春镇复皖抚电　中丞钧鉴：已饬沈营官带兵赶往会拿，并调卓左营与马队接应。山谨复。阳。

皖抚复寿春镇电　寿州王镇台鉴：密。阳电悉。希饬该营官率队星驰前往，总期灭此朝食，随时驰报，勿迟为要。

皖北道再呈皖抚电　抚宪钧鉴：密。鱼电谨悉，奉经遵照办理。昨饬据凤阳彭令探，二十五宿州东三铺忽来队伍约百人，身穿号衣，均带快枪，并有号令，到集吃饭，旋又有红顶骑马者到，群言大人至，赶造饭，饭毕，吹号开队。先有人把守东西街头，群起挎枪，劫去银洋、烟土，余物不拿。得脏〔赃〕即走，无人敢追。现已闯入灵璧县境等语。又据灵璧于令禀，县属北乡有盗匪闯入，肆行抢窃，所禀情形与探报大略相似。当商令驻凤卓胜后营毋营官，派弁选带精锐勇丁五十名，前往灵璧北乡迎歼，并会合宿州马步勇队，协力兜扑。查泗州与宿、灵东北毗连，顷已并饬余直牧暨驻泗马、步营队一体严防矣。余容续报再禀。成勋。阳。

皖抚复皖北道电　凤阳张道台：密。阳电悉。州县驻扎营勇，原资防御，宿州东北各集有威靖营勇分扎，若如探盗匪不过百人，何以该勇丁不当时捕拿？探报又称只劫银洋、烟土，得脏〔赃〕即走，则前电谓宿州李牧禀匪党甚众，裹胁可虑，显系该牧故设危词。探报又云无人敢追，已闯入灵璧县境，是地方文武巡缉废弛，殊可概见。且廿五之事，李牧至初间始禀，尤为玩泄，似此事前疏于防范，事后文饰张皇，实堪痛恨。至灵璧县禀盗匪肆行抢劫，亦属离奇。即此一端，可见该州县缉捕无方，惟知讳饰，尚复成何事体。查灵璧壤接泗州，泗州毗连盱眙、五河，现在匪踪何往，该道既商派营勇防捕，应责成文武员弁，将此起匪犯，限半月内破获。逾期无获，定即撤参，并饬李牧、于令刻日先行据实禀复。该道一面将续探情形驰报察夺，仍候电嘱。王镇台督饬所部尽力协拿，如再有失事，惟该地方文武是问。切切。勋。

（续作稿）皖抚致寿春镇电　寿州王镇台：密。接张道续电，据凤阳彭令探报，游匪百人，廿五到宿州东三铺肆抢，劫去银洋、烟土，得脏〔赃〕即走，无人敢追，已闯入灵璧县境。又据灵璧于令禀，北乡有盗匪肆行抢窃，该道商令驻凤某营官派勇往灵迎歼，并会宿州马步队协捕等语。查宿、灵与泗州毗连，此外亦四通八达，该处防营强半贵部，已电张道责令文武员弁，限半月破案，迟即撤参。尚祈督饬各营尽力协拿，勿任松劲，并请饬探灵、宿确情，盗匪踪迹，随时电示为要。

皖北道上皖抚电　安庆抚宪钧鉴：顷据探马回报，此股游匪系萧县著匪王俊坦为首，纠党三百余人，窜入宿、灵，冒充官兵，乘机抢劫。职处马队到后，远近镇慑。该匪首避匿萧境，余党解散。吴管带现留勇六十名，驻时村一带防堵，地方业已安靖等语。并据宿州李牧禀报，大略相同。惟闻余匪散入萧境及灵璧交界各处，除仍饬该牧令等会合马步营队及萧县协力兜捕，并随时严防外，合亟禀纾宪廑，尚乞电请江苏抚宪飞饬萧县，迅速会捕，务绝根株，以消后患。仍分行卓、威两统领酌留马队，分驻宿、灵北乡，藉资巡缉，并求饬司知照。成勋。佳。

皖抚复皖北道电　凤阳张道：密电悉。惟此案三次来电，探禀各情，不一其说，究竟该州县东北各乡，何日被匪肆掠，亦终不叙明。且地方既有游匪，何以该牧令平日毫无觉察，临时作壁上观，事后推诿讳饰，尊处亦不以直告，未免上下相蒙，大非认真办事之道。现在匪踪既潜匿萧、宿、灵交界各处，自应迅速会捕，以弭后患，候电商督部堂转饬办理。至威、卓两统领，前均电嘱认真防捕，候再分咨，应先由道一面飞移各统领，严督将弁；一面督饬该牧令会同萧县，务须不分畛域，合力兜拿，将此起匪犯克期就获，驰禀察核办理，勿任再事玩泄。至要。勋。

皖抚致江督电　江宁制台午帅鉴：洪。初六、初八迭据凤阳张道电，宿州东北乡用町集等处，有匪徒肆行劫掠，旋闯入灵璧县北乡肆抢，当经先后分电威靖统领马提督就近派队擒捕，卓胜统领王镇台拨勇驰往会拿，并电饬张道，责令该州县会营兜捕，勒限破获各在案。顷又据张道电称，宿、灵均与江苏之萧县毗连，饬据探马回报，该匪党舆颇众，此次在宿、灵北乡，均系冒充官兵，乘机抢劫，营队到后，匪即逃散，地方业已安靖。惟闻匪首名王俊坦，避匿萧境，余匪亦有潜匿萧、宿、灵交界各处者。现饬该牧令会营及萧县协力兜捕，仍随时严防，仰恳移饬苏省萧县，迅速会拿等语。除再分行各统领、张道会督牧令协各州县合力捕拿，以杜窜逸，而期速获。乞电复为祷。勋。

江督复皖抚电　安庆果帅鉴：洪。真电悉。已转电徐州道府及萧县刘令遵照，会督营汛，合力兜拿，以杜窜逸矣。泰。文。

（续前稿）皖抚复皖北道电　凤阳张道台：密。电悉。此案原知非土匪起事，但宿州张大其词，为可异耳。该匪无论是否邻境阑入，党羽多寡，既到处抢掠，无一破获，若再任漏网，匪胆愈大，勾结日众，不啻养疽贻患。亟应合两省兵力，设法兜拿，务获惩办。除行两司外，希即会督该州县及营队，约同邻境，购觅眼线，协力严拿，毋任窜逸。倘逾限无犯报获，不能为该文武曲贷也。并飞移卓、威两统领饬遵。

皖北道张上皖抚诚电　抚宪钧鉴：密。元电祗悉，当经转饬遵办。前三次禀电文简略，宪怀不免疑虑，然探悉此起游匪，确系邻境阑人，党羽甚众，到处冒充官兵，乘人不备，抢掠即走。乡民惊愕，无人敢追。由宿而灵，多系如此抢法，委非土匪起事情状。自职处马队到后，即已闻风惊散，人心大定。现在卓、威马、步均已到齐，分扎巡缉，地方一律安静。前因恐系宪廑，用将大概情形驰呈清听，至何案何日所抢，不止一处，仓卒之间，未据该州县逐细具报，职处亦不及详查也。惟散匪未获一名，难保不贻后患。除严饬各该牧令约同营队，会合邻境尽力兜拿，务将此起匪徒依限连获，并实力保护教堂，以免疏虞，及被匪抢掠处所、时日，据实具报，勿稍讳饰，复请卓、威统领酌留马队巡防镇慑外，合再电禀，期释慈怀，并请转饬两司知照。职道成勋。

《中外日报》光绪三十年七月五、六、十三日
(1904年8月15、16、23日)

记考生滋闹殴差详情（凤阳）

学院毓学使于十月十一日下马行香讫，悬出牌示，十二日考试正场。十一日晚三更时，各士子齐集听候点名。因时候尚早，辕门前摆设赌摊数处，士子围聚，有押宝者，有押诗韵者，府县差役见而往捉，乘间攫取钱文，当被士子将该差获住群殴。于是闻声而至者数千人，有乘机掠取财物者，有从旁助威呐喊者，势甚汹汹，直揪至供应局提调房门外。维时提调叶太守、县官彭大令，见来势不小，不敢出问，当派差往道署禀诉情形，请即派员前往弹压。

张观察得信，当派某哨弁前往解散，将至局外，吆喝震天，石瓦如雨，该哨弁不能前进，当即折回。各士子有谓失去洋钱若干者，有谓失去烟土若干者，有谓考篮均被差役掠去者，聒噪不休，用石瓦向提调房内乱掷，计被掷伤家丁一人，民壮一人，巡

查某哨弁亦被掷伤，试院旁屋瓦毁去一角。

彭大令见士子众多，恐酿巨患，遂提捉赌差役，当场笞责二人，冀可息事。讵各士子仍闹不休，谓须将失去钱土物件如数赔还。正喧闹间，适卓胜营马队某哨管巡查至此，各士子见而喊打。幸哨官系州人，闹事者以宿州人为多，经该哨官先叙乡亲，继为劝解，谓各先生失去多少钱物，均在我一人身上包还，并允代请彭大令严办差役始罢。

次日经提调将闹事情形面禀学台，当即悬出牌示一道，略谓士子藉端滋事，殊属不合，嗣后如敢再行肆闹，定即从严纠办云云。

按此事肇衅，虽由于差役捉赌，考生不服，聚殴而起，但事后访探，实因十月初一日为府城隍神诞日，前一日系属忌辰，绅商不谙例禁，集班演剧，经该县彭大令查知喝止，有某甲倔强顶撞，大令怒令将戏箱扣留。当此夜考生哄闹之时，若辈即混杂其中，藉图报复，考生固不免逞强无理，而抛掷瓦石，致伤丁役，则以戏班中人居十分之八，考生居十分之二耳。并闻喧闹时竟有大声疾呼，快将戏箱送还给我，唱十天戏始肯干休云云。

《中外日报》光绪三十年十月二十三日（1904 年 11 月 29 日）

庐州罢市

庐州商人公电：都司长兴纵兵扰商，黑夜纠众，激成闭市。

《中外日报》光绪三十年十一月十七日（1904 年 12 月 23 日）

洪湖盐枭滋扰

江苏、安徽交界之洪泽湖，刻有盐枭头目陈老五、黄金龙等，骚扰殊甚，天长、盱眙一带州县乡民，一日数惊。皖省得有消息，闻已派澄清水师营准备军火，前往剿办。一俟再有的实决裂之信，即刻开差云。

又闻此次枭匪党羽有一二万，恐泗属缉私及卓胜水师单薄，难资得力，枭匪已将某处绅董枪毙云云。姑志之以觇其后。

《中外日报》光绪三十一年三月十三日（1905 年 4 月 17 日）

罢市述闻（盱眙）

闻盱眙县旧县地方，日前忽然罢市，柴米均无售卖，居民甚为惊恐，现在仍未开市。究竟因何肇衅，现尚未知。

《中外日报》光绪三十一年三月二十九日（1905 年 5 月 3 日）

皖抚札饬米厘局公文

（为饬议加收米捐以充学务处经费事）

为札饬事。据江苏候补道蒯光典禀称：窃以全皖学务，无款兴办，禀请仿照江西、江苏各州县办法，抽收串票捐，按照加收票费十文，谅邀钧鉴。惟此项为数无多，又须扣留四成，办理本县学务，而省城学务处造端伊始，必须设立办公处，并延聘通材。其余如开办师范、实业各学堂，资送学生出洋，皆须预筹经费。综计出入，不敷甚巨。安徽如米厘、铜元、筹议等局，既无余款可拨，而盐茶等项又未便遽行加价，致令滞销。再四筹思，惟有恳请于芜湖米厘正项外，按担加收一分，由该局解交省城学务处，以为兴学经费。当财政支绌之时，筹款总无善法，但使害少利多，似可酌量举行。今此项按担加收一分，为数无多，尚于商力无甚亏损，而学务得此可资挹注，似尚简易可行，倘蒙赏准，并恳札饬芜湖米厘局遵照办理，实为公便等情到本部院。据此，除批皖省学堂，现在需款兴办，而筹措无方。该职等请将芜湖米厘于正项外按担加收一分，以资经费，自为兴学育才起见。惟查下游米禁将开，此项米厘能否不致减少，尚无实在把握，今拟于正项以外，另再加收一分，是否为众商所愿，必须统筹兼顾，能否照办，有无窒碍，应候札饬芜湖米厘局酌度商力，察看情形，妥议详夺，仰即知照。此批印发外，合特札饬，札到该局立即遵照，体察商情，妥议详夺毋延。此札。

《中外日报》光绪三十一年四月二日（1905年5月5日）

罢市详情（盱眙）

盱眙旧县镇前此罢市之由，实缘该镇向赖附近划船运来粮食，以资糊口，故划船经过该处涧溪口分卡，向不完税。日前有孀妇许氏运米来镇，被卡勇将船扣住，勒罚三倍，致犯众怒，齐行罢市，欲与该卡为难。幸该卡委员查知，立将肇事巡丁吴仙航责革，粮食船仍旧放行，现已照常交易。

《中外日报》光绪三十一年四月五日（1905年5月8日）

凤阳属县匪乱近闻

闻凤阳府属之宿州、灵璧地方，有土匪滋事，势颇猖獗。

《中外日报》光绪三十一年四月十一日（1905年5月14日）

记宿州、灵璧土匪滋事情形

宿州、灵璧土匪猖獗，前已据电登报。兹访得该两处近有著名积匪李盛美、任娃、刘老人、李廷化、韩大洪等，均系上年滋事，已获正法王俊坦之余党，纠集千人，盘踞宿、灵两州县，并于江苏萧县交界之杨山、常昭山、菱角山、贡山一带横行掠劫，声言为王俊坦复仇。适灵璧县新旧交替，民心甚为惊惶，幸威靖右营管带吴开甲游戎、卓胜后营管带毋可登都戎、亲军马队管带李兆祥游戎，均奉凤颍六泗道张观察札饬，督同马步分队前进征剿。于是会同宿州李刺史、灵璧县毕大令，驰抵暑兰地方，约会江苏徐州道袁观察部下各营，驰赴该处防御，并协力入山搜捕。该匪等闻风，齐集常昭山，开枪抵拒，势甚汹涌，恐一时难以就擒也。

《中外日报》光绪三十一年四月十五日（1905年5月18日）

屠户因捐罢市（潜山）

安庆府属之潜山县开办警察，勒取屠捐过甚，以致相率罢市。闻其缘起，盖因每日抽取总屠户钱二千八百文，屠户不肯承认，故有此举。继经减去八百文，该屠铺等始行开张，如常生理。

《中外日报》光绪三十一年四月二十五日（1905年5月28日）

传闻教堂被焚（舒城）

庐州府舒城县之东乡百神庙，离城三十里许，有天主分堂一区，顷闻被附近匪徒纵火焚烧，并殴及驻堂教民。该驻堂陆司铎，已将纵火之匪徒开报名单，送请舒城县签差拘拿，从严惩办云。

《中外日报》光绪三十一年七月二日（1905年8月2日）

记舒城县百神庙天主教堂被焚情形

六月二十五日本报载皖抚札行洋务局文，略言据庐州舒城县禀报，该县百神庙教堂被焚等情，而其原由则未详。昨承庐州友人以此案始末见示，特为照录如下：

来函云：五月下旬，舒城东乡与庐江接壤之百神庙镇，有民教不和之事。舒邑城中向有天主教堂、耶稣教堂各一区，此外并无分设。教民约计千余人，舒城人居其大半，胥役尤占多数，合肥人次之，庐江人最少，不过数十人而已。去岁秋冬之际，有舒城人钟海初、合肥人王智臣、庐江人王立道等，咸市井博徒，以侵凌为生计，迨不为乡里所容，途穷计绌，无所复之，相继入天主教。今年五月，集资租赁舒邑东乡百神庙镇街头邓姓草屋数椽，为栖止所（百神庙为舒邑所辖之小乡镇，西距舒邑三十里，东距庐邑六十里，教民所赁屋在镇东街头，出门数武则庐江界），乃不白县官，不告邑里，辄自题门额曰“天主堂”，举动缜密阒寂，人亦罕知之者。钟、王等尝挟教势敲诈其乡人不遂，忽于五月二十六夜半，在赁屋内自行纵火，冀以焚毁教堂，诬陷附近之族戚乡邻。而本镇人士闻火警咸来，趋救得熄，仅焚去屋顶所盖之草□许大一块，椽木亦未焦枯。而钟、王等已走诉舒邑教堂陆司铎，且罗织素有嫌隙及附近良善而家道殷实者念余人（其中如钟益三即钟庆余、胡立德、曾嘉林、孔茂林，皆舒城殷实之商民，程瑶即程垚、王寖诰即王廷桢、钱大铸即钱致中、吴怀清即吴德标，皆庐江之绅董），张皇其词，诬为大香会匪闹教。陆司铎浙人也，素性和平笃实，惟至皖未久，不知民情，谓其言可信，遽函告舒令王某。王令未及躬诣察勘，且不访询所控之为何如人，遽遣差役分头拘捕，并照会庐江令刘庆光，刘令亦饬差一体会拿。继以事皆虚伪，阖镇人士公同剖白，王令诣勘，始恍然前说之不足据，追回拘捕之令，而胥役已充囊而归矣。

作函者并附按语于后云：此案是非，有王令之详文在，有阖镇人士之舆论在，且程瑶系优贡，王寖诰、钟益三等均曾报捐职衔，家计充裕，优游里闬，宁肯悍然不顾为铤而走险之举？谗人罔极，二三其德，屏诸教外，是所望于公正之陆司铎，是所望于贤明之大府，据理与辩。辛丑之约章具在，安可令民教以干糇小隙，而终致鹬蚌之争也。

《中外日报》光绪三十一年七月五日（1905 年 8 月 5 日）

剃发匠禀准涨价（芜湖）

剃发匠于七月十三、十四两日罢市，借得胜园演戏两台，集议涨价。凡剃发每人四十文起码，梳辫每人二十文起码，闻系禀奉巡警局核准照涨云。

《中外日报》光绪三十一年七月二十一日（1905 年 8 月 21 日）

不准剃发匠罢市涨价（芜湖）

各剃头店罢市涨价一事，前经巡警总局核准立案后，因于市面光蛋穷民大有不便，以致时常滋闹。该行头复禀请芜湖县立案，冀可永远遵行。萧大令不惟不准，反为出示严禁，凡有来店剃头之人，贫富不同，给钱各听其便，仍应循照旧章。如再有罢市涨价挟制情事，即应将为首之人严拿重办云。

《中外日报》光绪三十一年八月八日（1905 年 9 月 6 日）

舒城县王令为百神庙教案议结事上抚院禀*

敬禀者：案于本月十八日，准试用知县徐令耀赍札下县，先于十六日经芜湖翁司铎继伟已派幕友邓玉堂到舒，卑职当即督同绅董与之议办。邓玉堂要求二事：一令舒邑绅民出具此后民教相安，毋再滋事切结；二令将百神庙被焚未成教民公所修整，并毁坏什物赔偿。适徐令来舒，曾与邓玉堂会晤争论，邓则坚持初议，称以上二事系翁司铎之意，非照办不可，并称如此间不能了结，即需赴芜再行议结。卑职因与徐令会商，若不稍为迁就，必待赴芜议结，恐致迁延时日，势必枝节丛生，只得饬令绅董出具民教相安切结，与修理草屋及什物费银五十两，作为完结。以前卑职未能遵饬即了者，实缘陆司铎同教民无端要挟，万难允准。嗣经舒邑人民联名赴芜湖翁司铎禀求查办，又经卑职将此案原委详细函告翁司铎，是以翁司铎即派幕友邓玉堂来舒查办。邓玉堂到舒，陆司铎已先一日潜赴芜湖。邓玉堂由芜动身，先到百神庙密查之后，方来县会议。所有草屋如何被烧，彼亦查无确据。至大香会匪聚众千人一节，卑职已与之辩明。五月间关帝会，乡民入会烧香，陆续而来者有之，既非会匪，亦无聚集千人之事。邓玉堂遂不追究前情，并允将不安分之教民查明斥革惩办，约束教民以后不得寻衅闹事，彼此各安本分。此案遂得和平了结云云。

《中外日报》光绪三十一年八月十一日（1905年9月9日）

芜湖剃发匠二次罢市

芜湖剃头店，向章每人二十八文起码。兹以集议涨价，以四十文起码，于七月十三、四两日歇工罢市，曾经芜湖县萧大令出示严禁在案。讵该剃头店等，于八月初八日又复闭门罢市，非涨价四十文不可。现萧大令调署南陵，所有芜邑篆务，交卸在即，此事当俟新任沈宝琛大令到任后，再行办理矣。

《中外日报》光绪三十一年八月十三日（1905年9月11日）

记近日米市情形（芜湖）

皖省各属，今岁收成丰稔，惟秋水盛涨，低田晚禾稍有受伤。现在芜市米价，上熟者每担价银二两一钱零，中熟者二两零，次米一两九钱零，刻下仅有潮帮办米，其广帮、烟台帮尚未购办。

《中外日报》光绪三十一年八月十三日（1905 年 9 月 11 日）

加抽厘金兴学（泗州）

泗州属五河县地方为淮甸通衢，商船来往，百货流通，该县厘卡每年约抽厘金在五六万左右。日前地绅许仪龄等议，本邑自开办高等小学堂以来，百端筹款，经费未能扩充，若将来按照奏定章程，稍事推广，并咨送出洋游学筹费，需款尤巨，每年至少约在五六千金上下，拟请在厘金项下每百文加抽三文，拨充学堂经费。拔毛而利，众商之所捐无几，在学堂受益非浅等情。当经徐大令日昌据情禀请诚中丞并学务处遵照办理。

《时报》光绪三十一年十二月二十五日（1906 年 1 月 19 日）

荻港商人罢市*

安庆电云：荻港商人因厘卡委员勒捐，相率罢市。

《汇报》光绪三十二年四月十六日（1906 年 5 月 9 日）

建德教堂被毁*

安庆电云：建德教堂业被匪徒焚烧拆毁四所，他处亦颇可危。

《汇报》光绪三十二年四月二十三日（1906 年 5 月 16 日）

禀请保护教堂

恩中丞据洋务局禀称：卑局顷接准费总司铎函称：本省铜陵

县鸦山天主分堂大有可危之势，又江西石门街梁家桥，又建德县青山桥、仰家桥等处教堂，并有匿名揭帖煽惑人心等语。午后来局面称：建德县杨林河暨洪家塘两处教堂，业已一被匪焚，一被匪拆，尚有离城六十里之仰家桥、一百二十里之青山桥两处教堂，势甚危急，请即示禁保护云云。已派委员前赴各处查察，并饬令督同各该辖地方官极力劝导乡民，至于匪徒猖獗，应请兵防范，以免肇衅端而成交涉云。

《时报》光绪三十二年四月二十四日（1906年5月17日）

荻港罢市详情

荻港地方厘卡因勒索罢市，载二十七号中电内。兹接该处访友钞来详情，亟登录于下：皖南荻港内河卡隶太平府繁昌县治，上距九通、下距芜湖各九十里，距安庆二百七十里。本年二月，候补府经历冯景文司榷此卡，以司事鲁某、万某、汪某及少不更事之扦勇何某等为耳目，该司扦等见冯委弱昧可欺，遂任意更变税章，苛索商民。数日前，有淳安镇裕隆典号船装载典商自用之钢丝床一张，彩灯、藤椅各数事，旧洋瓶箱存贮之洋银数千元经过该卡，该护卡炮船及该司事等误认洋元为洋油，向该船户索费未遂，即执瞒税闯卡例用，强将该船扣留，并将该典押运之某职商攒殴落水。该镇各行号已久受剥肤之痛，目击此事，登时相率罢市。该卡委知事不了，亦陡发大病。现该典商已将洋元什物起存该卡，晋省控诉矣。

《汇报》光绪三十二年四月二十六日（1906年5月19日）

皖省教案详情

皖省建德县青山桥一带天主教堂林立，其地毗连江西，讵鄱阳县与景德镇中间有地名时山，藏有会匪数百名，会号洪莲，匪首黄彪、朱森茂等建立旗帜，上书“顺清灭洋”字样，又刊造伪印、揭帖，入其会者给洋四元。愚民被惑日众，势甚汹汹，于上月十二日先至建德县境洪家亭毁一分堂，十四日午后至木塔口又焚毁一堂，匪焰高涨，几无底止。十五日，有匪数十名欲至青山桥，第经铁炉保，幸被教民瞥见，迅奔该桥告警。有书生傅叶葛、徐四□即率乡勇数十名驰往该保，将会匪拿获六人。时适该县李令在堂，即提该犯讯究，据供是实。旋经县令搜出伪印、名帖、枪弹、器械，比即解署。十六日，江西饶郡营官刘得胜、哨官唐有才带领兵丁八十名赶至木塔口，匪稳住郑氏祠内，绝不慌张。该官兵紧将郑祠围住，不意匪谋狡诡，分二处夹攻，将官兵击散，杀毙兵三名，生擒一名，伤数名，匪亦被兵枪毙二人，并误毙该处百姓一名。匪见官兵被挫，势愈炽，幸皖抚恩中丞又派杜总戎带领缉捕勇百余名驰往弹压，始稍遁去。现闻江西亦增兵胁剿，匪知势不敌，窜入徽郡祁门。该县绅商亦督练乡勇攻匪，匪不敌，退窜江西，又被饶郡兵弁闻信，迅赴石门街，将该匪首黄彪父子并王姓羽匪共六名尽行拿获，已由鄱阳县令于是月廿四日讯明解署。细观此函，知建德县境实毁三堂无疑，且续接该处另友两函，其详告此次闹事始末，与此吻合，而外间犹谓无毁堂情事，其欲架词掩饰耶，抑别有意见耶。

《汇报》光绪三十二年闰四月十一日（1906 年 6 月 2 日）

建德教堂被毁*

池州府建德县有匪焚毁教堂。

《汇报》光绪三十二年闰四月十五日（1906 年 6 月 6 日）

朋比为奸（宁国）

宁国县境内山多田少，所出稻粱恒虑不足。光绪二十五年，县尊郑思贤明府令阖邑设立积谷仓数处，并令各花户按田一亩出净稻三斤，以备不虞，法至善也。年年丰收，仓谷未动，惟每年夏季，仓董必将此稻尽数借出，秋收后每百斤还净谷百二十斤，由此核算，通邑之稻已不下二万余石。去岁秋收减色，民鲜盖藏，故今岁闰四月中旬，花户等联名禀县，恳请开仓，孰知仓谷久已被劣董变卖一空。劣董自知不了，难为粉饰，于是贿通县令孔广洋，悬示仓门，令民持洋来买，每洋一元，限定五十三斤，较市价已少七斤，既多方抑勒，饥民犹不能稍沾余润，概为董等族党领去。有六十岁老夫郭正纪向前理论，劣董包汝成饬其马夫某将郭扣扭到县，孔令广洋急坐公堂，判以小民而侮辱绅董，杖四百，枷半月，游乡示众。适太守嵩公查学来县，郭妻拦舆喊冤，嵩公准其偕夫在学候讯。孔令自知已过，饬差看守学门，不许人喊冤。郭夫妻遂不得入。噫！县令为民父母，而绅董者实父母所雇之乳媪也，今朋比为奸，残虐其下，吾不知是何肺肠耶。

《汇报》光绪三十二年六月八日（1906年7月28日）

霍山土民围困教堂*

安庆电云：顷闻驻皖法教士函告皖抚谓：某日六点钟时，霍山匪首张正金又聚众二千余人围困楼房，教堂甚急，官兵并不出力剿办。

《汇报》光绪三十二年六月十二日（1906年8月1日）

教案议结（建德）

本年四月间江西鄱阳县会匪窜入皖境焚毁建德县教堂一案，现经皖抚恩中丞派员议结，所订合同录下：

为公立合同事。本年四月十二三四等日，江西鄱阳县会匪窜扰建德县境，焚毁洪家亭、杨林河、木塔口天主教分堂三处，现奉抚宪笃念邦交，筹款修复，委员勘估，实需工料物件各价英洋二千八百元，公同言明，教堂由教堂总司铎自行修建，俟奉抚宪批准后即行交付。如奉批驳，即由委员、县官如数照付，不得翻悔。所有保护一切事宜及抚恤被劫教民，应由总司铎同地方官另立规则，各无异说。立此合同，各执一纸为据。按此合同系由驻建总司铎戚世明，会同委员候补府张树德、建德县知县李长郁订立也。

《汇报》光绪三十二年八月二日（1906 年 9 月 19 日）

颍州府罢市之原因

月前颍州府罢市一事，缘因抽收房铺烟酒各捐，商民以铜元缴纳，阜阳县令魏业辂不允，照收只准八折，一面惟催收制钱。商民以铜元本由官颁行，今又由官抑价，此事殊出公理之外，计惟有除歇业一法外，无可告诉之路，爰于去月初九日一律罢市。魏令迫得，托在籍绅程少周观察、潘艺亭军门调处，允照铜元缴收。不谓商民甫经开市，魏令又食前言，仍持铜元、制钱各半之说，凡商民之换铜元往纳者，均遭呵斥。程、潘二绅见无挽回，遂亦袖手。现闻人心非常愤激，将有生变之惧云。

《时报》光绪三十二年八月五日（1906 年 9 月 22 日）

溛川毁学（歙县）

徽州歙县溛川学堂今春由罗凤藻等在罗氏宗祠之旁造屋七八间，招生开学，开办经费均由同志诸人担当，并无派捐情事，似与地方两不相妨也。乃开办之初，同族武生罗文英及罗炵基等已有仇学之心，于三月间，文英唆使匪徒将学堂前所悬牌示毁去，并信口雌黄，妄造谣言，谓该学将收人口捐、菜子捐、米捐、牛猪等捐，煽动众听，俾人人各怀怨恨，而已愿可偿。至六月初一日，议决赛会演戏（溛川向例六月十五日供奉瘟神，曰保安会）今年缓期两月举行，而文英即藉此大起蛊惑，突于初三夜纠同痞党数十人，吹号鸣锣，明火执仗，蜂拥至该学，任意捣毁，并至凤藻家捣毁杂物。至黎明时又至各教员家，将各教员拉至赛会处，公勒写悔据，永远毋许再开学堂，永远毋许赴城控告。午刻邑尊接报来勘，匪等犹复窘辱备至云。民智锢蔽，是实学界前途忧也。

《汇报》光绪三十二年八月五日（1906年9月22日）

建德教案议结详情*

今年建德县境土匪仇教被毁三分堂，已于闰四月由戚总司铎与张委员、李县令妥议结案，所赔建堂费英洋二千八百元，及抚恤被害教民英洋伍百元，亦于五月初一、六月十六、七月十六三期由县令照数交清。但在逃之匪首朱盛茂、方元旦等，虽县差防营竭力缉拿，尚未弋获，惟由该营统带刘利贞陆续获到余云（即余训雨）及本处匪犯方杰灵、郑汉清与汪和尚等，解县严讯耳。

《汇报》光绪三十二年八月九日（1906年9月26日）

皖抚严惩浮收

皖抚近据徽州府属绩溪县绅董禀称，该县刘令以信纵容幕丁、书役浮收钱粮，每银一两较之往年既加收钱二百文，每洋一元又抑作钱八百七十六文，核计民间完纳正银一两，该令取盈至九百余文之多，违制病民等语。皖抚据禀后，当即派员往绩密查得实，禀复到省。皖抚以当此年荒米贵，民间已困苦不堪，该令竟敢于国家正供任意浮收，实属罔恤民艰，除将该令撤任外，并派洪令署理该县篆务。

按：各属之浮收钱粮与绩溪县同病者，当知所戒否？

《时报》光绪三十二年八月二十九日（1906 年 10 月 16 日）

舒城商民罢市*

安庆电云：庐州府舒城县绅士有电到京，因该县彭令勒收捐款，致商民罢市。

《汇报》光绪三十二年九月三日（1906 年 10 月 20 日）

安庆中学堂罢课*

安庆电云：安庆府中学堂学生反对监督，全体罢课。

《汇报》光绪三十二年十月六日（1906 年 11 月 21 日）

舒城商民罢市*

皖省舒城县本年水灾后，时疫甚重，民间贫病交迫，困苦不堪，该县彭小泉大令又复不恤民艰，苛派警捐，无论贫苦小户皆不得免，是以阖邑商民大动公愤，全体罢市。该县令恐为上宪所闻，于己不便，因督差勇勒令开市，一时更形喧扰。现经地方绅士电禀省宪，请派干员来舒查办矣。

《汇报》光绪三十二年十月九日（1906年11月24日）

荻港商人罢市*

安庆电云：荻港商民因卡官苛征，全体罢市。

《汇报》光绪三十二年十月三十日（1906年12月15日）

宣城县令惨杀饥民*

仆冬月初因事至宣城县，征骏甫下，即闻北乡有饥民闹事之言，询之始悉有皖北之饥民男妇老幼千余名口，于初九日至宣之北乡纯汇团村，暂驻乞食而冀其南行。该村有董事洪姓者，优贡生也，家资颇裕，见此辈麇集，未识其故，而急招该村向有之保卫勇聚以示威，以防他变。而饥民之首领刘姓者，亦富豪巨裔也，旋至洪家道其来意，兼求资助，洪则悭吝性成，莫名一钱，且出言不逊，至触饥民之怒。伐树为炊者有之，见鸡捉食者有之，取草为眠具者有之，见食物而夺者有之。讵料洪连夜进城面谒县令黄绍堃，妄禀饥民将村围困，烧杀抢掠如盗贼然，求其保护弹压，以复治安。该县次晨即带差役护勇排道至乡，比及村外，而饥民闻县官来，群集将轿围住，吁求恩施。黄绍堃者，向操苏臬形〔刑〕名有年，癸卯部选得皖之巢邑令，三载以来，宦囊稍裕，运动之力亦渐增大。今秋得调宣邑，宣乃皖之一等肥缺，但求一年敷衍过去，即可高升为监司矣，生平未见此景，当时手足失措，吓极无声。差役勇丁鞭扑乱下，饥民等稍远之。适黄下轿至公馆，传其首领刘姓至，叱令长跪，刘不服，黄怒其傲，笞之。众饥民环叩呼冤，围之数重。黄曰：尔等将本县围住，杀我耶？抑打我耶？对云：皆不敢，我等出外求生，焉能为此不法之事。叩求恩施，感戴不尽。黄愈怒而答曰：汝等来此，胜如盗贼，抄抢村庄，围殴本县，罪大恶极，本县将汝为首者带回重办。随令拿人。众饥民闻言，有呼号称冤者，有肆口詈骂者，声振遍野，而黄令急无所策，叱令保卫勇擒杀之。该勇闻官有令，大肆其恶，将车上之老妇小孩推入塘内，撇于粪坑，不死者继以矛刺之，并将车中所带抢掠一空，复将车拖至旷野以火焚之。是时声如鼎沸，烟雾迷天，而黄令又乘势将年壮之饥民带去四十五名，叱道进城。是役也，计死老妇一口，小孩十余名，全尸者少。焚去车□十余乘，抢去烟土千余两，衣物、行李、钱钞等类难以计数。当黄令回衙升堂，情由不问，杖笞交加，有责二千板者，一千板者，千余者，数百者，不笞者二三人耳。法堂竟成黑暗地狱，黄令俨若五殿阎君。民以何罪，受此惨酷？复得黄令通禀稿，大致云：藉饥为盗，焚其村庄，淫其妇女，掠其财物，杀其乡民，是以卑县令保卫勇当场格杀多名，擒获若干名，在押候办。信如黄令所禀，此千余名饥民，尽要送入枉死城矣。未识皖省大吏用何法以办结此案也。仆在彼，目不忍睹，耳不忍闻，中国专制之手段，酷毒莫此为甚！务祈登诸报端，以醒主办此案者之目，俾无辜小民既冤得雪，皆赖贵报之赐也。

《时报》光绪三十二年十二月十日（1907 年 1 月 23 日）

太湖贫民抢劫米船*

太郡贫民抢劫河下船米等情，略纪前电。兹悉该处内河为宣城等地方出口米船入江之要道，本月初三日上午十点钟，河畔泊有丝绸船，载米二百余石，适有匪人煽惑，贫民一哄而上，行抢米之暴动。米船因贫民人众，不敢与较，只得听其所为。一时提宪程从周军门闻信，立派中协张有亮协戎督亲兵数十人，驰往河边弹压，并由柴巷开调舢板数艘，围护该米船，两岸观者约数千人。当涂县段建章大令亦带差役、保卫勇解散间入。该米船被抢去之米约五十余石，其余米船皆幸保全。段大令刻已缉拿为首煽惑之匪徒。容俟续详。

《时报》光绪三十三年二月八日（1907 年 3 月 21 日）

安徽督府镇压太平抢米贫民*

芜湖电云：初三日太平府贫民聚众千余，抢掠郡河米船，提署中协张朋亮督勇弹压。

《汇报》光绪三十三年二月十日（1907 年 3 月 23 日）

芜湖贫民抢劫米船*

芜湖电云：松茂砻坊在宣城清弋镇购米百石，昨午泊舟湾子河，被贫民抢劫一空。

《汇报》光绪三十三年二月十七日（1907 年 3 月 30 日）

抢米案汇志

芜湖近来阴雨连绵，米价每石已涨至四两六七钱，人心为之惶惶。如西北运漕、巢县、三河，江南之宁国、南陵、湾沚、方村一带，均纷纷禁米下河，是以旬日之间，抢米之案屡见。兹将近日抢米之户调查照录于左。

初六日，宣城境湾沚镇上三里之南阳村庆丰砻坊自行下米，被贫民抢去米七十余石，所抢之米悉由该处地保存放绅董刘孝廉家。

初八日，湾沚镇福成米行系该镇董事黄士贤所开，因运米下河，被贫民抢去米九十余石。该镇、县丞徐昭序二尹出为弹压，被众民所殴，刻已赴宣城请示。

初九日，芜湖焦松茂砻坊在湾沚上二十里洪杨树地方景福米行购米百石，拟运回芜，船过湾沚停泊河干，被两岸贫民数百人抢空，店主焦某已在芜湖商务局禀究。

十二日，芜湖南岸立成漕坊在对江七里之五显殿地方购米三十石，将运下河时，被该处董事吴绍周纠人抢去。

十三日晨，湾沚下三十里芜湖界之方村地方，又有贫民抢米之事，邑尊沈益斋大令闻警，亲往弹压。闻系因湖北张姓客在该村文复大漕砻坊加价购米四百石，张未到该镇时，米价每石仅本洋三元七角，张到即加价三角，为贫民所恶，致有抢米之举。

《时报》光绪三十三年二月十八日（1907 年 3 月 31 日）

芜湖乡民抢劫米船*

芜湖立成槽坊日前在对江五擢殿购米，至下河乡，被乡董吴绍周纠众抢掠一空。

《汇报》光绪三十三年二月二十一日（1907 年 4 月 3 日）

芜湖饥民抢劫米船*

芜湖电云：落蓬湾饥民于十三日聚众抢洪子才米船之米六百石。

《汇报》光绪三十三年二月二十一日（1907 年 4 月 3 日）

和州商民反对苛税*

安庆电云：和州商人因厘局委员私加苛税，集众反对。

《汇报》光绪三十三年二月二十一日（1907 年 4 月 3 日）

抢米案两志（南陵、繁昌）

南陵、繁昌交界之郑家渡地方前日连抢劫米船两次，共米百余石，两邑贫民悉数匀分。米客方拟报官，经该处某董事出为担保所失之米，俟本年秋成有望，定当如数偿还，并闻立有字据付该米客收执云。

芜湖浮桥口永丰泰砻坊前日在内河购谷六百石，途经宣城界姬公旦地方，被该处地痞陶兴宏纠众抢掠一空。

《时报》光绪三十三年二月二十三日（1907年4月5日）

和州乡民捣毁土膏统税分局*

安徽电云：和州土局委员杨定远因向乡民购柴，致酿人命，乡民以其威逼，聚众毁局。

《汇报》光绪三十三年三月一日（1907年4月13日）

芜湖巡警镇压抢米贫民*

芜湖电云：运漕镇金大东日昨纠众抢米，巡警营张得全驰往弹压。

《汇报》光绪三十三年三月一日（1907年4月13日）

土局委员威逼人命案详志（和州）

芜湖对江九十里之和州有土膏统税分局，委员杨少尹定远系江苏常州人，在芜充巡警差使，多年举动不甚和平。去春，经土膏统税总办童次山观察札委此差后，时有土业商民来芜及商部禀控者，悉由童观察与之弥缝。杨因而有此靠山，格外放胆，致有前日威逼人命情事（已见前电）。闻此次杨之肇祸系□听家丁之言，因卖柴某甲争论价值起衅，杨以某甲不应在局高声藐视官长，当批其颊，继又派勇将甲送州署重惩，曾宣庭直刺饬笞七百板，交原勇带回。杨以州官未能重办甲，怒更甚，亲持马棒将甲殴逐门外。甲遍体鳞伤，当晚服毒毙命。阖州人民悉动公愤，次日，民人聚集二千余，将局所打毁，甲之尸身抬入局内，杨亦被殴。现有尸亲及流民恐杨逃脱，看管甚严，曾宣庭已据情详请省宪核示。该州绅商闻亦着人晋省禀控。容俟续详云。

《时报》光绪三十三年三月三日（1907年4月15日）

和州因搜获私土命案拆毁土药卡

和州城内土药卡委员杨定远于上月二十四日，忽有柴贩苏芝道挑草柴一担经过该土卡，被司扦察觉，在柴内搜出私土一包，约重数十两，当即议罚数倍。苏贩坚不允罚，被局勇殴打一顿。□□局勇素与苏贩有嫌，当时苏贩身受重伤，以致愤极，遂将局门所悬之虎头牌捣坏。杨委员当饬勇丁重责四十军棍，送州罚办。苏贩恨不欲生，即于酉刻服毒，迨至晚间十二句钟身死，尸首仍在局内。于是该州商民颇为愤恨，即将该卡房屋拆毁，哄闹不休。旋经该州曾牧希文前往弹压，业已通禀省台请派委员查验云。（按此事已见前电）

《时报》光绪三十三年三月五日（1907年4月17日）

和州土局威逼人命案再志

和州土税局委员杨济清少尹定远威逼人命一节已纪前报。兹闻亡者姓苏，名知道，住该州南门外十都地方，务农为业，闲时兼做售柴生理。因上年芦洲淹没，柴薪无多，因而价涨。苏向售柴与土局杨，本年柴价仍照上年例给付，苏因亏本，不愿送该局之柴，致触杨某之怒；始则送州笞责，继又自行打以军棍。苏含冤申诉无门，致有服毒毙命之举。苏死后，家中尚有六旬母、八旬祖母。州民群动公愤，令其亡者家属将尸抬至局中，众民将杨扭至州署。州尊曾宣庭直刺只得将杨交捕听看管，当将杨之厨丁某甲重责，以遏众怒，一面请该州绅董到署调停尸亲，以平舆论。州尊应照例回避，移请滁州陈刺史来和相验。尸亲汪朝臣拟晋省上控，被本籍廪生林敬追回，闻系曾直刺所托。杨刻愿出英洋二千五百元调处其事，内提洋八百元酬谢汪、林二君，以千五百元给尸亲，未悉能否就绪。驻芜土膏统税总办童次山观察，以此次并不袒护，闻已发电督办柯大臣详参杨某。又闻得滁州陈刺史于三月杪到和州，尸亲汪朝臣曾拦禀数次，容俟续详。

《时报》光绪三十三年三月七日（1907年4月19日）

望江乡民集众抗议县差焚掠*

安庆电云：望江县乡民因县差藉案焚掠，特集众反对，并上控恩抚。

《汇报》光绪三十三年三月二十九日（1907年5月11日）

徐锡麟

行刺皖抚恩新甫中丞业经正法之徐锡麟，字伯荪，系浙江绍兴府会稽县人，癸卯科副贡，在本郡中学堂卒业，后为山阴县学堂校长。壬寅癸卯间，在绍城轩亭口开设书局，运售新译书籍暨新民等报。秋闱时，分设杭州青云街中副车。后运动富绅许某，偕同出洋游历，拟入德国联队，因体格不合返国。旋捐道员，指分湖北候补，改省安徽，才三年云。

《汇报》光绪三十三年六月八日（1907年7月17日）

桐城埠费之争*

安徽桐城县枞阳镇为七州县内河总口，该处向有龙姓埠头，凡往来民船抵埠时，搭客每人收埠费七文，由来已久。去年该镇白鹤峰学堂在该姓埠头内设安顺船行，抽收捐费。后龙姓埠头上省禀呈情形，请领行帖，亦设大顺船行。讵该学堂又禀控桐城县，请饬龙姓行闭歇。县尊以该河埠系龙姓祖业，未经照准。而该学堂体操教员张某竟于日前督率全校学生，排队出堂到埠，将大顺船行痛打，招牌告示捣毁无遗云云。未知如何了局。噫！学堂体育用之于争利打店，排队劫商，真学界之怪现象已。

《汇报》光绪三十三年六月十一日（1907年7月20日）

卡员苛索木商（泾县）

皖南泾县码头为泾县、太平两县出产茶木、竹炭出口必经之路。该处厘金卡费自今春周大令肇镛到差以来，松木向章每枝纳厘一百文，今则倍加，向八折可允，今则九折，每钱一千文，须勒商缴本洋一元。该处土煤过卡者钱价一千三百文，缴本洋一元，未能如木商一律，兼之龙元及本省钞票概不收纳。该处出口水势极溜，深恐簰走误事，只得听其所欲，不敢与较。

《时报》光绪三十三年八月十二日（1907年9月19日）

芜湖万顷湖屯田户暴动*

芜湖电云：万顷湖屯垦公司与屯户争执，屯户聚集万人暴动，督办陈观察等特派兵弹压。

《汇报》光绪三十三年八月十四日（1907年9月21日）

万顷湖屯田索租逼变之原因（芜湖）

万顷湖屯田因业主索租过重，湖中佃民聚众抵抗，几欲暴动，管县驰往弹压等情已纪前电。该湖属芜湖、当涂、宣城之县交界，周围约六十里，在芜湖东乡二十里，本为江宁驻防牧马地，前由督军两宪奏准许令民人开垦，定价每亩官收本洋三元，作三期缴，委江苏道员徐次舟观察为屯垦局督办。其时因官荒领垦无人，当事者先招人开荒，继则联合绅商设立公司，垄断其利，湖田九万余亩悉为公司所有。昔之承租垦局者，皆换公司召约，垦户不愿，屡次上控，垦局以官压制，皆未得直。

该湖开垦佃民除土籍十成之二外，余系河南、湖北等省人，及江北庐江县、无为州人居多数，类皆破釜沉舟，变卖家产，舍己之田，以芸人之田，亦为此利益均沾起见而已。公司之田官界居多数，绅界次之，商界又次之。其时局无善章，任其领垦，垦局只知售田，公司商贾得而射利。局章每亩三元，商贾亲相授受加至五六元之多，甚至有不费一钱，执田千百亩者。公司以趸领分卖为宗旨，皆置水利埂堤于不顾，外埂草率完工，因有去夏决口之患，佃民辛苦三年，去岁始成熟，复被水灾。今年秋收中稔，各公司执户概以熟田目之，按亩索租一百四十斤（现稻价每石一元二角）。佃民云：业主以三元之母财，而每年可收一元七角之子财，不四年数倍其母财。按照垦局定章，成熟后第一年免租，第二年半租，第三年全租。去年水灾，今岁使能作成熟第一年办法。公司不允，佃民遂有聚众抵抗之议。于是固结团体，要求免租。彼公司执户半属富宦，见佃民不能遵其命令，势将加之以强迫手段，闻有某公司主人因率万顷湖巡警勇截去某佃民稻谷数十石。佃民愈怒，皆疑富农公司蔡某主谋。佃民乃于本月初五日聚集千余人，筹抵制之策。乡愚无知，佥谓彼以野蛮来，我等宜以野蛮应之，遂有抢去蔡某家租稻千余石情事。垦局巡警勇开枪，意图恫吓，佃民益不服，竟被夺去铁枪数杆，号衣亦被脱去数件。各公司张大其词，电禀江督云：湖内有匪李宝贵图谋起事。江督立派江苏皖籍道员陈劭吾观察来芜查办，如果纠众拒捕，许即格杀勿论。（闻陈观察来芜亦该湖植本公司方玉山太史所禀请。陈亦湖内执田六千亩之主人翁）陈观察初七日到芜，晤商关道，即派巡防四旗张芳馨都戎连夜督队到湖镇压。次日缉捕营管带李葆林副戎、邑尊谢凤岗大令、督委陈劭吾观察均驰往。该处军队驻扎大王庙。李副戎、张都戎拟劝令湖民缴纳半租，以期和平结局。陈观察、谢大令俱不以此办法为得体，盖谓此等刁风万不可长，非剿办首要不足以儆其余。闻此案皖抚冯中丞、关道文观察之意见力主和平。湖民代表刘伯瑛亦被羁入囹圄。军队到湖后，迄今旬日尚无动静，军士纪律甚严，不敢骚扰。余容续详。

附录　万顷湖富农公司上军督宪禀稿

具禀。总理富农公司同知衔江西候补知县叶鸣鸾，抱告叶思忠为聚众抄抢，形同叛逆，请派营剿办以弥巨患事。窃职富农公司领地全系已废北宝善公司地段，在上佃户多系旧有之佃，其间良莠不齐，屡思勒令退佃，奈无间可乘，恐予藉口，反激事变。本年遵照局章高低率收半租，讵该佃等藐法抗租，屡在慈善庙、三圣殿等处纠众拜会，斩牲盟誓，希图抗拒官兵。风闻有著名会匪潜踪来湖，暗运兵械，勾结众佃，专事抢掠公司，以充逆饷。初四日晚，侦得确耗云：有李宝贵图谋起事，约期初五日抄抢富农公司。是日清晨果有许相生、许老五等统率邻近公司佃户数百人，抢劫职公司仓谷，计失去自耕田稻五百余石，分稻田稻三百余石，外来租稻二百余石。是晚杨本成、李中山、但春泰等复率千余人来围公司，起意杀职全家，大搜捕获，竟将职公司银钱衣物掳掠一空。管带巡警队何委员闻警驰往解救，亦被围攻，因众寡不敌，军械、号衣悉被劫去，幸职挈眷先与何委员乘夜冒险出围，绕由叉港逃脱，否则必遭戕害。似此聚众横行，形同叛逆，若不添兵剿办，恐酿巨患。所有职公司被匪抄抢缘由，除已先行电禀外，理合据实禀报，伏乞大□鉴情作主，从速派营，协同芜湖县从严剿办，获匪追赃，以杜蔓延而免糜烂，实为德便。谨上禀。

计开：

李宝贵、杨本成、李中山、许相生、但春泰、许老五、冯之元、康聋子，以上八人为首人。

李中纯、谈天贵、冯之伟、黄大鹏、辜奎太、李万胜、刘宗鳌、范有发、许荣发、许千祥，以上十名系为从人。

《时报》光绪三十三年八月二十一日（1907年9月28日）

万顷湖屯田索租逼变再志

芜湖万顷湖屯田，因索租过苛，致起垦民暴动等情已纪前报。督委陈劭吾观察因有田在湖，自行回避，于前日往宁禀请江督端午帅另委他员查办。据湖民之言：我辈千辛万苦望岁三载，始庆有年，即以今岁所获，以补前次之饥，已有得不偿失之叹，乃在不纳租期内，硬索我辈全租，佃民公愤，致有如此之冲突。湖内公司之土，实有资本金者无几，大都随领随卖，以三元领者五六元卖之，即以出卖之款为领垦之款，一转手间利已倍蓰。故公司之巧者不费一钱，得田数千亩。公司与屯垦局员朋比为奸，前垦局员彭令、前县幕陈某与某公司勾串，各获利二万金之多，故于官吏丈量之时，不问其丈尺之缩小，沟塘田坝概包量田内，虽使百亩之地丈为二百亦所深愿。（某公司张某去岁卖田于潘绅，后以丈量不足，退价不买，即其明证）凡买公司田者，无不以少为多，换召约时免费定数（不肯承召者亦多以此数）。垦户曰：我们今日照地承召，将来须照田上租。去岁圩破无收，今岁既欲收租，各垦户遂有以此问题与公司相争执者。刻闻垦户之意愿认半租，公司一味固执，以致冲突。邑尊谢凤岗大令亦因有田在湖，对于此事，未能秉公，十八日已奉皖抚电饬摘去顶戴。关道文仲云观察闻已出示晓谕，竭力开导，本年令纳半租，以示体恤。俟有余闻再详。

《时报》光绪三十三年八月二十四日（1907 年 10 月 1 日）

万顷湖领垦各公司上军督抚宪公禀稿

为湖佃聚众横行，霸租抢劫，既虞失业，复碍治安，沥陈情形，恳赏严办事。窃公司等前以垦户聚众霸租，势甚岌岌，禀请宪台暨军宪派员查办，业蒙札派陈道惟彦来圩接办各在案。讵此十数日内，不特抗租如故，而抢劫公司之案又复层见迭出，实属目无法纪。本月初四日，抢劫富农公司庄稻；初五日，复往劫衣物，并劫去巡警兵枪械、号衣；又于初六日，将厚生公司经理人攒殴落水；初十日，往劫久大公司稻船。连日各公司悉被侵扰，不敢到圩。又探闻于各港口钉桩，运有枪械，外联枭匪，内胁佃人，动辄鸣锣号召，集聚至数千人，以为拒捕之计。大致情形业经陈道暨芜湖县谢令电禀宪台暨军宪各在案。芜湖地滨长江，密迩商埠，若不早为惩治，不特全圩骚动，且恐有碍治安。此近日勾结横行之实在情形也。查屯垦定章，首年免租，次年半租，三年全租。本年系应缴全租之年，因旧岁荒歉，蒙军宪谕仍征半租，公司等亦将佃租减半，七月初，即禀由局员晓示张贴在案。乃公司尚未收租，而该佃刘伯英、蒋森远、曾广发、李忠山等十余人竟敢开会演说，出单敛费，聚众制械，预为抗租之计。缘湖中客籍佃民多半来自广建，该地垦户以霸占主业为事，每于秋成之后，捆载远飏，来岁春耕，复结队而至。田东向索租课，则以横逆相加，若另召佃人，则拼命□斗。久之合境皆是，遂致莫可如何。该佃此次倡议聚众，盖习用其故伎，志在背东霸业，固不特为抗租计也。不然租既减半，稻米征收，何遽结党成群，捏词上控。此该佃聚众抗租以图霸产之缘由也。查本湖田地约十万余亩，军宪经营堤费约费去十余万金，公司等皆前宪招徕遵缴押版廿余万元，而分办私堤、私沟，认偿官沟，新旧堤费及成本利息又数十万金，尚未一律竣事，领垦三四年，未见分毫之利。今当征租之始，该佃等竟敢强横抗霸，若不从严惩治，必谓官法不足畏，公司更不足虑，气焰愈张，无所忌惮，必致今年霸租，明年霸产。公司失业，即屯厂失业也；公司之租款无收，即屯厂之官租无着也。以经营辛苦之业，滋为匪薮，公司固不能坐视，国法亦未可优容。且该佃来圩承□多未呈缴霸庄，而圩破□后，公司等虑其失所，为之请款赈□之，为之择地安集之，周□缺乏，资之牛种，先后借贷，多者千余元，少者数百元，待之不为不厚，向非万不得已，无不曲为体恤，以期业可有成。乃该佃等不知感激，妄肆狡谋，大则有碍治安，小则田庐失业，故不办首要，不能解协从，不驱刁佃，不能安生业。情迫无已，用敢合词恳恩严办聚众抢劫首犯数名，以昭儆惩，余佃通饬缴租，由公司造册保留，其素不安分不能保留者，出示勒令出境，永远禁其来湖。同伴藏匿者，科以罚锾之罪。如此则去者甚少，而所保实多，良佃幸甚，公司幸甚。所有佃民霸租抢劫恳赏严办缘由谨呈。

《时报》光绪三十三年九月二日（1907年10月8日）

万顷湖公司苛租激变案已平

芜湖万顷湖领垦各公司因案租过重，佃户聚众抵抗，几酿巨祸等情已纪前报。邑尊谢凤岗大令因此案办理不善，业经皖抚参劾革职。自秋节至今，湖中尚无暴动情事。关道文仲云观察已出示晓谕湖民：本年剔荒征熟，概照五成缴租。连日又经李葆林参戎、张芳馨都戎亲至湖中剀切开导，闻各公司佃户均遵允上租，已于本月初七开秤矣。

《时报》光绪三十三年九月十四日（1907年10月20日）

安庆土民抢劫厘卡*

安庆电云：平定埠厘卡被匪抢劫，所失甚巨，并刀伤巡勇多人。

《汇报》光绪三十三年九月二十日（1907年10月26日）

三山天主教民阻捐毁学阖镇罢市详记（繁昌）

芜湖上游三十余里之三山镇，为繁昌县属第一市廛。该镇有天主教民赵知新者，无恶不作，地方乡民屡受其鱼肉，均敢怒不敢言。去秋该镇绅士组织一公学，其经费除公款拨充外，其余禀准前县令杨邑尊创办米窑鱼肉等捐目抽收，数月以来均皆乐从。兹因该教民赵知新者垂涎其捐款，在该镇无帖私开米行，勒收行用，意在阻挠学捐。本月初九日，卖米乡民不服，至公学收捐处理论，被赵知新知悉，遂邀其党羽杨老五、桂本宽等亦至公学收捐处滋闹，始则口角，继则挥拳乱殴。该学堂管理某甲见事凶猛，夺路回学，闭门以避其锋。赵知新又纠集教民三十余人破门直入，形同匪盗，打毁器具，殴伤庶务员姚锟，学生全体吓散。该镇巡检徐少尹守汛、刘十戎比即到堂弹压。赵等自知情亏，派人到芜湖、繁昌两处天主堂擅报。该学堂比即专人赴县请邑尊贺大令到镇履勘，并诣该教堂声明教民无理之原委。次日繁昌天主堂桑司铎由芜至三山镇，该公学学董请其到堂勘验后，讵桑司铎竟听赵知新半面之词，举拳殴辱堂董姚瑞云、姚彭泽等。该镇商民大动公愤，一律闭市，繁昌各学堂亦因此全体停课。该镇商学两界已派代表晋省禀控。余容续详。

三山公学上皖提学司电。安庆学宪钧鉴：三山天主堂桑神甫袒护教民，夺捐毁事，全镇罢市，恳饬繁昌县惩治，以维学务而安民心。三山公学叩。

三山公学致上海姚主教电。上海法界天主堂姚主教鉴：繁昌县教民赵知新拆毁三山公学，殴伤教员，繁昌桑司铎偏听袒护。

《时报》光绪三十三年十一月十五日（1907年12月19日）

委查繁昌闹学罢市情形

繁昌三山镇近为兴学抽收米肉鱼窑各项杂捐，甫经立案，而教民赵知新等藉无帖牙行之名，如常强收行用，小贩不服，疑为学堂怂恿所致，纠众闹学，捣毁什物。适庶务长姚某外出排难，骤被攒殴，商民不平，为之罢市，由学界联名具禀到省，奉派委彭令鸿年前往该邑查察情形，禀复核办。

《时报》光绪三十三年十一月二十一日（1907年12月25日）

三山镇天主教民阻捐毁学案补纪

繁昌三山镇天主教民赵知新阻捐毁学，殴伤该学庶务员姚锟，该教堂桑神甫偏听教民之言，殴辱学董姚彭泽，以致全镇罢市等情已纪前报。该县贺大令于十三日到三山镇履勘情实，比将教民杨老五、桂本宽拘获，一面开导该镇铺户照常贸易。该镇学商界要求三事：一令桑神甫开除不法教民，二赔偿学堂毁坏之物，三出示晓谕，嗣后教民不得干预地方公益之事。贺大令均面允，讵回城后，竟将所拘杨、桂两教民送还桑神甫，自行认捐洋数十元赔偿该学堂之物，以期和平含糊了结。该县学界以贺大令办法未能持平，心未甘服，前日派代表多人来芜，除在道署禀控外，晋省上控，以雪学界大耻。芜湖关道文仲云观察除札繁昌县持平办理外，派洋务局周德葭大令前往查办。闻皖抚冯中丞及沈提学使亦派有彭小泉、包鹤筹二大令赴三山镇切实查办云。

《时报》光绪三十三年十一月二十六日（1907 年 12 月 30 日）

三山闹教原因

昨日有人来函详述三山滋事情形谓：本年三月间，有教友赵知新、杨得青二人合伙集资，领有筹捐执照，在本镇开设米行。于五月内该镇小学堂提议，在肉米鱼窑四项上抽收捐费，倘有不遵，照杭〔抗〕官捐例办理。章程定妥后，先由肉业办起。时有教友姚启标屠店与彼等微有龃龉，但办捐人等只知罔利，不恤人言，见姚等于彼龃龉，心中遂有芥蒂。未几，所议米捐亦实行收取，该堂示谕各牙行，所领执照，期满者不准续请，未满者即行闭歇。时该镇米行仅赵知新等所领行照未满，遂断令赵姓等自七月初一起每日在捐局领米三升，至三十四年三月止。赵等勉遵斯议，忍不与较。讵首三日尚符定议，至第四日赵赴局领米，该局人不但不付，反加辱骂。赵至学堂向理事人争论，而该堂人又大言恐吓，赵思若辈殊难理喻，只得将店闭歇。然赵、杨家寒素，冀得营生度日，因恳学堂理事人仍照前议，理事人不允，赵不得已将米行复开。理事人愤甚，遂由体操教习姚名生率领地棍姚昌长、姚昌柏并捐局多人，至赵所行内打毁一光，复将赵、杨二人拉至学堂吊打。时赵兄名知文者闻信，奔至学堂，力为求免。该堂中人既释，赵等复私相议云：本堂示谕抽捐，各行相继遵依闭歇，惟有教民抗示不遵，屡次为难，胆敢复开，羞辱我等，殊堪痛恨，苟无教堂，亦无今日之事。语未毕，体操教习姚名生等领全堂学生蜂拥前来，将公所后门撞坏而入，打毁一空。适桑教士由芜来繁，路闻三山公所打毁，立经查看，并请分司勘验。学堂即选派姚名溪、姚名生赴芜邑刻发传单，散布各处，又鸣锣逼迫罢市，口称本学堂逐洋人出境，尔等应当力助，倘有不遵，定当严办云云。于是该镇之人皆闻声闭市。此学堂中人始则任意勒捐，继则挟嫌仇教之实在情形也云云。（按：三山闹教原因，言人人殊。今斯函缕述详情，纤细不漏。则读斯函者，当知外间所传尚多误会也）

《汇报》光绪三十三年十二月一日（1908年1月4日）

关卡病民（徽州）

徽属舟行由休赴浙七百余里，崇滩巨浪，随在堪虞。近复关卡林立，总卡之外有分卡，有巡船，名目百出，安置私人。自屯溪起，河滩设水卡，下而牛坑，而街口，而王家潭，而威平，而严州，而东关，而桐江口，而闻家堰，在上宪为偷漏起见，可谓网密无遗。不知多设一卡，即多一留难，凡行旅过卡，仅带一肩行李，亦必勒报，零货数担，如不写捐票，暗出钱数百文，方准放行，否则借验看为名，须翻囊倒箧，不饱其欲不已。似此情形甚于暴客，可胜叹哉。

《汇报》光绪三十四年一月二十五日（1908年2月26日）

和州商民罢市抗议军队骚扰*

芜湖电云：姜军马队初八、九过和、滁两州，沿途骚扰异常，居民惊惶，弃家远走，河中淹毙老幼不计其数，和州罢市。

《汇报》光绪三十四年二月十六日（1908年3月18日）

芜湖磁器船帮聚众抗议*

芜湖电云：磁器船帮到芜，纠众登岸滋扰，不服巡警弹压，反将巡士多人拘缚痛殴，致受重伤，又打毁第二区警局。

《汇报》光绪三十四年三月十五日（1908年4月15日）

灵璧县民聚众起事*

安庆电云：灵璧县属与铜山、邳州接壤处，有大刀会匪张老鸣聚众起事，江督札饬严拿。

《汇报》光绪三十四年三月十五日（1908年4月15日）

抽捐兴学（铜陵）

铜陵县令请抽收姜蒜各捐以充学费，当奉学司查于行户，卖客诸多不便，未如所请。现该县杨令以兴学维艰，无法可设，仍禀请变通抽取买客捐资一分，由行代收代缴，尚于卖客行户两无所累。奉批准，予试办一年，以觇后效。

《汇报》光绪三十四年三月二十二日（1908年4月22日）

英山教案*

安庆电云：英山闹教，教堂被拆，官署被焚，狱犯被劫，皖抚赶派防营刘管带督队驰剿。

《汇报》光绪三十四年四月三日（1908年5月2日）

宁国乡民起事*

安庆电云：宁国府宁国县仙家村匪首熊大嘴纠众起事，经皖抚饬属密拿。

《汇报》光绪三十四年五月十九日（1908年6月17日）

息讼歌（宁国）

宁国县秦大令政绩卓著，已载前报。兹由友抄来大令手撰息讼歌，词句浅近，老妪都解，因再登录。歌曰：劝我百姓莫赌气，赌起气来两不利。自古官廉隶不廉，一打官事便花钱。写呈词也是钱，堂费也是钱，十桩官事九宕延，不觉又是两三天。住客店也是钱，吃茶饭也是钱，一经投到又花钱。官坐高堂民跪地，种种情形真可怜。赢了官事财已破，输了官事难更难。难！难！难！不如忍耐且种田。劝我百姓莫刁逞，你敢刁逞我不饶。几见刁人能善后，有心欺人天不佑。我今要把讼棍拿，深恐唆弄破尔家。田地房产各有契，要想欺占也不易。钱财债欠各有凭，要想图赖万不能。人家钱从辛苦来，搭台讹诈大不该。当堂讯明要反坐，枷打治罪有后祸。我今来做地方官，总要民间事事安。安！安！安！人人头上有青天。我劝百姓莫好讼，一事认气万事定。我闻健讼必终凶，讼棍唆弄切莫听。刀笔无非谝人钱，一人牢笼脱身难。功夫浪费田园荒，转眼秋来要完粮。一家老小都不安，可怜花的冤枉钱。银钱花尽一家哭，衣裳当去何日赎。人说花钱争口气，事后想想有何济。本县在家亦是民，今乃作歌广劝人。人能让人自家好，纵有小事亦可了。大家敬听本县言，落得过个太平年。年！年！年！父兄和气子弟贤。劝我百姓莫逞强，须知做事要天良。讼事拖累破人家，我今要把讼师拿。劝人息讼是良方，为何出头来扛帮。帮人兴讼你夸功，强词夺理我不容。抑强扶弱一片心，本县生平最爱民。大堂设锣可鸣冤，那个敢想昧良钱。日日坐堂问民事，那个强梁能得志。百姓世代受天恩，总要个个学好人。人！人！人！地方自治赖国民。

《汇报》光绪三十四年五月二十九日（1908 年 6 月 27 日）

社员勾结匪徒（庐州）

府境明教寺为皖北名胜之区，客岁郡绅设振武支社于该寺内。该社执事陆某本为小刀会匪，自为该社执事后，勾引枭匪来庐，在该社大开香堂，又招诱芜湖枭匪杨某暨大香会匪头目数人，同到庐州开堂收徒。事为邑宰郑来璘大令所闻，签差拘拿，陆等已闻风潜逃云。

《汇报》光绪三十四年六月三日（1908 年 7 月 1 日）

歙县毁学*

安庆电云：歙人方成等煽痞毁学，抚宪已饬查办。

《汇报》光绪三十四年六月三日（1908 年 7 月 1 日）

商民因捐罢市（滁州）

皖属滁州地瘠民贫，邻界向有池河、张堡两卡，滁民已不乐输。近来皖省大吏拟于滁境亦设捐卡，虽肩挑负贩，不能偷漏。该州商民知开捐在即，力实不逮，于初一日阖境罢市。

《汇报》光绪三十四年六月二十日（1908 年 7 月 18 日）

芜湖磁工起事*

芜湖电云：磁工滋事，打毁窑户坯坊二十余家。

《汇报》光绪三十四年六月二十日（1908年7月18日）

贵池垦民起事*

安徽电云：池州府贵池县六都湖土民纠众抗业，围扰垦局。

《汇报》光绪三十四年六月二十二日（1908年7月20日）

严禁厘卡折扣铜元

皖北厘卡用多银元，遇有以铜元、钞票完厘者，非八成一二五折，合银数即二成一八折缴纳厘金，现为省台查悉，谓殊于圜法有关，因札饬厘局通行各卡，铜元、钞票一律使用，不准丝毫折扣。

《汇报》光绪三十四年六月二十四日（1908年7月22日）

徽属守令漠视水灾之一斑（休宁）

徽属今年水灾，为数十年来未有之浩劫，乃省台仅据休宁禀告，而且情形尚不周详，故虽委员散放急振，灾疫频仍，疮痍仍多，无所呼吁。顷据徽绅吴棣条陈振灾办法，抚帅颇以为然，抄禀札饬散振义绅、吴锦二守查照，并行藩司迅即筹办，而该属守令竟无片纸只字禀报到省，其为漠视灾民，可见一斑。

《时报》光绪三十四年七月八日（1908年8月4日）

各省抽捐纷纷

皖省抽牛捐举办警察　盱眙梁令鼎埙，以该邑地当孔道，而举办警察实为地方之要方，爰即招募巡士，按段设立岗位，分区巡逻。惟以费无所出，不免多费踌躇，因按各集抽牛头捐，并另按户捐洋一元，作为经费。继莲帅据禀前情，恐滋扰累，批饬巡警道酌夺核议饬遵。

又抽册书费办公　太和素号贫瘠，故其举办地方一切公益，类率无术，挹彼注兹，不免阻遏新机。田令毓璠查有册书费一项，为数甚属不赀，拟即提取归公，以资接济。闻其办法系按每亩捐稻二升，折钱三十文，岁可获钱三千余串，以之办理各项新政，当亦不无小补。经已禀奉抚台核示照准。

盐斤加价　试观皖省一盐斤加价也，部加四文，京官建议加四文，江督又奏明加二文，长此层累不已，将来加价至无有穷时，加以中饱，加以种种名目，无怪乎盐非百余文一斤不可也。

虽然此数十万数百万者，果何用乎，吾民不知也。为国税地方税乎，亦惛然不闻也。第曰：此官款也，此官款也。

《时报》光绪三十四年七月二十七日（1908 年 8 月 23 日）

安庆潜山县之黑暗

安庆潜山县凌令浮收钱粮。兹悉凌令于光绪三十一年莅潜，任用家丁胡玉浮收钱糟，纵役讹诈，逼死粮户郑君兆。嗣经邑绅张绍祖等暨郑义佳等先后禀控，奉前督前抚委员设柜不许浮收讹诈，并将逼毙之差役黄兴、杨荣监禁八年，凌撤任候参，凌即因忿而去。详绎此案，凌无复任之理，乃凌于旧冬竟夤缘复任，专图报复，一切民情均置罔闻。原有其报复之计，冯前抚旧设一鸣冤匦，适中凌令机锋，即有匿名书投于匦内，凡前任被控时，形迹疑似之人，一概罗入。冯前抚既得此书，因该令上辕时询问，该令故张大其词，谓诸人如何凶恶。冯抚以询问之词证所投之禀，信为真实，不知所询之人与投书之人实一而非二也。回任后，拟兴大狱，奈提集诸人钩考捃摭，均无所得。被害者为王开元、刘宗棠、徐介、卢锦标、张绍祖、徐叶唐，均系廪贡生员，向充该邑董事，其押者押打者打，凌辱百般，无复人理。又用家丁龙锦章（绰号龙珠眼，谓其见钱则眼开也）百般需索，诸人荡产破家，尚难填其欲壑。该令恃中丞被蒙，诸人无处控告，家丁放胆诈索。内中被害尤惨者，无如徐介，自二月十七被押后，既无旧案，又无新告，无可周内。至六月杪，陡谕保释，徐介遂出班房。徐介出后，因无颜对戚里，遂往外糊口。该令闻徐介出门，立著保人要人，徐介居迩城堙，饬丁役数十人押令保人夤夜到徐介家，不分内外抄搜，既不获人，遂将介家抄掠一空，牛猪、粮食、衣物、器具无一存者。又将徐介七旬老母百般窘辱，妻子、兄弟登时星散，期亲兄弟子侄捉押数名比责，余粮数亩无人收获。该令前任受控，不知介与诸人曾否在事，而凌令之泄忿，可谓达至极点矣。又该邑粮书储树棠因亲被控，经前抚饬提究于二月十七日与徐介等同押，龙珠眼说令出银二百两开释，蒙禀冯前抚称，储于三十年退卯，此事尤为合邑人心不服。闻该令泄忿实事，仍不止此云。

《时报》光绪三十四年八月十九日（1908年9月14日）

运漕兵变商民罢市（含山）

皖北含山县属运漕镇商人翟姓嫁女，特请该镇中路防兵二十名鼓号为彩舆前导，以壮观瞻，事后翟姓仅酬每兵三分面票一张。该兵等以其太微，争闹不已。当由张姓出为调停，明日相请，兵遂悻悻而去。次日兵等俟至午后，并无音信，遂齐往张姓家索食，出言不免无状。张姓大惧，飞禀该营彭管带派兵将该兵等拘回营中，每名笞责军棍一千。彭管带怒犹未息，复亲持军棍痛打，兵均遍体鳞伤，以致各兵大愤，全营鼓噪，争夺军械，势将哗变。彭见势不佳，当即逃避。各兵手持刀枪，分头搜寻。该镇商号一律罢市，厘金局均将银元抛入粪坑中。是时全镇业已大乱，商民纷纷向附近城镇逃避，土匪亦乘机而起，势将不可收拾。幸该营中哨驻扎附近某镇，闻警驰回。该哨张弁跪于各兵前，力劝万无暴动，自有妥善办法，始一律回营。该镇绅董又出为调停，断令彭管带出洋若干，为兵士养伤费，商人翟、张两姓复宴请各兵。彭复运动各绅董，力请厘金局委员勿得禀报省宪，其风潮始渐息。

《汇报》光绪三十四年八月二十四日（1908 年 9 月 19 日）

膏土抽捐之风潮

皖省禁烟一事现甫实行，所有膏土各店经巡警道厘定章程，每售膏一两，捐钱一百文；售土一两，捐钱五十文，即以各店每日簿记为凭。近因稽查帐簿过严，各店均不承认，相率罢市，竟将所有烟膏、烟土一律封储，并由各店东伙议立合同，概不售卖，故日来民间食烟各户颇形慌恐。巡警、道卡、观察深恐激成事端，特于禁烟公所内暂设官膏，饬保鸣锣晓谕，凡有吸食者，均可赴官局购买云。闻商会各董已出为调停，先向土膏各铺力劝照常开市，毋自惊扰，如巡警道仍照前次加捐，再由该会公禀，请从宽办理。

《汇报》光绪三十四年十二月十八日（1909 年 1 月 9 日）

抢米要志（无为）

皖属凤凰颈厘卡，上年腊月二十七八两日，有劣董痞棍鼓煽贫民百数十人，藉口阻禁救荒，肆形无忌，相率抢劫米粮，当经该卡委员前往弹压解散，并拿获为首滋事之人，讯取草供，正拟解往无为州讯办，以为惩一儆百之举。嗣经该处绅董出为保释，该卡员当因事已寝息，即未取操之过急，旋即允准释放。兹于本月初十日，有芜湖米商装运米粮四十艘，计米千数百石，运至该卡，搬坝出境，突有黄姓混号大爷，纠集男妇老幼千数百人，蜂拥上船，抢掠一空。该卡员闻警，即率巡勇司扦前往弹压解救。讵该民人等恃众横暴，势甚汹涌，竟敢乱抛砖瓦，毁伤船户、司巡人等，该卡委员亦被毁伤。当时居民铺户几有风鹤相惊、草木皆兵之象。似此目无法纪，若不严拿惩办，不足以遏刁风而儆效尤。顷经该卡委员已飞禀抚宪，饬拨巡防营队，添派护卡、炮船前往弹压，以资镇摄等情。朱中丞当于据禀后即札饬全省牙行厘局，移会巡防营务处，酌派兵队，前往弹压，并委许令岳钟速赴该处，认真查办，及饬无为州严拿为首滋事之人严讯，照例惩办，以昭炯戒云。

《时报》宣统二年一月二十九日（1910年3月10日）

南陵县商人因禁粮米出境罢市*

南陵县（安徽宁国府属）因禁粮米出境，于十八日全城罢市，要挟乡民，聚众数千人，捣毁商会，滋闹县署。

《时报》宣统二年二月二十四日（1910年4月3日）

饥民之惨状（当涂）

当涂县去岁大水为灾，情形极重，今春阴雨绵延数十日，目下饥民遍野，惨不可言，传闻每日饥毙者，以十数计。米贵至八九十文之多，而地方官绅竟置之不闻不问，恐将来酿成巨案之一日，非即湖南前车之鉴耶？

《时报》宣统二年三月二十五日（1910年5月4日）

宣城饥民被匪煽惑作乱

宁国宣城县境，因上月初旬以及十八日后连遭大雨，山洪暴发，以致田庐浸没，圩田大半冲破，被灾饥民被匪煽惑，聚众数百，或数千余人，意图抢掠。府尊贵太守并县尊会同防营分往弹压，该饥民竟持械抗拒，当经巡勇捕获二人，格杀多人。府尊及县令已专差来芜，电禀各宪。芜湖道李梅坡观察接宁国府飞禀，即商南路巡防李统领振标，于初六日驰往宣城镇压。俟续详。

《时报》宣统二年六月十日（1910年7月16日）

宣城饥民暴动续闻

皖南宁国府宣城县饥民暴动，兹闻前月两次大水，宣城东北各乡圩田淹没殆尽，农民失所，遂铤而走险，半月前即有抢劫砻坊之说。上月三十日，距城十里之双桥镇突来饥民数百人，声势汹汹，县令前往弹压无效，皖南镇张镇军、宁国府贵太守闻警驰往，饥民遂退。入夜，张镇、贵守回城，讵有党匪蛊动，饥民重集该镇，经某所开之砻坊门首肆抢（闻该坊损失约二三千元之谱，裕泰亦同时被抢）。府镇所留之防军向阻，大起冲突。饥民来者愈众，约千余人，将防军所持之枪抢去三枝，枪刺七枝，而彼此乃大交绥。哨弁沈少齐乃发令开枪格战，移时饥民即散。当场兵士受伤者数人，饥民死者二人（一洞腹，一折足），伤者二人（因伤重越日即死），并拿获陈师鹏（陈系湖南光□县人，有党千余人，自认为土地会首领）、黄老二（本县北乡人），所失枪枝当即夺回。贵守及县令复行下乡安抚，当允筹办米三千石赈济，现已发出八百余石。

至六月初一日，城内铺户全行闭市一节实系误会。盖当日风声鹤唳，居民异常惶恐，适城门关闭较早，而城内外之欲出入者蝟集城下，人声鼎沸。是时忽城外有送公文者至，启门放入，而蝟集之人乘隙乱窜，遂误为饥民入城抢劫。岗警不加深查，传吹警笛，一时草木皆兵，全城一律闭户，哭声震天。迨府县步行上街查知，并无饥民，逐一晓谕，乃各相安。刻下地方尚觉平静。新宣城令俞子良大令于初二日接篆，次日即下乡查看灾情，散放钱米云。

《时报》宣统二年六月十八日（1910年7月24日）

蒙城凤台等饥民暴动*

安徽民变一事，业经兼旬有余，兹得朱抚上某公电如左。

月初，蒙城帮匪勾结外匪起衅，沿途裹胁，饥民约数万余人，侵及凤台县属罗家集，附和愈多，搜劫军械，抢夺马匹，势颇猖獗。当经宝电饬北路附近防队分头堵击，并派在省防队星驰策应，又电商张制军饬调江防三营，经由浦口铁路直趋凤阳，并派徐防统领率队前往协助。昨据蒙城、凤台电禀：经巡防马步兵队会合乡团，在苗家寨协力痛击，匪徒击散，格杀多名，拿获匪目五名，匪党□名，胁从十三名，驴马数百余匹，刀械无算，验明匪首李大志经击伤，所获各匪讯明正法，胁从保释。续据宿州电称：板桥陈集地方有帮匪千余窜扰，又经飞饬各营合力拿办，剿抚兼施，不准稍分畛域；一面筹办急赈抚饥民，即以解散胁从。现在援兵到齐，兵力甚厚，匪势已孤，当易扑灭。所虑灾区甚广，饥民太多，赈款有限，殊深焦灼。公念切桑梓，尚乞示以方策为盼。宝。文。

《时报》宣统二年八月二十五日（1910年9月28日）

万顷湖佃民之不法

芜湖万顷湖屯垦佃户不法，请兵弹压，已略纪前报。兹闻系元丰公司司事朱虎臣被湖民用布袋装入，抛弃芦滩，刻已寻着。该司事冻饿两日，狼狈不堪。芜湖县何大令前日亦到湖勘验，现在严拿为首之佃民云。

《时报》宣统二年八月二十九日（1910年10月2日）

万顷湖风潮调查详纪

万顷湖此次风潮其起衅原因，系由翟凤仪之宝善公司与佃户王开甲，因估租争较。翟须照湖内定章定租（上等每亩二百四十斤），王佃仅允二百二十斤，多则不允，两下争执不让。翟即面禀该湖屯垦厂员胡令春泽处请示办理，当由该厂派勇六名随到王佃处弹压。讵东佃仍两不相下，大起冲突。王佃遂号召多人麇集该处，意欲与翟为难。翟见势不佳，急派随丁遣散，而佃户意愈聚愈多，将翟之随丁捆缚，复将翟扭住，百般侮辱，并将厂勇痛殴。次日经邻佃调处，始行释放。又捏造谣言，夸大其词，各佃遂为蛊惑，邀结团体，全湖罢租，并声言必将屯垦厂付之一炬而后已。月之十七日，有余方伯诚格之屡丰公司在湖内秤稻，装载民船，行至杨青渡地方，有湖佃数百人蜂拥而至，将租稻及银洋、衣物抢劫一空，并将装稻四百余石之民船捣毁。该经理余月川乘间逃避，幸未受伤。旋由该公司总经理葛天民赴皖南道署禀诉，各佃益形恐慌。至十九日，有陈观察维修之恒丰公司经理人朱甫臣在二横港地方收租，经佃户纠集多人，将朱四肢捆缚，装入麻袋，抬至湖心，二日始行寻着，幸未受害。该公司两个经理人以起衅于宝善，何得妄肆抢劫，殃及别家，均先后开具失单，禀请该湖督办皖南道李观察，遂由李观察商派巡防营兵士四十名前往弹压，并饬邑尊何敬敷大令亲往该湖遣散。各佃仍不服理谕，何令即饬差锁带湖佃四名回署收押。目下各公司租船往收租稻，不知凡几，均停泊河水河，不敢前进。皖南道李观察已将情形电禀皖抚及金陵军督两宪，核示办理云。

《时报》宣统二年九月一日（1910年10月3日）

皖北凤台县蒙匪窜扰始末详纪

皖北凤台涡蒙一带，本年夏季大水为灾，匪徒煽惑，饥民作乱，皖抚朱中丞除派防营前往捕剿，又派新军出巡。兹得皖北函云：八月初二日，蒙城县匪首李大志、张学谦等纠集党羽，裹胁饥民，在蒙城之罗家集起事，以致窜入凤台县北乡武家集、苗家寨一带滋扰，民心慌恐。其适值该县郑仲常大令会步队管带王宏钰、水师管带王焕成在乡巡缉，至段家冈一带，缉获盗匪念余名，初四日晚带回县署。随请水师王管带堵截水路，一面齐集团练，即令在城文武督率梭巡，以资守御，并禀请镇台借拨钢炮两尊，添派马队，于初五日会同巡防营王管带率队迎剿。行抵苗家寨，适值团练与匪开仗之后，其时李大志受伤，直认为首，旋即毙命，并格杀余匪多名。郑大令会同王管带赶到之后，亲到前敌派令眼线，认明实系李大志尸身。因闻余匪分作两股，一股窜回蒙境，一股分窜平阿山。郑大令当即函知蒙城会同堵截，并会同王管带亲追至平阿山，余匪四散。在各集共计格毙者多【人】，生擒者数十人，并获枪械三十余件，马匹十余头。郑大令又往西北乡之阚疃集，会同蒙城于大令商办巡缉事宜，十五丑刻始行回署，日夜提讯各匪，确定供词，分别重轻，逐一定罪发落。此次李大志起事，由蒙城之罗家集窜入凤台县境，裹胁至三四千人之众，马至五六百匹之多，其势汹汹，甚为猖獗，若非郑大令布置调度，会营迎击，势必窜渡淮南，蔓延皖北一带，而大局不可问矣。

《时报》宣统二年九月六日（1910年10月8日）

乡民聚众抵抗拆毁小湖滩埂（南陵等）

芜湖武举胡彩廷今春在小湖滩拦河筑埂，妨碍南陵、繁昌、芜湖三县水利，业经三县绅民公举代表，迭次禀请各大宪交皖谘议局议决拆毁在案。本月初一日，皖南道李观察饬邑尊何敬敷大令，并商请南路巡防统领李葆林参戎，率领防军百名及小工数十人，乘元利小轮前往该处拆毁。正在锹锄齐施之际，乡民忽鸣锣聚集，老幼数百人，多持农器鱼叉蜂拥而来，砖石如雨，势极汹涌。李统领、何大令恐酿巨祸，遂率兵退归，再行电禀抚宪，请示办理云。

《时报》宣统二年九月九日（1910年10月11日）

万顷湖风潮近情汇纪

芜湖万顷湖屯垦风潮，兹闻上月二十六日，宝善、慎德、养云、恒丰、服畴、兆丰等领垦各公司，假屡丰公司会议刁佃抗租抢劫各事，议定于次日电禀督抚军三大宪。原电谓：万顷湖宝善佃户王开甲、王庆云等聚众抗租，捆殴经理，局勇久缉未获，致屡丰租船复被该党白昼抢劫，恒丰经理被潘日盛等捆去，道宪派兵弹压，该党鸣锣聚抗，全湖牵动，租不能收。现在情形日棘，勾结日多，不特官赋无着，势将酿成巨患。恳迅饬道宪会营严拿首要，并将不法之人分别驱逐，以遏乱萌而重赋课云云。

又闻是日屡丰公司主人，现陕藩余寿平方伯由西安来电云：芜湖长街宝善长送葛觉生鉴：租船在何处被劫，伤人否，劫去稻物若干，祈详细信复。原佃应不防匪，已电抚严究。诚格。宥。

恒丰公司经理朱甫臣前被刁佃潘日盛用布袋套去，不知下落。前日邑尊何大令照会该湖总董潘幹臣前往开导胁从，先将朱甫臣查明下落，并派差陈升随同前往。潘董到湖极力演说利害，再三开导，始悉朱被幽囚南幸圩周姓家，当往寻看，用轿送回公司。

万顷湖和合等公司因本年湖内更章，将保甲撤裁，因此屡起风潮。闻有外来匪徒乘间煽惑，聚赌抗租等事。刻拟在湖之中心祠山庙地方设立巡警，募勇十名，所有委员夫马勇丁伙食，均由各公司担认，禀由厂员详请道宪札委州吏目吴幼卿前往，即日开办，以防匪徒勾结云。

《时报》宣统二年九月九日（1910年10月11日）

饥民骚扰西南乡

皖省饥民迭次过沪情形曾纪本报。日前复有淮徐过来饥民六百余人，由青浦一带沿沪杭铁路直达莘庄镇，折而南行，至本县西南乡之闵行镇，沿途孤村小宅，多被抢劫一空，所有柴米亦要求各该图募给。在闵盘踞三日，至昨晨经该镇董嘱地保洪金发押令渡浦南迁，一路滋扰，乡民皆受累创。有该处绅士函请道县设法阻止东下，以免民累云。

记者曰：难民骚扰非也。然其所以骚扰，实由地方官不早为安插故。乡民不堪其扰，而以速去为请，犹可说也。官吏受国厚恩而不能保赤黎民，不可说也。然将何以善其后乎。

《时报》宣统三年一月二十八日（1911 年 2 月 26 日）

芜湖矿工暴动之骇闻

芜湖协和煤矿公司，在繁昌荻港地方开矿取煤，近因大水暂停工作。二十五日，有小工百余人向荻港分公司支取工资，该公司以工资早经工头清算。各小工不理，一味滋闹，该公司即请驻扎大通巡防三营高管带派兵多名弹压。不知如何，该小工又与巡防兵士冲突，其势汹汹，互相攻击，防军开放排枪轰毙小工三人，防军亦伤多人。该县朱令飞禀芜湖关道赵观察、李统领核办，闻已连夜派员前往查办。容俟续详。

《时报》宣统三年七月二日（1911 年 8 月 25 日）

浙　江

宁波滋事述闻（民教冲突）

二月念五日，宁波地方忽肇乱事。考其致乱之由，则因台州有人挖取小孩眼珠，并语人云，挖此眼珠将售于天主教人，因天主教人收买此物也。该处人民闻其语，即群相鼓噪。英国领事闻信，即径见道台，请其速行设法平定。道台立将挖取眼珠之两人正法，百姓见之，始惧而解散。数日后，各处乡人至宁向天主教堂教士相闹，谓何故购买人眼，以致家内小孩眼珠被挖，今须索偿云云。本埠昨晚接到宁波来电，请派兵舰前往保护。德国兵舰两艘已于昨夜起碇前往矣，英国兵舰一艘亦于今日起行。当乱事初起，各国领事即公举英国领事主办其事，英领事接电后，即与英国水师官商议，应派何舰前往。初拟派英国兵舰一艘前去，因吴淞口水浅，英舰不能出口，故求德领事派德兵舰两艘先往，至今日潮长，始派英舰继往也。英领事昨晚因见英兵舰不能出口，并立行电达福州英领事，请其选派一兵舰，由福州驶赴宁波。以上译三月初三日《文汇西报》。

《中外日报》光绪二十八年三月四日（1902年4月11日）

宁波民教冲突*

西四月九号即三月初二日宁波来信云：宁波城乡内外民心非

常鼓噪，其事蔓延至各乡甚形迅速，顷刻之间尽皆传遍。近于一月之内，此间早有谣言，谓有挖取小孩双目以制药料之说。于三礼拜之前，有华人三人偶立于小儿之侧旁，人见之，即以为将挖取小儿眼珠者，遂哗然向前擒之，群相殴击。其一人因伤重立时毙命，余二人即被送入地方官署，请官立刻审讯，并语官云必须将此二人正法，否则众人不散。官即提二人审讯。据供，并未挖取小儿眼珠，不过从前曾有掘人坟墓之事。官闻供后即将二人正法，百姓遂各分道散去。然众人之心群以为此二人系外人雇用者也。

地方官立即出示，以安人心，然告示内并未言明此事与外人毫不干涉。百姓见之，其疑更甚，群谓挖取儿目一事，告示中并未言及与外人无涉，则必为外人主使，无疑官太过畏而不言耳，因此群情愈形鼓噪。

昨日此间接得外乡消息云，某乡有一教民均谓其与挖目之人同党，已被乱民殴击，几致毙命。吾等深望英领事速为设法，使此等刻薄教民之事后不再见，则庶乎可耳。现在群情如此汹汹，中国地方官若不善为调停，解散其党，恐必致酿成巨祸也。

查乱事之起，一因近日宁波地方遣散之游勇甚多，均无事可为者；二则米价太昂，百姓糊口维艰；三则因去年之乱，此间加抽各税以为筹给赔款之用。有此三端，皆足为致乱之由也。以上译西四月十一号即华三月初四日《字林西报》。

《中外日报》光绪二十八年三月五日（1902年4月12日）

再述宁波滋事情形（民教冲突）

西四月十一号宁波来信云：前十日内此间谣言蜂起，有言外人开掘中国棺木，取死者之目以为制造药材之用，又云外人又遣华人挖取生人之目，每对给以洋百元。后查获二人，谓即系挖取人目者，地方官立将该二人正法。二人正法如是之速，系百姓逼请所致，盖恐迟即为外人干预，必致开释故也。乱事现仅在宁波一处，尚未蔓延，如地方官急速出示安民，及德国兵船到宁波后，或能安靖如常。向来宁人听谣未有鼓噪若此次之甚者，此间闻镇海地方亦获挖取人目之匪二人，闻尚未提讯。又闻美以美会教民一人，在天洞附近地方省墓，为乡人所击毙。查此次滋事之由，一因米价大昂，各人糊口维艰；二因散勇造言生事；三因赔款抽捐太重。此信书毕，德国炮船业已进口，地方遂平静如常云。译西四月十二号即三月初五日《文汇西报》。

《中外日报》光绪二十八年三月六日（1902年4月13日）

示禁谣言（鄞县）

迩日挖眼谣言，城乡地方依然哄传，人心惶惑异常，鄞县黄大令昨出有六言告示云：照得谣言惑众，律法在所必惩。近日纷纷传说，佥云挖眼剖心。甚至牵涉外国，其言实属无凭。皆有匪徒煽惑，尔等万不可听。业已严拿斩决，从此风静浪平。颇闻乡民传播，日夕饱受虚惊。万弗街谈巷语，妇孺不得安宁。西国无需心眼，从前薛道奏明。岂容妄生疑忌，不顾和约交情。宁波通商最早，中外一视同仁。尔等各安生业，勉为盛世良民。匪徒一经拿获，无不立正典刑。

《中外日报》光绪二十八年三月六日（1902年4月13日）

抢米已见（嘉兴）

驳船户陆阿川在周庄承装某号米数百石前往嘉兴，行至硖石地方，该处农民见而大哗，以目下柴荒米贵，皆由奸商贩运囤积所致，疑该船所载之米欲绕越海塘私贩出洋，遂一呼百应，各持米箩拥至船上，纷纷自取，计失去米约四五十石。陆无奈，央人函告家属请该县设法。

《中外日报》光绪二十八年三月八日（1902 年 4 月 15 日）

挖眼滋事详志（宁波）

郡城谣言匪徒挖眼剖骨之事，已经鄞邑令于前月拿获汪荣甫等三匪正法，而谣言迄未能止。初七日又起一谣云，鄞东南乡民欲就十八庙会齐纠众，约期来宁，求免捐款，颇有汹汹之势，合郡人心异常惶惑，寓郡西人亦电调英德兵舰各一艘到来，藉资保护，以免意外。嗣经高太守、黄大令出示开导，并严禁造谣，人心乃安谧如常，所有停泊甬江德兵舰旋于初七日下午展轮出口，英兵舰一艘尚在江北停泊，闻不日亦将开往。日前上海有乡民聚众、群向教堂滋闹之说殊为失实。

《中外日报》光绪二十八年三月十日（1902 年 4 月 17 日）

浙抚任奏陈筹备偿款开办各项捐输折

奏为筹备新约偿款，开办各项捐输大致情形，恭折具奏仰祈圣鉴事。案准户部咨本年具奏，新定赔款合力通筹分派摊还一折，光绪二十七年八月十六日奉旨依议。钦此。刷印原奏开列拟裁拟增各款通行各省妥速筹办，有与该省窒碍难行之处，自可因时变通，并准就地设法等因。遵经督同司道实力设筹，先于报解第一期新约赔款案内，将议办各捐声明在案。浙省迭遭灾歉，民力未纾，臣未敢操之过蹙，而赔款按月提解，筹备不容稍延。数月以来，办理已粗有端倪，今将各捐大致情形分别陈之。一曰粮捐。各属应征地漕钱粮，除荒芜缺额及因灾蠲缓外，自光绪二十八年上忙，无论新旧，一律按照实征之数每两加钱三百文，随粮带征。一曰盐觔加价。按现在价值每斤加钱四文，将来集有成数，仍由行销各地分去二文，其二文留归浙省。一曰盐引加课。两浙各属按照行销引数，每引由商加课银四钱，随掣带缴。一曰房捐。各属城乡市镇，凡系铺户行店，所居房屋于逐月租值十成，内捐钱一成，房主、租客各半分出，委员遍查给照收捐。一曰膏捐。洋药土浆熬售清膏，所在皆是，各属城厢市镇，无论土店烟铺，售膏一两，收捐钱二十文，委员会同地方官遍查给照收捐。一曰酒捐。酒为浙东出产大宗，而厘捐并无起色，照部章再加三成亦属无济已。委员分赴各属，会同地方官妥议简要章程，查明酿酒缸数，再以缸计坛给以印花执照，每年酿至五十缸者，缴纳照洋×元，于售销时分别在本庄、路庄两项黏贴印花，本庄售诸本地，每百斤捐缴洋二角，路庄运往外路，加缴二角，免其完厘。先由缴属遍查试办，已有端绪。以上六项，皆照部章察度地方情形因时变通，就地设法办理。惟章程甫经议定，如有未尽事宜，并当随时随地酌量妥办。此外，如钱铺典当牙帖契税，现并饬司分别筹办。据布政使诚勋、盐运使黄祖络会同厘捐局司道具详前来。臣查奉派新案赔款一百四十万两，加以奉拨无著，另款银十余万两，数巨期迫，均在常年出入各款之外，现办各捐岁收，计有若干，是否足敷抵解，尚无把握。惟有督同司道严饬承办，各员洁己奉公，妥为筹策，断不可竭泽而渔，亦未便因噎废食，以期上纾国计，下顾民生而已。所有筹备新饷偿款开办各捐大致情形，理合会同闽浙总督臣许应骙恭折具奏，是否有当，伏乞皇太后、皇上圣鉴训示。谨奏。

奉朱批：著即妥筹办理，总期裕饷而不扰民。钦此。

《中外日报》光绪二十八年四月五日（1902年5月12日）

遵札会捕（荆溪县会党起义）

浙江荆溪县梧桐山地方前有土匪揭竿起事，聚集八百余人之多，日□皖南总镇黄隽珊镇军接奉江督刘宫保飞札，当派常备右军刘长清游戎督勇三哨，即日拔队往广德一带地方会捕，以免余党窜入皖境。前纪荆溪县孙葆楹大令，兹悉大令实系薛葆楹，合附更正。

《中外日报》光绪二十八年七月五日（1902年8月8日）

浙吏借赔款苛索*

杭人无论贫富皆以重敛为苦，以致怨声交作。案照浙省每年摊还之款，计洋一百四十万元，月约十二万元。而浙省官吏遂藉此为名，广设局所，多方抽捐。初时该省官商闻摊派之数须一百四十万元，皆以未易筹到为言，乃办甫数月，迄今即以所加各项之捐计之，每年已可多收四百万元矣，此诚非意料所及也。计其盐课，每年较前多收九十万元。酒捐则仅以绍兴一府言之，一年亦可得三十万元余。如地丁年多六十万元，契税五万元，房捐四十万元。又如当铺等捐一年竟至八十万元，加收厘金，则有一百四十万元，即此一项，已足敷摊赔之数矣。又有节减官员俸银，每年约可得五万元。由以上各款核之，除摊还外，每年可盈余洋三百万元。由此观之，浙省官吏借赔款之名，竭力剥削百姓，贪囊虽饱，而恶名则仍洋人当之，与彼无与矣。究不知多此三百余万，将来作何应用也。唯如此办法，盖足令商贾及民人等致恨洋人愈深，必至不可收拾而后已。各国领事极应设法阻止，以救民困，不应任其藉端浮收，以饱其私囊也。盖如现在不为阻止，恐将来或将有甚于此者亦未可知也。阻止之法，须请各督抚饬著各县，将因赔款收捐所得之款，榜示通衢，俾众咸知。倘其中有数目不符之处，则准百姓告发，不然华官明目彰胆以剥削百姓，皆将诿谓由洋人使然，与彼毫不涉矣。是无怪各处多有匿名揭帖，言欲攻打洋人也。杭州、嘉兴、湖州、宁波、绍兴等处，素称富饶，其民亦颇驯良，即受刻薄亦必忍受，或不致轻易生事。若如温、台等处，其民皆好乱思逞之徒，倘仍不改，即恐不免作乱。所望驻京公使及各处领事着意视之，而不忽略其事也。译八月初一日《字林西报》。

《中外日报》光绪二十八年八月二日（1902 年 9 月 3 日）

浙抚任中丞奏浙省随办洋务教案出力人员恳予汇奖折

奏为浙省随办洋务教案出力人员恳恩给予汇奖，恭折仰祈圣鉴事。窃照浙省自光绪二十一年奏明于杭州武林门外拱宸桥地方开设商埠，与各领事及税务司划定租界，建立洋关，内河轮流直达苏沪，自是各国官商往来如织，交涉事件日益繁多，遂奏设通商洋务局，派委司道大员督办，并遴选熟谙交涉之员随同办事，凡开埠后兴建工程及一切创办事宜，均系责成经理，其各府县遇有紧要疑难之事，亦随时派员会商办结。至二十六年，北地团匪事起，全局震动，浙省情形岌岌，匪乱迭乘，当将各国官商及教士人等护送出境，旋复会合江南等省与各领事倡议互保。其时事机百变，电牍纷驰，各该员夙夜从公，殚竭心力。浙东民教龃龉，迭出重案，蔓延至十余县，焚毁教堂数十处，教民房屋千余家，业将防护不力各员撤参。而各教士索赔甚巨，拖延日久，枝节横生，当派道员许贞干督饬各员分投查办，与之切实磋磨，反复劝导，始得减让巨款，于上年正月间将全省耶稣、天主新旧各教案一律清结，经前抚臣奏明有案。由是民教嫌衅渐泯，遂少续出之案。计自二十一年十一月间奏明，开埠时逾六年，在事人员始终奋勉，著有勤劳，拟请仿照南北洋成案，恳恩给予奖励，由洋务局司道详请具奏前来。臣查洋务交涉关系紧要，近年事务繁重十倍于前，随办各员始则经营开埠，有创办之劳，继则时际艰危，有调护之力，至清厘教案，相机速结，于外交内治均属有裨。查定章，南北洋随办人员三年奏奖一次，以十员为率；近来山东亦请将承办出力各员择尤汇奖，奏明立案，业经奉旨允准。浙省分隶南洋，与东省亦事同一律，较之寻常经理关务者迥不相同，计自开埠至今，已逾六年之久，可否仰恳天恩准予援案将历年随办各员择尤并案汇奖，并请此后每届三年，照章请奖，以示鼓励，出自逾格鸿施。除咨部查照外，理合会同闽浙总督臣许应骙恭折具奏，伏乞皇太后、皇上圣鉴训示。谨奏。

《中外日报》光绪二十八年八月七日（1902 年 9 月 8 日）

宁波米价昂贵之由*

米市情形　甬江近来各米价值仍未平减，因各店行尚未派人往镇江采办所致。推原其故，系镇江弛禁以来，各商采办多被三联单迭次纠葛，因之各商皆形棘手，遂一律停办迄今。刻下甬地所销之米均系内路运至，故米价仍前昂贵，上等食米每石须洋六元左右，最低者亦须四元数角。将来时值年关，若再无外来之米接济，恐市上米价之昂又必高出寻常矣。

《中外日报》光绪二十八年十一月六日（1902 年 12 月 5 日）

续记教民抢婚事（镇江）

耶稣教民盛某抢婚后，由许姓女外祖母朱氏之后夫姓刘名开、向充快班者，赴丹徒县署禀控，其禀稿与前报所纪朱氏告人之言从同，盛某乃往诉于洋牧师赛兆祥君，其措词与前报所纪盛某告华教士之言从同。赛君乃允为函致祥太守，略谓该女自有同族伯叔父在，与刘开毫无干涉，刘乃自恃身为快班，始以入教之故，鄙薄盛某，继乃索洋百元，及不遂所欲，则捏词诬告，殊多不合等情。旋奉祥太守复称：来示均悉。已照所述各节札县讯办，惟提讯时仍仰贵牧师暂将盛某及许姓女交案，资以抵制刘开供词，讯后即由本府送还贵堂云云。赛君许之。按兹事本报除纪述外，曾略采公论，以书其后。乃朱氏不知邀同许姓族人到官伸诉，而反令其后夫签名递禀，是予人以可攻之隙。洪尔振大令接禀后，以须赴苏公干故，暂为延搁，今已言旋一礼拜之久，仍未提讯。凡知该案原委者，莫不引领以视大令之公断也。

《中外日报》光绪二十八年十一月十日（1902年12月9日）

函述地主教与天主教为仇事

西十二月九号绍兴函云：据严州府十一月二十三号消息言，该处民心目下颇为惶惑，已多有他徙者。铺户则将货物移置船中，以便有事时即可他往。据云是日以前一礼拜内，该处谣言蜂起，至是晨，为官兵擒获匪徒五人，闻皆为地主教中之头目。又闻该教之设乃为与天主教为敌起见，其教中人多有驻扎严州、桐庐一带者，五匪即在距严州三十里之某处就获。观其情形，人数既众，而大小刀械快枪等物亦无不齐备，旗号则以白色为之，旗上书有“灭天主教”等字样。该五匪已由严州府审讯，中有一人自称为桐庐耶稣教教民，惟目下桐庐地方耶稣教堂听讲福音者，已几无人，其来听者则为教会所逐出，今且纷纷助地主教以为天主教之敌。前礼拜日，严州府之听讲耶稣者亦颇少，今日当开讲耶稣之际，初时不及十人，后忽有多人到来，举动奇异，恐有不虞，幸未几即有官兵入内，俟福音讲毕而散，始得无事。

此间府试已于前礼拜五开办，惟地方将乱，致与试者已皆言旋，四围已颇震动。当予作此信时，情形已颇棼乱，城中尤甚。

其就获之五人，日内谅须立行正法，惟百姓之恨天主教尤为刺骨，此亦难怪其然，盖该教所为实颇有可憎之处也。此间耶稣教声名颇优，所望将来能永保令名则善矣。不知驻华法使及法政府何日始能将在华法民待之如在本国相等，以禁止天主教之不凌辱华民也。译十一月十三日《文汇西报》。

《中外日报》光绪二十八年十一月十五日（1902 年 12 月 14 日）

浙东匪乱详记

乱耗初起，系某教民麦田被某家耕牛践踏，其牛当被教民牵去，令缴洋二十元赎归。迨携洋往赎，牛已售去，因此民教龃龉已久。嗣后该处某山向有香会，高树旗帜，某教民窃去其旗，在旗上大书与教不睦诸姓名，至县诬以肇乱。县令不得已派役往查，该处素有土匪散卖布票，遂乘机纠众，拒役械斗，是夕遂劫抢数十处，声言烧教堂杀教士，而居民遂大乱。此十月十六日夜之情形也。

该处某军门弹压不定，飞文至省请兵，随由省领去弹子千余颗，及至该处，而弹子全被该匪窃去。

黄知府书霖向有五营兵在严州驻扎，恐不能御，亦飞速来省。遂由上台派兵即委黄某节制前往，惟武备小队一百四名外，又派武备学堂头班生二名以为参谋，一同起行，虽均受黄某节制，而该学堂操练有年，均属材器可使，故格外优待云。

省垣防兵大半开往该处，惟余螺蛳山一营及艮山门外两营，共不过二千人。梅花碑一带有无名匿帖，言多悖乱，故近日居民惶恐殊甚。

《中外日报》光绪二十八年十一月三十日（1902 年 12 月 29 日）

浙江桐庐县禀探明匪首濮振声实在举动稿

敬禀者：光绪二十八年十一月二十一日，奉抚宪批，卑邑禀匪势猖獗，营勇抵御情形由。奉批：昨黄守、周丞至省面禀情形，与来禀大略相同，现已添拨营哨于该县及新分建各县分驻兜剿，令黄守在桐节制各营，居中调度，分行饬遵在案。仰仍会同吴管带严密防守，并派公正绅董举办民团，藉资保卫而壮声势。其濮振声在乡作何举动，所探匪推为首是否被众迫胁，抑仅借名称号召，并即密探禀报，一面迅将查获匪徒王寿元、麻兆兰等取讯确供，禀候察办，均毋疏误。切切缴。等因。奉此，除营中事宜另由黄守节制调度，城乡团练业经先派绅士切实举办外，谨将遵探分水贡生濮振声实在举动，为我宪台密陈之。濮振声前次在分水十管号召乡民擅办团防，其时逆迹未露，故卑职力主解散，禀奉宪台批准照办，原期消患未形。即本月初八日，会同吴管带赴乡捕匪，亦虑根株未净，冀有善全其后，此原必不得已之苦衷，早在宪明洞鉴之中。及十二日夜，匪徒乘我不备，于分水十管地方遽至卑邑枫埠，劫夺军装，拒杀官兵，其猖狂情形，已非昔日可比。访闻各匪，均推濮振声为首，濮振声亦竟叛与匪合，非比被众迫胁及借名号召者，尚可稍从末减也。现黄守周丞于十九日午刻督带兵队抵此，正拟四面兜捕，忽闻该生于二十夜三鼓率领匪党，悉由分水十管地方向北窜逃。黄守闻此，即飞饬各管带带兵追剿。卑职亦立悬赏洋一千元飞移邻封营县，将该匪首濮振声购线密捕，其逆党中著名之梅发奎、滕继木、叶老八、沈新桂等亦每名各出赏洋二百元，设法购缉，一俟缉获，或由各管带带勇剿灭，即当飞驰禀闻。至卑邑北乡一带此次被匪惊扰，卑职拟即日亲往安抚，一面搜捕余匪，以固民心而靖地方。除已获之匪徒王寿元等另由卑职讯供禀办，并将教堂加意保护外，合将探明濮振声举动缘由禀呈察核。谨禀。

《中外日报》光绪二十八年十二月四日（1903 年 1 月 2 日）

浙江新城县知县高庄凯探报匪已远遁并先后防堵各军追剿情形禀

敬禀者：窃卑职前因桐邑土匪聚众二千余人，屯居交界，图窜入境，当将防务吃紧情形先后禀蒙抚宪批饬省防左营马游击长春调勇两哨，移驻卑县协防，并饬将以后情形随时报查等因。奉此，伏查土匪肇事之初本在分、桐界内，卑职隔治邻境，虽知后必为患，然事机未发，终不敢诩有先见之明。故于十月以来，亲自下乡练团，为固圉之计。详阅卑县形势，东南界桐庐，西北界分水，其往来要道，如新登乡之平阪、陇坞二村，祥禽乡之苦竹一村，距城均不过一二十里，无高山深江以为之隔，距匪徒巢穴，近则一二里，远则六七里，呼声相闻，举足可至，危险之处，不言可知。十三夜二鼓，该土匪率众上窜桐岭，其地与卑邑新登乡平阪村交界。卑职闻警，即驰往平阪督率团勇竭力防堵，得未窜入境内。十四日，匪驻桐岭，招集游民胁虏村众。十五日，开队赴桐北各村劫掠。据探，约二千余人，回桐岭者四百余人，驻分邑石清塘、桐邑元村埠者约五六百人，声言欲待浦江大股匪徒会合，并未出队。十六、十七、十八、十九等日，匪在邻村掠食，盖自十三以后，均未与官军相遇，惟或聚或散，飘忽无常，倚伏山峦，难知虚实。惟时卑职以分、桐两邑之民逃难来新，络绎于道，贼情既难逆料，防守不可不严，各处要口虽有团丁驻扎，然皆本地农民，新经训练，不领口粮，可以令其共保身家，捕除奸宄，不能责其效死疆场，冒镝冲锋。县境原驻防营一哨，令其分棚暂扎平阪，为阖邑保障。该弁等以兵单不能久驻，开往二日，又复回城。幸十七日本府宪亲临接见团董，面加激励，民心获安。十九早，马管带亦领兵到防，民气益壮。二十日，接分水来探称，匪众甚多，势难解散，日内深虞起事等情。当饬切实再探去后。是夜复据乡团报称，该匪聚众点名，似欲出队，且屡有匪徒至平阪村外一带窥伺。卑职闻报，即知照新派驻新防堵之左营马管带，并来新查哨之前营赵管带，均带勇亲至离城十里之胥口村放哨。匪见有备，不敢窜入，傍晚率众出山，其徒约千余人，乡民恐为所虏，不敢尾踪。且其时大雾漫空，瞭视不明，不知该匪开往何处。嗣马管带接黄统领密函，令于二十一夜三鼓三面进兵，桐勇取道后岭、元村浦两路，新勇取道桐岭一路，天明均在石清浦会齐等语。马管带即于是夜三鼓开队，五鼓在平阪造饭，平明进石清浦会齐。而卑职于防军出队后，亲与赵管带暨本府宪派留之亲兵哨弁周国清绅士、游击袁雨春、都司罗燮督饬前营一哨，并城团三十名保守城池，防备内应，以固根本，一面激励乡团各加整备，严嘱平阪庄绅董王洪源响导官兵坚守隘口，勿使匪窜入境。本午，卑职复得石清来探称，该匪业已远飏，只剩空房。马管带于十点钟抵石清，与桐庐肖管带先后相遇。午饭后，马管带驻扎分邑之浦头，黄统领暨陈、吴、肖三管带赴分水一带穷追匪迹，勿使窜扰他境。此卑职督勇防守并探听各军进剿之实在情形也。卑职伏思此次土匪滋事，分东桐北各村十室九空，民皆失业，自不必问。卑县犬牙交错，距城尤近，仰赖宪台威福，团勇协心，得以独克完善，实为万幸。惟卑邑距省较近，唇齿相依，虽云匪已远飏，究亦不得不为之备，以免临时周章。所有马管带等防勇尚乞暂缓撤调，俾资防备，以固门户而安民心。是否有当，合将卑邑探报匪已远遁暨先后防堵各军跟追情形，并请从缓撤防各缘由禀祈察核示遵。谨禀。

《中外日报》光绪二十八年十二月六日（1903年1月4日）

皖抚帮同会剿浙江桐庐民变*

探得浙江桐庐匪耗，皖抚聂中丞于十月二十五日已接有浙抚诚中丞电音。当发加紧排单，饬皖南镇黄锦山军门拨队往浙皖毗连之区帮同捕剿。芜湖关道吴季卿观察亦札饬徽宁广三属一体妥为防堵，以免余匪窜入皖境。

《中外日报》光绪二十八年十二月七日（1903年1月5日）

浙江分水县李续祐呈报濮振声人众，乘虚过境，叩请即饬飞速进兵禀稿

敬禀者：窃卑职前将桐邑民教龃龉，卑邑地方迫危情形禀乞派兵防护，蒙前抚宪批准。嗣因此事已由桐庐县解息，即又据实驰禀，并声明案虽暂了，仍应拨兵弹压。本月初九日，桐邑防营放哨拿人，致濮振声党散而复聚，杀伤官兵，抢掳军械，卑职复又飞禀请兵，续又禀乞本府转禀电催各在案。旋准桐庐县函称，此案已蒙派拨大兵四路进剿，卑邑一路管带马长春率勇二哨前来会办等因。乃盼望七八日之久，杳无一兵到境。正在具禀间，讵二十三更后，探悉濮振声由桐庐后浦地方率党逃窜，必乘虚窥扰县治，一时居民扰乱，妇稚呼号。卑职一面设法抚辑，一面会同汛典营哨并团练绅董，督率防勇三棚、汛兵八名，并卑职自募壮勇三十名，又团丁数十名，驰往东山门外河头埠地方隔河阻截，目击匪党约有一千四五百人，旗帜六十余面，各执枪械，蜂拥而来。回顾我军兵不满百半，皆新招农民，众寡之势，颇难相抵，只以成败在前，惟有再三激励，以图竭力堵御。而该匪等亦竟于对岸徘徊，不敢直渡，乃招团董渡河商请转恳，谓伊等人众，不过借道别往，断不扰害地方，切弗开枪轰击，以致误伤平民。卑

职当以事关重大，细审机宜，有可恃者二，有不可战者三。以地形而论，兵法所谓高阳形险，我先居之，一可恃也；以行军水上而论，所谓客绝水而来，半渡而击之利，二可恃也。惟彼众，可以分兵由下游浅水之处徒步而涉，我寡不能分兵御之，则我将受其包抄，此其不可战者一；防汛壮勇团丁心难一致，除防勇之外，又多无军械，虽有一二亦非利器，此其不可战者二；且一经开战，无论胜负，必互有杀伤，万一挫败，地方必遭涂炭，此其不可战者三。濮振声既似尚有人心，卑职不得不为地方民生起见，从权勉允。弟恐其言难信，复谕令团董何梦旗、濮炳耀、程明善、余之东等渡河，面约不得焚烧抢掠，不得滋扰衙署，不得闯行街道，俱各允遵。卑职然后会率一应人等，退保监狱、仓库。濮振声遂即率党渡河，行至南门街口，瞥见天主教民王姓住宅，即教中租屋议事之所，濮振声误认为天主教堂，意欲合围焚毁。卑职随又协同汛典营哨极力保护，已被击毁门窗砖墙等项，幸房主王培生早经率眷搬避，内无居人，仅存粗重物件亦被损伤，尚无烧毁抢去。该匪亦即拔队往县北山路而去。比经专差跟探，二十一傍晚，已至潜印渚埠，并据称三更后将窜由于潜县治经过云云。卑职伏查此案，濮振声之肇衅实在桐庐天主教堂，而桐庐之免害，则全赖重兵之镇扼。卑邑地当复〔腹〕里，勇力单微，准拨之兵久未见到，故该匪胆敢率众过境，既虑下游之进剿，实乘卑邑之空虚。此次虽幸仰仗宪威，无大损折，然具间利害，实有不堪设想者。卑职身膺民社，何敢稍存推委，第无辜百姓万一遭其蹂躏，咎将谁归。卑职于此案未发之前，请添兵已经多次，有事之后亦已数渎宪总。匪党四窜，未知何遁，大约兵力单微，地方必遭扰累，仰恳大人俯念民困，电饬各营弁克速进兵剿办，以拯斯民而免滋蔓，实为公便。谨禀。

《中外日报》光绪二十八年十二月八日（1903年1月6日）

浙东教案平议

近日浙省闹教之案，人言不一。就官场言之，则似濮振声确有聚众滋闹之举，其乡人确有随声附和之事。而就舆论言之，则与官场大异，咸归咎于州县之张皇，武员之卤莽，而为濮振声呼冤不置。窃谓此非可以颟顸定断者也。使濮振声确有闹教之意，将率其党羽四出滋扰，专与教民教士为难，远之则有若庚子年衢州之案，近之则有若今年辰州之案，临事既张皇失措，保护不及，事后则听命外人诛戮，官吏则诚不如早为布置，杜乱机息祸萌之为俞。故浙省各州县之先事禀报也，犹不失为曲突徙薪之智，各武员之竭力剿办也，犹不失为尽忠于所事，不使国家受保护不力之责。言地方官民横被外人之牵连究罚，此则无可指摘者也。然使濮振声并无闹教之意，其所谓仇教者特出于教民之传说，州县之轻信，武员之邀功，而濮振声与其党羽因之急不暇择，铤而走险，遂与官兵相抗拒，则彼濮振声者先时不知洁身以避嫌，临时不能束手以归诚，以听官长之处置，诚不得为无咎矣。然彼州县各官据教民之禀报，不察虚实，遽为张大其辞，转报上官，派拨军兵，以致祸端一起，不可收拾。统兵之武员意在邀功，不惜民命，将无辜之子民一鼓歼旃，以自居于剿平匪乱清弭教案之功，而为日后保举之地步，其咎亦岂可轻恕哉。故窃谓浙抚诚中丞实宜派一明白笃诚之大员前往起事之地，切实访求，如果濮振声闹教之举真实不虚，则州县之禀报、武员之剿戮诚不得指为非是；若使濮振声此举出于有激而然，非其本意，则州县有保护地方之责，闻有警信，飞禀上闻，意在保全境地，犹为有说。而彼任意杀人，妄逞兵威之武员，则岂得不加以惩处，以谢此百数十冤杀之乡人无辜并命之众哉。执笔人固甚不愿内地州县□出教案，官吏不能弹压，致贻国家之累，而为地方之祸，然亦甚不愿与平民不协之人，与夫统兵之武员藉教案为名逞凶激变，以快其私心，而以众人之头颅博一己之官阶，以致民教相仇，益无已时。此则区区苦衷，可共白于天下者也。窃谓教案之起，其积之也，非一朝一夕之故，则其发之也，亦断非一手一足之烈。窃意濮振声居乡，必素为众所信服，其乡中人必时与教民有龃龉情事，暨夫一言不合，衅端骤起，州县从而上闻，大兵因之临境，乡愚无知，骤闻官兵将至，惧有玉石俱焚之惨，自必仓卒拒守，以与官兵相抗，而乱事遂成矣。而其间又必有附近之匪徒与为联合，阴假仇教之名，以肆其劫掠之计，而乱之声势遂盛矣。当日扰乱情形，约不出此数故，使彼时得一循良之吏晓以利害，散其羽党，令濮振声束手归官，静候昭雪，则弭患无形之功，当较用兵为远胜，又何致酿此纠结不可解之祸哉。历观各县之禀报，于濮振声平日之布置，其党羽临时之窥伺，各县官随宜之防备，各武员当境之战功，铺张扬厉，一若不能尽其词，正与近日广西、贵州奏报大捷之折殊途同归，信为实然可也，以为不无虚饰之词，故为张皇之语亦无不可也。所愿当局者平心审之，虚心核之，毋听其一面之词焉斯可矣。总之，此案可一言以蔽之，曰使濮振声实有闹教之事，则经此一番惩创，诚可少收慑服之效；若并无其事，而使无辜乡愚惨遭横死，则乡民推原祸始，有气焰愈张之人，即更有仇恨益深之人，斯可尤者方大矣，安得不为之兢兢也。

《中外日报》光绪二十八年十二月十三日（1903年1月11日）

浙东匪耗详志

探得濮振声平日尚称公正，故民皆悦从，至今虽人皆目为匪首，而该处之民未有以濮为恶者。现闻上台亦欲许其自新，不至重绳其罪。

闻该匪聚则为匪，散即为民，故隐见无常。

参将吴忠选已奉护抚台诚中丞饬知带队回省，已经禀到，同知周司马延祚由桐庐行营回省，已禀到，即禀辞。闻上台已调费统领某带营前往该处驻扎，武队小队闻即日可以旋杭。此次小队大获胜仗，闻上台深以操练得用为慰。

《中外日报》光绪二十八年十二月十三日（1903年1月11日）

浙省近事述函（桐庐民教之争）

西正月九号杭州函云：此间天主教民与地主教民失和之事报中已迭次登载矣，其不和之原委，则缘有桐庐团长濮振声者，名望素著，久为人所敬服。一日因有人与天主教民失和，濮出场调停，教民以其干予也恶之，由是濮手下各团兵亦与教民为仇，彼此均不肯相让，各有争斗之意。良民恐遭波及，多有他迁者。大吏闻之，特派武员吴某前往排解。讵该武员至后，即不分皂白，徒以杀戮为事，虽知县亦曾向阻，然民怨愈甚，致四散响应，起而与官兵对垒，而官兵亦卒为所败。至西十二月中，复由浙抚派杭府宗太守带兵往助。刻闻滋事者已皆四散，濮则逃往福建，其党亦逃往邻省。现据桐庐及邻县如分水、新城等处之士商公论，皆言此事原委本系天主教民在地方横行，致以细故，与人龃龉，后以吴姓武员办事糊涂，不问其龃龉之由，转酿成一兵民互战之局，以致地方不靖，而本地匪徒亦即乘机在杭城遍贴仇洋揭帖。其帖旋经地方官命人揭去。而匪徒之定期攻打洋人，至期亦并无举动，故今已可不虞有乱矣。

《中外日报》光绪二十八年十二月十五日（1903年1月13日）

浙东匪耗详志

探得濮振声素尚公实，为乡里所敬服，其家亦颇称殷富。

此次匪乱，在振声亦迫于群匪之耸动。其匪党共二千余人，业已解散，然皆潜伏草莽。在县令则无不禀知上台，以为解散云。

濮振声已于初八日夜投诚，但据濮某言，此次实受群匪之迫胁，若余一人投诚，而余党中尚有七人甚称桀骜，倘七人将来肇祸，势必又归咎余，故必将七人交出，请官惩治，然后可保无虞云云。

现闻濮投诚以后，已将七人交出，并闻已由某统领就地正法，而濮某约于十二三日可到省云。

此次匪乱尚不甚蹂躏，而官军到彼追匪不及，即将该处百姓恣意戕害，割取首级，以为获匪邀功。故日前分水县民至县署喊冤，几至酿成民变。

参将吴忠选连打败仗，匿不举报，除枪弹被匪窃去外，某日宿于某村，被匪将营门首鼓夫杀死，进内砍去某文案首级，刃伤二人而去。闻吴甚不通理，初起行军之时，请文案代构告示一道，其宗旨大略勒令该处百姓交出濮某，否则即将该处屠戮殆尽云云。嗣以文案某不以为然，其事始寝。

上台得报，战栗之至，竟通饬各水陆营协同会拿匪首，并许以功成后专案保举。闻其事已入奏云。

《中外日报》光绪二十八年十二月十五日（1903年1月13日）

护浙抚诚奏陈办理桐庐土匪情形折

奏为捕拿桐庐等县土匪一律平靖，谨将办理情形恭折具陈仰祈圣鉴事。窃照桐庐县境前因获匪起谣，民教猜疑，匪徒煽诱滋事，麇聚桐庐、建德、新城交界，群推濮振声为首。经奴才派营剿捕追及，于分水、于潜境内连次接仗，击毙多名，势渐分散。当将大概情形于十一月二十六日电达军机处，奏奉谕旨：著严饬各营实力搜捕，务获匪首等因。钦此。嗣该处绅民谓濮振声系被迫胁，可令就抚，即饬派往之总兵费金组相机酌办。旋濮振声只身来营投首，即饬解省，派委司道等严讯察办，并查明地方安靖，教堂保护无损。复经奴才于十二月二十日电奏在案。兹据署臬司崔永安、署杭嘉湖道宗培督同署杭州府钱溯时将濮振声提案讯明确情，禀请核办前来。奴才查严、衢等府界连数省，尚为会匪出没之区，自匪首徐老虎、陈铁龙等伏法后，势渐衰息，而根株未净，内地痞徒与外来游匪勾结，辄思乘间窃发。上年九月间，有金华县民郑锡斋潜来桐庐乡间，散卖票布，经教堂报营拿获，由县讯明正法。是时民教猜疑，遽指为濮振声之党。适濮振声因冬防办团，又疑为与教为难，由是讹传四起，人心惶惶，各路游匪乘势麇聚，十一月十二夜，在桐庐北乡之枫埠突劫栅勇军装，又在横村埠拒杀勇丁。各县见情势危急，迭次请兵，所在教堂林立，亦纷纷告急。当饬省防调队与衢防各营会合兜捕，而匪众愈聚愈多，遂群推濮振声为首。濮振声者，系分水县岁贡，向充团董，家本小康，好行小惠，居乡排难解纷，遇民教争执，亦居间理处，颇为乡里信服，而不遂所欲者，亦怀觖望。迨郑锡斋获案，遂有濮党之谣，濮振声亦曾与县禀商拟撤团局，以解群疑。而团众已聚难散，匪徒朱阿年、马金奎等遂假仇教为名，纠众起事，以濮振声素有乡望，强相依附，以冀民团响应。濮振声欲图自脱，匪缚以竹椅，挟之同行，其分、建各处伏莽匪徒亦皆假名于彼。派出各营星夜驰赴，追及于分水、于潜境内，迭在八发、百岁坊等处接仗，毙匪多名，朱阿年、马金奎亦均阵毙。匪徒皆乌合之众，迭经受创，均各解散。濮振声逃窜匿迹，十二月初八日夜，只身诣费金组营前自首。当饬解省讯办，并令各属清查保甲，招集流亡，查明教堂并无伤损，乡居民教间有被损，均由印委量加抚恤，地方一律平靖。提究此次起事之由，实缘匪徒勾结，乘势煽诱，初非濮振声所及料。惟濮振声以素负乡望之人，为匪所推，先后心迹未易遽明。望濮振声之罪状者，必曰通匪以仇教；知濮振声之情实者，又云持正而被诬。二者情事悬殊，莫衷一是。兹令司道等研确供据，又派委员密查，博采众论，濮振声本未通匪，人所共知，特以仓卒被胁，不能自脱，室家离散，资财荡尽，及匪势稍衰，则乘间脱逃诣营自首，是比匪非其本心，方其被胁，同行匪徒欲图毁教，尚为劝阻，其所与办团者，亦多在教之人，始终未毁一教堂，未伤一教士，是仇教亦无实迹。惟其平日办团不能申明约束，区别良莠，使奸人得混迹其间，反致受其挟持，身冒不韪，则虽素有持正之名，实难曲为解免。自来关涉民教之案，持平乃可息争，偏袒适以生事，所谓持平者实能得其实情，而权衡出于至当。以濮振声之乡评誉多而毁少，论濮振声之行事心是而迹非，今若罗致其罪，则无以服全桐士民之心，转恐激而致变。然使曲谅其心，遽予释回，则无以破民教猜嫌之隐，亦难保积久相安。再四思维，惟有仰恳天恩俯准将濮振声稍从宽典，即在省城内仁和县监禁数年，将来察看情形，妥筹安置，庶几情罪允当，足以消积衅而顺舆情。所有捕拿桐庐等县土匪一律平靖，先后办理缘由，理合会同闽浙总督臣许应骙恭折具奏，伏乞皇太后、皇上圣鉴训示。谨奏。

奉朱批：著照所请。该部知道。钦此。

《中外日报》光绪二十九年四月十日（1903年5月6日）

浙省盗贼蜂起*

径启者：浙东慈、姚一带，近来盗贼蜂起，为历来所罕见。即余姚自去腊至今，抢劫之案，月必数起。客腊底，胡陈村陈姓家遭抢，失赃甚巨，报县后尚未破获。今正八龙寺地方某姓家又被劫，且刃毙事主老妪一人，刃伤数人。未几，西湖隩邵氏庄屋，即邵筱村中丞封翁文靖公墓庐所居住之某孀妇家又被抢，因孀妇颇有积蓄，盗故涎之。二月初旬，毛杜村童姓数家又遭肆劫，虽村人鸣锣集众，盗恃人多，并有枪械，毫不畏惧。村人因无军器，不敢追捕，任其饱掠而去。三月初四日，周巷周广泰漆店系徽人所开，是日店主拟回籍整集行李，并有现洋八百元，为盗所知，当晚遭劫，店主颇有膂力，略为阻拦，亦为刃毙。其间壁某南货店伙某甲，闻声开门出观，亦受枪伤，几死。不逾旬日，马家堰潘姓家，及余、上交界之冯家山冯姓家又连遭抢。潘姓去年曾被劫，今第二次矣。三月杪，鹦山陈姓家又抢，失多赃，并将旧衣棉被堆成一处，浇油放火而去，火幸救灭，盗心毒如蛇蝎也。甬江至余姚一带水路，向称坦途，迩来往来商船亦屡有劫夺之事，经各事主先后报县，一无破获，故盗胆愈大。况上年花稻收成丰熟，此时又非严冬之际，尚且如此，设遇新岁，何堪设堪。正书至此，忽闻皇封桥之杨姓家又遭盗劫。如此多盗横行，实属不成世界。盖此等盗匪类多游手好闲之土棍，并勾结外来游勇及私盐帮成群结队，先时尚不敢明目张胆，继见官府只图省事，并不在意，遂目无法纪，肆横无忌矣。除暴安良是所望于贤，有司幸勿养痈贻患也。

《中外日报》光绪二十九年四月十二日（1903 年 5 月 8 日）

绍兴天主教堂侵占民宅*

径启者：绍兴府城天主堂某神甫，以其邻人居宅侵占教堂地址，限期拆让，事曾经上海《字林西报》记录大略译载三月廿五日。贵报今更详述，以供众览。府城八士桥陈姓本系望族，乾嘉年间父子相继为尚书、督抚，其居宅广大宏壮，越中士民无不知八字桥陈宅者。其宅有正院、偏院二所，正院于嘉庆二年购置，偏院于嘉庆四年购置，其文契、粮票相承，尚不遗失。偏院契内写明：屋二十七间及基地三分。至咸丰年间其贴邻商姓将自己住屋售与天主堂，以后仍相安无事。而今年某神户忽起葛藤，谓陈姓偏院之屋虽为陈姓之产，而其地基则为天主堂之产，于二月中与陈姓一信，略谓念其邻居多年，准伊卸屋搬物，让出地基，免追其以前之租金云云。陈姓复书略谓，此屋与地基均系价贾之产，有印契、印旗、粮串可凭，中外同一道理，可告之中国官长、外国使臣领事、律师评论。而天主堂又与一信，略谓此等契旗皆张冠李戴，何足为中外官长、使臣、律师等评论；试问何者为使臣，何者为律师，将茫然不知所答。盖欺陈氏现居此屋之人多妇女小孩，故为此语也。陈姓又复以契旗确凿，岂能张冠李戴，此屋万难退让云云。而天主堂即雇工匠数人至陈氏，欲毁其屋。陈氏因事急缓颊之。天主堂乃限以三月之期，期内必须退让。现尚未满限。至其契旗已由陈氏请神甫阅看，亦不能指其何以不确之故，惟取其小节数端指驳之。陈氏曾将此事禀知会稽某令，令告人曰，此事若两造均系中国人，自可据理照办，若外国人，恐难与之理论。将其禀收入袖中，不批亦不发，若并不见此禀也者，不旬日卸任去。目下府城之人皆谓陈氏被屈，不可不与之力争，而陈氏亦因限期将满，惶恐无法云。

《中外日报》光绪二十九年四月十六日（1903 年 5 月 12 日）

详述宁海闹教事

台属宁海县王姓闹教一案，迭登前报。兹由台友传述其事颇详，为录如左：

王姓聚族而居有千余户，烟灶地名曰大利，距宁海县城约二十余里之遥。此次闹教，其倡首起事者，系昔年仇教之王锡同，当时经官拘拿，遁匿异地，此次潜回本邑，带有多人，并有顽僧一人帮同逞凶，僧亦颇有膂力者。

王锡同于潜回后，忽于某日之夜率领同类，先将其侄某夫妇二人杀毙，嗣复拥至新镇地方，将天主教民胡某杀毙。旋至王豁头地方杀伤教民，闻有二十余人。遍处煽惑，乡民因而趋附者以千数计，遂纷纷与教堂为难。

当事起后，教中急禀驻甬赵主教告警，当由主教谒见吕军门，赶委周友信参戎带勇数哨巡往弹压。讵参戎抵宁，见聚集人多，扰扰攘攘，难以理喻，恐事决裂，当遣禀军门添调营勇进发，以资协助。

近日又闻天主教朱某，前同周参戎偕往，甫抵宁海某处，突被王锡同之党杀害。现在宁海城门日夜严紧异常，外人不得擅自出入。

宁防调赴之营勇，计正付中营各数哨，又常备军、吉字营各数哨，又提署之卫队勇，日前亦经吕军调赴，现在均在宁海分驻。宁海有倪、滕二守备，平素苛刻平民，人皆怀恨切齿，此次事起，俱有欲得而甘心者。二守备恐罹其害，业于日昨逃回甬邵云。按以上所述虽得诸传闻，本馆未敢据以为确，姑录之以觐其后。以上访稿。

《中外日报》光绪二十九年八月二十二日（1903年10月12日）

教案四志（宁海）

宁海闹教一案迭译前报。至此次起事，实因天主教民平日虐待平民，以致平民怀恨日深，一旦得为首之王锡同，因而聚众滋闹，只拆毁教民、教堂房屋，并不连累耶稣教民及居民，亦毫不与官为难。并闻朱某之死，实被众在校场剖腹，断刖、四肢，且将首及四肢分悬各城门，以雪众恨。当乡民分队入城时，县令当众劝谕息事，乃众因积忿已久，一旦发泄，殊难自遏，故不遵地方官令，纷纷滋扰如故。该处居民恐遭波及，各皆迁徙他处。至前往之周总戎，虽带有营兵，亦不能弹压，现仍驻在宁海城内甬郡。当道日在天主教与赵主教会商其事。有法国兵舰名攀斯克尔者，现停泊在镇海口外。又闻距宁海城若干里之海口，亦有兵舰停泊云。

《中外日报》光绪二十九年八月二十九日（1903年10月19日）

闹教五志（宁海）

宁海县闹教一案已四志本报。兹悉为首之王锡同于滋闹后，旋遁匿他处。至各村乡民亦皆云散。惟大利居民约有三百余户，于王逃逸后，均被某营勇扰掠不堪，是以众皆归怨于王。至被众杀害之朱某，次日即经宁海县肖大令丰殓安葬。现在周总戎友信仍未回防，因闻王锡同匿迹某山，总戎将移驻某处，意欲设计诱拿归案惩办。日昨有该处某姓宗长某甲由该县令拘拿，派勇至甬江北天主堂，由赵主教转交鄞县办理。

《中外日报》光绪二十九年九月三日（1903年10月22日）

浙江嵊县刘令鼎亨禀台匪扰境业经击散缘由

敬禀者：窃宁海闹教之后，卑职深恐不法之徒勾结图逞，当随时会营防范。兹于本月十六日傍晚时分，风闻忽有匪徒百余人，口称王锡彤同党，持械执旗骤入卑邑东乡，意图滋事，且有入城之说。卑职闻信，立刻选派干役驰往探拿，一面飞会防营，凡有教堂处所，加意防护。讵是日未刻，该匪至东南乡离城六十里之华堂镇，将天主堂教民王新顺所开肉店及其住家房屋捣毁，当从新昌县境而去。差役跟踪追拿，维时防营谢管带在新昌接到卑职之信，亦带哨队而至。该差即随同跟追。十七午后，追至新昌兰州地方，匪在该村吕姓家抢掠，一见官军，开枪拒捕。我军开枪还击，轰毙二匪，生擒三匪，并大旗、洋枪、刀械等件，余匪纷纷逃窜，四散无踪。现由谢管带将所掳三匪解赴提宪衙门讯办，其击毙两匪，割取首级，在华堂地方悬杆示众。卑职一面驰赴华堂，勘明王新顺店铺住屋均有毁损。据王新顺供称，尚有衣物被抢等语。除再派差购线同营汛防军严拿逸匪，务掳究报，一面将诣勘情形绘图造册另送外，理合肖泐驰禀云云。

《中外日报》光绪二十九年十月一日（1903 年 11 月 19 日）

丑类已获（新昌民教冲突）

前报纪新昌县民人聚众滋扰一节，兹悉该处日前实系土匪多人结连盗党，假托王锡彤名，拥入各村入教人家，行凶抢掠。日前已由某营拘获三人，解至提署，当经吕道生军门发交鄞县收禁。至前次军门饬委前往确查之黄守戎瑞昌，近日尚未回宁，第闻该处众匪现已散去，地方亦已安谧云。

《中外日报》光绪二十九年十月四日（1903 年 11 月 22 日）

密拿王匪（宁海教案）

前次宁海倡首闹教之王锡彤，事后远飏，迄未拿获。周友胜中戎虽因此获谴，由上台撤任，然无日不购线眼各处搜拿。日前由某线民报知，王在某处匿迹，中戎立即亲往密拿，但未识此去果能拘获否。

《中外日报》光绪二十九年十月四日（1903 年 11 月 22 日）

谨告宁绍台诸绅士（宁海教案）

浙江宁海闹教一案至今未结，为首之王锡彤只身逃窜不知所，之前闻法领事有如逾限不获，则当派遣兵轮前往办理之语。在事文武各员上承大吏之严檄，外惧强邻之责言，四出搜捕，不遗余力，骚扰乡闾，殆所不免。于是寓居上海之宁、绍、台绅士有忧之，乃致书本郡父老，请其劝导王锡彤挺身投案。本馆窃有敢为诸公询者。本馆明知王锡彤为不足轻重之人，亦明知王锡彤之闹教实为卤莽躁率，亦明知王锡彤始而轻酿巨衅，激怒外人，继而避匿地方，贻累乡里，实不足齿于人。然而诸公岂得为无咎乎？夫闹教之缘因不过二端：或由教民恃教欺人，以致教外之人忍无可忍，一旦决裂，挺而走险，遂致仓卒肇衅，不可收拾。若此者必非一朝一夕之故，必其同乡共井之人咸受教民之凌辱，故能一夫发难，万众响应。诸君身处上海，于故乡情事宁不知之，则何不早为设法，俾在教之人与教外之人咸能相安无事，而不致酿成大祸，以受意外之累也。其或闹教者别有他图，特藉端起衅，以逞一时之鸱张，则其人平日亦必非安分之流，诸公何不预为防范，免其无端滋事。今者教堂已毁矣，教士教民已毙矣，诸公平日置若罔闻，不早为之所，此时又不能发一谋，设一策，以救旦夕之危急。手足无措，乃设此致书劝导之下策，冀王锡彤自行投案，以塞外人之怒，以救故乡之倒悬。诸公岂以为王锡彤一见此书后，必能束身归命，而诸公即可卸责乎？又岂谓并不望王锡彤之投案，但诸公既作此书，即为业已出力之据，而日后不致贻累乎？抑何设计之巧，而立言之工也。总之，近时绅董类以少管闲事为秘诀，虽使极切己之人有不可终日之怨痛，亦置之不顾。岂知日深月久，养痈贻患，受其累者，非诸绅董之亲属，即诸绅董之乡里，而诸公亦卒不能辞其责乎？且更有进者，泰西各国均有信教自由之说，若中国则何所谓信教？为儒者终日诵读四书五经，尚不知孔子为何如人，孔子之教为何如宗旨。愚夫愚妇终岁念经膜拜，似奉佛教矣，而于佛教之本末亦毫无所知。于是泰西教士起而承其乏，其命意固曰传播真理，劝人为善。然而不安分之人，实不免有恃教欺人之病，以致时起衅端，贻害大局。为今之计，第一，当广设学堂，开导民智，俾平民知自卫之理，教民无可恃之势，斯为釜底抽薪之上策。其次，亦当随时留意持平调处，俾良懦之乡愚，不致受无端之凌侮，以致积忿成仇，不可遏抑，犹不失为次策。此则诸绅董不能辞之责也。否则平时既置诸度外，临事又束手无策，徒冀滋事之人挺身而出，以消此巨患，以卸己之仔肩，抑岂可得之事哉。

《中外日报》光绪二十九年十一月四日（1903年12月22日）

浙江海门镇总兵咨呈督抚提督公文（宁海教案）

为呈报事。窃照宁海王锡彤率党哄城，焚杀教堂教士，饬派师船兵船会拿各缘由，曾经呈报在案。嗣于八月二十五日，据宁海营孙参将禀称：本年八月二十一日奉提宪札开，十七日亥刻接准护抚院电，务密。铣电悉。宁海匪徒入城杀教士，焚堂拆屋，形同化外，该地方文武不能防御，殊堪痛恨，应请查明惩儆。现在匪徒是否聚占城中，监狱、仓衙、耶稣教堂、居民曾否扰及，有无叛逆情形，乞电示。该邑距省窎远，难以悬度，全仗裁酌。请速定机宜，并与惠都转妥商。弟已电请海门余镇军亲带队伍驰往宁邑，会督各文武护教拿匪，缉凶散胁。祈饬贵营弁合力办理。桂。篠。等因。到本军门。准此，除电复并分札在防各印委一体听候海门余镇军督饬，相机办理外，札到，该将遵照听候督饬办理等因。奉即转饬一体遵照，听候宪台相机办理，不敢稍涉违误。查十三日王锡彤尚未率党哄城以前，卑职以标防兵勇分派要隘，抽调不及，城内仅恃委员周参将友胜所部常备两哨。首犯王锡彤恃众临城，势难阻其不进，惟有开枪拒敌，犹可获胜。随即备移宁海县，请复开枪之文，萧令并不只字具复。卑职情急，随赴县署面商，当有周参将友胜、刘管带朝焯、萧委员寿春、何都司见龙、周守备翰在坐。萧令即云，彼不开枪，我军亦难妄动，惟嘱周参将前赴陈说利害，力为阻止。讵该匪首王锡彤性情固执，毫不听从，周参将方进大北门，四乡党羽甚众，六城一哄而入。卑职与刘管带、周守备督率在城弁兵勇丁防守不为不严，其如人众之不由阻止何。当即仍会刘管带飞速督饬兵勇，分驰天主耶稣二堂、监狱、军局，以及街铺民居各要处，竭力弹压保护，而天主堂已被乱民烧毁。朱教士藏在生泰烟店，本无人知，只因搜索甚严，伊惧拿获，先在该店楼窗将小六门枪放伤二乱民，因即拿住，擒至南门外，截夺不及，已被杀毙。其余各衙门均幸安全。首犯王锡彤胆大滔天，又敢聚居邑庙。周参将友胜随会卑职等赴县酌商，乘夜围攻。萧令以为城内人烟稠密，若一攻捕，生灵涂炭，何堪此举，殊属不妥。嗣经周署守备翰再商将王锡彤诱至县署设席招饮，可以乘机拿获，萧令更不允从。

（续前稿）十四日午刻，王锡彤亲赴县学各署拜会萧令庆增及学官。王锡彤萧[①]，至申刻率党西窜。卑职等闻知，仍会同赴县面商尾追。萧令终属默无一言。是夜探报，王锡彤又欲率党回窜。卑职等复赴县商派周参将严守西门，卑职与刘管带及周守备守东南北大小五门。据周参将云，十五日辰刻拿获王锡彤之兄弟王锡光、王锡武，送县讯办。十八日，王统领、台州府暨王帮带、张管带先后均到。是夜四更，王统领等及卑营徐哨弁德润率领练兵，均各拔队赴深甽、中胡、小蒲岭等处。十九日，海左黄游击文琮到地，随后又去。二十一日，镇海刘旗官继泉亦到。现在城内六门，分派防守，安靖如常。是日巳刻，据西垫汛把总吴其祥禀称，十九午刻把总会同徐哨弁德润到小蒲岭顶大里，村民

① 此处疑有遗漏。

开枪，提标管带官亦开枪，随会王统领合进大里，村人皆逃奔山上，打伤三人。是夜在深甽村获住四人，询系海游而来。二十日到大里，又获四人，并烧毁王锡彤楼屋两座，其人逃遁，现在四处搜寻，尚未着手。嗣后如何办理情形，再行飞报禀请等情前来。除禀提宪外，禀祈察核转咨等情到敝镇。据此，查该匪王锡彤率党哄城焚教堂，杀教士，十三日聚居邑庙一宵，十四日午刻赴县署及学官处拜会，申刻率党西窜，种种情形，该匪玩视王章不法已极。此次王锡彤自初六日杀死王品松夫妇后，即有入城之谣，该文武岂竟毫无觉察。王锡彤既已率众入城，当台州府王统领未到之先，该邑城内已有刘朝焯一旗宁、防两哨，又宁海营精兵数十名，果能设计诱拿，何致听其逃走。该文武旗哨弁事前疏于防御，事后不能协拿，疏忽之咎，实难辞责。至该匪王锡彤居心凶险，诡谋百出，且该处素称匪窟，今虽逃窜，虑其复出，仍聚党羽滋生事端。若不上紧购线拿获到案究办，窃恐死灰复燃，流毒愈甚。仍移请台州府王统领暨札左营黄游击会同台防、宁防主客各军加紧购线，悬赏设法诱拿首要各犯，以期早日讯结，免致波累无辜，并饬台协及太平营，凡有教堂之处，竭力保护，毋稍疏虞。惟此次文武旗哨各员弁保护不力，应如何惩治之处，敝镇未敢擅便。为此咨呈贵督抚院谨请察核查明，惩儆施行。

《中外日报》光绪二十九年十一月十二、十四日
（1903 年 12 月 30 日、1904 年 1 月 1 日）

浙东教案原起

当王匪未发难以前，其族人廷锡胞侄品松争占祀田，互相械斗。王姓族众以品松入天主教，恃势欲占祀田，咸怀忿忿。王锡彤仇教有素，遂乘机起意，与其子王幼生邀同王廷锡于八月初六夜拥入王品松家，手刃之，又砍伤其妻王刘氏，关禁空屋。其时

观者如堵，王匪即倡言灭教，于是董麟有辈咸入其伙，而附者云集矣。

初七日，王匪制备旗械枪刀，纠约邻界伙党，又约宁海西乡白岩寺僧礼释招集里中无赖，共谋起事。一时叶崇涓、赵玉兰、王望来、胡和峰、竺才金、不知姓阿三（黄岩人，塑佛匠之徒）陆续麇聚。王匪即分带伙党至深甽地方，将教民胡通诗之子胡建音截路杀死，匪势于是益张。

初十日，匪至上胡地方杀教民李和中。

十一日，大索教民。

十二日，王匪遣黄岩人塑佛匠杀王品松妻王刘氏，祭旗时，匪党已聚集三百余人。

十三日，王匪率其党董麟有等至风潭地方，白岩寺僧礼释先已带同章高成等二百余人分班会集等候。该处有未落成之教堂一所，王匪即遣人拆毁，又起意进城，令于众曰：城中教堂一炬燔之，城中教民一律戕之，毋遗彼族，重为鱼肉，灭此天主以绥中国。其党咸攘臂奋呼，踊跃听命。于是分执旗械进自周行。适周参府出城晓谕，迂于离城十五里之管庄地方，理喻再三。讵王匪绝不听从，顾一拥而上，欲辱参府。参府回城，匪紧尾之。城中兵弁以营官在前，持枪不发，遂坐视匪入而莫之阻。或言参府与匪对语时，声约略不甚可辨，就获各匪供词亦云，匪自入城以后，屯驻于邑之城隍庙，分遣竺才金等焚天主堂，董麟有等索寻教士。其时人声嘈杂，朱教士匿生泰烟铺楼上，闻而心悸，遂于楼窗间枪毙二匪。匪一拥而上，拽朱教士至南门外，为黄岩人塑佛匠不知姓阿三所害。迨官军驰救，匪得乘虚复入城，捣毁教民屋物甚多。复四处诈劫教民银钱，惟不及耶教中人。

十四日，王匪出城，杀教民罗仁寿于黄坦。

十五日，僧礼释请暂回本寺，再纠伙党接应。王匪即亦回村，令于众曰：如或有官军来捕，尔其祗候调遣如吾命，匪党皆诺。

三十日，官军围大里村，王匪立村前山上指挥，党羽摇旗呐喊，开枪拒捕。既而势渐不敌，董麟有、叶崇涓即明秀、赵玉兰、王树和、章高成等先后就获，王匪自后山窜不知所之。

《中外日报》光绪二十九年十一月十六日（1904年1月3日）

浙东教案续闻

宁邑王锡彤仇教案，前经台州府徐太守亲督各军攻破匪巢、匪庙，格毙首要多名，现已将拿获匪党叶崇涓即明秀、董麟有、赵玉兰、章高成、王树和五犯就地正法。

王匪逃窜后，行踪诡秘，飘忽异常，宁、奉、新、嵊一带愚民多被诱惑，通风窝匿，无处不有。虽经徐守出示悬赏，乃各处民人讳之甚深，并有身列绅衿亦各相率狥隐，既少妥线应募，是以久未拿获。

王匪因官军节节追拿，于九月初旬率领匪党二十余人匿迹宁属之太阳山。台防统领闻信，亲督队伍驰赴掩捕，仅起获洋炮洋枪，该匪首伙先由僻路窜逃。

九月中旬，王匪派拨党羽在绍属新、嵊各县勾结图扰。徐守闻信，即派缉捕营沈管带镇防，刘旗官率队往剿，统领亦督同花旗官跟踪前往，拿获匪犯孙喜老、胡修培二名，解交新昌县收讯。又在新邑大市聚地方追获匪党王老六一名，解回宁海县讯办。

九月二十三四等日，王匪纠同临邑著匪汤兆统，招集匪徒二三百人，在临海、天台交界之黄坛七峰山会齐，置备洋枪及旗帜、号衣，意图滋事，且有滋扰天台各县教堂之谣，民心甚为震动。

徐守闻信，即飞函分告沈花两军由新邑折回，往七峰山相机拿办，适统领巡缉至天台县界，督队径赴该处会拿。匪党知势不敌，纷纷逃散，王匪亦乘间潜逃。

十月初八日，宁海营周守备在奉化县红鹤寺相近之梅园地方，购获要犯王廷锡、竺兴官二名，解交徐守行次。以上各节，闻已由台州府徐守通禀各上台云。

聂中丞以王匪久未获案，深为焦灼，现委奏办洋务许观察鼎森赴甬，会同吕军门惠观察面定机宜，严饬在事文武各员弁实力查拿，务获究报。以上访稿。

《中外日报》光绪二十九年十一月十六日（1904年1月3日）

宕匠停工（鄞县）

鄞江桥唐姓石宕，日前众匠因拟加工价不允，相率停工，并闻有滋闹情事。唐姓日前来县禀控，业由周少轩大令派差往查。刻下此事尚未议妥，各匠亦仍未开工，闻唐姓已将为首工匠扭送县署讯断矣。

《中外日报》光绪三十年四月五日（1904年5月19日）

宁海教案议结

宁海去年王锡彤聚众闹教一案，现经浙抚聂中丞复委许九香观察、候补县王大令来甬，会同当道，悉心办理是案，业于本月初三日，由宁绍台道惠树滋观察、鄞县周少轩大令邀同赵主教，在办志书院议结，业已订定条款，面同签押。闻主教要索条款有十余起之多，其事诸多秘密，但闻紧要之款，首在赶缉王匪，限三阅月缉获。两处教堂被毁，计赔款十一万。案内文武各官，均照另议单内分别治罪。前缉获王匪之子幼往及塑佛像等各犯，须分别治以应得之罪。被戕朱国光神甫，须奏达天听，从优安葬。嗣后各处孤姓教民，须由地方官饬各都各图绅耆竭力保护。此外又有要索从前绍兴、嘉兴以及桐庐等闹教案内之事。此案即已了结，许观察、王大令遂于次日赴省。又闻赔款一项，现先由地方官及绅等摊派填缴云。

《中外日报》光绪三十年四月七日（1904年5月21日）

染匠停工（鄞县）

甬江各染坊染匠，日前因议加酒钱，相率停工，由柱首在大庙聚众会议。当经该业董禀请鄞县周少轩大令立提匠首钱阿才，谕令开工。大令深恐因此酿出事端，遂先派差，协保劝谕，各匠奉谕之下，已议约日开工，讵有某甲从中把持，勒令不准开工，未识大令作何办理也。

《中外日报》光绪三十年四月二十六日（1904年6月9日）

匠众跪求（鄞县）

鄞属鄞江桥地方石宕工匠，前因议加工价一律停工。日前由宕主将为首石匠数人，扭送县署。经周少轩大令传齐两造，质讯之下，诚恐聚众停工，滋生事端，特将为首数人暂行发押，一面派差前往劝令开工。日昨有石匠数百人，各持香一枝，纷纷至县署跪求，由柱首呈禀，叩请加价。大令以人众，难免肇事，遂禀请吕军门调派练军勇丁至署弹压。大令当饬传柱首，面谕确实具禀，以便核示。匠众始散去。

《中外日报》光绪三十年四月二十六日（1904年6月9日）

机伙停工（仁和）

下城官纱机坊各伙，因欲增加工价，约齐停工。经坊主控告仁和县。昨萧令提讯，以该伙等停工要挟，笞责数百板，谕令坊主各加该伙酒钱结案。

《中外日报》光绪三十年六月二十八日（1904 年 8 月 9 日）

冥洋创捐（杭州）

杭垣向来制造冥洋，销数甚广。现在创议收捐，每冥洋价值银一元，则捐钱五十文。该业中人以为捐章过重，拟禀请减收云。

《中外日报》光绪三十年七月十六日（1904 年 8 月 26 日）

请减酒捐（杭州）

海宁酒捐经董蒋元樾禀称：据各酿户佥称，州境水土不宜，酿法未善，所酿之酒存坛稍久，即行变味，以致不能行远，仅备门市零星沽吃，销路既狭，酿亦无多。是以一州之中，酿酒至四五十缸者，已称巨户，然百中不过四五。而十缸以内者，竟十居其九。且以年来米价昂贵，不但无利可沾，且多折耗。数月之内，停闭纷纷，皆由于此。查州属酒捐，前奉定章悉照绍郡办理。现闻绍郡酒捐，已蒙批准酌减二成。州属酿户尤为困苦，可否援照绍酒加抽三成章程，再减一成，改为加抽二成云云。以上各情，已由海宁州转详杭府察核。

《中外日报》光绪三十年七月十六日（1904 年 8 月 26 日）

宁海教案议约

为立议约事：兹因光绪二十九年八月，王锡彤在浙江台州府宁海县地方，纠党焚毁天主教堂二所，戕害华教士、教民，并焚抢索诈宁海城乡以及毗连之嵊县、奉化、象山各县边境等处教民房屋、资财、物件，现经一概全行议结，此外并无遗漏。除后列条款外，不得再有续控前项情事，致碍以后民教平安。所有议定各款开列于下：

计开

第一款，光绪二十七年，原议省垣上城合宜之处，置给地十亩，今议三个月照依原议置给。又原议定海西门内发给营地一块，以充教堂善举，今议亦依原议，发给该处天主堂东南两面营地，计二亩五分四厘七毫九丝三忽，限六个月，饬令地上盖屋居民一律迁让。所有迁让各费，应由地方官酌给。

第二款，绍兴府会稽县天主堂，因陈姓偏院结讼一案，应请抚宪派委，会同地方官，于此案结后商同教士，尽三个月查案，持平迅速了结。

第三款，严州府属闹教首犯濮振声，监禁在省，不得轻释。王寿元、麻兆兰二名，应按讯供照例惩办。

第四款，处州府属松阳县内票匪，应请抚宪严饬地方文武会拿，务获惩办；各处教堂公所，亦分饬各该地方官，责令绅士切实保护。

第五款，所有绍兴、严州、处州各属教案，以及应缉教案罪犯，应请抚宪严饬地方官，按照各处教士前送仇教名单（不过数名）缉获，办理完案。

第六款，宁海疏防文武各官，知县萧庆增、哨官鲁光槐、提标中军参将周友胜、宁海营参将孙绍发、前署宁海守备周瀚，应由抚宪酌定示惩，照会总领事完案。

第七款，宁海闹教首犯王锡彤，除已悬重赏购线严拿外，其董一兆、胡怀智、王成满、黄四连、陈瑞菊、吕杏林、周飞熊，应请抚宪严饬地方文武，限三个月内认真访拿讯办。其余各乡著匪，亦须严饬地方官随时拿办。

第八款，鄞县、宁海县已获在押各犯，应请抚宪分别轻重，按律定罪，照会总领事完案。

第九款，朱教士国光，致命可惨，应请抚宪于奏结此案后，查照庚子年山西洋教士被害成案，饬令地方官在城外相近山上择给坟地一块，约计二亩，厚礼安葬，以示旌褒。

第十款，此次教案焚毁宁海城内天主堂一处、凤潭天主堂一处，以及两处堂内毁失一切物件，并抚恤朱教士国光与被杀教民家属，又抚恤被焚、被抢教民二百八十余家所失房屋、资财、物件，以及被诈银洋等，共议给库平银十万两，分作三批付清。限本年四月二十日交第一批银四万两，六月底交第二批银三万两，十一月底交第三批银三万两。各款付清，议单作为废纸。

第十一款，此次宁海教案议结，应请抚宪严饬地方官出示晓谕，实力保护，并开导各乡各村房族绅耆，互相儆戒，言归于好，以期民教永远相安。

以上十一款，均系彼此妥议，缮成五份，面同画押。以一纸存送抚宪，一纸存省城洋务总局，一纸存宁绍台道衙门，一纸存法总领事衙门，一纸存宁波天主堂，各备查核，合立议约存照。

大清国奏派总理浙江全省洋务、前安徽尽先补用道许　押

新授两浙盐运使司盐运使、宁绍台道惠　押

前安徽补用同知直隶州汪　押

署宁波府鄞县知县周　押

大法国浙江全省天主总主教赵　押

副主教田　押

光绪三十年四月初三日

《中外日报》光绪三十年七月十七日（1904年8月27日）

停工滋事（宁波）

甬江茶食铺司务，日前汇众向各店铺恳加工资，各铺不允，

众司乃相率停工。各茶食铺当押为首之甲乙二司，扭送甬东司丁巡检惩办，众司遂聚众滋闹。嗣经各柱首至各铺调停妥协，即将甲乙保出，仍行一律开作，其事始寝。

《中外日报》光绪三十年七月十八日（1904 年 8 月 28 日）

华工肇事（宁波）

西十二月五号（即中十月廿九日）本馆宁波电云：宁波顷间忽有乱事，有无数华工攻击纽们君之屋，索取工资，目下已派兵士警察前往救护矣。译十月廿九日《捷报》。

《中外日报》光绪三十年十月三十日（1904 年 12 月 6 日）

记宁波教案

前在宁海倡首闹教之王锡彤，虽迭经严缉，迄未就获。闻近日宁海司铎禀告赵主教，谓王锡彤又在宁海及新昌、奉化一带四出煽惑，集有羽党数千人，欲复与教民为难云云。当由赵主教电请浙抚分饬地方文武各官，严切查办。浙提吕军门奉文后，即派防练兵勇三哨，分途前往查办。兹恐兵力单薄，又于练军副中营后哨再抽派四十名前往，与前派三哨会同剿办。一面照会海门镇王总戎，并饬知台州协贺协戎，一律严加防范云。

《中外日报》光绪三十一年二月四日（1905 年 3 月 9 日）

王锡彤又将闹教续闻

日前传说王锡彤又在宁海等处煽惑民人，将与教为难，已记昨报。兹悉实因上月奉化县属之张家滩、鲍村及山岙等处，有匪人出而煽惑，声称将与天主教为难，且持有布照，遍向各民家售买洋银，谓王锡彤大队前来，有此布照之家方得保护无事。各地乡民出洋购买者亦属不少。照上书有“忠合记”字样，并盖有大方印一颗。现已蔓延至棠岙地方。浙提吕道生军门已派调副中营勇丁数哨，驻扎该处。然近日各处如常安谧，毫无动静，但谣言纷播，且传有王锡彤禁令十条。奉邑令亦已亲赴各乡查验，尚未得确实情形云。

《中外日报》光绪三十一年二月六日（1905年3月11日）

台州匪乱述闻

台州近有官电来杭，谓王锡彤余党复有作乱之势，因之人心浮动，谣言纷起。时适黄岩镇总兵王总戎晋省，聂仲芳中丞力饬回防，以资弹压。

《中外日报》光绪三十一年二月七日（1905年3月12日）

宁海教案谣传

日前喧传王锡彤又将煽惑宁海、奉化各县匪人，起与天主教为难，并有匪人在奉化县张家滩、鲍村、山岙等处，出售白布执照，谓得此者，将来王锡彤率众前来，保无骚扰等情，业已据闻录报。兹悉此种谣言初起于宁海，旋传至郡城，故吕军门得此消息，遂拨调驻扎奉邑拆开岭之副中营哨，驻移于棠岙，以资镇压。奉邑令亦往各乡查视，毫无举动。现浙提署已探确情形，并无王锡彤出煽羽党数千人之事，惟匪人于彼时纷布谣言，谓王锡彤已联合永康、新昌等县匪人，将来定必与天主教为难，报复前怨，则有之。近日宁海及奉化各处地方均如常安静，谣言则仍未息，有云王锡彤已与九龙山联络一气者。

《中外日报》光绪三十一年二月八日（1905年3月13日）

宁海教案谣传四志

宁波王锡彤将次集众，复与天主教为难等情，已三志报端。查此种谣言，实起于上月初旬。闻当时宁海东岙及南边乡一带各村乡民暗中纠合匪徒，复有前次闹教胁从之叶老三、杨树恩、王思廉、小癞头，在各村布散洋银执照，纠集匪党，声言王锡彤现在新昌县境开口岩地方，纠合多人，并接连永康县哥匪金哥、银哥、王哥等人，将次前来报复前怨，专与天主教为难，有此执照得免骚扰。于是一唱百和，谣诼纷腾，云王锡彤于十八日夜子时祭旗，十九日率众进城。宁海教民俱惊惶异常。该县翁大令亦飞禀海门镇军，调兵驻扎，以资镇压。然并不见王锡彤其人，惟宁海地方竟有王锡彤告示并禁条十款，该处民人因之愈形仓皇，迨拆开岭副中营一哨勇丁调至后，地方始稍安靖。有谓去腊宁海西同地方某姓命案，翁大令将凶手尸属一并拘县，乡人咸抱不平，纷纷欲与为难。此次谣言之起，或即因此说颇近似。惟既有此谣，地方官不可不加意严防也。

《中外日报》光绪三十一年二月十日（1905年3月15日）

浙江宁绍台道高通禀

（为宁海谣言闹教事）

敬禀者：窃于本年正月二十三日，接法国主教赵保禄函称：据宁海司事教民急报，现在谣诼紧急，新昌开口岩地方有匪党数千名，又奉化天皇寺地方亦有聚众数千之多，均称王锡彤部党已四布知单，发卖票布，定两路于二月间同日进城，杀官害教，劫营劫狱，并焚毁各处教堂。其势汹汹，有不可遏，各乡教民已纷纷迁避。为此势不得已，迫请救护办理等情到堂。本主教查此次谣言虽不足信，而一切不轨举动，实属难料，函请迅会提军门，调派大兵，相机剿办等因前来。当经函请提军门酌派弁兵，前往该处查明，如果实有其事，即便弹压解散，并分饬各该县妥慎防护，并密拿造谣之人，严讯究办，以免滋事。旋于二十五日据署宁海县翁令禀称，接教堂司事开来节略云，新昌县沙溪、森家田两处匪党，聚众数千人，于正月十八日在奉化县属堂岙地方会齐，祭旗起事，即到宁海城内闹教劫狱云云。当由该令一面派人四出侦探，一面会商营防分班梭巡。同日又据续禀，现有王匪伪示在街张贴，语意悖逆，专主仇教，伪示上盖用会匪图章。因之人心惶惑，多有避匿迁居，究应如何布置，乞速密示祇遵各等情。适□□先一日起程晋省，二十六日在沪接宁波府喻守电告前由，请速回甬。因思台属民情素称犷悍，人心浮动，近年往往托名匪首，缮贴伪示，谣传百出，地方官请兵防范已非一次。察阅翁令抄呈伪示，匪徒图逞彰明较著，与从前散谣煽惑者尤属肆无忌惮。前项伪示即非土匪所为，亦必有藐法之徒蓄意滋事，抑或会匪头目潘贵就擒，其党羽藉名勾结，欲图乘隙纷扰，亦未可知，固不可急遽张皇，而防患未然，亦不容稍涉大意。遂于二十八日折回宁波，当即商之提军，立派驻甬练军，以巡缉为名，即日驰往奉化、新昌、宁海一带，会同所驻就地防营，互相会哨，藉资镇摄，并分移营县，一体严密防范，俾免疏虞。曾将大略情形禀陈钧听。旋奉宪台电饬，严密责成各该营县，认真防护弹压，万勿再任滋事。王匪在逃，终属后患，深望趁此设法弋获。查有确情还望详禀等因。奉此，又经分别咨移饬遵。现据台州府徐守禀，以王镇军现在因公晋省，由该守专函驰告台防副中营曹管带，抽拨队伍一哨，调赴海游驻扎巡防，并函告驻防海游花管带，俟曹营到地呈报，督率防勇，开往县城，小心防范，仍由各营哨多派线探，四处确查匪踪暨查拿造谣之人，以定人心。又复函饬翁令会商营员，相机筹防，并出示劝谕民教，照常安业，不必惊惶等语。兹复据宁海县翁令禀称，派出四路侦察之人，已经回署，据称无迹可寻，其新昌沙溪、森家田，奉化堂岙三处，派人前往查看，目下尚属安静。至此次伪示上盖用图记，是否王匪所为，未得确据等情函禀各因前来。伏查宁邑自上年王锡彤闹教以后，谣诼时闻，殆由王匪迄未弋获，兼以上年拿获教案匪犯，计在鄞县、宁海两监者尚有二十六人之多，各犯属不无怨望，致莠民屡次造谣煽诱，而哥匪复暗向纠结，散放票布，乘机思逞。诚如钧电，王匪在逃，终属后患，当此宁邑民教势成冰炭之秋，一有触发，愈难收拾，何堪思议。兹虽得翁令续禀，派人分往查探，并无确据，惟既有谣传，贴有伪示，难保无匪徒仇教为名，联合滋事，况若辈之侦探消息极灵，见营县有备，文武戒严，即伏而不动，若谣言鼎沸，毫无布置，若辈乘虚而入。现已谕饬翁令，赶紧出示，劝谕民教，照常安业，不必惊疑，听候官为拿办。既不可因谣言而张皇，亦不可因谣言而疏懈，总以外示镇静，内严防范为要。又除一面移会防营，多派线探，重悬赏格，四处确查王匪，设法协拿，务期必获，并密拿造谣及缮贴匿名揭帖惑众之徒严办，以定人心外，理合照录伪示缕晣，禀祈察核祇遵。计呈清折。

《中外日报》光绪三十一年二月二十一日（1905 年 3 月 26 日）

会稽县通报棍徒唐有银等冒教毁寺勘明获办各情形禀稿

敬禀者：窃于本年正月二十五日，据卑邑距城四十里之平水村显圣寺僧定昌、仁昌呈称：伊寺前遭僧福林占住，当蒙讯断，伊等遵于去腊初十日回寺管理。本年正月，正在邀议交盘，不料僧福林、永康等于昨二十四日，复纠唐有银、赵云鹤等，蜂拥来寺。伊仁昌见凶逃避，被将寺内金刚及哼哈韦驼各佛像肆行毁坏，掳去物件。伊定昌因往萧山邀请六支派僧回寺，骇见佛像被毁，并闻扬言僧福林等，背将寺院产业私行串盗，喊叩勘办等情。据查此案先于光绪三十年十一月间，据监生陶瀛等呈控显圣寺僧裕修，抗据不出，伊与陶润等檀越，延僧祥林住持，于初六日同送进院，次日遭僧裕修并仁昌等纠众持械将僧祥林殴伤，并据僧仁昌以伊师裕修在日铸寺医病，将显圣寺交伊及僧定昌暂管，使明春期满公举接住。突于初六日，有前犯驱逐之僧福林同徒祥林，率令陶阿祥等，来寺吼称，现奉檀越住持。复于初七日有唐有银等，纠党蛮将僧定昌擒去，并将寺内钱米什物牛只抢掳一空，暨旋据僧定昌以被僧祥林与唐有银等擒至泰宁寺，勒去空白纸三张，画押脱回等情，先后互控。据经验明，僧祥林脑门、右额、手背、臁肋受有木器等微伤。一面提到两造质讯，供词各执，惟寺既空悬，未便无僧管住。查僧福林曾住该寺，犯事被逐，未便再令住持；而僧裕修系于光绪二十五年三月经其派内各僧公举，禀奉本府出示晓谕接住，有案可稽，照章六年限尚未满，且当年粮赋均其完纳，因经断定仍准其徒僧定昌暂行代管，并准收取是年租息，给示前往，限满于该寺前僧湛然名下六支派内选举道行诚笃之僧，呈候详请本府核定接管。一面仍候催在场唐有银等到案，再行讯办在案。据呈前情，随即移准卑县县丞向煦代往勘明移复，核与僧定昌等所禀情形大致相符，讵勘后又经风闻该寺复有被棍冒教毁扰情事，并有寺内杂物多被搬往天主堂之语，即勒原差提到唐有银及僧永康禀讯前来。

（续前稿）随即提讯，据唐有银供：系伊与陶姓均属宝严寺即显圣寺施主，因上年被该寺控经发押迁善所有嫌，所以将寺献与天主堂，由僧人出卖，系伊作中等语。质之僧永康，称无将寺献卖与天主堂情事。供甚两歧，余均狡赖。正在分别责押间，有天主堂曾司铎及谢司铎先后为唐有银来县面求取保，经卑职以唐有银本系地棍，曾押迁善所，限满释放之犯，乃敢冒教妄为，若不严加究办，诚恐棍徒效尤益甚，将来众情必致归怨教堂，一旦有事，地方官以何保护之言复绝，各司铎尚无他词。惟经县丞向煦复往查勘，及卑职亦亲诣勘明，该寺竟被该棍徒等复将寺内所有佛像肆行毁拆大半，已非完全，大门以内各处门窗匾对及一应器物，亦多被搬毁。山门内贴有天主堂告白一纸，大致谓寺产已立契据，招檀越僧人未到者补押之意。门外所植多年松树，亦被砍倒十六株，甚堪骇异。又经搜获薄据三本，内有面开天主堂者两本，一为零用，一载佃户已立赁契之名，开晋昌银记者一本，略载砍工帐。并据差获被控唐有荣一名，带同回县，讯供狡展。据此，卑职伏查，显圣寺为卑邑最大业林，几及千年，载在志书，攸关名胜，况于康熙四十六年敕赐为宝严寺御书匾额，至今共仰。乃唐有银等辄敢勾串不肖教民，瞒背天主司铎诸人，任意毁坏佛像，搬掳器物，藉系距城偏远，种种妄为，殊不成事。且该寺田山产业颇为不少，据供投献天主堂，倘属非虚，关系甚重，虽现在并无来县过割等情，但恐日后再被该棍欺蒙，竟成其事，亦难预料。近来地方不肖人民，往往勾串天主堂民藉端生事，民情怨讟已深。此天主堂谢司铎，以教堂劝人为善，并不干预词讼等情，函请本府转饬示谕，其亦必有所闻，甚可想见。现当显圣寺被毁一事纷纷传说，众情甚有不平之慨，诚恐愚民无知，将来出而争闹，酿成事端，何堪设想。卑职忝任斯土，责无旁贷，甚切杞忧。愚昧之见，惟有仰乞宪恩照会主教，转致卑邑天主堂司铎，预为查察阻止，免再蒙扰而安地方。是否可行，除照案催提各棍徒等到案，提同在押之唐有银等集讯明确，体察情形，分别究追详办外，卑职俞凤岗谨禀。

《中外日报》光绪三十一年三月一、二日（1905 年 4 月 5、6 日）

记天主教士在绍兴强占寺产事

三月初七日，本馆上海访事来函云：近月有两次凶暴之事，虐待绍兴人民，幸地方官员主意甚坚，否则必酿成大乱矣。

距府城三四十里，有地名平水者，内有著名大寺一所，名显圣寺。中国皇帝赐与该寺之物甚多。此处系属会稽县所管。该寺之产业有田地九百亩，树林五百亩，有六等僧人居于其内，方丈名曰定昌，副方丈名曰永康。方丈之为人甚为严正，故为佛僧之主，在其手下之人莫不恶之。副方丈永康甚忌定昌之权力，其后永康得识一无行之天主教民名唐有元者，此人曾拘于改过局三年，又被监禁八月。此人一经被释以后，即入绍兴之天主教，始与永康相识。永康即乘此机会，将该寺所有一切之契据与皇帝所赐之物件，由定昌房中统行窃去，即将契据交与唐有元，唐有元即送于天主教之神父。外国神父名谢神父者，遂派华神父曾姓，偕外国神父应相公与教民多人前往该寺。教民一至寺内，即将所有之佛像尽行毁灭，又将贵重物件铜器、铜像全数取去发售，顺治皇帝所赐之香炉，亦被教门夺去。顺治皇帝曾谓此炉值二百元。此著名之观音铜像，乃各等人民所崇拜者，亦被教民抢去。行此事之首领，乃一著名之匪徒，名潘吉夫，亦系天主教中之人也。此人以售药为业，城内之人无不知其名。凡寺内贵重之物，无不为教民夺去，地亩则为诸外国神父之所得。此时并无银两送与寺院，华人曾神父即尽逐寺内之僧人出外，而占领该寺，且迫令附近之居民每日输送城内最佳之食品，以款教中之人。方丈定昌即召集诸僧人，速往杭州告知日本僧人名伊藤先生者。此日人稍有势力，即将此事告知浙江抚台，当即檄谕绍兴府，令其将关于此案所有之华民，不论为天主教人与否，尽行拘捕。会稽县一奉到此严令后，立行查办此案，凡有关于此案之署中差役，尽行拘捕，惟门稿乞该令释放诸人，因彼等能将犯事诸人全行捕到故也。窃取器具之永康，后在南城店庙与神父应相公及曾神父以及绍兴天主教民大开筵宴，甚为快乐，但即为署中差役所拘。永康与唐有元随捕入会稽县署之狱内，每人受笞一千板，手足皆加以镣铐。外国神父与华神父即来会稽县署，命释出二人。该令年纪甚高，然立意甚坚，不肯听彼等之命，非如他之华官遇有天主教案，即曲意屈从也。该令答外国神父曰，余甚愿保护贵教堂及奉法之教民，但余曾奉有抚宪之命，令余监禁毁坏御赐物件之人，按例惩办，故阁下不应干预此事也。该神父即往见知府，该府又不允释二人，于是神父复返，心甚不乐。其后有外国神父一人、华神父一人即往宁波谒见该处之主教。数日之后抚台即派委员前往平水，查察该处寺院之事，并限令永康与唐有元于十日以内交出所有之契据，并将毁坏之物全行修妥。按照中国律例，凡窃取皇上之物件者，必须正法也。

著名之潘吉夫，亦被拘捕。此外与闻此案之绍兴教民，尚有八人，其中亦有逃至上海暂行躲避者。彼等之姓名余已知之。法国公使与法国外部大臣于中国天主教神父所为之事，理应知之甚悉，以免法国之国名再为华人所憎恶也。

此案未了，他案又起。《文汇报》中曾登有电报数次，言及此事。绍兴城内有空地一大段，内有寺一所，宝塔一座，此寺名曰大善寺，空地之内系属寺场，各等贩物之商均在该处贸易。有行为不正之天主教民，告于外国神父，谓此寺与附近之地均可租赁，而在该处建造房屋，租与商人，教堂必获大利，神父深信其言。有人名高伯林者，其居屋距中国内地会不远，往请寺内之僧人一名，与彼相见，迫其将该处之地租与天主教会，每年租金五十元。高伯林并非天主教中之教民，然彼与潘吉夫相识，此人借天主教之势力，恣行恶事甚多。高伯林与潘某恫喝大善寺之方丈，迫其亲书租据毕以后，遂交与外国神父。彼等告之云，该处可建房屋甚多，教堂获利必厚，因彼等素知天主教会喜置产业。因此谢神父遂将建屋之事交与高伯林、潘吉夫办理。城内各大店往见知府，请其力拒此事，并请其尽力禁阻，且求其索回契约。彼等又电致绍兴之同乡京官出而干涉此事。闻王文韶乃浙省之人，甚注意绍兴之事。此外尚有翰林甚多，均请外部阻止此举。北京同乡官又电致本省大员，请其力拒天主教所为。此事交与宁波主教办理，主教接得北京训令，即将契据交出。从此绍兴之乱事可以免去矣。假使绍兴之人不再忍耐，必致乱事纷起，而城内之外人身家性命，亦必甚为危险。因城内绅士立意甚坚，始免肇祸。余等于该处之绅商，殊深感谢也。惟除宁波主教以外，其余之天主教士，则余等断不感谢之耳。译三月初八日《文汇西报》。

《中外日报》光绪三十一年三月九日（1905年4月13日）

席商闹捐（宁波）

宁属席捐，前由范沅等禀准省台，以定捐数，业已设局开办。现因范沅等向各席商抽捐，每席一条，照向章加收一文，因之各处乡民相率会议。日昨聚众多人，至局吵扰，大有抗捐之势。幸即经人解散，然将来不知作何办理也。

《中外日报》光绪三十一年三月十三日（1905年4月17日）

余杭盗匪伤西教士

礼拜六午后，此间美领事署官员接得消息谓：居于海司格路廿四号之坎纳戴牧师，在距杭州一百二十华里余杭县之左乌李融村为人所殴。礼拜六日，有华人至此，谓该教士在该村教学生三十名，此村系在山上，距杭州有两日程。三月八日午后十一点钟，有匪徒百余人忽至该村，攻打学生与教士所住之屋，破门而入，并殴屋内之人。该教士之头为斧所击伤，其伤甚重。匪徒手执斧与木杆，向学生攻击，夷伤多人以后，即行抢掠物件而去。礼拜四晨，有教民一人，放胆前往该屋观览，即见坎纳戴君卧于地面，流血甚多，彼虽已知人事，然不能言语。该教民告彼云，余必前往上海报告此事。礼拜六午后，该教民即行抵此间。美国总领事笛维生君即电致外务部，请其查办此事。杭州副领事克娄君适在此间，彼亦于昨日启程前往该处查办。昨日领事署官员接得华官来电，谓余等已查办此事，其详若何，再俟函告。译三月十三日《文汇西报》。

《中外日报》光绪三十一年三月十四日（1905年4月18日）

余杭匪徒击伤美教士略情

此间美领事署官员接得杭州来电谓：杭州副领事克娄君已于昨日午前九点钟带同兵士二十人前往坎纳德牧师遭劫之所，华官已尽力查办此事。今晨领事署官员又接得杭州来电谓，坎纳德牧师尚有生命，想一二日后必能得其详情也。

据近日所得之消息则知，攻击该牧师之华人戴有头巾，内有“人民义勇兵”数字。译三月十五日《文汇西报》。

《中外日报》光绪三十一年三月十六日（1905年4月20日）

停市抗捐（宁波）

乡民因席捐聚众滋闹一事，已记报端。兹悉事因前范沅等认数过巨，遂将抽收席捐照前略加，因之各乡民俱不愿完纳，群向捐局滋闹，黄姜桥、黄古岭等处皆相率罢市。当由局禀县派差弹压，旋即开市。现有机户施元记，结连闻裕泰，邀合虞塔市口各贩户，一律停市，以相抵制。日昨由局具禀鄞县，呈请高子勋大令出示谕禁。

《中外日报》光绪三十一年三月十六日（1905年4月20日）

余杭县美牧师受伤详情

本埠美领事署官员今晨接得杭州官员来函，言及坎纳德牧师被劫之详情，兹录于左：

子午里乃一小村，坐落山内，距杭城西北五十英里。近日坎纳德牧师在该村租就民房一所，以便说教及居住。彼住于该村已有四礼拜之久，有教民数人亦与彼互相亲昵。数日以来，彼于晚间说教，华人聚听者甚多。三月初八夜说教事毕以后，彼遂回房安息，其时约十二点钟，外户已闭，内门亦关。约一点钟时，坎纳德牧师闻有大叫之声，即出而眺望，立即为人所殴，因之不省人事，比复醒时，业已天明矣。且又移在别房之内，其头面手足已经血污狼藉，头上与手受伤数处，此外各事则不复能记矣。

驻杭州之美副领事克娄君一闻此事，即带同华兵一队，于十四日黎明前往子午里村。是日午后三点钟，行抵余杭县，离子午里村尚有三十英里之远，彼等遂于午后六点半钟由余杭县起程，星夜前往。十五日午后五点钟，始抵该处。彼等遂见该教士居于污秽之华式屋内，然生命尚未尽绝，有教民数人侍于其侧。彼之伤口尚未包裹，因彼受七日之苦，又无医药可治，故身体甚形萎弱，随美副领事前往之医生立为裹好创口，且预备一切送其前往杭州。

十六日午前九点钟，彼等即重返杭州，在余杭县速行雇备民船一艘，彼等即行下船，翌晨遂抵杭州，急将坎纳德牧师送入医院医治。彼之伤口甚为紧要，想彼必可全愈也。

余杭县知县已获得乱党三四人，目下彼又竭力设法拘捕该党之人也。

据所得之凭证观之，则知攻击该牧师之故，并非因附近居民有仇视洋人教门之意，不过为劫掠而已。译三月十八日《文汇西报》。

《中外日报》光绪三十一年三月十九日（1905年4月23日）

再志余杭美教士被盗情形

美国教士盖怀德君被盗等情已屡详前报。兹悉盖君于今岁二月间，到余杭县北乡距横湖镇十余里之遥土名芝坞里地方（一名字午里）传教，本月七日该教士由省回余，带有书籍、药水等物，分装数箱，势甚沉重，宵小疑为资财，次夜以听讲为由混入藏匿，至更深时，里应外合，群起抢劫。该教士头上受一刃伤，身上受有铁沙数颗余，人伤势甚轻。署余杭县方佩兰大令与驻杭美领事云飞得君往勘时，该教士言甚和平，以被劫之物断不愿向地方官索赔。闻领事之意或不以为然。目下该教士已随领事回省养伤，伤势已渐平，断无性命之虞。盗犯已获到七八名，内有二三名确系正凶云。

《中外日报》光绪三十一年三月二十五日（1905年4月29日）

米司挟制停工（宁波）

甬郡米司向有短班、长工之别，为短班者，每月工钱较长工稍多。现各米铺皆雇用长工，以致短班生意寥落异常。日前有短班米司聚集百余人之多，拥至江北傅泰记米铺，将招雇长工勒令停歇。铺主出而理论，众遽滋闹。当鸣捕将为首短班二人拘入捕房，由督捕华生移送鄞县，即经高子勋大令当堂将两造质讯，谕令短班不许挟制，招雇短班、长工听各米铺自便，嗣后如再有聚众滋事情事，立提重办不贷云。

《中外日报》光绪三十一年六月二十八日（1905年7月30日）

肉铺闭市（湖州）

各肉店零星门售，所收多系铜元，洋银极少，而猪行收取，以卖客不愿为词，必欲全交洋银。店户拟以洋银铜元分成搭用，行户犹不肯允。因是肉店均于初三日起，一律闭市。闻两造俱已在县控告，不知县中何以处之。

《中外日报》光绪三十一年七月七日（1905年8月7日）

肉业开市（湖州）

肉店与猪行因搭用铜元，闭市涉讼，已纪前报。今已议定，凡肉店与行交易，按八成洋银、二成铜元付帐，彼此允洽，遂于初六日照常开市。

《中外日报》光绪三十一年七月十日（1905年8月10日）

铜元抑价滋事（嵊县）

绍兴嵊县自停用当十铜元以来，南货业同胜等号，首先短价，每枚减作九文，以致乡民不服，纷纷滋事。当经该邑令和平出示，有暂作十文字样。该业等即借暂作二字为口实，益觉肆无忌惮，强作九文。致初五日，乡民拥挤入城，互相滋闹，遂有恶僧范姓串同劣董，怂恿各铺罢市，以冀挟制官长。现已由该处绅商具禀省台，不知作何处置也。

《中外日报》光绪三十一年七月十九日（1905年8月19日）

传闻拆毁教堂（安吉）

安吉之递浦镇，距郡约一百二十余里，近以田禾缺雨，待泽甚亟。该处爰循俗例，迎神祈雨，路经教堂门首（有云系天主教堂），不知堂内如何忽与口角。其时会内多系宁、绍等客民，人众口杂，因之起衅，传闻有拆毁教堂情事。兹闻傅太守已派员驰往查办矣。

《中外日报》光绪三十一年七月二十一日（1905年8月21日）

海宁赌徒拒伤弁勇事*

读二十日贵报登赌徒拒伤弁勇一事，未能尽实，用特函请更正。海宁州斜桥镇离城十四里，向称安谧，本无青红帮匪聚集其中。自去春二月初，朱、徐、王几家一夜连被抢劫，前州官某大令并不缉捕破获。其亲兵有名孙嘉寿者，本是匪党匪，因胆大视斜桥镇为乐土，时来搭棚开赌，节经绅士禀拿，而州官只图消弭，往往先饬该亲兵向匪情商，稍还官场体面。由是兵来匪暂散，兵去匪即聚，习为常态。本年本月初七、八二日，斜桥俗例演总管戏，巢湖匪目郑道江即真老班及方老窝子，与本邑周王庙匪高四毛等五十余人，由湖属大麻镇驾舟而来，摆列枪炮，开场聚赌，势甚汹汹。绅士密禀州署，郭大令即派兵往拿，哨弁吴德发抵斜桥上岸，传谕地保，鸣锣罢市，以便捕捉。该匪等探知情形，即纠集徒党，肆行放枪，哨弁官兵见势凶横，匪用后膛快枪，兵持前膛旧枪，不敢与敌，竟有望门投止光景。然兵实无一人负伤，惟朱德茂店伙魏姓为飞弹洞胸而死，惨不可言。此外伤者计五人，吴弁亦未被掳，只有兵船五只为匪抢去。匪去时声言将来欲割某绅之首，欲抢某绅之家。某绅等眷属日夜号泣，地方店户咸为胆寒。郭大令当夜移请嘉湖营官吴家桢剿捕，不知何故吴不肯来，特于十四日上省请兵，而该匪等仍在城西许村镇赌博，真所谓目无王法矣。帮匪如此猖獗，民间如此被害，有牧民之责者，应如何善为办理耶！仆身住斜桥，当时目睹明确，为此据实函告，请为登诸报端。

《中外日报》光绪三十一年七月二十七日（1905年8月27日）

湖州乡民来函述枭匪聚众滋扰事

巢帮枭匪董小辫子等于五六月间盘踞湖滨、香溇、陆家湾一带（乌程界）开场聚赌，声势颇张，湖城飞划营闻信驱逐，讵料受创而逃，嗣后不敢过问，匪势益张，致有掳人勒赎之举。名医徐香泉白昼被掳，拘禁三天，讲定洋四千五百元始得放回。近由江苏统哨带兵剿捕，匪等又窜至浙西练市、缮涟俱各逗留多日后，于七月二十五日坐船二十余号开至新市，手持枪炮，扬长过市。盐公堂有枪划四号，被匪拔篙撑去。公堂挽人向匪说项，计费洋八十元将船收回，然在船之器械已被劫夺一空。又至水师营，适值炮船上岸揩油，船首之炮安置哨官棚前，被匪拿去，该哨官惊惭交并，又费洋二十元始得买回。近日又至双林（以上各地俱归安界），开场聚赌不下二百余人。在匪固属肆无忌惮，在兵亦复腐败不堪，一镇防营寥落几名，万难与敌。所恨地方官漫不经心，形同聋聩，省中大帅，无人禀陈。若无闻见，请将此函登诸报中，得能使省台闻之，大发雷霆，立即整顿，则湖属民人之幸也。

《中外日报》光绪三十一年八月九日（1905年9月7日）

湖州来函述枭匪滋扰详情

七月下旬，湖州归安县属善连、琏市地方，有大帮巢湖匪类驾船五十余号在该处开设赌场，各人手执洋枪、刀械，沿途恐吓掳人勒赎。至德清之新市镇，将巡盐枪划劫去，在双林、善连出有告示安慰人心，并招赌客，但称有告官者，全家杀死。居民惊扰，迁徙一空。八月初七日，湖郡遣派水陆兵到，在六里桥地方，匪类与官兵对敌，各有死伤，武康营官某为匪所杀，幸有陆兵追捕拿获匪船二十余只。该匪逃至马要，将炮船、军火、厘卡、钱洋尽行劫去，并连劫铺户四家，四散而去。至十六日下午，善连又来一帮匪类，先抢炮船，将杨姓哨官掳去，又到营汛公馆抢劫，汛官萧姓先已逃走。同时又抢甡源春号等店铺六家。闻杨哨官已在六里桥杀死。有船户德宝之女匪欲掳去，在窗隙跳下而死。现在善连地方人家搬空，店户罢市，直是暗无天日，不成世界。地方受害情形，不知大吏亦有所闻否？且匪类抢劫米粮、军火、银钱日聚日多，恐将来之祸尚不止此也。

《中外日报》光绪三十一年九月二日（1905年9月30日）

浙匪聚众滋事

（九月二十八日三点二十五点十五分钟到，本馆八分钟发）

杭州专电　闻前宁海仇教逸犯王锡彤，现在东阳（金华府属）勾结九龙会匪四千余人潜至新昌（绍兴府属）仇教，已由西官电请署浙抚飞饬提镇迅速派兵保护，并严拿首要。

《中外日报》光绪三十一年九月二十九日（1905年10月27日）

记金华东阳土匪猖獗情形

金华府属东阳县离城七十里，地名玉山，有土匪盘踞，其中匪首名大开和尚，党羽多至六七千人。其巢有田可耕，半丰之年不需外粮。其出入总口只容一人一骑，素称天险。今年年歉，时出劫掠，临近殷富，半受荼毒。该匪首每出必乘绿呢大轿，佩刀挟枪，前后拥护者以数百计。县中兵差联络一气，旧令杨泰堦姑息养奸，惧不敢发，告者虽多，统置不问，致匪胆愈张，每指名掳抢，且恫喝事主，有报官者屠及鸡犬云云。八月间，事主徐姓联名百余家，赴抚院上控，当蒙聂前院批准，严札该管道府派兵查拿。讵官样文章，玩延依旧，故事主又复续控。省台密委候补知县孙启泰微服驰查，去未半月，即将杨令撤回，檄孙委员就近接署任事，解散胁从，贫苦者赏给资本，别谋生业，因此匪势稍杀。匪首大开和尚恐党薄受窘，结连九龙山会匪，到处骚扰，遍投匿名揭帖，内言约期举事，有九月念四日破城，首屠官教之语。同时有此种揭帖之处计共一府七县，其实虚声恫喝，藉此摇惑民心，以分官场专注一处之狡谋。不料新昌县某令交卸在即，身家功名在在可虑，不得不先事张皇，格外谨慎，竟于九月十八日先行闭城，共闭六日之久，致商民大惧，迁避纷乱，半途被劫，无一幸免。

《中外日报》光绪三十一年十月九日（1905年11月5日）

浙署抚瑞札臬司文　为剿办台匪事

据九月二十七日宁绍台高道电禀：台匪王锡彤猖獗情形曾晋省面禀一切，于念四日回防途次上海，接宁府喻守急电言，王匪潜至绍兴属新昌县，勾结土匪四五千人，约期二十四日子刻先破新昌，意图大举。时提宪出巡大岚山未返，职道火速回宁布置一切，拟拨常备军驰援，一面电饬绍协就近派员弁驰查，严饬地方官将该管教堂严密保护。方布置间，续得新昌侯令来电言，该匪党知有严备，势已稍懈，谣言亦渐熄，守防各军请缓开差。但王匪漏网年余，大胆妄为，此次潜赴东阳、新昌一带，煽惑土匪，藉名仇教，意图大逞。除严饬营县解散胁从，密拿首要等因。

又据九月二十八日浙江提督吕电禀言：元于大岚山巡次接到

新昌县警察军谢管带密报，谓访闻台匪王锡彤潜匿东阳，勾结彼处土匪、会党约众四五千人，约期九月二十四日子刻先破新昌县城，大举仇教等语。元即电台防王统领就近派队驰赴外，一面即由防次遴选妥弁，带队往援，因山路崎岖迂绕需时，故将该队折回，即于次日间道驰回宁波防次，会商道府，议拨宁防常备军星夜往援。方拟拔队间，续接新昌侯令电禀前情暂缓开差等因。据此，本爵署部院即电复上海法总领事外，仰按察司火速札饬金华、绍兴两府、两协督饬营县保护教堂，解散胁从，严拿首要，以靖地方。仍随时驰报，毋延干咎。切切。此札。

《中外日报》光绪三十一年十月九日（1905年11月5日）

记绍兴差役殴辱堕民事

九月之末，绍兴差役有恃官庇护痛殴堕民之事。此案于振兴学校矜恤茕独之盛举甚有关系，兹经本馆调查明晰，特举其所报告者详列于下：

先是绍兴堕民，自奉除去堕籍之恩旨后，即议设学校，以开民智而育公德。当禀请地方官，将历年征纳之戏班各种陋规悉数除去，以充学校经费。旋议将公立之庙宇作为学堂，顾是庙向为州县差役聚赌之所，适值主持学务者以开学在即，先为扫除，勒令差役迁去，遽触其裁免赌规之旧恨，又加以立时驱逐之新嫌，顿时龃龉，互相斗殴。初时堕民人居多数，差役不能，故急号召多人还殴，堕民以是受伤者有八人之多。各堕民闻信，即鸣锣罢市，并将逞凶之差四人送会稽县责办，并舁受伤八人请验。县差孙成喝令同伙关闭大门，攒众凶殴，并将送办之四人释放，又另觅差人四名伪饰伤痕请验，作为原告；堕民请验之八人中只验五人，作为被告。其余喊控之人皆被差役凶殴，内有杨姓之弟见势不佳，即赴府击鼓鸣冤。府中传问有无呈词，杨答曰无，乃饬令补呈，及缮呈递进，亦置不理。而差役转在堕民所居之三条街肆口辱骂。堕民忿惧交集，即赴省诣抚署跪香上禀。奉浙抚面谕：尔等速即归去，候本院派员详查。旋有浙江学务处派员汪某前往查办，并慰谕三条街之各堕民，令速开市。堕民性素懦弱，此次罢市，实迫于不得已，闻抚院已派员查办，当即遵谕开市。现闻该员尚在绍郡，不知如何禀复也。

本馆之所调查者如此。揣度情势，堕民当未除籍之前久为人所贱视，而衙署差役倚势作威，鱼肉良懦，又为人所共知，其以堕民为生财之源，以戏规为应得之利，几于习惯自然，一旦禀请革除，顿失一大宗利薮，其含恨在心，有触即发，固亦理之自然者矣。乃观于绍兴府禀复浙抚之言，则殊异乎吾所闻，兹为照录如下：

堕民严阿四与县差之徒陈景福因事口角争殴，严阿四纠众将景福扭至明真观吊殴，陈景福之邻右徐阿福等前往劝解，堕民即鸣锣聚众，胁同罢市，并将陈景福等扭送县署，该堕民等各携顶帽随同押送。其时观者人众，以堕民逞强，咸抱不平，群相诟詈，将其顶帽撩弃河内。两相争殴，附和者众，究竟何人在场殴闹，无从确查。县中锣帽人役亦在其内。所称捣毁学堂，查无其事。至堕民素来恃众强横，有呼为堕民者，即群相殴詈，现准开籍益无忌惮。所谓罢市者，仅杨长源、张正茂、张祥茂三家，余俱照常贸易，与学堂毫无干涉。该堕民以捣毁学堂捏词呈控，无非目无官长，藉端挟制云云。

以上所言与本馆所闻殆于相反，本馆固不敢谓绍兴府所禀告者为非，而本馆所调查者为是。特禀中紧要数端，有当详考者。如云堕民与县差之徒因事口角，按究因何事，何以不彻底查究，以得其衅端之所在，曲直之所分，一也。又云堕民纠众将县差吊殴，按此层情节，绍兴府何由而知，其必出于县差之口，可以想见。夫平民苟非不得已，犹不敢与在官人役为难，况其为积轻之堕民，且差役苟不与堕民为，缘何致互相斗殴，二也。又云差役之邻右前往劝解，堕民即胁众罢市，按仅止劝解，何遽罢市？其为不止劝解，显有避重就轻之意可知，三也。又云堕民将差役押送，观看人众，以其逞强，群相诟詈争殴，按仅止押送，何得云逞强？然则争殴之人其即差役之同党可知，且堕民之与差役孰强孰弱不问可见，若谓事外之人咸愿助劣差而嫉堕民，恐绍兴人亦有所不任受也，四也。又云究竟何人殴斗无从确查，按既无从确查，则何以通篇重诋堕民，谓其逞强；又云县中锣帽人役亦在其内，是则斗殴之人即为差役已无可隐讳，何以全归咎于堕民而不言差役之强横？谓非助彼抑此，谁其信之，五也。又云堕民素来强横，按堕民当未除籍之前素服贱役，咸仰鼻息于人，何由强横？且此案两造，一为堕民，一为差役，今使谓人曰堕民最强横，差役最良懦，信之者谁欤？又云自准开籍益无忌惮，按据此言，是直以开籍之举为不然，将朝廷一视同仁之意视为秕政，而开籍后设学校、免陋规等等更视为不合理之事宜，其一意庇护差役而惟堕民之是咎矣，六也。又云该堕民捏词呈控，无非目无官长，按堕民所控者差役耳，今加以目无官长之罪名，岂即以差役为官长乎？抑谓差役为官长之代表乎？不咎差役之需索殴辱，而专欲归狱于堕民，又何理欤！七也。是则公是公非，固有待于大吏之主持乎。

本馆所以哓哓不已者，良以堕民开籍之举为近今之惠政，而彼为之请开除为之筹教育者，实具苦心孤诣。今如绍兴府所言，则适以长鱼肉者之焰，而使蓄提拔之愿、谋改良民俗之志士为之灰心短气，则其所关实非浅鲜，此所由不能无言也。

《中外日报》光绪三十一年十月二十一日（1905年11月17日）

记杭州烟业各伙因加工罢市事

杭州烟业，首推清和坊之宓大昌、恒丰、陈四丰等，其元奇、陈奇等烟，原料虽产自他省，制法各有专门，故行销亦盛。

今年来货岁歉价昂，又值抵制美货风潮，生涯较旺，因新举陈慎守君为董事，凡行情涨跌，均须集众议允始可。陈奇烟一项，前已议加每斤二十文，零售者向例每包五文，顷亦加售六文。近因铜元拥挤，洋价骤高，商店之用制钱交易者，纷纷改用洋码，该业注重零折，势难更易，故拟再加一文，不料刨烟各工，所支薪工向用制钱计算，亦欲改给洋数，各向经手者要挟加工不遂，群向工头为难，致有同盟罢工之举。念五日上午，凡司帐、柜伙、学徒、出栈、疱丁等人，勒令停工出店，否则必遭殴辱，故各店家无人应市，只得纷纷闭门，暂停交易，门首各贴红条一纸：有工头喝令停工字样。此事恐有一番周折矣。

《中外日报》光绪三十一年十月二十九日（1905年11月25日）

浙江天台临海教案续志

天台闹教一案已志前报。兹悉天台县民人于十六日聚众，将城东天主教堂一所拆毁，遂各散去。经该邑令飞禀浙提吕军门赶调练军前往弹压，迨至该邑，而地方业已平静，刻日练军，仍在该处驻扎，以防变故。昨提标张参戎连胜已委候补人员二人前往查办。至临海闹教一案，吕军门接据天主教来函云，大田街教堂于十七日被众拆毁，当场夺获旗帜数杆，拘获民人数人，业已送县办理。惟据驻防宁海练军哨弁来甬陈说，宁海安谧如常，并无闹教情事，外间因宁海与临海误传不一，军门特于昨日派人前往侦探，一面札饬驻防各处练军赶赴临海，以资弹压。

《中外日报》光绪三十一年十月三十日（1905年11月26日）

浙江天台县天主堂被焚情形

日前外间传言有王锡彤余党在天台县聚众仇教，焚烧教堂等情。兹访悉，该县天主堂在城内庙山头地方，传教汤姓或云神甫平日难免有恃势情事，故左近小民挟嫌者众，又不敢旗鼓相对，仇隙愈深，致于十月十六日夜半潜用毛柴、煤油等件四处放火，及堂中人惊觉，势已燎原。居邻误为失慎，鸣锣告警。经商民水龙及地方文武先后莅场灌救弹压，奈火势极猛，约焚二小时始行扑熄，所有华洋式房屋三十余间尽付一炬，差幸人口无恙，当场亦无匪徒形迹。前谓教匪王锡彤余党乃想当然耳。现闻驻台府法教士电告宁波田副主教转禀省台，严饬地方官勒限严拿放火匪徒重惩外，并归咎地方官保护不力，致肇此祸。闻省台已派委驰往查办矣。

《中外日报》光绪三十一年十一月四日（1905 年 11 月 30 日）

记青田县学堂之腐败

青田县学堂仅以旧有之书院改一门牌，有三四十岁之老文童数十人为学生。前任知县祁荫甲聘一教官沈某为教习，每月考朔望课二次，以销公款。现任知县范泽溥改聘一孝廉章某为教习，亦仅考月课而已。惟范令添一新章云，学生不准留短发、穿黑袜，不准阅各报云云。又加聘一劣董姚某使掌收支，前因侵蚀奖赏，为学生殴辱。范令以姚某为其收贿之机关，乃严治学生，现尚管押未释云。

《中外日报》光绪三十一年十一月十三日（1905 年 12 月 9 日）

来函述处州学务情形

处州僻在浙东，风气痼塞殊甚，虽有二三学者提倡教育，寡不敌众，故十邑之郡不得一教科完全之小学校。虽松阳县学粗有规模，亦因县令叶昭燉去后恐难保持。余若丽水、缙云、宣平、云和等县，则仅改书院之名，无教习，学生惟有三五。旧管书院公款之劣董盘踞其中，如宣平县学堂学生仅六七人，管理董事竟有八人。遂昌、庆元、龙泉、景宁等县，则科举废后始欲设学。尤有可恨者，则青田县某暴富与某绅反对，把持公款，县令范泽溥乃左右袒，以渔其中，遂使学校数千之公款化为乌有，而一二学者人微言轻，无能为力。乞将以上各情登入报中，俾官长乡绅知清议所在，不容自私，或者学校尤有兴办之一日，不致使我后来少年子弟永堕于黑暗世界，则幸甚矣。

《中外日报》光绪三十一年十一月十三日（1905年12月9日）

天台教案议结余闻

天台匪徒陈鱼樵等于上月十六日，纠众将县东天主教堂焚毁，均借前次宁海闹教王锡彤为名，声势殊形汹涌。当时海门王镇军得信后，即派汪游戎选带练军勇丁多名星夜驰往弹压，拘拿党羽数人，立即送县讯办。十七日，临海县大田街因居民失慎，延烧教民房屋，一时互相谣传，俱云该处又复闹教，其实并无其事。现闻是案业由王镇军与主教议结，赔偿洋银千余元，当已了结。至该处地方，近已安堵如常。王镇军因时值冬防，各处教堂林立，保教卫民均关紧要，迩特将海标练军分布各要隘驻防，以弭隐患。

《中外日报》光绪三十一年十一月十四日（1905年12月10日）

青田令专事催科

青田县知县范令泽溥今年春初到任，一切政事均置不理，惟亲带兵丁百余名轮到各乡催科。当农民送完本年新粮，必逐查其有无旧欠，虽在豁免之前，亦必追缴。故贫民竭尽膏脂，终不能完旧欠，以免羁禁追捕之苦。至银价一元，向作九百钱，今又减作八百钱；若以官钱送缴，则胥吏百计拣择铜色，稍黑者，即不收受，更加以运费每千钱八十文。范令到乡时必在夏秋农忙之日，盖以贫民耕作忙时，必不能逃避故也。至其搜括之法，则又有检查白契之政，故苟有鸡犬之家，无不有兵丁足迹矣。

《中外日报》光绪三十一年十一月十五日（1905年12月11日）

详述湖州青红帮匪横行情形

安吉、孝丰、长兴三邑，地僻民稀，山岭重叠，尤为该匪窟穴之地。该三邑出产大宗专恃竹货一项，前商人为保护竹货起见，禀请募勇设局，常驻三邑之要道，地为安吉之梅溪县，委请官派，费由民捐，创设以后，匪稍敛迹。前安吉某令得匪巨贿，与局董龃龉，蒙详禀撤，从此匪势蔓延，劫掠掳赎重案迭出，竹货一项劫夺之余，复明目张胆设卡勒捐。匪众约有六七千人，将成流寇。现安、孝两邑绅士已会禀上台请为设法。

《中外日报》光绪三十一年十一月十七日（1905年12月13日）

乡民闹仓述闻（湖州）

湖地自九月中旬及十月初间两经风雨，其时禾稻将熟，均遭吹折，故收成极薄，即结成之米亦皆粒小色青，不甚悦目。现乌程、归安二县已开仓收粮，乡民所完粮米因此剔退者颇多。闻二县所定折完之价，因米已弛禁，虑再翔贵，不敷买运，故比诸乡镇市价不免稍昂（乌程每糙米一石，收洋三元五角，归安收洋三元五角五分）。而所退之米，乡民投行变粜，市侩又故意抑贬，每石止售洋二元八九角，乡民因有烦言。十四日，值连市乡完粮之期，仓内挑选过严，致各粮户在仓争闹。迨归安县朱大令亲出弹压，犹复汹汹不已，立饬拿住五名，始各静慑。所拿之人现已羁押候办。

《中外日报》光绪三十一年十一月十八日（1905年12月14日）

浙省委员与法国主教订立台州教案善后合同

大清国浙江台州府委员候补知县江，大法国总理浙江台州府天主教事务李、阮，为议明签据事。本年十月十六日即西历十一月十二号，天台县东门地方教堂被匪焚毁一案，现已会同商议，和平了结。所有议结条款开列如下：

一、此次毁失天台县东门地方五开间楼屋教堂一所，堂内供奉器具，以及汤教士衣服物件，业经会同议明一并在内，共赔还英洋三千元整。其洋由县筹齐，由委员如数交付清楚。自此款以外，并无别偿事件。彼此共主和平，亦不再有他议。

一、毁教匪徒陈凤仪、邱道存、陈亦善、陈亦保等，除陈亦善业已获案外，其余陈凤仪等仍当由营防及地方官赶紧悬赏购拿，照例惩办。

一、该处教案既已议明偿款，应由堂出资自行清理基地，建造房舍，仍为传教之处。一俟工竣开堂，天台县官务当亲临致贺，以敦睦谊而达感情。

一、此次教堂被毁，县官不及保护，已奉抚宪先将天台县摘顶示儆，再候道府核明酌夺办理。

一、地方营县有保护教堂之责，教堂领袖有查察分堂之权。本案业经议结，嗣后为日甚长，所贵各尽义务，以期民教久远相安。

一、此据共缮六份，道、府、县衙门各存一份，宁波总堂一份，台州总堂一份，委员一份，各备考核。

光绪三十一年十一月　日　　西历一千九百五年十二月　日

《中外日报》光绪三十一年十一月二十日（1905 年 12 月 16 日）

浙省委员徐璧华天台县胡元溥禀稿

（为天台教案事）

敬禀者：窃卑职璧华奉臬宪札开：案据天台营县公禀，在城天主教堂被匪首王锡彤等纠众烧毁，请飞拨大队营员防剿等情到司。据此，除批饬赶紧严拿查办外，合亟抄禀札委饬即驰赴天台县查明被毁教堂处所，克日开折，明白禀复察夺，并会同该县选派干练兵役，悬赏购线，严拿匪首王锡彤等务获究报，毋任窜匿。其余教堂妥为保护。计粘抄等因。奉此，遵即束装起程，于十一月初三日驰抵天台，会同卑职元溥查得此案，先经卑职元溥悬立重赏，广购眼线，会同各营严缉，据防营搜获匪迹旗帜三面。一面通禀蒙提宪派拨各营，暨奉本府檄饬缉捕营先后陆续下县防捕，及由府委员江令文光勘明毁屋，驰赴海门与李、阮两主教开议，已有头绪。卑职璧华查访十五六七等日，县营防闻布置及匪势猖獗、烧毁教堂、县营救熄查拿各情形，与县禀大致相同。惟查王锡彤自宁海闹教后，早经窜匿无踪，此次闹教系属陈凤仪等假名冒充。陈凤仪向住东乡东陈庄，本系天主教民，先未为匪犯案，此次系因革黜，挟嫌仇教。一面会同卑职元溥前往烧毁教堂处所，勘明天主教堂烧毁洋式双层楼屋五间，该堂其余之屋及毗连之耶稣教堂尚保无恙，至失物多少无从估计，已由江令及住堂汤司事在海门开议，教士教民亦无损伤，并至该匪爬越处所，勘明城垣极低，雉堞坍塌，高可及肩，居民惮于绕道，往往贪图捷径，越墙而过，习以为常。此次匪徒得以入城，盖亦由此。正在会禀间，据江令文光已将此案与海门李、阮两主教议明，该堂被毁房屋、陈设、器具，及汤司事衣服什物一并在内，共赔偿洋三千元作为完结，于初四日在海门签字定案，由卑职元溥将应赔之款如数赔偿，一面由江令将议结缘由禀奉本府转禀各宪在案。现在谣风已熄，地方宁靖，各处教堂亦安堵如常。至此案首要各犯迄未戈获，业经卑职元溥悬立重赏，广购眼线，移会汛房各营设法严缉，并奉本府加赏缉拿，期在必获，以赎前愆云云。

天台县胡元溥附禀

敬再禀者：窃照此案于本年十月二十九日经卑职元溥悬赏拿获陈潮缮一名，起有该堂所失原赃白洋布衫一件，迭次研讯，虽供不承认，惟既经起有原赃，显系恃无质证，任意狡展，自应赶紧勒拿在逃首要各犯务获，提同该犯质讯，明确录供详办。至江令在海门签字内声明已获陈亦善一名，系属错误，实系该犯陈潮缮，并非陈亦善，理合附禀陈明。

《中外日报》光绪三十一年十一月二十日（1905年12月16日）

乡民闹当原由（鄞县）

鄞邑西乡集士港新庙内有搁几木器等件，于某日之夜被贼窃去，即质在该处裕兴典当。庙下乡民闻知，到该典查询，典伙答以并无此物来当。各乡民遂在该典前后守看一日夜之久，及至次日再进该典询查。典伙忽答以此物业已典质，计洋若干。各乡民因之激动公愤，群相鼓噪，嗣即数庙会齐聚众至千数人之多，将新庙神像舁至该典，大肆吵闹。当由典主禀请鄞县弹压。高子勋大令带差多名并亲兵等赶往该处，至半途已由该典著人前来禀报，谓该典业已央人向乡众调停，明白寝事，众亦遣散。大令旋即折回。

《中外日报》光绪三十一年十一月二十一日（1905年12月17日）

柴业同盟罢工（杭州）

杭城柴铺所用之打柴工人，宁、绍两帮不及百人，衢州江山人独居其多数。江山人素以强悍称，近日要求增加工钱，各店铺已允之，并欲私立行头，各店铺未允，爰有数人为首喝令停工。自本月十二日始一律罢工。各店铺向两县进禀，署仁和县龚嘉生大令极力向若辈开导。十六日晚已讯至第二堂，面谕结案，不意十七日仍未开工，群集于佑圣观会议，以求抵制之策。

《中外日报》光绪三十一年十一月二十二日（1905年12月18日）

薙发匠议定加价（杭州）

薙发匠初一日在佑圣观会议后，念三日即在该观演戏一台，齐行加价，起码之价大人五十文，小孩二十文，打辫三十文，如欲卷打小辫，外加十文云。

《中外日报》光绪三十一年十一月二十七日（1905年12月23日）

塘栖镇因房捐罢市（杭州）

杭属塘栖镇店铺栉比，夙形繁盛，所有房捐，向由该镇巡检李鸿勋少伊经收报解。现经李少尹定章，凡以铜元缴纳者折作九文，各铺户因皆观望不纳。李少尹饬派差役汛兵拘提押追，众皆哗然。当由南货业首先于十八日相约罢市，宁、绍帮继之。人心浮动，势甚汹汹，闻集议联名晋省上控。未识能免激生事端否。

《时报》光绪三十一年十二月一日（1905年12月26日）

咸货水果商贩罢市（宁波）

甬江鲜咸货、蔬菜等行，向章各行贩向行售货，均以制钱揭〔结〕算洋价，进出照市价略抬若干。现因铜元充斥，各行贩由人头收落多系铜元，移付各行亏折殊甚。日前鲜、咸货等行具禀当道，进出俱改用洋块，每元作钱一千零四十文，各行贩以人头卖买均以铜元，市中铜元兑价，每洋一元换铜元一百零八枚，汇付各行仅能作一千零四十文，各行贩亏耗不浅。

上月二十八日，城厢内外各行贩会齐，一律不贩各货，聚集有数千人之多，且逼令各咸货铺及水果店不准开做生意。各店铺诚恐人众肇事，只得闭门罢市，各行等遂赴商会邀董会议。讵各行贩将宏源、恒顺两行某某伙二人，拖曳至湖西财神庙殿行凶殴辱。当由行董禀知鄞县邑尊高子勋大令，立即带差亲往弹压，并将该伙二人带回。一面向众好言抚慰，许以设法出示晓谕，众始散。至二十九日，该行等仍未开市，各行贩亦仍纷纷向各行理论，不知作何了结。

《时报》光绪三十一年十二月二日（1905 年 12 月 27 日）

杭州料房工人罢工*

杭州电云：料房工人（专司治理经纬事，为织业中人）因欲加薪资，与坊主相争，于初六日一律罢工。

《汇报》光绪三十二年二月十三日（1906 年 3 月 7 日）

述青田县事

一、纵奸阻学。青田一邑，尚无一真学堂，不过将旧有之文昌宫改悬学堂匾额，每月由山长试策论而已。无教习，并无教科，更无书籍与器具。所以然者，皆由于土豪陈麟书霸吞公款，排击异己，而县令受贿徇私，助桀为虐为之也。盖青田木业地捐（处州多产木，销场在温、台，交涉总汇则在青田，每木价百元，抽洋八角，谓之地捐）及书院宾兴各项公款，每年所出共约六千余金，尽为陈所把持。惟夫人天后两神庙之赛醮，及书院月课之奖赏，每年开销不及□金，余款尽被侵吞，为所把持已十有八年，被吞之数当七八万。前邑绅郑希樵等曾控诸官，请将书院款拨学堂外，并将木捐款提□〔归〕学堂经费（木捐款前归神庙，曾于光绪十二年奉高邑令改归书院，越年复为陈某把持，仍归于庙），将上年积款算清，拨其盈余助人出洋游学。蒙道府严催县令讯办，范令泽溥窥陈某所吞甚巨，遂从中渔利，置而不理。兹去秋复经木商（邑绅）林汝汾等上控，奉省垣学务处复严饬提讯，范恐有碍前程，始与麟书私议，一面提捐五成充办学费，假以麟书素喜兴学，自愿提充等情禀复；一面暗行出票传讯，不使郑希樵、林汝汾等得知，著麟书父子独行□候，即以郑希樵等俱系劣衿，自知理屈，不敢投讯等语上复。嗣为姚锡浚、李景叶等人探悉（十一月二十日票至，二十九日下午始知），屡欲进署递禀，皆为接帖所阻。至第六次，观者大哄，声闻上房，范方出假责接帖，以释众忿。又纵令陈麟书父子于去腊七日在县署公然逞凶，辱骂邑绅姚锡浚、李景方等，而不之理。又有木商周锡九（廪贡生）者亦热心兴学士也，素主持提木捐兴学议与姚锡濬等同志，陈麟书衔之意，于去腊邀集木行相戒勿买周木，谁敢违者，罚金百元。陈故为木业巨侩，又深得县令宠，木行多仰其鼻息，遂无敢违者。当腊尾之时，正销场之日，销场为闭，家产即倾。周乃控诸范令，范惟付之一笑而已（按贸易有自由之权，必其干犯禁例，始能由官封禁。陈麟书竟敢以一私人之挟恨，滥用此权，而为官者又不之问，实可骇异）。盖麟书狡谋帷图，贿通官署为护符，而不惮鱼肉乡里；而县主为政，则以充饱私囊为得策，而不恤糜烂地方。呜呼，当此国家卧薪尝胆之秋，以兴学育材为急，为之官者，不惟不锐意以振兴之，而且尽力以摧阻之，为官者殆别有肺肠耶。

二、诛求白契。青田田产交易法，交易后纳粮户名仍前买者出钱，卖者代纳而已，故间有私相授受而不报官印契者，是谓之白契。范令利用此白契名色，刻剥邑民，不一而足。有被告匿契者虽明知其诬，亦必威加势迫，索取多金而后已。故刁民知其意，往往以白契诬人，藉泄私愤者亦指不胜屈。特揭阖邑皆知者数事如左：

（一）方都附生郭绍熙为其族人诬告白契，被范索去二百金。

（二）五都附生金鸣銮，因与劣绅姚文光有口角，姚以白契诬之，被范索去一百金。

（三）四都王某被仇家某诬禀白契，被范索去三百金。

（四）小峙杨衰起家颇富，一日有讼事，范于审判之先私谓之曰：此事本他直，然颇闻你家藏白契，若得税契金三百缗，当直尔。杨故无白契，乃奉二百金为寿，讼遂直。

三、横征暴敛。范令催科必多带练勇逐户追呼，凡废户（人丁绝亡及田地冲没者）钱粮必责令其亲族之富者为代完，虽已奉恩赦免之旧欠，亦必责其完清。穷民方告贷以完新粮，彼且满算以扣旧欠。又强抑银价，当银元时价每元作制钱一缗时，彼则只作八百，有纳钱币者，每缗必令加钱八十文以为运费，且又种种措难摈斥勿纳，稍有不遂，则鞭挞随之。

四、苛罚肥私。有詹得良者，其屋旁有一小路迂曲，颇碍行人，詹为另造新路，较前尤便，范令素涎其富，遂指为私改官路，罚金五百元。有叶成珪者，邑之十一都小康家也，去岁六月大旱，该都农民赴县祈雨，向例凡农民祈雨，由官给香楮钱若干缗，范不肯出，农民援例争之，成珪初未之闻也。范令以成珪为该都绅董，都民无礼，实彼之咎，罚以二百金。此外被罚者或百余金，或数十金，犹指不胜屈。范令当定罚时，皆声言充作公款，然到任以来，未尝一办公事，不过藉饱私囊而已。

《时报》光绪三十二年二月十八日（1906 年 3 月 12 日）

镇海教案详情

镇海民教龃龉已将专电登载。近又接该处访来函，详述起事原因。据云：宁郡对河小港地方，每年自二月二十起至二十三日止，集赀迎会，已成成例，每店铺捐钱百文，以为焚化冥镪之用。其中有林姓所开鼎丰纸号，林系耶稣教民，分文不与，遂相口角。林以勒索控县求究。翁铁梅大令出签关差严拿会董，诸人到案时，适与会诸人兴高采烈，忽被激刺，众遂愤怒，立将该处租住分堂五间拆坏，并将林姓纸铺捣毁一空。翁大令闻警，即会同镇防常备营勇驰往弹压解散。现闻宁波英领事与英牧师海华得君，会同翁大令和平了结，赔偿洋一千元。

《汇报》光绪三十二年三月四日（1906 年 3 月 28 日）

金华民乱续志

《字林报》得十七日杭州来函云：有一西教士名福尔摩斯者，率其家属由金华来此。据述上礼拜金华土人肇乱，该处有一官绅合设之棉花厂被众纵火焚毁，厂中所有机器、货物等悉被捣毁。当日起事之由，则因有女工数人作事有误，无力受罚，被该厂拘禁，以致群情不服，激成此变。此其近因。若论其远因，则因该厂曾将地方庙宇充作己产，居民积怨已深，故有此暴动之事。初时仅与该厂为难，后乃迁怒于该厂总理，将其殴伤，并扬言欲纵火于其家。时适下雨，其事遂止。未几复有人播散传单，怂恿众人暴动，以拆毁官署、抢劫绅富、攻击外人为宗旨。目下各教士除狄甘水，余皆避往兰溪，以防不测云。

《时报》光绪三十二年三月二十六日（1906年4月19日）

追述金华匪徒聚众焚掠情形

三月初十日，工艺局被毁，并该局经理刘兆桐家均被匪徒毁劫一案。其启衅之由，因该局经理责斥女工，致滋口角，该匪等遂敢乘机煽惑，哄动多人将局中大门轰毁，将所有布机、纱物毁劫一空。虽经府尊到场弹压，迄无顾忌，自午间至于夜后，汹汹不息。复于二更时分，伙至刘绅住宅，轰开大门，复将家中衣服、器皿恣意掳劫。于时哗声雷动，火炬星明，阖郡惊惶，如同寇至。至三更以后，始行渐渐解散，人声稍息。而近日仍复四布谣言，虚声恫喝，以至人心惶惑，草木皆兵。经本地绅士电求浙抚派员镇压，一面公禀海太守严加缉办云。

《时报》光绪三十二年三月二十六日（1906年4月19日）

金华民人捣毁工艺局*

浙省金华府城于去年冬间创设工艺局，讵督办刘某性好渔色，月前某日复施故技，某妇不从，喊控县令，反被该令斥责。因之闾巷喧传，激成众怒，当晚聚至千人，齐赴该局，将局中机子、布匹尽行焚毁。按此事外间各报亦已登载，本馆近接该处确实访函所言如是，是匪徒捣毁该局，固宜惩究，而祸根实在于刘，酌理衡情，刘某岂得置身事外哉。

《汇报》光绪三十二年四月一日（1906年4月24日）

浙省游民聚集*

浙省内地游民之匪者甚多悍目，有名大开和尚者，其手下已聚至六七千人。日前永康县陈、东阳县孙赴乡勘案，几为所困。两县报府后，海太守恐干未便，不敢上闻，匪胆遂益横，已跃跃有蠢动大举之势云。

《汇报》光绪三十二年四月五日（1906 年 4 月 28 日）

杭州米业居奇激成众怒详志

杭州省米价迩来渐觉腾贵，复于旬日之间每石骤涨一元之谱。现下起价五元四角，如上白则须六元以外，较之春初，几已倍蓰。兹因连日阴雨，各米店谓进本已昂，来源不旺，议于闰月朔日相约飞涨。由是二十九日下午，有向购米者即称须俟明晨，即贫民向籴升斗，亦皆坚拒不允，致干众怒。及傍晚七句钟后，有人向抚辕前正和米店乞购升米晚炊不得，与之争论，众皆不服，立将该店捣毁。适因平津桥黄洽和米店亦启口角，被众聚捣。各贫民正深怀恨，以致激动全城，纷纷哄聚，拥入各米店，争以囤积之米抛洒道中，柜栏、器具尽行打毁，惟银钱帐目均不少动。及由府县并总巡等闻耗驰至，已经到处挨挤，咸谓我等均系良民，并不沾取丝毫，实因米店居奇渔利，垄断太甚，故与为难，别无他意，求请周全，免成饿莩。当奉世太守及龚、程二大令好言解慰，诫勿暴动，致干拘办，立即大书“出示平价”四字分黏于灯上，饬役持行各示，高唤奉谕明日平价。然已阖城惊扰，幸在夜间，各店铺纷纷闭门，尚无罢市痕迹。杭协城守等恐有匪徒乘机滋事，已均排队而来，绕行各市廛一周，复经世太守等分至各米店察看，已届十一句钟，贫民亦渐散。惟警察局传谕全班巡士通宵分段梭巡，须俟月朔之晨，由府县禀知大宪，再行妥议持平米价之法。查核被毁之米肆，以抚院前方正和、平津桥黄洽和、望仙桥金元润、通江桥慎昌、藩司前永祥、杜子桥泰安、东平巷福济、炭桥弄立大、裹龙舌嘴仁兴、太平巷衡康、新宫桥源大等店，抛失米粮最多，余如源丰等约计共毁百家，所损甚巨。月朔均未开市，已发传单，邀集同业赴公所会议，联名进禀。未识如何了结也。

《时报》光绪三十二年闰四月四日（1906 年 5 月 26 日）

杭州米业居奇激成众怒续志

杭垣上月杪，米价腾贵，各米店于廿九日下午居奇不售，故被贫民聚众分头捣毁等因，已纪前报。当奉府县营汛弹压遣散，允准出示平价。后被毁各店黄洽和等四十七家联名具禀到府，即奉世伯先太守饬传米董韩锦云、吴子卿到案，谆谕不得高抬，所毁物件自行修理，照常交易。复将当场拘获乘乱攫物之无赖七名，由钱塘县程辅堂大令提讯。因陈小毛击破某官舆之玻璃显系不法，笞臀二千下；又谢秋生、王双发、王桂生各责五百下；张寿生、郑锦康、高桂生尚未滋事，交保释放。于初一晨即已缮就告示数十张，发交各米店门首实贴，持平定价，始得安谧。示文录左：

照得荐桥等街因高抬米价，不肯多卖，以致各买户聚众向闹，业经本府亲往弹压解散。并查无锡、上海等处存货尚多，米有来源，内地更不应骤涨，应先平价十日，凡起码米每石准售洋四元九角，二号米准卖五元，三号准卖五元一角。如有富户愿买上上米者，仍照市售卖。余俟十日后察看来货多寡，再准禀明酌定。该买户等亦毋得藉端寻衅，致干提究。其各凛遵。

《时报》光绪三十二年闰四月七日（1906 年 5 月 29 日）

杭府申令米禁*

近日沪埠米价继长增高，几无底止，人心浮动，难保不蹈杭垣覆辙。瑞观察已饬税务司查禁，并飞电督宪谓：据商会曾董称，近日内地米粮大都装运镇江出口，不来沪上，以致米少价涨，若非请饬镇关一体申禁，则出口愈多，来沪愈少。伏乞宪台速电镇江关道，即日禁止出口，保全民食，绥靖地方，大局幸甚。再，芜关之米可否商皖抚宪一律申禁云。并出示晓谕谓：此次米价飞腾，实因奸商囤积居奇。自示之后，倘米行米店积有米石，务望平价早售；一面设法从内地采运来申，毋得任意抬价，以及绕越囤积云。

《汇报》光绪三十二年闰四月八日（1906 年 5 月 30 日）

米工聚众闹事（宁波）

甬江短班米司，向来与各米栈做工，每人每日工价三百七十五文。现因百货昂贵，各短班欲议加工价，照前加八档，计钱四十文。各米栈禀请宁府出示，定以每工照三百六十文再加八档。各短班不允，日昨一律停工。当由鄞县高子勋大令饬差将柱首数人拘案发押，谕令开工释放。迨黄昏时，各短班聚集千数人之多，拥至灰街老协兴米栈，将什物捣毁。府县立即亲往弹压，各短班围住，吁请收押柱首释放。大令一再劝谕，众仍喧哗。大令遂饬差将众喊开，径入万顺店内。嗣由吕道生军门带领勇丁前至弹压，众始解散。当由高大令将某短班数人带至署内。如何办理，再行探录。

《时报》光绪三十二年闰四月九日（1906 年 5 月 31 日）

临浦镇因米贵闹事详记（绍兴）

浙绍萧山县属之临浦镇，于初五日毁掠各米行，势甚汹汹，已载本报专电。该镇本系米市会聚之所，迩来粮价迭涨，而金、衢、严等郡复又纷纷到镇采办，以致所积顿罄。各米商咸赴省中湖墅购买，设法接济。讵料杭垣闹米后，业由当道分设兵役在钱江各码头稽查，不准装运米石过江运绍。因之谣言四起，民心惶惑，顽悍之徒复又从傍鼓煽。初四日，即有乡民与米行为难，竭力解散后，初五日上午，乡农贫民纠聚，尤多坚欲各行减价，喧扰不已。顽民地痞，乘机而起，遽赴各行掷掠米粮，捣毁物件。乾泰行主见势不佳，急即每人给洋一角，劝令散去。小洋告罄，复以铜元十枚发给。众仍拥入乾泰、德成、泰恒、祥穗、春鼎裕等大米行，捣毁一空，并各登楼，所有银洋物件尽皆掠净，箱笼之有锁者，概皆以刀劈开，虽楼房屋面亦皆击去。既而各顽民即在街中自行争斗，均出利刃，逞凶砍伤数人，始各一哄而散。该镇系山阴、萧山、会稽三县接壤，故由被毁各米行店数十家联名分投府县禀报。当有兵役到镇驻扎。山、萧二县主，瞿、唐二大令即将到镇查勘。而城乡各镇亦皆因闻省垣禁米渡江，无不惶惧，殊觉可虑。闻已有绅商禀陈大宪，略谓如仍省中禁阻运米接济，内地乏粮，恐肇事端，且金、衢一带伏莽滋多，倘或乘机为患，更觉不堪设想云。

《时报》光绪三十二年闰四月十一日（1906年6月2日）

捣毁米肆详情（杭州）

杭垣居民击毁米店，本报已接该处专电登载于前。兹又接详细访函，谓各店自洋价飞涨以来，将钱码改作洋码，外间已啧有烦言，近又继长增高，与去冬价值相去悬殊，更集议本月朔再行涨价。故自廿九日下午，各店均将米囤积，相约不售。不意居民闻又欲涨价之说，愈欲购买。正同各店纠葛时，忽闻城隍牌楼方正和米店以有人持箩欲购米一二升，以备晚餐，该店托词无有，遂相口角，一时旁观不平遂蜂拥上前，将囤积之米抛掷满地。于是居民麇集，到处滋扰，虽早经闭门者，亦被破扉入内，捣毁一空，惟所有银钱等物概不携取，即倾弃在街上之米亦未见携取。后府县及警察总分巡闻警，带兵弹压，仍顾此失彼，且由众民声诉米店居奇剥削，小民生计维艰，致有此举云云。幸由世伯先太守大书明日出示平价贴于灯上，使役负之高呼看示，又分段劝诫，众始稍静。府县已据实面禀抚藩，请设法平价，并似仿照戊戌年例，酌拨仓谷碾砻平粜云。

《汇报》光绪三十二年闰四月十一日（1906 年 6 月 2 日）

米司因闹事正法（宁波）

甬江各短班米司，因加工价，聚众闹事，已记本报。当初六夜，众短班聚集有千数人之多，群至灰街老协兴米栈，将该栈什物捣毁。甬郡当道闻之驰赴弹压。众短班蛮无王法，纷纷与宁府喻庶三太守、鄞县高子勋大令为难，用碎石乱掷。府县因人众难以压制，急避至万顺酱铺，由后而出。有倡首叶昌才手持木棍，率领多人殴伤城守刘都戎及甬东司丁巡检，事后由县饬差拘拿叶昌才等四人到县。翌日宁府喻太守会同高大令将叶等研讯之下，一面电禀浙抚核办。十二日，宁府奉到抚宪电饬谓，叶昌才倡首聚众闹事，殴伤官长，饬即正法。喻太守当饬高大令会同城守刘都戎将叶提出，拨派练军及巡防营勇丁多名押赴南门外正法。越时，叶之家属男女老幼齐赴协兴米栈，群肆吵扰，各短班又复相率停工，当由各米栈主抚慰叶之家属。一面邀集商绅赴商会会议，劝令各短班开工，齐赴府县将发押三人具结保释。闻各米栈已议捐抚恤银若干，给付叶昌才家属，而各短班亦闻有每人每日捐钱一文，汇养昌才家属云。

《时报》光绪三十二年闰四月十六日（1906年6月7日）

西报述台州民乱情形

《文汇报》得十八日台州来函云：此间米价奇涨，居民无力购食。地方官传谕米铺平价出粜，米铺不允；县官亲至各米铺劝谕，亦不肯遵从，遂命百姓自行谋食。此命一下，即有妇女数千向各米铺抢米，地方有米之家亦被抢一空，山下某庵亦被抢掠。县官命开积谷仓定价发卖，管仓之官不肯照定价发售，众人遂拥至县堂。县官命与管仓官商议，众人遂拥至管仓官家中，将所有物件搬运一空，府县乘舆悉被捣毁，所带护勇间被抛入河中。今晨复有乱事，后由提督率领兵勇八百名到场弹压，始得平静，惟并未捕拿一人。昨日下午，已限定米价，由官发票，令持票领买。惟彼等志在得食，故教堂等并未惊动。今日下午，城内吊桥业经放下，因恐乡人入城抢劫之故。闻太平县存米甚多，惟不许装运出口，仙居乱情愈甚，房屋多被焚毁，故此间已派兵驰往弹压。昨日曾降大雨，故乡民得事田工，乱事稍静。闻黄岩、太平两县秋苗甚佳。据闻该处若再不放米出口，则此间将有人前往抢掠矣。

《时报》光绪三十二年闰四月二十三日（1906年6月14日）

杭州机户罢市*

杭州电云：杭城各机户齐行整规，机匠与之反对，于十八日一齐罢市。

《汇报》光绪三十二年闰四月二十五日（1906年6月16日）

金郡殴官掠米案详纪

金华府近因米价腾贵，屡起风潮，幸城中戒备不致肇事。顽民遂分赴乡镇富户掠米滋扰。新屋庄洪承吉家素著殷实，储有米谷，十七日清晨，各顽民托称向购粮食，意图抢掠，聚众千余人之多。洪急闭户力拒，遣人至城中警察局告知求援。当由警员张少尉晏清驶往弹压，已然扰乱异常。复有匪徒混杂滋事，拦阻辱骂。既而少尉之衣服扯毁，纷纷扭殴。警兵上前护卫，均被殴伤。及县主张大令茂镛闻信驶至，张少尉已受重伤，血沾头面，语不成声。正在看视间，各顽民复又无端大哗，掩掷砖石，纷集如雨。有汛弁吴汝海继张大令而至，因见势甚汹汹，且张少尉已然受伤，不觉大惧，复跃马上加鞭奔避。顽民因其胆怯无能，群相追逐，大呼捉拿逃官，拦阻去路。吴不能进，转向田间驶去，奈泥泞马蹄，将吴颠倒田中，被众拖扭，遍体皆泥，几至面目莫辨，受伤颇重。张大令恐酿大祸，急赶至，亲执马棒，喝令随从兵役将殴官逞凶之首要匪徒拘拿，众始惧而窜散。当获五名，即在田畴各责若干余下，带县收押，详请核办。张少尉亦已据情具禀道府，吴弁闻已奉喻协台撤任。复闻东乡某富户家亦于同日被众托词乏粮购米，掠去积存米谷数百石，投县具禀，殊难查办。因之各富户引以为戒，甚或迁避城中，以图幸免云。

《时报》光绪三十二年闰四月二十九日（1906年6月20日）

新城匪患

杭属新城县为上通衢、严，下达省会，陆路要区，乱山丛沓，久为游匪窟穴，四出抢掠，居民受累已非一日。近复藉口米贵，竟于十八日煽引游民千余人，以打劫西门外米店为名，连抢金宏丰盐栈、致和酱园、仁和沽衣铺三家。次日，又拥至三溪镇抢劫铺户二家。县令畏事不敢过问，以致匪胆愈横，连日乡民之被劫者，如官塘邱姓、古竹章姓、灰场徐姓，纷纷报告，日必数起。若辈复遍张揭帖，某日劫某家，某日劫某铺，明目张胆，一无忌惮。居民被其惊扰，异常惶骇。若不急拨防军严行镇慑，恐燎原之势，必至不可收拾。

《时报》光绪三十二年闰四月三十日（1906年6月21日）

机户罢工之风潮（杭州）

杭州机户工匠不下万人，每日组织各货约值万元左右。自十六日，该工人因向绸庄索加工价，一律停工，至今尚未开机。日前仁、钱会衔出示，每工价一千文增加一百二十文，不得聚众要挟，致干提惩。不料该工等又起风潮，以为向例洋价均照丝牌，适近日丝牌每洋一元由一千文改升一千一百文，照仁、钱两县出示增加数目，实属加如不加，此必绸庄蒙蔽官长，从中取巧，已议定聚集数千人至某大绸庄为难。幸有平花机户汪某力顾大局，急将为难各情禀明两县署，始改谕概照前价加添二成，而各工犹复聚集数千人在观成堂绸业会馆门前，要求每户工折上加盖增价若干字样，以昭信守。嗣经有人出为调停始息。现已议定二十九日一律开工云。

《时报》光绪三十二年五月二日（1906年6月23日）

杭商至泗安运米被抢案实在情形

泗镇存米向来必有四五万石，目下仅存二万石左右，而行商惟利是图，运动杭城米商邢瑞兴等米号禀准委员来泗采运。当由泗镇绅董许之楣等禀请长兴县陈令允豫电饬停运。即由陈令电商仁、钱两县。正在商请停运之际，省宪亦有电饬停运。而二十、二十一等日已被该镇乡民抢劫一空。其实肇事之由，因泗镇米商既运动杭商来泗销运，利获颇丰，而又藉此为名影射夹带，至雇米船八十一号，帆樯连翩，纷物〔纷〕出境，而米价骤增，遂至每石五千八百丈，升斗零星又不肯售，以至激成此变。现在虽获住抢米贫民六人，其二人认供在场，其四人均系旁观被拘。已由陈令饬差保分投查验抢失之米，以便给还商户。一面仅责惩为首抢米之犯，并严提奸侩究办，以昭公允云。

《时报》光绪三十二年五月六日（1906 年 6 月 27 日）

仙居县贫民捣抢绅富米谷案情形详志

仙居县缺乏粮食，四月初四、五等日已有贫民聚众塞署，哄堂呼号求食，当经设法劝散。闰月初旬，米价又涨，而贫民又复暴动。至十四日夜三更时候，在西乡埠头土等处聚集数百人，向各绅富家尽行捣抢米谷一空。其时不肖之徒散布谣言，纠同外来匪徒乘间抢掠，而匪焰遂鸱张愈炽，岌岌有不可响迩之势。人心惶恐，几激大变。当由仙居县立即会同戴管带承凤劝解严拿，一面飞禀台州府暨海门曹统领世华派兵会同商办，并谕绅士举办民团，示平米价，以及加意保护各教堂。现在匪势略已平靖。

《时报》光绪三十二年五月六日（1906 年 6 月 27 日）

仙居饥民抢米*

杭州电云：台州仙居县饥民藉荒抢米，匪棍乘机抢掠，人心惶恐。营县弹压略平，现正筹款平粜。

《汇报》光绪三十二年五月九日（1906 年 6 月 30 日）

浙江新城教堂被捣毁*

十一日杭州电云：新城县红帮匪徒因沈令于初七日将其头目高某拿获正法，遂纠众数千人，焚毁教堂，四出抢劫，初八日将县城围困，至初九日上午官兵力不能支，竟致失守。省中大吏闻报惊骇，急令旁县戒严，以防再有疏失，一面电禀崇督，一面调兵赴剿。

《汇报》光绪三十二年五月十六日（1906 年 7 月 7 日）

新城帮匪始末记

新城地方近年每有外来匪徒散卖布票，乡民受其愚惑者甚众。前月十八九等日，抢劫各处米店。当时因兵力太单，不敢捕治，致匪胆愈大，揭帖愈多，至本月初七日，忽将昌东乡松溪镇耶稣教堂焚毁，并波及袁乾元南货铺。居民瞭见火起，纷纷逃避，闾巷一空。放火后即蜂拥入城，幸城内早经严备，四面将木栅堵塞，攻之不克，遂迤逦西上至塔山，城兵急出尾追，皆越山窜逸，不知所往。原初七日闹事之由，闻是早南门甫开，见有一身壮力健之人进城后在鼓楼前徘徊不前，守城兵疑之，即上前盘诘，语极支离，遂呼同伴捉住，搜其身，有小旗、花名单及票名、凶器，当即捆送县署。临审时，毫无难色，且自认为青红帮中头目。初用站笼囚之，讵入笼后，肆口谩骂，挺死不惧。沈令知不能久留，因立时处决。而外间羽党闻信后，即啸聚数千人，谋为不轨，于是耶稣堂毁而城内亦受了一惊矣。

《汇报》光绪三十二年五月二十七日（1906 年 7 月 18 日）

处州府属粮荒*

浙江处州府属大荒，民情惶惑，府首县筹赈无方，贫民愈有待毙之势。处州府同知邓司马见处属粮食向赖甄江来源，今粮路既塞，非别谋生路不可，因与诸绅酌议，谓此事必须择人赴省叩求张中丞接济，官绅遂恳司马赴省，司马绝不辞却，径由小路直赴省垣。若司马者，可谓关心民瘼者乎。

《汇报》光绪三十二年五月二十七日（1906年7月18日）

金华官声

金郡捣毁工艺局一事，省宪以金华县毓令办事不善，即予撤任，一面委员赴办此事，一面电饬邻县苏大令来金摄篆，随即简放张大令补授此缺。查毓令官声平常，不第工艺局一事办理不善，即民间词讼每多冰搁不理。此次苏大令奉饬代理，不满匝月，将毓令移交各讼案一一讯结，现捣毁机局并抢扰刘绅家各犯已拿获数名，由苏大令会同委员审实，详奉抚宪批饬照地棍例办，悉予监禁或二三年或四五年不等。金邑张大令赴任时，泊舟码头，尚未接篆，有一哑子系郡城绅富子弟，平素不甚谨束，撞入大令船内。大令见其举止轻狂，不知是哑，喝令拿住，当即饬传地保查其姓名、居处，送交代理苏大令管押。接篆后，即提押研诘，哑子咋舌不能供，大令以为假装图卸，重打数百，再问无词，又打，谓必要打其开口。观者如堵，打得皮裂血流，仍默无一语。大令犹不信其哑，押候再鞫。旋经邑绅再三保释不准。闻大令赴任时，访闻金邑有三十六天罡名目，及该哑子撞入船内，即指为天罡党人，故愤火中烧，重加笞责，不意激怒众绅，立即散学停课，集议对付，先禀府宪。大令到府申办，指系天罡党人。府宪谓既能确指其一，其余亦该详悉，均着一一拿获等语。大令无词而退。协台喻镇戎以官绅冲突，有碍地方大局，出为调停，一面置酒劝和诸绅，一面请将哑子释放了事。

《汇报》光绪三十二年五月二十七日（1906年7月18日）

定海民闹事及现状之详情

定海民滋闹拆署毁学，掳及多人一案，业经登录专电。兹又探得起事之原因及一切现状，爰详录之如左：

该厅西南乡分十八庄，一庄约乡民一二千人，平时各安生业。缘庄书往收钱粮，每亩多收数十文及百文不等（与前定勒石章程不符），乡民问之，则云充学堂经费用。以致啧有烦言，群思抵制。时有武生徐某者，素行尚正，久为乡民所信服，窃以学费固宜捐助，然钱粮为天庾正供，即使加捐，亦有定数，断无参差不齐之理，难保无浮收情事，因之乡民之不愿遵缴者在所不免。嗣经厅宪查系徐某指使所致，历拿未获。此次徐适赴省（或谓即系禀控此案钱粮浮收之事）被拿，解回原籍候讯，事为该乡民于念四夕闻知，因即夜鸣锣召集七庄乡民数千人，鱼贯进城，择年老者十余人先进厅署，求将徐某释放，否则乡民与之俱死。时厅署大堂有哨弁在侧，示以刑威，立行斥逐，乡民哗然。在外数千人闻声，一哄而进，而哨弁犹不急为劝戒，吓令严拿，致被掳去。一面闯进内署寻官不见（或云厅宪闻警逃匿，或云厅宪有事，早经公出）。该厅二公子由惊梦中仓皇失措，亦被掳去。厅夫人见势不佳，急思一计，立启洋箱，将银元乱掷，冀乡民争取洋元，藉作退兵之计。奈乡民视若无睹，分文不拾，人声鼎沸，汹汹不已，厅署内外均被捣毁。嗣以事为学捐起见，遂拥至学堂（该厅有新旧两学堂），全行打毁。丁绅闻耗，出为排解（丁系办学之发起人）。乡民一见丁绅，触其旧怒，群相凌辱，又将丁掳去，并毁其家，又毁及教民许姓家（查许教民素为乡愚所切齿者）。一时人心惶惑，地方大为震动，以致阖城铺户相率罢市。遇有该厅庄书，辄奉以老拳。庄书富者须供以饭食，然誓不饮酒，但食粗粝而已。所有被掳各人先禁于老东岳宫，随后又易别处，日必数起，辄无定在，一若恐为兵役抢去者。声言徐某一日不释（现徐羁押镇海县署），则所掳之人亦一日不放；徐某若杀，则所掳之人亦杀。诸多要挟，殊难理喻。抚提各宪得耗后，因电商驻镇吴吉人统领赶行前往，相机办理。该统领业于念七日率队驰往。然闻乡民近已联合十八村庄，若不亟为妥理，恐势几莫遏，牵动全城，大非地方福也。

《时报》光绪三十二年六月一日（1906年7月21日）

武义县会党起事*

浙江武义县履坦庄会匪刘金祥，与群英学堂为仇，诬学堂为洋教堂，学生为洋鬼子，哄动愚民，冀以鼓乱，经县将金祥拿押。讵匪党鸣锣聚众，哄堂殴差伤兵，逼放禁犯，并拥回履坦庄，捣毁学堂仪器、图书，抢掠学董徐永亨、徐引二家。现由学董电禀学务处，乞转请抚宪派兵镇压云。

《汇报》光绪三十二年六月五日（1906年7月25日）

新城会党打教堂*

浙江新城县帮匪闹事时焚毁松溪耶稣堂一所，现经该沈令派绅士周耀祖等赴杭与教士筹议赔偿办法，该教士并不苛求，惟要请将教堂照式重建，并将教士家产赔偿数百金，此后由该县担任实力保护，驻兵该镇防守，即可了结。

《汇报》光绪三十二年六月八日（1906年7月28日）

镇压新城会党起事*

新城匪警延及富阳、余杭、临安等境，由省军驶往，各匪闻风窜匿。除富、临二邑赵、李二大令擒斩各匪外，近又由新城沈大令及营汛并各乡团董获解匪目，如伪先锋陈米典、匪首凤岐山，县署兵役擒获匪目王恒进，王哨弁擒获匪党杜得胜，西乡团董擒获伪军师王清风即王道士、其子王利生、罗佬辉，北乡民团局擒获匪目胡野狗、洪春、陈存有。以上各匪均已分别正法，尚有未获之匪，现仍悬赏严缉。

《汇报》光绪三十二年六月十二日（1906年8月1日）

毁学详情（仁和）

仁和县属塘栖镇殷商张乃灏等，去岁邀集同志创办公立蒙学一所，于今岁正月开学后，因常年经费不敷，特具禀省台，请拨该镇南圣堂寺产赛会费及造屋材料等拨入学堂管业，均经各大吏批准在案。讵此项寺产，由地方劣绅霸蚀多年，一朝骤失，怨根实深，因暗唆地痞杜凤池向充该寺主持老道者捏词，赴各衙门迭次控诉，均被驳斥。近日该学堂司事以存料不合用，拟售去另购，本月初五日上午，正在搬运，劣绅愤无可泄，遂假此事唆使杜某号召地痞数十人拥入学堂，殴人毁物。执事王君伤重垂毙，学董张乃灏、教员某某等出劝，亦被攒殴受伤。闻有巡检某因办学玩误撤差，心怀怨恨，故虽全镇汹汹，几酿巨祸，彼并不出场弹压。现已将为首道士杜凤池擒获管押，受伤诸人亦赴府县验伤。未知上台如何办法。

《汇报》光绪三十二年六月二十六日（1906年8月15日）

捐局员司扰商详情（杭州）

杭州土药捐局员司巡丁滋扰土商，致相率罢市，已见专电。近探悉浙省内地所产浆土前曾定有印花税，则复因筹集赔款，一再加捐，迩奉柯大臣奏定土膏捐税新章，于月前派委安徽候补道刘葆良观察来杭，设立专局，颁发章程，出示开办捐款。土商本极踊跃，惟司巡人等每任意苛索，致时有龃龉。前月廿二日，稽查委员率带司事、巡丁、警察多人，分起向各土铺稽查，所有存浆印花之或有破损，并积存浆桶业已纳捐而未足，及由邻省运来印花不合格者，概行携去，复将各铺户账簿全行带回局中，而冲突罢市之举遂由是起矣。

《汇报》光绪三十二年七月十三日（1906年9月1日）

杭垣官商龃龉原因

杭垣各土店因土药局员司搜查滋扰，相率罢市，已志前报。兹闻浙省土浆向归土药局承办，每年约收四万余金，定章须划一万一千两解归户部，其浆捐每桶定章四十二两，缴捐者往往短缴。自柯侍郎接办以来，闽浙两区统归刘葆良观察一手承办，新章土捐，每桶需纳银一百十五两，浆桶十两另五钱，其余尽数解部。嗣张筱帅与刘道磋商拟以四六分派，如收捐百两，以六十两解部，四十两留存浙省。支付局用经会同刘道详报督办及户部，尚未批回。土栈知新章烦重，于刘道未接手以前，咸向旧设土药局争先完税，故刘道接办至今，只收捐银四千余两，致有按户搜查之事。但向例印花均不实贴，验时以印花张数与桶数相符即可了事。此次刘道先令各商家实贴桶口，严防影戤，而搜查时均未照办，故一概指为私浆，提去充公，土商同业不得已，遂相率罢市也。

《汇报》光绪三十二年七月二十七日（1906年9月15日）

武康县闹灾骇闻

廿九日湖州访函云：湖属武康县淫雨积旬，禾稻尽没。二十五日，乡民结队成群集聚千数百人，突来县署，借报灾为名，竟将库书家全行捣毁无遗。越日，又复来署，声势愈盛，并闻有拆毁库书家房屋净尽之事。该县王大令家骥业已急电省台派重兵驰赴弹压云。

按：昨日专电栏登有乌程县闹灾一则，与此事同而地名不同，未知孰是，抑因电码错误所致，姑录之，以观其后。

《时报》光绪三十二年八月三日（1906年9月20日）

南浔闹水灾详志

湖属南浔乡民纠集千余人，先至市中打毁肉铺暨咸腊店，声言非短屠不足以邀天晴。旋至分府署中，要求即刻禁屠。该署员见势汹涌，由后门逃往刘绅家。该乡民又拥至刘宅前门，幸刘已预为防御闭门。乡民无如之何，遂复至积谷厂毁门而入，见积谷不多，喧闹滋甚，欲觅该仓管理绅士不获，复至分府署中要求平粜。署员又由后门逸去，后挽人向乡民声言，明日准予平粜。乡民又复拥至某武员署要挟。武员果挺身向众宣言，亦准明日平粜，于是乡民四散。次日即平粜，每升三十八文，每人只许三升。然人心惶惶，异常危急，该分府某员已急至吐血云。

《时报》光绪三十二年八月五日（1906年9月22日）

武康闹水灾详志

武康县连旬淫雨，田禾均被淹没。二十三日，天已放晴，王令家骥正拟下乡诣勘。讵料二十五日突有东北乡民千百成群哄来县署，藉报水灾为名，陡与前库书施有政所开之洪昌酒米南货店买物起衅，遽将该店强行抢毁。复又转至该库书及其弟施承均家中，并将房屋拆毁净尽。王令随即驰赴弹压。是时县丞、典史、营汛均次第带勇骤至。该乡民亦不甚惧，且恃众逞蛮，万难理阻。当时虽一哄而散，然至次日王令甫经下乡诣勘，行至半途，得署中急函，该乡民又复愈聚愈多，再将南乡柜书住房捣毁无遗。王令迅即折回，亦无能弹压。该县既无城郭，而在城防营分扎各处，不敷调遣。正值帮匪充斥，而教堂、学堂在在危险可虞，难保无奸宄混迹其间，藉图起事。王令无以为计，急电省台迅派三五百精兵星驰会商办事。闻日昨已由筱帅饬拨兵队前往云。

又闻德清亦闹水灾，势亦猖獗，杭州至湖轮船已不能行。闻大东公司船行至德清界，居民以水与岸仅离五寸，岸左即田，若任轮船来往冲激，水必入田，遂群聚千余人，以大石掷击该船，致令不能驶往。

《时报》光绪三十二年八月五日（1906年9月22日）

乌程闹水灾详志

湖郡自前月中旬连朝淫雨，田禾尽没。因之帮匪串诱乡民，藉端滋事，以报灾为名，哄集千余人，竟至乌程县署，哄闹不休，旋复拥至张令上房，捣毁器物一空。张令急无为计，即电省请兵。而城中米已告罄，价涨至每石八千余文，并只能每人买一斗，且并无好米。人心惶惶异常，危急云。

《时报》光绪三十二年八月五日（1906年9月22日）

乌程闹灾续志

湖郡帮匪挟胁乡民，藉报灾为名突至张令署，要挟多端。署内旋被捣毁，后复拥进上房捣毁一空。张令急将县印呈缴府署。讵乡民被匪胁挟，愈聚愈多，竟至东门外肆行劫掠。该处有教堂一所，势甚危险。初一日，郡中传言，张令已吞金自尽，惟尚未死。据云，被该匪逼辱万端，致有此变。省台已拨省河水师何某带领船只、弁勇驰赴弹压，并委候补知府汤某、汪某亦前往查办。昨三六桥太守已由分水、富阳一带查办帮匪，肃清回省。闻筱帅以三守颇资倚赖，即拟饬令赴湖郡督办此次闹灾情事云。

《时报》光绪三十二年八月七日（1906年9月24日）

勒捐学费肇事述闻（奉化）

奉化县有某绅议将各业户民田按亩抽捐若干，拨充学堂经费，带同庄书各处遍查。至某处，顿激动公愤，遂聚集多人，将该庄书凶殴，继而众乃拥至某绅家吵扰。该绅见势不佳，当飞舆至县署面禀。奉邑尊孙大令立即派差勇前往弹压，不至酿成巨祸。刻闻其事尚未了结，不知作何办理。

《时报》光绪三十二年八月二十四日（1906年10月11日）

于潜闹教毁堂续志

于潜乡农因天主教民时或恃势侮辱，众皆侧目，未敢与较。迩有于夏间调往该邑驻扎之常备军，亦与教民龌龊斗殴。由是各农民遽起集众，争向为难，致将金家村之天主堂房屋捣毁。教士及教民等众寡不敌，概皆避匿，幸未被害，惟殴伤数人亦不致有性命之忧。已由该军管带吕弁闻警驰往，会同县主陈大令德彝查办，当即拘获为首滋事之兵民数人，详请惩治矣。

《时报》光绪三十二年八月二十八日（1906年10月15日）

率众要求盐田免捐（鄞县）

鄞东新盐场地方，历年涨有沙田二千余亩。现经各绅董禀请县主，拟将该田按亩抽捐，以资地方各新政举办之用。讵有该乡某姓族长，以沙田每年出息无几，不愿认捐，其子某甲尤力为阻挠，当由县主将甲收押在案。旋于廿五日午后，该乡民率令各堡村民二十余人，拥至鄞县衙署，叩请免捐，一面求将某甲释放。人声汹汹，诸多要挟。当经各当道闻警出为弹压，许以禀详上宪，再行核办。

《时报》光绪三十二年八月二十八日（1906年10月15日）

缙云县匪耗骇闻

缙云县壶镇地方，设立乡柜征粮。不料十三日初更，有革书吕鹤年竟敢伙结匪党加益等数十人闯入，掳去流水报簿暨征存银洋，复又将征幕吴景沛擒获而去。县令范传衣已飞电禀请省台派员查办云。

《时报》光绪三十二年九月二十日（1906年11月6日）

绍兴盐贩捣毁盐仓*

杭州电云：绍兴盐贩因求免加价未允，即聚众捣毁盐仓，掳去幕友，勒令出资取赎。

《汇报》光绪三十二年九月二十一日（1906年11月7日）

新昌县盐匪掳官劫械骇闻

新昌县与嵊邑交界之龙泉山暨后嵪村地方，初八日下午，有盐哨督率巡勇在该处缉私，被盐枭胁同乡民鸣锣抗拒，并胆敢将哨官掳去吊打，又劫夺枪械、号衣等，已由该县令督带兵役驰往查拿云。

《时报》光绪三十二年十月二十日（1906年12月5日）

学界风潮（绍兴）

浙绍大通师范学校前因学生与教习为细故起衅，运动全体一律罢课，拟与监督为难。姚监督自审难办，业已辞退。堂中纷纷议论，莫衷一是，迄今仍未上课。而绍郡中学堂亦因膳具不完起见，又与监督为难，大起龃龉云。按入学堂为求学地耳，而观各处散学，往往假无足重轻之事以试其锋，团体虽坚，然其求学之心负矣。

《汇报》光绪三十二年十月二十三日（1906年12月8日）

加抽学费之不平（萧山）

萧山劝学所虽已开办，而经费不敷，因官绅有照山、会两邑禀办，每亩加赋廿文之说。不知山、会官绅先将庄书推收，每亩减定四百文，详请立案，永禁苛索，百姓受惠实多。以地方公事加捐廿文，枉尺直寻，人人乐从。萧山官绅大异，于是庄书开收向有各色名目，每亩敲诈极少二三千文，虽在缙绅亦不能免，而官绅既不肯照山、会之式减定章程，为民除害，独于加粮一事却肯禀请。哀此小民既受庄蠹之苛索，又遭官绅之剥削，情何以堪？望主持加赋者，须照山、会办理焉可。

《时报》光绪三十二年十月二十九日（1906 年 12 月 14 日）

乡民反对警察哄扰被戕（萧山）

萧山县属之新坝镇，前由刘绅禀准开办警察局所，招巡士专事欺辱乡民，致干众怒，突将该局捣毁，复拥至刘绅家欲拆其屋，地痞等从旁肆扰，并将巡检及汛弁之首抛砖击破，势甚汹汹。巡士等力不能敌，开放洋枪，击毙乡民二名，其余受伤，轻重不一。众虽暂退，均赴城内投县鸣冤。已由胡大令验勘查办，通详省宪，未识作何办理也。

《时报》光绪三十二年十一月三日（1906 年 12 月 18 日）

县令力争官租利益（新昌）

新昌县属有官田租息一项，系由民间捐作里长催赋经费，既而为县主自私，历年已久。迩因筹兴学堂苦乏公款，故由绅耆禀奉张筱帅批示：既无作正开支，自应拨充兴学等语，仰学务处查复。苏朗亭大令起与力争，通禀各大宪，谓于二十年前已经禀准有案，作为县缺津贴，万难提拨。各士绅闻之，谓其徇私阻学，相约联名续行上控，求请张筱帅核夺。

《时报》光绪三十二年十一月十二日（1906 年 12 月 27 日）

浙省闹米述闻

二十三日，余杭县闲林埠地行聚众二千余人，因米价昂贵，将该埠米店尽行打毁。次日经余邑令带营弹压，亦未安靖。近复谣言四布，人心惶惶。又闻绍郡萧山县亦复因米贵聚众至各大户抢米夺食，地方官亦不能弹压，势颇岌岌。其详情俟续探报。

《时报》光绪三十三年二月二日（1907年3月15日）

英领事照会象山教案有杀毙教士事

正月廿九日，英领事麦迪莫君函请宁道，略谓：据教士海和德禀称，现据象山新桥教堂函请，教堂无故被毁，并伤毙华教士二人；传闻象山县令亦因此案不知逃匿何方。教堂可危，恳请保护等情前来。合亟函致贵道，希即查照，迅速实力保护云云。

《时报》光绪三十三年二月三日（1907年3月16日）

象山县令因教堂被毁函请弹压*

顷接宁波要函云：象山县有奸民聚众千余，竖旗作乱，经县令飞禀宁波道府，请速派兵前往弹压。

《汇报》光绪三十三年二月三日（1907年3月16日）

余杭闹米之原因

杭属之余杭县米业各商，于新岁相约以斗斛一律仿照省城减小，而价值复又迭增，任意垄断，民皆怨詈。适又纸行停止门市，以致造纸各工无从出售，故于廿三日忽有纸工与闲林埠各纸行为难，贫民即乘机而起，纠集至千余人，分将纸行、米铺数十家悉数捣毁。县主张大令怀信因据各行铺呈报，于念四日赴埠查勘。贫民围绕诉苦，兵役等以藤鞭捶之，复出枪械相向。众更大哗，蜂拥而上，当将兵役之洋枪、刀械抢夺一空。张大令见势不佳，避至庙中。众即向之要求二事：一禁米铺垄断；一限纸行开市。张大令允即回署出示。众以枪械交与镇董护送大令返城，听候消息。米、纸二业亦联名具禀请究。以致张大令颇觉为难，邀集绅商会议，尚乏两全之方。外间谣言纷起，殊可虑也。

又一函云：余杭米店均向用公和斗，公和斗者系该县旧大米店董姓公和号，其斗每石计一百六十斤，故取以为名。现在董公和店虽闭，而各米店用斗均以公和斗为准。讵料近来米店改用杭斗（杭州湖墅用斗，俗名大王斗，每石计一百四十斤），因之小民愤愤，遂致滋事。

《时报》光绪三十三年二月三日（1907年3月16日）

绍兴匪类捣毁米店情形

《文汇报》得绍兴信云：近有贫民与匪类互相结合，于廿五日群起抢劫米店。城中共有人民四十万名，时官员亦无力弹压。先是有老幼妇女持香至府署前跪地哀求，欲知府谕令各米店持平米价，以全穷黎生命。该知府系满人，年约四十岁，性颇勤谨，因慰谕曰：去年十二月间已通饬各米店令平价出售。该妇女以得偿其所要求，遂各退回。明日知府又与县令商议，以平价令各米店每担减价一百文，计每升减一文，虽减少甚微，已属允其所请。讵同时遂有匪类乘间滋事，在市中捣毁店铺、物件，竟将火油泼入米中，又将米倾覆满地，任意践踏。而在贫苦之民亦颇不以为然，亦有谓暴殄天物，定遭谴责；亦有谓米商把持米价，致肇祸端云。

《时报》光绪三十三年二月三日（1907年3月16日）

越郡又有闹米案

越郡近因米价腾贵，忽有人暗唆贫媪数百名，于廿四日拥至府署，执香求食。贵寿鋆太守出为开导，众媪力求示平米价，太守允准，当堂书示，发出张贴。无赖贫民立即分头突将城厢各米铺一律捣毁，虽帐簿等件收藏甚密者，亦均撕碎。计自府横街起，东至五市门，西至西郭门一带，即他业之兼售粮食者，亦皆毁尽。各衙门佯作不知。旋由城外炮船弁兵拘获乘机攫物者数人，解送县署。而城厢各米铺暂行停市集议，未识作何了结也。

《时报》光绪三十三年二月三日（1907年3月16日）

余杭饥民聚众抢米*

廿九日杭州电云：余杭县地方有饥民聚众抢米，官军弹压，反夺取枪械合力抗拒。

《汇报》光绪三十三年二月三日（1907年3月16日）

奉化饥民赴县乞食*

宁波电云：廿六日晚，奉化县棠岙地方，有饥民数百赴县乞食。

《汇报》光绪三十三年二月三日（1907年3月16日）

象邑匪乱详情

象山县匪徒聚众捣毁教堂并伤毙教士及象协禀详提宪要文，均志本报。兹悉该匪于捣毁教堂后，即率众进城，将积谷义仓抢劫一空。提宪因立派巡防第九、第十两队及练军副中营一哨前往防堵，宁府文太守亦相继委张经厅义门相机查办。该县黄大令因公晋省，昨由电召，已星夜回任。惟近日该处居民均纷纷迁避，以致人心更形惶惑，恐一时难以安靖也。

《时报》光绪三十三年二月四日（1907 年 3 月 17 日）

余姚饥民抢劫厘卡土药局

昨由道辕报称：余姚县竹山港地方，于日前有饥民百数十人，分乘五舟，前赴厘局环叩乞食。当由该委察悉实情，每舟给以洋银五元，各饥民均叩头而去。讵未数日，突来船只三四十艘，内容饥民千数百人，均登彼岸，赴局求食。该局员知被所寻，殊难应命，因即以婉言却之。不料该饥民喝令众人将厘局房舍并就近之土药局概行捣毁，凡所有衣服物件一并掳掠而去。

《时报》光绪三十三年二月四日（1907 年 3 月 17 日）

奉邑饥民乞食详情

奉化县棠岙地方乡民因米谷告匮，聚众数百人赴县乞食，曾志本报。当由翁大令给各乡民饱食一顿，并酌给钱文，饬令安归，一面设法购米平粜。讵该乡民半系无赖子弟，日则抢劫米铺，夜则强宿署中，求衣乞食，日事吵闹。县主因恐酿成事端，禀府转请提宪派兵弹压。奈现正值裁兵之际，巡防各兵已先派赴象邑防堵匪乱，提宪实无以应之。但未知日来果何情形也。

《时报》光绪三十三年二月四日（1907 年 3 月 17 日）

抢米案续志（绍兴）

绍郡闹米不止一处，兹得确实消息，前月二十三、二十五、二十七等日，各处无不闹米。其最剧烈者，为二十五日绍兴城内外抢毁米店之事。

二十五日午后，绍兴城内城外各米店均被打毁，其纠聚至有四五千人之多，均声言因米店屯聚居奇，除毁店搬米以外，不得擅取银钱物件。大都农人、工匠，以及穷檐饥民为多。其众共分六队，城内外一时并起，所抢夺之米尽行毁弃河水之中，亦有搬回分食者。闻当时被伊等殴打重伤者数人，此次最为剧烈。

二十二日，萧山城中蔡姓家屯米一百袋，善价售出，适买主尚未来挑去，忽被纠众数十人全行抢失。

二十七日，西兴地方又打毁米店数家，因即出带不允，且放枪乱击，当场击毙过路一人，年已七十余岁，枪码由小腹而入，洞背而出，死状甚惨，并枪伤十余人。饥民见之益愤。梁管带亦知来势过盛，未易解散，乃将所获数人解往总局。适局员他往，乃转解县署，众饥民随之而往。县令见此情形，欲当场释放，惟梁管带挺身而出，威言恫喝，饥民遂愈聚，几至不可收拾。至廿六早，各街铺门依旧关闭，街栅亦一律严扃，人心大为震动。是日九点钟，有兵调到，一面出城劝谕各街铺即日开张，照常贸易；一面弹压各饥民，使之不敢暴动。未几，即安谧如常。至廿七日，广协复统兵数营驰往弹压，并勘被拆米行、米铺、勇厂情形，随拿获抢匪十余人，听候讯明追赃究办。而地方绅士亦议设法赈济，各饥民均已解散矣。

《时报》光绪三十三年二月五日（1907年3月18日）

临浦乡又有抢毁米店事（绍兴）

绍属临浦镇，夙称繁盛，为米市聚集之区，曾于去夏因粮贵捣毁各米店，虽皆联名上控，奈未惩办。故于上月廿五日，郡中闹米后即有乡民闻风而起，突将各米店捣毁，且柯桥镇亦毁米店数家。已经投县具禀，未识作何办理也。

《时报》光绪三十三年二月七日（1907年3月20日）

杭州临平镇因饥民抢米罢市*

杭州电云：桥司临平沙民聚众抢米，合镇罢市。

《汇报》光绪三十三年二月十四日（1907年3月27日）

奉邑饥民暴动

奉化松岙地方，民多强悍，今因饥荒，相率聚众滋扰，于十七日起，约有数百人大为暴动。邑尊翁大令立派兵役先行弹压，一面禀报道宪，商请提军门派兵镇慑。现由提宪已严饬防营率队前往矣。

《时报》光绪三十三年二月二十二日（1907年4月4日）

抢米拒伤营勇（长兴）

长兴县近来米价尚平，而客民迭出肆劫，已由陈令允豫函请张统领到县弹压。不料初十日，李家巷河南棚民聚众二百余人，抢沈湾村张河水家，又抢下落村宋连奎家。统领冒雨督队追捕，该棚民辄敢拒捕，致伤二勇，夺去洋枪。各勇奋力格毙棚民二名，拿获九名，夺回枪械。余众逃散。经陈令驰往验明，格毙者系朱开福、吕广益，均受刀伤，登时毙命。至拿获九人，或系石工，或系流荡无业。佥供系萧二老大起意，纠约朱开福等分招徒党，伊等仅系附和，各分米一二斗等语。当与统领熟商，此等附和之犯，虽亦不法，究因迫于饥寒，即予痛惩，各交棚头保释。该处人心本当恐惶，现已平靖。即日营县偕赴夹浦一带清查弹压云。

《时报》光绪三十三年二月二十三日（1907年4月5日）

慈邑饥民之可虑

慈溪县山北地方与余姚县境属毗连，近因姚邑沙民因饥滋扰，该乡民亦相率效尤，会合沙民在掌起桥左近向各富户硬行乞食，一或不遂，即起而强夺。虽尚未肆行抢劫，然地方之扰乱可虑。所愿为民父母者慎为未雨之绸缪，则地方幸甚。

《时报》光绪三十三年二月二十四日（1907年4月6日）

长兴棚民抢米*

闻湖州长兴县棚民聚众滋事抢米，经营兵弹压，格毙数人，拿获九名。

《汇报》光绪三十三年二月二十四日（1907年4月6日）

富阳县上浙抚禀（节录）（为乡民纠抢谷石事）

二月十六日，风闻卑县西北乡常福六庄有乡民麇聚庄董马燮墀家住屋，意图索借谷石。迨经驰诣弹压，业已恃众抢谷而散。查问失谷二三百石，并无掳及银洋物件。该乡民等均住新顺五、常福六、白升七等庄。随即亲往各庄传集庄董俞钦等询悉，在事之人皆附近居民，各因米粮缺乏，借粜未遂，致恃人众，遽行搬抢。（中略）此案办理之方，宜先追起原谷，公平粜价，给还原主，然后访查为首之人，严行惩办，以遏刁风而儆将来。现已责令俞绅等各就各庄逐一查明何人抢存谷石若干，着令即日送缴该村适中庙内，听候定价变粜；其业已食用无原谷可缴者，则按定价如数措缴。该庄董已允任查缴之责。（下略）

《时报》光绪三十三年二月二十八日（1907年4月10日）

临海学生罢课*

杭州电云：台州临海县中学堂因教员非理责革，学生全体散课。

《汇报》光绪三十三年四月七日（1907年5月18日）

沙棍结匪滋扰（余姚）

余姚县东北乡，近有沙棍勾结匪类千余人，毁闹浆卡及拆捣学堂，并乘间抢劫。该处一带滋扰不堪。当由该县会营前往，一面电请提道派兵弹压。当经吕道生军门立饬巡防第九队星夜驰赴该处防范。又慈溪县北乡与姚邑毗连，近日谣言风起，有沙棍窜入该处肆行滋闹之说，并又有夜行兵复起之谣。一时人声惶惑，地方震动。县主闻信，因即禀准提道立派第十队勇丁驰往防护云。

《时报》光绪三十三年四月十二日（1907年5月23日）

严查湖州蠲赋实数

湖州自去岁由武康、乌程等邑农民闹灾，捣毁库书房屋后，即奉省宪准灾奏请给帑赈抚，并蠲缓粮赋，计减征至五六成不等。兹有士绅一再联名上控，咸称各该县令仍皆追呼备至，悉照往年征收所蠲之赋，并未实惠及民，且给发赈银亦多浮冒，尽入县令私囊，统计浙西各县约逾百万之钜，应须追缴归公。因之张筱帅亦恐言官参劾，业已奏请钦派大员来浙清查，以避嫌疑。当奉批回，仍著张筱帅查明蠲赋各县去冬所征粮赋实数再行奏陈。惟此案如派委员往查，势必扶同隐饰，且非一二邑之事，故甚为难。拟筹善法严查，而期水落石出也。

《时报》光绪三十三年四月十五日（1907年5月26日）

余姚乡民暴动捣毁浆捐局及学堂

余姚城中周巷设立浆捐局一所，因北乡乡民聚众抢捐，竟纠集一万余人之多，拥至该局，将什物概行捣毁，并闻杀死巡兵一人，砍伤巡兵二人，又掳去巡兵二人，旋将河中巡船曳至岸上毁去。有局员朱复初适在徐蓉舫处聚赌，该乡民便拥往徐家。闻徐开枪，击毙乡民一人。于是众情汹汹，将徐宅什物亦一概捣毁，徐所设姚北学堂亦同时被毁云。

《时报》光绪三十三年四月十六日（1907年5月27日）

富阳米商罢市*

杭州电云：富阳县米商因将铜元抑价，激成罢市。

《汇报》光绪三十三年四月二十一日（1907年6月1日）

龛山罢市毁卡抗捐（萧山）

萧山县属之龛山镇地方，民间咸以育蚕收丝为耕种资本，尔因丝捐于向章每两七文外再加五文，众皆捏布谣言，欲图反对。该镇厘卡因奉宪札，有如获偷漏，以五成充公，五成给赏之谕，故更搜查严密，甚或见有乡民持丝过卡，即指为私丝，勒令充公，众尤切齿。念九日复因查私，致干众怒，立将该卡捣毁，并以司事、巡丁捆扎吊打，势甚汹汹，惟银洋、公件、衣物概不移动。及经局员闻警驰至，内有巡丁一名受伤甚重。该镇各铺平日衔恨司巡殊深，故亦一律罢市，谓如加增丝捐，大为窒碍，市面生业结成团体，竭力抗拒。现已电禀省宪，并由县主胡大令到镇验伤查勘，访拿为首行强人等，务获惩办。

《时报》光绪三十三年五月七日（1907 年 6 月 17 日）

绍兴米行被捣毁*

杭州电云：绍兴米缺民慌，皋埠各米行被众捣毁。

《汇报》光绪三十三年五月二十三日（1907 年 7 月 3 日）

武义饥民起事*

杭州电云：金华府武义县地方因米价昂贵，相率肇乱。

《汇报》光绪三十三年六月一日（1907 年 7 月 10 日）

定海乡民起事*

宁波电云：定海乡民聚众入城，大肆滋闹衙署，学堂多被捣毁，阖城店铺随即罢市。

《汇报》光绪三十三年六月一日（1907 年 7 月 10 日）

定海地方因裁兵起事*

上月廿四日午前，定海地方因裁兵起事，有一武生至岑港，约同土民四千余人，进城拆毁教堂，并将该厅子两人掳去。提宪得报，即拨兵二百前往查办。

《汇报》光绪三十三年六月八日（1907 年 7 月 17 日）

定海民闹事始末记

定厅地居滨海，民多强悍。其西南乡一带共有十八庄乡民，皆以耕种为业，间有捕鱼者殊寥寥无几。此案前因庄书收征钱粮，除正供外，每亩加收册费（名曰册子谷），为数不齐。经前厅宪酌定章程，勒石示遵，以资信守。上年间，该庄书等又违定章向例，每亩收钱三十文，今则改收谷十斤，约值钱二百余文，乡民因之不愿者久之。

先由东乡乡民央请绅董赴厅伸诉，当蒙杨志濂司马出示严禁，仍照前厅宪定章。然该示仅悬挂于东乡，而西乡则未之及。由是西乡闻知，诉于岑港庄武生徐仁依处，转向厅尊力争。先时，庄书因东乡册费无利可沾，遂运动某绅向厅主说情。厅主正在踌躇，适遇徐生往请，当告以该示事出仓猝，拟即收回前示，所请着无庸议。

后杨司马因公赴乡，途经岑港庄，由徐生提议前事，杨坚执不允。乡民哗然，以东西同属乡民，何厚于东而薄于西也。因出其强悍之素性，将乘舆捣毁。徐当时亦曾禁遏不果。杨见事触众怒，允亦出示一律照旧，始安然返署。

即返署，以此事乃徐生所为，迭次饬差严拿未获，因将其武生禀详斥革。

时历数月，杨膺抚辕幕宾职（现任湖州府）卸篆后，因亲嘱现任钱仲瑜司马追办是案，并面禀抚宪一切。

钱司马莅任以来，亦经严拿至再，卒未就擒。而庄书则仍向西乡有浮收情弊，询之，则云现充学用故也。

时厅城中设有中学堂、高等小学堂两所，均系丁绅紫垣襄成。斯举因经费不敷，不免有捐及市上，老乡民无知，早经啧有烦言，此次庄书又云捐作学用，于是一倡百和，视学堂如眼中钉，必尽毁之而后快者。

徐革生于前月间迫于众请，拟即赴省禀陈一切，不料适被拿获，因有解回原籍候讯之事。奈甫解至镇邑，适为乡民所闻，致有拆署毁学、掳人要挟之举（其事已详前报不赘）。

迨抚宪委员统领查办后，各乡民自知不合，焚香跪接，并环叩行辕，但求徐仁依释放，余则无不惟命是从。

吴帅以事同要挟，此风万不容长，既据保称徐革生委系因公被累，姑准所请，先将掳去之人（厅之二公子、哨官张把戎、丁绅紫垣及某庄书等）立时送回，俟三日内禀准抚宪当将徐生释放，否则惟余是问。

乡民奉谕后奔回乡里，先将丁绅送回，继即将厅公子等一同送入城中。

吴帅大悦，因即电请抚宪将徐释放，抚宪意不之允（其复电亦详前报）。经吴一再力请，始于初六日由吴帅将徐取出镇邑监中，乘新宝顺兵轮带赴定海，当众释放。乡民皆欢声雷动，咸颂吴之德于不置。

当丁绅被掳时，其家属惊惶失措，相率避于锦茂小轮（该轮系丁自制者），以舟作室，约住旬日有余。

丁绅送回后，吴帅因即谕以要言：以办学为当今急务，汝为富绅，尤属责无旁贷。然琐屑捐务最易启愚民之口实，尚其戒之。而外间讹传，以吴帅面谕丁绅，谓汝乃富绅，何办学为，实不知之尤者也。

又吴帅查系该营都司及城守等并不严行弹压，致启巨衅，实属咎无可辞，因商准提宪，转请抚宪一并参办。

《时报》光绪三十三年六月十日（1907年7月19日）

海宁路工因购地闹事*

嘉兴电云：海宁州长安镇路工因购地闹事，乡民暴动，知州前往弹压，备受凌辱，聚众万余，响应及四十里，毁铁路工程处，波及学堂、教堂。现经镇绅暨工程师等电请浙抚发兵弹压。

《汇报》光绪三十三年六月十五日（1907年7月24日）

秋　瑾

女士字璇卿，号竞雄，别号鉴湖女侠。浙江山阴人。年二十九岁。父曾为河南知府。父在时，于归河南某名宦之子。其夫现官某部主事，初甚相得，生二子。旋游学日本。其夫贻书规劝女士，遂与离婚。前年回国，曾于上海创办《女报》。父早亡，母于去腊逝世，长兄现为某县令，次兄在家，均不以妹所为为然，故尝有种族兴亡，人有责；天涯飘泊，我无家之句。该郡所设大通学堂，经费不足，女士慨助二千金，故又为该校名誉赞成员。去年某月日，在大通学校演说，绍兴府贵太守亦莅校赠以“竞争天演，雄冠五洲”八字，以女士一号竞雄耳。女士被拿后，贵守讯问云尔：一女子安能为大通学校会办？女士答云：去年在该校演说，蒙大人嘉许赐赠八字，故敢为桑梓尽义务。太守云：尔与徐锡麟有信往来否？女士云：徐与我同乡，前在上海有一面之交，并无信札。太守又问曰：尔夫何在？答云：早已离绝，不知处所。太守又问云：尔所作诗文无非悖谬之词。答云：讥时讽世，乃文人习气，不独我一人。太守又云：倘有同党，速即供出，不然将用天平架。答云：并无同党，将谁供？太守讯至此，遂罢，改发山阴县审讯。山阴县问云：尔女子何以要讲革命？答云：我是男女革命，不是种族革命。山阴县命将平日所做所为用笔写出。女士初写英文数字，该令不解，强写本国字，则只写一“秋”字；再强之，则写“秋雨秋风愁煞人”一句而已。

《汇报》光绪三十三年七月二日（1907年8月10日）

嘉兴东棚民起事*

嘉兴电云：廿五夜，东棚镇忽来匪徒一大股，连劫十余家，巡局亦被毁。

《汇报》光绪三十三年七月二日（1907年8月10日）

淳安因抽收学捐激起民变*

杭州电云：严州淳安县抽收学捐激变，聚众毁学围署，阻止文报，甚形危急，已飞电到省请兵弹压。

《汇报》光绪三十三年八月十八日（1907年9月25日）

黄岩乡民械斗*

台州黄岩县南乡悍民聚众械斗，黄管带率勇弹压，被伤防勇多名。现在势甚猛烈，人心惊惶，各店罢市。

《汇报》光绪三十三年八月十八日（1907年9月25日）

缙云县民围抢学堂存谷*

杭州电云：处州府缙云县有台匪肇乱，围抢学堂存谷八千石。

《汇报》光绪三十三年九月二十日（1907年10月26日）

遂安县地瘠官肥实状

遂邑僻处山陬，民穷财困，而县官竟以肥闻。吾民何辜？疾首痛心，呼天不应。陈象绂莅任未及一年，积产竟以数万计，其剥夺吾民之膏血不问自明。顷者闻仁和令方佩蓝禀请密查各州县肥瘠，窃不甘隐忍，略举陈令劣□之大者数端，俾公是公非得以共白于天下。

闻陈令曾留学日本，去年回国，即奉檄署我遂，方谓我遂得一良宰，将来定造如许幸福。不图莅遂以来，专注肥私（我遂英洋每元完课向较市价低二十文，现今市价作制钱一千文，作铜钞一百一十一枚，则完课理应作九百八十文，陈令示作九百二十文，铜钞则作八折扣算，有以制钱完课者则九折申洋，民受抑勒已极。该令犹尝对人曰：本县清苦异常，实有赔累不堪之势，吁可怪也。据该令报销每年粮科则解一万十千余两，本年上忙国课收过一万三千余两，其报解犹饰词民欠，肥私诡计，可见一斑），生吞成款（凡留办地方公益之考试经费、土产埠捐及一切规费绝无丝毫外泄），诸务废弛，贿赂公行（凡事悉藉手于乃儿，并乃兄乃弟，其宗旨不外苛索，甚至内而刑幕，外而吏丁，应有俸资无一不被占夺，至有枉革房吏以缺出卖之事）。于命盗巨案讳改匿报（迩日城内毛亨益分栈遭劫，尚且不顾，其判他案可知），对于学务不惟不能提倡，且恐失己之肥，多方反对。平日不与公正士绅接洽，而勾结一般老朽无耻者流，互相作弊（就中以方肇昌为最著）。有禀请提拨陋款及向被劣绅所侵蚀，以整顿学堂者，逢彼之怒，藉词诘驳（我遂原有台鼎书院，每年进款不下一千四五百元，向被劣绅侵蚀。嗣由黄故令树桂改作学堂，名虽学堂而学生仅二二人，教员仅一人之多），虽经多数热心人设法提倡，迄无果效。呜乎，当此实行立宪时代，而我遂县官依然罔上虐民，毫无顾忌，徒计施其肥身肥家之手段。我遂何辜？我遂之民又何辜？爰粗举近今实状，敬乞登诸来函，藉以布告当道。

《时报》光绪三十三年九月二十三日（1907年10月29日）

沙棍毁局殴弁详志（萧山）

萧山县龛山坞里地方设有清丈沙地总局，左近甘露寺又设一公局。开局日由局设醮祀神。讵料委员（萨的椿）正在衣冠拜跪之际，沙民聚众四百余人，先将委员殴打身受重伤，复拥至甘露寺打毁物件。局员董等均急避萧郡城内始免。又迁怒乡民施大昌因代买纸钱等，拥至施家打毁一空。施有小孙不及躲避，被踏重伤有性命之忧。闻萧山县已电禀冯抚，即奉电饬即日撤局云。

《时报》光绪三十三年十一月十五日（1907 年 12 月 19 日）

沙民誓拒旗丁清丈（萧山）

杭满营所属之萧山县境沙本系放牧之所，分为昌、泰、丰、宁四围，每围约有万余亩之多，大半已由沙民垦种成熟，纳粮甚微。兹奉瑞留守派员前往清丈，胡克之大令因之告退。及由安炳文大令到萧，方于初三日接篆，旋有老农数十人到署跪香禀求保全。讵料顽梗沙民聚集千余人，据清丈局捣毁，相约结盟，按亩捐钱一百文备充经费，一面赴省上控，并誓于旗丁到境清丈归地时，群起力拒，团体甚坚，故由孙筱春太守饬县会员妥为弹压矣。

《时报》光绪三十三年十一月十七日（1907 年 12 月 21 日）

萧山丈量沙地案最近详情

萧山丈量沙地滋事一案已登前报。兹又悉，此事之缘起，初由沈绅意见，每亩饬缴洋三元，又丈量费一元，其粮每年照前倍完，该田仍归本人种植。所得洋元以作旗营公益之需，谓之牧地升科办法。又有毛绅谓，每亩可缴洋八元，又丈量费二元，粮仍倍完。因此该地百姓遂致毁局伤人，滋事甚剧。又适有该地绅士施锦祥、高善明两人禀冯抚，声称今岁巨荒，不能丈量，乞缓来年等情。冯抚体念民情，颇有撤局之意。该处丈量沙地局员杉梁因其兄柏梁为路事愤激咯血，竟致病死，遂即旋杭。瑞将军已将是案情形达政府，候示酌办。如政府宣布如何办理，闻冯抚即有复委杉梁之弟椿梁复到萧郡接办之说。

《时报》光绪三十三年十一月十九日（1907年12月23日）

湖郡乡民闹漕述闻

湖州开漕乡民均藉口上年溢完，又本年暗荒，竟致抗不交兑。是时船多人众，由张督带会同地方官弹压不散，反敢抛掷砖石，伤及兵弁，声言必须折扣蠲免。现已由湖府电禀冯抚核夺办理。

《时报》光绪三十三年十一月二十二日（1907年12月26日）

太平警兵因米市起衅*

浙江台属太平县警兵因米事起衅，捣毁局所，致商民一律罢市。闻近日又率众赴县，多方要挟，势甚汹汹。

《汇报》光绪三十三年十一月二十八日（1908年1月1日）

嘉兴曹庄镇因被劫罢市*

嘉兴电云：初二夜，曹庄镇地方被枭匪抢劫，毙店徒一人，伤六人。初三日阖镇罢市。

《汇报》光绪三十三年十二月八日（1908年1月11日）

桐乡县民因减收漕价起事*

又接嘉兴来函云：此次嘉属土匪系由桐乡县闹起，其原因由于要求减收漕价。劫屠甸镇，复劫桐乡县狱，拆毁衙署，王店镇一带均有戒心。初五日，且有土匪扰海宁袁化镇。

《汇报》光绪三十三年十二月十二日（1908 年 1 月 15 日）

石门县署被民捣毁*

嘉兴电云：石门县署被莠民聚众捣毁，海盐、乍浦亦危急。

《汇报》光绪三十三年十二月十五日（1908 年 1 月 18 日）

浙抚奉旨镇压桐乡百姓*

浙抚冯中丞奏报，桐乡愚民藉口灾歉，勾结枭匪扰及石门县境，已将教士护送至嘉兴府城内。奉旨著江督端制军、苏抚陈中丞谕饬江南提督刘光才，将四湾等处枭匪速行扑灭，如延，惟该督抚是问。

《汇报》光绪三十三年十二月十五日（1908 年 1 月 18 日）

海宁州乡民围攻州城*

浙属海宁州伊桥、斜桥、硖石等镇乡民闹事已志前报。现闻乱民图攻州城，势甚危急，城外铺户悉被捣毁，北门外厘卡及护卡炮船亦已焚毁一空。代理余州牧因此呕血而死，民心更形惶恐。省中派来兵丁仅二百名，势力单薄，亦未敢与敌也。

又函云：此次闹事，起意第欲减漕，奈官绅置之不理，致激成斯变。乡民不持器械，亦不抢劫，且并无枭匪混来其间。外间所传半属子虚也。

《汇报》光绪三十三年十二月二十二日（1908年1月25日）

请示核办焚营毁卡（海宁）

海宁农民暴动，复有乘夜突至海昌厘局，焚烧营房。炮艇攻城时击毙乡民二名，兹虽已经州主验明收殓，复恐上控枝节，故由总办王晋观太守呈请厘饷总局核示云。

敬禀者：窃本月初三夜，卑局斜桥分卡被乡民因漕聚众滋事，横遭打抢，并该镇铺户一十三家业于初四日禀报厘饷局宪在案。旋于初五夜一点钟时，复有乡民约一二千人，鸣锣执火，拥向海宁北城而来，将沿街铺户、海昌总局上河分卡均行大毁，并将护卡炮船暨营房更棚放火焚烧，径扑城门。官兵开枪，立毙两名，始四散奔逃而去。所有卑局捐款、联票幸先时移开，均无遗失。禀抚藩局宪外，理合据实禀报宪台察核。至打毁局卡，焚烧炮船、营房，应如何办理之处，专肃禀陈，恭候批示遵行。

《时报》光绪三十四年一月六日（1908年2月7日）

石门县伊象昂禀省宪文

敬禀者：业奉抚宪札以桐乡民聚众打闹，并有枭匪混杂滋扰，此等重情巨案，其鸣锣聚众滋事，非拿获首要惩办，不足以肃法纪；其匪党混杂，乘机扰乱，非悉数擒获，不足以靖地方。饬即会同营汛防军及邻封营县，一体合力兜拿，务将此股首要上紧严拿究办，以绝根株而靖地方等因。仰见大人整纲饬纪，除暴安良之至意。遵查此股匪徒，先由海宁、桐乡首先倡乱，枭匪勾结其中，乘机窃发，大肆骚扰，因而蔓延卑县边境。即有不逞之徒，三五成群，勾连外匪，麇集蜂拥，愈聚愈多，藉口年岁荒歉，要求免租减漕，连夜向乡间富户肆行凶闹，乘机打抢。一闻派兵剿办、分遣役勇擒捕，并调集炮船，安排堵御，于是桐、海乱民以及巢湖帮匪，狼奔豕突而来，兔脱鼠窜而去，所有本境顽民亦各纷纷逃避。奉饬前因，连日督率役勇，会同省兵，赴乡搜捕查访，渠魁党要率多先行脱逃。现已拿获多人，大半被诱胁从，犹恐株连无辜。惟有沈加坤、张保森、罗阿七、余除文四人逐一研讯，虽据各供被胁勉从，第既从行哄闹，即非安分之徒。诘以鸣锣打枪、拆房毁物之事，概不承认。再三究诘，用以大刑，严加拷讯，坚供如前。访询各乡绅董，佥称该犯等平日均未为匪犯事，此次比匪为伍，却非起事首祸之人，当即从重责惩，镣铐监禁。除再会督兵勇，无分畛域，密拿首要，擒捕党恶，务获究办外，所有获匪审办缘由合肃驰禀，仰祈大人察核。恭请勋安。

《时报》光绪三十四年一月八日（1908年2月9日）

嘉兴乱事余闻

桐乡县沈惟贤禀省台文。为禀报遵饬赴任后一切安抚筹办各事宜。

敬禀者：窃卑职于本月初三日荷蒙宪恩，委署斯邑。初八日复奉电饬从速赴桐。继时在郡探闻扰未靖，不敢稍延，即刻束装起程。初九日辰刻抵桐。知连日商富纷纷迁避，船埠一空。入城后见衙署、仓房均被捣毁，各房胥吏多半避匿，自向商会赁屋暂居；一面带同地保，亲赴四城，慰谕商铺，各令安业。会晤萧令邦恺，传闻屠甸镇尚未开市，先由本府卫队夏哨弁带队赴镇弹压。卑职于酉刻接印，适省标刘队官仰泉督队到县，城中业已安堵，即乘夜督带亲兵前赴屠甸。黎明登岸察看被扰处所，公立小学堂烧毁无遗，天主教华教士所租民屋，捣毁墙垣门槅，损失家具什物。又耶稣小教堂一所，打破大门，毁坏桌椅等件，房屋无恙。两堂教士均无损伤。烟捐公所、警察局及店铺十二家、绅富三家均被打毁，轻重不等，逐一验勘，谕令照常营业。旋访悉鸣锣聚众首要各犯，即派兵役协同地保指名往拿，不许妄有株累。登时获到钱坤春、钱和尚二名，会同萧令当众研鞫，供认鸣锣持械捣署毁堂不讳。案关交涉，暂行监禁备质。其余尚在严缉，多系土著，不难按名弋获。惟附近各都图曾被棍徒挨户勒派附和随从者，震慑兵威，逃亡殆尽。采访舆论，此间民气素驯从，以政疲赋繁，历年来冬漕斗级浮收，暗中加耗逾倍，积怨已久。值兹秋收歉薄，棍徒从而煽惑，遂致鸣锣麇集，藉口闹灾。自上月十七日起，愈聚愈众，不早解散，酿成此衅。卑职窃以为首要固宜惩办，协从尚可曲原。仰体宪台好生之德，会同萧令撰发简明告示，交给乡董图保遍为晓谕，概免株连，并于屠甸镇四隅分设木柜，令将所得赃物自行投入，免遭牵累。此初十日安抚乡镇相□解散之实在情形也。是夜二鼓回县。十一日，诣勘本城县署，自头二门大堂，钱粮柜二堂、三堂，以至十房，均被捣毁门槅，损失什物，便民仓被毁，头门仓厅惟廒座未损。美长老会毕来斯福音堂附设之学堂，华式房屋两进，楼平屋共十六间，并书籍、器物，焚毁无遗。其余初等小学堂、半日学堂、三相堂、警察局，以及店铺十五家、住宅五所均遭打毁，轻重不等。尚有各乡被毁蒙塾及绅商住房，纷纷报告，均当排日往勘，一面筹办善后。日力不足，继之以夜。就日前先务之急，厥有二端：一则教堂被毁，能早由县议结，可免多生枝节。卑职已会晤毕来斯，该教士颇愿和平了结。提及获犯索偿两节，告以已获正犯，意颇欣感。惟赔款，据述房屋约值六千元，书籍、器物约值九千元，当请其开具细帐，再行磋商。此堂损失最重，能先解决，他处较易就绪。惟就地无公款可筹，绅民亦碍难担任，究应如何责赔，应请宪台裁夺示遵。一则漕务，现期已近，迟将贻误。卑职延见绅耆，告以本年开漕，所有历届浮收余米积弊切实革除，立石永禁，以抒民困。群情颇为感动。现已出示晓谕禁革。专案具禀，以备勒石。至加秀连界处所，秋成实在歉收，已电请酌加分数，恳祈速赐电示，俾得赶造田单，克日起征，免误正供。其余议建衙署、校舍，以复旧规；查拿帮匪、地棍，以遏乱萌；整顿警察，以卫商民；编查户口，以区良莠，皆卑职应尽之义务，固不敢稍耽暇逸，上负栽成，亦不敢操切以图，致滋陨越。除随时筹禀外，合将感激下忱及到任安抚筹办各事宜先肃禀陈，仰祈大人察核训示祗遵。恭请年安，伏乞垂鉴。卑职惟贤谨禀。

《时报》光绪三十四年一月九日（1908年2月10日）

修律大臣沈家本奏江浙剿匪情形折

奏为江浙缉匪不宜操切，而宜镇定，敬陈管见，仰祈圣鉴事。窃臣迭接家乡电信，据称嘉湖一带枭匪蔓延，势甚猖獗，湖州如石塚、重潮、新市等处，嘉兴如桐乡、石门、海盐等处，白昼抢劫，掳人勒赎，甚至拒捕戕官，打毁教堂、学堂，种种不法，指不胜屈。近闻朝廷特派重兵前往坐镇，诚以乱萌一日不靖，即闾阎一日不安。圣主眷念东南江浙人民，实深庆幸。臣查此项匪徒，与大股匪党揭竿起事者情形不同，盖其中半为昔年裁勇，半为盐枭，有红帮、青帮各种名目。其籍贯以皖省之焦湖人为最多，两湖人次之，温台人亦杂出其间。平日以包赌贩私为事业，遇便则抢劫讹诈，无所不为，恃太湖为出没之所，沿湖各府州县踪迹无常。一闻官兵搜捕，往往四散逃匿，或竟持械抗拒，官兵反致失利，如是者已数十年，办理总未得手。推原其故，一由于嘉湖等府港汊纷歧，官兵初到，情形扞格，而匪类游息日久，熟悉地形，兵至则散而为民，兵退则聚而为盗，往来飘忽，未易痛惩；一由于民匪杂居，并无标异，啸聚则生抢劫之案，散处即为游手好闲之徒，难以辨别，又初无一定巢穴可以悉力进攻。有此二，故所以不能一时歼灭也。近来匪势日炽，居民不能安业，间亦为所胁从，然究与成役匪徒、设立头目、筑寨负嵎者迥异，故前年江浙两省有合办兜剿之议，卒难奏效。臣愚以为，宜酌用清乡之法。匪多外籍，口音易辨，藏匿之所亦易跟寻，苟得熟于情事之统领善为操纵，不使良莠混淆。南方偏重水师，倘多备炮船，扼要屯扎，以编查清匪之源，以抚辑散匪之势，宽以时日，事必有济。伏乞饬下江浙督抚臣，于原有缉捕营办法酌量变通，各派大员协同妥议清理之法，不动声色，威惠兼施，并令严查保甲，举办团防，庶匪踪易绝，而匪势自孤，较之以兵力痛剿似为有益。一则匪类不致走险，一则人心不致震惊，当此民情浮动，操切将事，断非所宜。臣为镇定地方起见，据实直陈，伏乞皇太后、皇上圣鉴。谨奏。

《汇报》光绪三十四年一月二十五日（1908年2月26日）

匪徒又毁学堂（海宁）

来函云：本处匪徒蔓延，到处滋扰。日前匪徒又将开智等学堂焚烧捣毁共计十处，学绅、教员亦皆被害。现经海宁办学各绅朱宝墉等电致抚宪冯星帅，请将各匪目惩办云云。未识中丞如何措置也。

《汇报》光绪三十四年二月九日（1908年3月11日）

鄞县居民因抽捐起事*

宁波电云：鄞属横街地方居民，昨晨因抽捐肇事，捕厅往查，被民人劫去。

《汇报》光绪三十四年二月十九日（1908年3月21日）

余杭因仇学起事*

杭州电云：余杭北乡因仇视学堂，十七日聚众捣毁潘某家。

《汇报》光绪三十四年二月二十三日（1908年3月25日）

台棍捣毁学堂记（临海）

临海南乡犹溪小学堂，去年由左令谕本地附贡秦福庆、廪生朱藻旒为董事，本年聘请教员二名，于元月十六日开堂，学生四十名。衅缘包揽词讼，久烟之生员叶葳荣、吴钟岳等以去年自荐教员不遂，运动著名地棍金振镛出洋二百元，诳买揠补谕单一纸，遂欲干预学务。未经该堂长及办事员、学生等认许，胆于二月初八日带党二百余人持械捣毁，且投匾额于坑厕。现由董事禀县照会教育会复办。业经副会长于十九日诣地查明，呈复府县，想可切实惩办。查金振镛系鱼肉乡里之土棍，曾出洋数百元买充庄董，历经左前令批饬提办，今又如此蛮为，岂不痛恨。

《时报》光绪三十四年三月十二日（1908年4月12日）

宁波府中学堂罢课*

宁波电云：宁波府中学学堂学生与校长冲突，二十七日一律停课。

《汇报》光绪三十四年四月三日（1908年5月2日）

上虞学堂因王廷耀案罢课*

杭州电云：诬害金葆稺之王廷耀拘押绍兴府，被其运动，竟免究办。上虞全邑大哗，城乡各学一律停课。

《汇报》光绪三十四年四月七日（1908年5月6日）

桐乡教案已结

桐乡县属屠甸镇，去秋被乡民捣毁天主教屋一案，现由桐邑沈大令维〔惟〕贤会同天主教士磋商，将所损物件认赔，一面订立合同，两造议结完案。兹将合同录下：大清桐乡县沈大令、天主教士韩，今因上年十二月初，桐邑乡民聚众闹灾致将屠甸镇传教公所打毁，损失家具、什物，经新任知县查办首要，切实保护，所有先期搬出门窗各件全数交还，其被毁家具，按照失单会绅公议，由前任知县徐认赔洋一千元整，俟合同签字之日，照数缴清。后无违言，立此存照。

《汇报》光绪三十四年五月一日（1908年5月30日）

宁波商人因捐罢市*

宁波电云：十三日，宫前各店户因清道捐激动众怒，相率罢市。

《汇报》光绪三十四年五月五日（1908年6月3日）

杭州成衣工匠因工价罢市*

铜元充斥，其受害影响颇钜。省垣成衣工匠，诸暨、东阳两帮占最多数。自前月二十八日起，该两帮工匠（系伙友一部分）一律罢工，要求工价改作洋盘（凡开成衣作东家均向买主结算，概用洋盘，而转给伙友工价仍用钱数，故有此举），迄未定议。现在罢工已及半月，该伙友作工度日，未便允歇。暨帮议照当牌每英银一元作制钱九百八十文，再申涨四十文，作每英银一元制钱一千另二十文，而作场各东仍未应允。该帮因会议、演戏、茶酒费已用去一百余元，东阳帮又连日会议更形激烈。两帮又不能协同妥商，各逞臆说，已互相斗殴数次。似此情形，恐有暴动。昨闻此事已拟涉讼求请公断云。

《时报》光绪三十四年五月十四日（1908 年 6 月 12 日）

汇记因铜元激变事（嘉善）

嘉善县城内二十六日午后，有学界某君等向大街新店购物，因铜元价值短抑，彼此争执。店中人出言无状，某君偶击其柜，该店即指为闹店闭门，致卖鱼桥一带大小店铺尽行罢市。虽县尊暨商会排解，二十七日尚未开市。所幸城外东西市照常贸易，因不致十分震动云。

浒浦在江苏昭文县治之东三十余里，地滨长江，为商业一通埠。闻二十三日，有奉委稽查房捐之孙委员至各铺店亲自稽查，欲以原抽捐数外令加若干，且每届收捐时期铜元不收，抑勒洋价，只做千文，名曰官价，每元照市小至二百文，此次又欲加捐。孙委员不问情由，竟将令加各数任意注籍，于是阖镇铺店一闻此事，大为哗噪，同时闭门停止贸易。幸而该镇董闻知，恐有匪徒乘机滋事（闻事处每届鱼汛，各帮赌徒麇集，前数日曾械斗一次，互有伤害，几酿命案），故急至舟次，晤商暂行缓议，众始少退。然二十五日仍一例闭门罢市云。

嘉兴王江泾于二十日起，各店铺铜元一律作九。该处与江苏省盛泽镇最近，铜元仍不折扣，故乡人恒倖倖不平。二十三日上午，又由各学界发起遍贴传单，系声明铜元当十，奉旨通用，因是百姓均与各店大启争锋。及至下午三点钟，遂有鼎隆酱园因铜元大起冲突事，观者愈众，咸不以作九为然，遂将柜台推倒，邻近各店纷纷罢市。传闻各镇亦常起交涉。

《时报》光绪三十四年五月三十日（1908 年 6 月 28 日）

再纪铜币恐慌事

宁波近日到有铜元数万箱，以致钱价一落千丈，往时每一洋换铜元一千另七八十文，现在每洋换一千二百零，各店铺如售钱数者大受亏耗，而小本经营更有影响。日昨甬上蔬菜、水果行会议所收铜元每枚仅作八文半，各贩大为反对，遂聚集数百人，至郡庙会议抗拒办法。蔬菜行诚恐酿成事端，亦即停秤罢市，一面具禀县令。未识洪大令如何办理也。

今日鲜盐货行亦已停秤，各贩一千余人皆持香跪县。经洪云荪大令恐莠民从中煽惑滋事，当出署对众面谕剀切谓：各省所铸铜元以补助制钱之缺乏，不料来源果多，以致骤跌，但蔬菜、水果、鲜盐各行若作八文、九文，违背定章，事属不能。本县即当调停，尔等各安本业，照常贸易，不得滋生事端云。各贩始散。洪令即照会商务局，邀集各商会议，宜抱定宗旨，不能减作分文。未识各商董如何解决，容再续报。

《时报》光绪三十四年六月三日（1908 年 7 月 1 日）

续纪浙省铜币恐慌事

杭函云：铜元充斥，私铸私贩络绎不绝，有骤难通抑之势。各商家受此巨累，改作洋盘，增涨物价，一时响应，同出一辙。此原为遵制当十，不肯贬抑作九作八，因筹画此补救之策。不料洋盘虽改，物价虽增，而铜元价值愈形轻贱，无论肩挑负贩者所售得铜元无从易银，即店铺中凡售钱数者，所得铜元虽再三情面商恳，而各钱铺均矜奇炫异，辄以消路大滞为辞，不肯收换（商店售得铜元，均向钱铺易银）。据贸易场中人云，看此光景，商人因铜元无从易银之故，无一家不有积聚，视此铜元深恶痛嫉，恐慌情形日甚一日。于是有议挽救之法者，不得不立议减折。以现在铜元日形充斥，若定其减折之高下虽作七作六，亦可以现用银角时有低昂为比例（如大银元一元兑银角若干不等）。又以咸丰当十铜钱至后来市面只作三文，后遂不能通行等情援为比较。省垣已有商务中人将此议广布大众，藉谋补救者。又绍郡、嘉郡等因铜元起风潮者不一而足，而商民均以减折为便，现已实行，官长亦无从禁止。即杭属海宁、富阳等处，亦均减折使用，众情所趋，莫之能御。盖凡物轻重贵贱，自有其一定之本位价值，而供求必相剂于平也。

又云，杭省各店铺以铜元日贱，而进货均系洋码，以致亏耗殊甚，故由各业董在商务总会集议，拟作八文。奈总理金绅等谓未便破坏圜法，且恐外府县概皆效尤，如果亏耗，应将货物谅予增价，或照洋码计算较为妥善。由是无论何物，均于月朔起纷纷涨价，以故居家者咸怨创行铜元之借口便民，而实则病民，益觉度日之艰难云。

嘉善县属干湾镇月杪因铜元抑价，商民失和，大起冲突，致该镇罢市有三日之久。嘉善县徐大令因地保未经报县，尚未履勘劝导，故目前不克照常贸易云。

《时报》光绪三十四年六月五日（1908 年 7 月 3 日）

再志宁波以铜元恐慌罢市事

宁郡以铜元充斥，而贫户受无形之亏耗颇巨，致蔬菜、鲜盐各行各贩聚众对拒，停贩罢市，迄至今日，尚未开市，以致人心惶恐（查此项贩户约共有万余人之多）。经商会各董连日会议，亦无善策。大约均改为洋数铜元，可以照市申算，惟零星买卖，仍属不便，故未决议。鄞县洪令到任未久，除赴商会拜晤各董一次外，并不筹一策，不出一示，倘或因此而酿成暴动，殊可虞也。

《时报》光绪三十四年六月六日（1908年7月4日）

铜元不得折减（绍兴）

绍兴铜元均通作八文，现在各属意欲仿照绍属办法，禀请抚宪准行。兹得抚宪冯筱帅牌示略谓，铜元折减，殊违定章，前已行司通饬在案，著即知照云。

《汇报》光绪三十四年六月二十七日（1908年7月25日）

铜元又肇罢市案（平湖）

嘉兴府属平湖县各商家，因铜元充斥，亏耗日甚，拟照郡城九折行用，定于本月初十日实行。新任平湖县苏大令与绅界主持作十，不能擅改定制，谕饬商人。各商见不克照办，相约初二日城内外各店铺尽行罢市，藉为抵制之策。现已禀报到府，未识若何办理也。

《时报》光绪三十四年七月五日（1908年8月1日）

铜元不得缴捐（宁波）

甬郡各项商业皆因银元骤涨，致受无形暗耗。日昨房捐委员徐其璜二尹等，因现在铜元价贱，店铺每有强付铜元为捐款者，遂抄案禀府，请饬县出示晓谕，嗣后每捐钱一千者，须缴大洋一元，如不及一千者，亦照大洋揭收，以免赔累。未悉太守如何批示。

《汇报》光绪三十四年七月十二日（1908年8月8日）

饬禁折减铜元（湖州）

府尊锡太守日前奉浙抚札文谓，浙省近来铜元充斥，各属已作八九文，省会限于定例，尚未折减，然洋价日长，商民仍受影响。查铜元当十系奏准行用，各省一律，岂任民间私减。著即通饬禁止云。锡太守奉札后，已转饬所属，并照会商务局遵照矣。

《汇报》光绪三十四年七月十二日（1908年8月8日）

铜元折价闹事（乍浦）

上月二十一日，乍浦因铜元折作九文使用，地痞假端滋闹，激动众怒，一律罢市。当由众商电禀嘉兴府，请饬平湖县苏令驰往查办。

《汇报》光绪三十四年七月十二日（1908年8月8日）

浙省官场不用铜元之宣言

省垣商务总会前因铜元充斥，将酿成大患，特为商民吁请上台设法挽救，以苏困敝。计条陈五条，其首先第一条最为注重，系请将钱粮、厘税、房捐等项，凡数不及洋银一元者，准予一律收用铜元或搭成缴纳。此原为官民上下一律通用，最为相剂平均之公理。其第三条请拨洋五万元，交官钱局收回发出之六百万枚。此尤急则治标，为暂时诉求效果之计。近日已经藩司及厘饷、官钱两局会议，仅准许浙局积存铜元暂缓发兑（此第二条）以及严禁减折贩运（此第四、五两条）。至于第一、第三两条概不认可。其驳议略谓：司库所收粮捐、房捐，定章均以钱千文折解洋一元，与厘金核定洋价相同。厘税、房捐等项均为洋债、防饷要需，久经核定洋价，通省征解一律。铜元价值时有涨落，若令一元以下搭收铜元结算，至为纠纷，将见缴诸公者，铜元成数必多征收之，民者搭收数仍无。几至铜元充斥，各处皆然。若再拨洋收兑铜元，行将以省城为壑，势必其来愈多，其价愈贱云云。闻商界得此消息，均以第三条即或不行，至第一条为官民上下一律通用，至为相剂均平之公理，于此不行而一任铜元之充斥，以病敝吾民至于冤苦无诉，夫亦太觉忍心害理矣。

《时报》光绪三十四年七月二十日（1908 年 8 月 16 日）

县令因勒收粮价被罚（台州）

黄岩县从前征收钱粮，往往抑勒洋价，有时每洋仅作大钱一千文，更有作九百七十文者。自万养三大令到任后，信任柜吏，更抑勒至九百文，绅商士庶大为哗然，具禀宁绍台道专详省宪，请将万令撤任。刻闻省宪批饬罚该令洋二千元，充地方要需，或办公经费。该令是否抑勒，俟查明后再行撤任，为贪酷者戒。

《汇报》光绪三十四年七月二十三日（1908 年 8 月 19 日）

杭垣铜元为患

省垣铜元愈聚愈多，商民困累已达极点，其故由临近各府县概行减折使用，官吏禁谕亦无效力，实缘铜元有自然之低贱价值。商民唯一思想，犹以使用作九作八为未餍其愿也。省中商会总协理力持不敢破坏圜法主义，不准减折，于是以省垣为壑。虽严禁贩运而商民往来繁夥，水陆逼近，取携甚便。又况私铸秘密，无从发觉，而市面不堪其扰矣。初四日，商务总会传集各商董会议维持铜元事宜，首先宣布凡上千文者用银元，上百文者用银角，而铜元作为零星找补之品。此议不过因既不减折又苦充斥，姑以此为抑压之下策。不知小本经营肩挑负贩者所售得尽是铜元，若以铜元为零找之品，市面视铜元更加厌滞，而小民所售得者几于无处易银，而势不至填沟沟不止。不必开会，而早知众情之反对矣。是日商众均不以铜元零找为然，而众口一词为唯一之目的者，莫如减折行用，且有倡议大贬价以急救目前困难者。惟该会终以圜法不敢破坏为词，约另日从长计议，而众商均有沛然难御之势，以为非减折不能补救者。近日市面纷纷传说，自初十日起概行作八，不知商会何以善持其间也。

《时报》光绪三十四年八月十日（1908年9月5日）

闹荒罢市（武康）

武康县旱荒已极，各乡田禾大半已成枯草，故月之初二、三日，七、八、十一二三都乡民有二千余人，初五、六、七日，东南两乡亦有二千余人，先后到县报荒，各店一律闭市，且将孙、陈漕库两总家中器具捣毁一空，因彼苛索冬粮，大为民病耳。

《汇报》光绪三十四年八月二十四日（1908年9月19日）

十二圩盐船帮哄闹（镇江）

湘抚岑尧帅以湘岸淮盐缺乏，设法多端，始商准江督派拨登瀛洲兵舰及宏仁轮船运盐畅销各节，迭纪前报。乃该两轮至十二圩后，该圩各帮盐民船以生计顿失，竟鸣锣聚集船户数千人，拦塞码头，肆意滋扰，阻止盐包下船，并将各船停泊两轮前面，致两轮不能开驶。旋经仪征淮盐总栈督办徐观察及地方官驰往弹压，用善言劝慰，许以下不为例，各船户仍行反抗，坚不肯散。初七日，若辈复又聚众至街坊哄闹，迫令各铺户一律闭门罢市。现在势尚汹汹，地方官已据情电禀午帅请示办理，未识若何了结也。

《汇报》光绪三十四年九月十六日（1908 年 10 月 10 日）

常徽请平秋瑾墓之折语

御史常徽奏请毁平秋瑾墓，并惩办改葬之吴、徐两女士。其折中略云：长江一带党会横行，各该地方文武严密查禁，尚足销患无形。乃风闻有女学生吴芝瑛、徐寄尘者，在杭将女匪秋瑾之墓改葬，规制崇隆，几与岳武穆之墓相埒，致浙人有岳王坟、秋女坟之称。该管地方官既不惩办，又不查禁，岂竟形同聋聩耶？复有留学生王熙普，将该女匪犯事始末，颠倒是非，编成戏本，堂皇演唱，实属目无法纪，败坏人心，殊堪痛恨。并请旨饬下浙江抚臣，将该女匪之墓悉行毁平，并严拿各该男女学生，从重惩办，以遏乱萌而维风化云云。当日廷寄浙抚查照办理。

《汇报》光绪三十四年九月三十日（1908 年 10 月 24 日）

浙绍清丈旗地分局被匪焚毁骇闻

浙省绍郡萧山县界向有旗牧沙地二十余万亩，发逆剿平后，该处旗民除死亡外率皆荡析离居，其仍住该处者仅十数而已，数十年来该沙地尽为土著沙民占据。去年因奉谕旨，妥筹旗民生计，遂有派委清丈该处沙地之举，然亦谕令每亩缴价后给发执照，仍令该民耕种花息。该处地亩历年成熟，每亩值洋数十元不等，是以议定分别等级，每亩缴价十二元以及十元、八元有差。不料沙民等素常野蛮，以为骤夺其生计，群起抗拒，竟敢纠众捣毁该处甫经设立之总局。奉上台饬拿为首数十人讯办在案。当时虽被纠众捣毁，然未有如此次焚烧毁坏之猖獗情形也。嗣后沙民等欲将拿办数人保释，联名具禀，吁恳此后不敢抗阻，遵谕清丈，一律缴价。情词悱恻，颇具悔心。上台慎重民生生计，亦雅不欲与沙民以为难，迭经清丈旗地总局杉总办禀请上台，酌减地亩，缴价自八元减至六元、四元、二元不等，嗣又逾格体恤，竟减至每亩缴价洋六角有零，可谓恩周爱至矣。十月间，杉总办预备设立分局，克期清丈，迭经先期布贴增中丞、瑞将军以及各宪告示，俾沙民得以家喻户晓，而该沙民又举代表来局，争相欢迎。据仁字号沙民等禀请，分局设在总管殿，忠字号禀请设在东岳庙，一律服从，并无异议。嗣以清丈先由红字办起，遂决定在总管殿（在萧山县瓜沥镇，距离二十余里）设立分局，于十月三十日设立。该分局委员一人，系史瑞臣二尹，局中司事四十余人，亲兵二十名。不料初一日夜二鼓时候，忽闻遍地开锣，人声喧沸，局中人等已知有异。霎时该局后门锣声、人声震如雷霆，遂将墙垣打毁，沙匪一拥而入，均手执茅柴浸油立刻放火。委员、执事等均镇静，好言劝阻，该匪拖住委员欲肆殴打，经众劝阻始免。委员、执事等见火势猛烈，急行避逃。该匪群将局中器具、什物以及各员行李等搬入场地，尽付一炬。旋由沙民中稍知礼法者群来扑火，以故仅焚去局后房屋三间。委员、执事等乘夜逃入左近桑园民家，嘱为代雇船只，至天明甫抵瓜沥镇。此次亲兵二十名均欲开枪轰击，幸局中司员马绅吉甫等颇知大体，深恐激变，不准兵士开枪，是以各员等均尚无恙。该沙匪桀骜者亦不过二三十人，杉总办已飞禀增中丞、瑞将军暨各宪，迅饬拿获讯究，照律惩办，以警凶顽云。

《时报》光绪三十四年十一月八日（1908 年 12 月 1 日）

杭垣剃发之弛禁

初六日，剃发匠聚集千余人，赴抚辕跪香，要求设法抚恤。以人数众多，经抚辕卫队拦阻，忽然互相冲突，势甚汹汹。奉增中丞立传示谕，慰勉遣散。不料剃发匠不知是否误会示谕中语言，抑系有意含糊实行违抗，该剃发匠散后声言已奉中丞示谕，照常开张营业，不准地棍以及不肖衙役、各警察局讹诈等语，遂于午后齐开店铺，广揽生意。而无知人民信为已经弛禁，纷纷赴店剃发，不一而足。至初七日上午，竟上下城一律照常剃发，热闹异常，官长亦尚未有出示禁止。其商学界稍知礼义者均见之愕然，相戒不敢越制，然无知人民等已一律弛禁矣。兹将初六日抚示录下：

示曰：一百日不准剃发，乃国孝定例，理宜遵守，尔等既不剃发，尚可梳辫，以资糊口。尔等回归照常开张营业，如有地棍以及不肖衙役、各警察局向尔等讹诈，准尔等扭送来辕究办。此呈行仁、钱两县及警察总局知照。特示。

《时报》光绪三十四年十一月十一日（1908 年 12 月 4 日）

大帮枭盗抢劫富产（秀木）

秀木县东北乡三水湾地方，有富户张梅先精于营运，积资不下十余万金。初七夜突来大帮枭盗六七十人，一律手持快枪，蜂拥破门抢劫，张之家丁鸣锣集众抵御，各盗轰放排枪，如临大敌，众乡民畏惧而退。群盗极力搜劫，至三句钟之久始去。事后检查，失赃首饰金珠估计有六七千金左右，现洋不多。次日禀报到县，秦大令于初九日下乡勘察案云。

《时报》宣统元年闰二月十三日（1909 年 4 月 3 日）

派员彻查抽捐（嘉善）

嘉善县平川小学校，因经费不敷，禀抽鲜肉捐以为补助。无如该邑肉商卓合记等抗不清缴，反具控平川校长王文溶于府辕，以借学抽捐意在苛索。杨太守现札饬分嘉委员潘志钧二尹，前往查明，禀复核办。

《时报》宣统元年闰二月十三日（1909年4月3日）

安定学堂之风潮（杭州）

安定中学为胡绅独力创办，去冬因常年经费不敷，议迁沪上，改为商学。该堂三四年级生程度甚优，以半途废弃，群起反对。嗣经胡绅商之高等府中各校，允为插班，风潮渐息。近以该堂监督不满人意，乃以本堂毕业生充作教员，如舆地与理化之钱某，即本堂生之一也。平日授舆地而不能绘图，讲理化而不知试验，就学诸生久不满意。日间因上课误解，经学生辩难，无词以对，遂迁怒于五级级长吴元楷，谓其从中激动所致。某督不问理由，遂徇其请，于是日将吴斥退。其考语谓该生抗违规则，上月挟众罢餐，已记大过一次，今又与钱教员冲突，应记大过两次，即日照章斥退，以肃校规云云。全体见之，群为不服云。

《时报》宣统元年三月四日（1909年4月23日）

详志法政学堂风潮之决裂（杭州）

杭垣法政学堂世道益三卸事后，逐渐废弛，日前因锁闭学生一节，致全体官绅班四百五十五员一律反对，且管理员某亦系监督许邓太守之妾父，故众议有初十日停课之说。现闻监督意见，以学部定章向有锁门一条，拟将部章宣布后，将为首挟制者凌鼎等七员斥退，以示惩儆而肃堂规。于昨日面禀抚院，倘各学生举动就此中止，则斥退之说亦作罢议。但据教务长许养颐君主张，大不以斥退办法为然。日内正在调停，不识若何结局也。

《时报》宣统元年三月十一日（1909年4月30日）

法政学堂风潮之始末（杭州）

省城法政学堂，因管课员扃闭学生，经全体反对，大起风潮，数记各报。现闻此事肇始，实由学生中逃课太多之故。若云官班尤为荒谬，竟以名为法政肄业，而足迹数月一履讲席者。此次风潮，半因苛待绅班、优视官班所致。十四日，监督许邓太守于上午九时、下午一时，分别至第三、第四两讲堂演说，犹以部章第三十九条确有未臻妥善之处，由监督酌改为辞。故至今众学生尚有呈控抚学二宪之说。现经教务长许君极力调停，未识能免决裂否。

《时报》宣统元年三月二十日（1909 年 5 月 9 日）

乡民聚众闹荒（嘉兴）

嘉兴县西南各区与桐邑毗连，今岁水灾较重，田禾之未及补种者，十居四五，现届秋成之际，非惟无米可收，而灾情与合邑未别轻重，将来给赈或有向隅之处。因有本月朔日聚集千余人，拥至县署，适宗大令行香回衙，众乡居拦舆呈递禀帖，纷纷攘攘，几酿风潮。幸宗大令立即请示府宪，用好言抚慰，始各散去，以待后命。

《时报》宣统元年九月三日（1909 年 10 月 16 日）

乡民再闹荒（嘉兴）

嘉兴县西南各乡农，本月朔日因水荒赴县要求，经宗大令抚慰而去。不料二十五日午后，复集合数百人来县滋闹，其势汹汹，几有野蛮举动。宗大令派差飞禀府辕，英太守立拨卫队数十名到县弹压，各乡民始安靖散去。

《时报》宣统元年九月二十九日（1909 年 11 月 11 日）

师范学堂近事续志

两级师范学堂，因新监督侮辱教员，全体罢课。兹悉自十一日起，所有该堂教员公函及监督意见书，已纷见报章，而中丞主张劝令解散，已嘱袁提学极力调和。无如监督动作皆非，各教员脑部中已受许多障碍，断非一二好话所可解决。昨日教员部代表许寿裳等，已公电（另录）学部。各学生稍知学业者，仍温习自修，其余均散布于酒楼剧馆。堂役、斋夫、执事人等，均患饭碗不牢，缘一官一令，恐再换监督，又多变换。而袁学使甫经接任，于浙江学务党派一切茫然。但学务公所人员，半系教育总会职员兼任，恐侵润之谮，仍为若辈所笼络。浙江学务糜烂已达极点，未识何者贤能稍可挽此残局否？

附全浙师范学堂教员上学部电

学部堂宪鉴：浙江教育总会会长夏震武新充两级师范监督，侮辱教员，斥逐教长，纵该会员蹂躏师校。学宪调停，监督坚不承认。教员全体辞职出堂。许寿裳等禀。盐。

《时报》宣统元年十一月十八日（1909 年 12 月 30 日）

闹漕之暗潮（桐乡）

嘉属桐乡县，光绪三十二年分曾酿闹漕巨案。本年水灾，桐邑又当其冲，事后由县通详编分灾白各田，而劣董徇私，未免荒熟倒置。致本月初七晚，城南斜路蒋竹溪家突来乡民二三千人，围住索食。县令余协同汛弁前往弹压，亦被围绕，要求减豁，并扬言明日拆毁仓厂。嗣经余大令善言抚慰始散。现已分禀各大宪，派兵防护矣。

《时报》宣统元年十二月十四日（1910年1月24日）

桐乡县闹漕之猛烈

嘉属桐乡县闹漕暗潮，曾志前报。不料十五日午间，北乡各民复集数千人结队来城，实行暴动。北门防护水师三四十名，拦阻不住，开枪轰击，当场毙一人、伤二人。乡民稍却复前，其势更烈，兵逃，炮艇被毁，焚烧城门，拥入城中，立将仓廒拆毁，围绕县署，胁求宽免。余大令派人开导，仍未散去，至晚间汹汹尤甚。十六日闻已毁及县衙花厅，放走轻重各犯。余令乘机外出。府宪英太守叠接警电，飞派卫队前往。嘉防沈督带、嘉乍协张副将各派重兵赴桐，相机镇抚云。

《时报》宣统元年十二月十八日（1910年1月28日）

浙江省乡民暴动派兵弹压案汇志

桐乡乡民暴动派兵弹压　桐乡乡民聚众抗漕，初旬已纷纷哄至各绅富家，强索钱米，不与则恣行打毁，势甚汹汹。地方官以该乡民率多扶老携稚，均为灾荒驱迫，亦殊可悯，不甚介意，未为提防。遂至十四五等日，酿成纠集五六千人，拥入县城，毁闹谷仓县署种种凶暴举动。经官绅飞电省台告急，已奉抚宪即派兵备处袁龚初观察（即前日带队赴德清等县弹压闹漕者），迅速会同加防沈棋山统领，带队驰往查办。桐道毗连海宁，与杭属毗连，因之省垣人心惶惑，且值岁关之际，深恐匪徒乘机滋扰，已奉省台谕饬城厢巡防警察各队，加意戒严云。

缙云乡民暴动派兵弹压　缙云县乡民抗违勘除烟亩，纠众暴动，经县飞禀省台，请兵弹压，奉增抚电饬巡防中路统领吴桐仁相机查办。嗣吴统领禀复，以中路地广兵单，请饬兵厚之路分兵驻防等语。当奉抚宪飞札严饬，略谓前因缙云勘除烟亩，乡民抗拒，恐酿事端，电知该统领，如接该县电请派兵，即立时前往，亦以缙□□金属甚近，不过暂时弹压解散，虽非中路辖境，较之由后□□□前去，路远途长，未可并论，况兵机贵乎神速，不容显分畛域。该县现在想已无事，如果有电径达时，仰仍遵照驰往云。

《时报》宣统元年十二月二十一日（1910年1月31日）

闹漕大风潮已平（桐乡）

嘉府桐乡县十五、十六两日，各乡民聚众闹漕，烧师船，殴兵勇，毁伤仓署，酿成绝大风潮。府宪英太守奉抚宪电饬，带队赴桐，于十六日下午九时，由轮拖带前往。临行时得嘉电局报告，本日下午湖防周督带率大兵来桐，见莠民放火，立开空炮数门，各乡民知大军云集，相率逃去。所毁电杆由桐局修好，已能照常通电。地方渐渐安靖，想善后之策，必赖太守此行综核之。

《时报》宣统元年十二月二十一日（1910年1月31日）

马巡队卫兵扰民（杭州）

去腊二十五日，江干马巡队结伴四人至王和美酒栈零沽，结帐须八百余文，意在恃势赊欠。堂倌不允，当即口角，俄而用武，陈设装璜掷毁一空，人声鼎沸，语言嘈杂。各商家以马巡队本为防盗护商而设，今竟扰害商家，实属令人愤懑，当即相率歇业罢市，公举领袖入城跪禀警道。未及炊时，事为巡警总局所知，立饬队官李桐轩飞骑出城解劝，并将该肇事马巡带回讯办，其事始寝。

《时报》宣统二年一月六日（1910年2月15日）

台郡禁烟民变围城之骇闻（台州）

台属天仙、太黄等县向种罂粟较他处为尤盛，现因禁烟森严，地方官不得不认真办理。去春虽改种豆麦之禁令，不免阳奉阴违。客腊台守委员带勇赴各邑查勘铲除，惟种烟者仍居其半。近得台郡急报，谓太平、仙居两县农民因被匪党煽惑，遂聚集万余人入城骚扰，甚至毁署劫店，拒敌官兵，势甚汹涌，当格毙官兵数十人。今街铺一律停市，人心惶惶，飞报来甬，请拨兵镇摄。经提台吕军门及甬道桑观察会商，即派提标左右各营，于昨午乘超武兵轮驰往，一面即派员密查，并饬邻境严为防御云云。

《时报》宣统二年一月九日（1910 年 2 月 18 日）

丐民亦起风潮（宁波）

宁郡之养济院费向由官款开支，惟丐头费出诸铺户之抽提，年得洋数千元。现因巡警费绌，拨提其半，但丐民全赖于此，无以为生。幸有官绅主持，力所莫敌。讵于日昨天后宫前新永顺花行收包丐费，与之口角，遂聚丐百数人，不堪骚扰。街铺恐酿巨祸，即闭门罢市。当由站岗巡士吹鸣警笛驰报总局，即将滋事丐头送县惩办，一面劝令各铺照常开市。未识如何了结也。

《时报》宣统二年一月二十四日（1910 年 3 月 5 日）

详志日商与居民暴动情形（杭州）

十四晚八时，有清河坊宏裕布店学徒某甲至大井巷日商所设东洋蛋饼店纳铜元三枚，打枪博彩，居然连中三响，例得头彩，计应取蛋饼五千枚。该日人告以今日饼已不足，明日来取何如。

该学徒以其欺饰，拟取其一钟而去，日人大怒，掌击学徒数下。路人不服，群起大哗，有谓扭送巡警者，有谓围殴泄忿者，纷纷扰扰。未几，一局正巡官高云阶到来，不问事由，一意袒护日人，致成暴动。是役也，聚集四五千人，将城内所有日商洋货店、药房捣毁一空。巡警道杨昧莼观察、兵备处袁巽初观察、姚济苍参议、首府县警察提调李锡山先后到来，亦终不能遣散。其时有鼓楼湾大街之仁信堂药房日人前来探望，亦被扭殴在地。而弹压之各官长中惟警局稽查褚博甫君略有见解，拟撞击大钟为散逐闲人地步，不料各级官长未从其计。据居民意见，欲得日人之命而甘心，其药房支店等亦被掷洗无遗。（十五）日领事已进城履勘，各日商所有之店均门栅攲斜，门外由抚院派拨中路巡防队分扎保护，一面吊查该日商营业簿据，以为清偿地步。而驻杭日领已分电京、沪领事，报告当时情形。所有上城警局官长、巡弁及探局委员等均受伤无数。一时城厢喧传，谓该布庄学徒已死。据记者确实调查，实无其事，并未致受重伤。而该庄主人以为肇此大祸，必致牺牲此店，故坚不承认本店学徒。其用意诚不可解，以致办事者未有把握，颇难着手。今午（即望午）在洋务局会议，昨日在场官长均到，日领亦到局与议。内容甚秘，无从探听。闻其宗旨在严拿首要惩办，赔偿损失物件为目的。查此事中国未定内地杂居例，早经去岁本报宣布。今之暴动是洋务局之养痈成患所致，而浙人不幸有此怪象。值此民穷财尽之际，犹有意外赔款之剥削。哀哉！吾民其何以堪！

《时报》宣统二年二月十七日（1910年3月27日）

三志杭州居民暴动情形

杭州居民激成暴动一节已两志本报。兹悉此事洋务局与巡警道据约力争，并令日领赔偿我国损失及因此保护受伤之官长，而增中丞亦以总商会为商界领袖，缄默不言为非。但日来被损之各日商私设店铺已陆续自行整理，意在复设众店。民佥谓，如再任其违约开张，必欲与之势不两立。据目下详细调查，所毁各物甚属微细，所值亦属寥寥，而被殴之日人伤势亦较华人所伤者轻（其大略伤势已见前日诊断书）。据浙省官民近执意见，请惩违约行凶之日商，其立意以非此不足谢我国地方居民。故昨日又接续照会日领。兹将其原文录下：

浙江全省洋务局为照会事。照得杭州城内日商福寿堂店铺与布店伙冲突一案，本局于本月十七日曾经照会贵领事，请为拘惩该店主，并饬令赔偿殃及之各店损失，并请贵领事速饬城内各日商店一并迁出拱宸桥北首租界内开设，以符条约在案。现闻殴人之村上喜次郎、帮殴之前田佐市二日人仍复盘据店内，并未由贵领事拘回惩治。当此众怒未平，万一再酿风潮，敝国地方官难任保护，不得不预先声明，务希贵领事从速拘回惩治。倘贵领事不即拘拿，本局为防患未然起见，惟有饬地方官照约拘送贵署惩办，以符约章而防后祸。为亟照会贵领事，请烦查照，克日见复施行。须至照会者。

《时报》宣统二年二月二十三日（1910年4月2日）

浙江巡抚增韫奏查明桐乡县民聚众闹漕详细情形折

奏为查明桐乡县民聚众闹漕详细情形，谨将办理缘由恭折仰祈圣鉴事。窃照桐乡县乡民，前因借口被灾，聚众闹漕，业经臣将委员查办大概情形先后电请军机处代奏。恭奉谕旨：饬令严拿首要，解散胁从，妥慎办理，毋任蔓延等因。钦此。遵即分饬印委各员，钦遵办理。兹据委兵备处总办记名道袁思永、署嘉兴府知府英霖、署桐乡县知县余文钺将先后办理情形详细禀报前来。

查宣统元年夏秋之间，杭州、嘉兴、湖州三府所属各州县，偶因水旱偏灾，曾经筹款赈抚，迨秋成时复将灾亩之区委员查勘明确，分别蠲缓，并照向办成案，剔荒征熟，饬由布政使会同督粮道出示晓谕，俾众咸知。讵湖州府属之乌程、归安、德清三县，嘉兴府属之桐乡县无知乡愚，以光绪十五年大灾免漕有案，初则借口被灾，相率观望，继竟鸣锣聚众，约会抗漕，情势汹汹，不可理谕，而尤以桐乡一县为最甚。先是该县乡民借饥荒为词，向富户索食，聚集不散，遂有匪徒乘机思逞，于十二月十四日夜煽动乡民，希图入城滋事。该县知县余文钺会同营汛，严加防范，将教堂、监狱妥为保护。一面禀经臣电饬该管知府英霖、前路左翼统领沈棋山，酌带水陆兵队，前往弹压解散，并札委道员袁思永带队驰赴查办。十五日早，乡民千余人□城北而来，营县上前拦劝，乡民持械攻击，致伤弁兵七名，夺去枪械三杆，印官被殴，幸未成伤。兵勇开枪抵御，格毙一人，并伤一人。而乡民愈聚愈众，蜂拥进城，焚毁师船一艘，夺去子弹五百颗。复拥至漕仓，捣毁什物，并拆毁县属房屋，抢去案卷物件，哄闹多时，始各散去。维时沈棋山等已督队驰赴县城，先派兵船将教士眷口护送至郡，分拨兵队加意巡防。十六日晨刻，乡民麇集于东门外，余文钺与沈棋山登城再三劝谕，置之不理，旋即放火焚烧城门，不得已开枪格毙二人，误伤一人，乡民始退，城外电杆即被拔毁两支，电信遂绝。傍晚复聚集双桥地方，声言入城报仇，嗣闻省中大兵将至，始各鼠窜而散。是夜，袁思永等率队到县，即经派人修接电线，借通消息。次日黎明，复督同印官分投劝导，解散胁从，并抚慰商民各安生业。因城乡谣传不一，商民惶恐异常，势甚岌岌，遂将已获毁仓闹署之首犯王涵桂一名，讯明正法，以定人心，各乡民始懔然于国法之不可犯，谣言顿息，闾阎始安。

十八日传集各乡区董，剀切开导，饬令传谕花户从速完粮，以免贻误漕运，是日午后即有遵谕来县完漕者。现在漕粮已收有成数，地方一律敉平，乌程、归安、德清等县亦安靖如常。臣伏查上年桐乡县属虽有灾歉荒区，惟与光绪十五年间大灾情形不同，且业经委员查勘明确，筹款赈抚，分别蠲缓，并照向办成案，剔之征熟，已属体恤周至。乃乡愚无知，胆敢鸣锣聚众，借灾抗漕，甚至毁仓毁署，焚船夺械，拒殴官兵，抢掠物件，实属形同倡乱。虽已格毙三人，获案正法一名，而在逃要犯尚有未获，自应仍饬地方官严拿惩办，以儆将来。此外随声附和及被胁同行者，既经解散，应免深究。除批饬该管文武将善后事宜妥慎办理，并严拿在逃要犯，务获究办，一面将德清县闹漕案内已获各犯另行审办外，所有查明桐乡县乡民聚众闹漕情形，并办理缘由，理合恭折具陈，伏乞皇上圣鉴。谨奏。宣统二年二月二十八日。

奉朱批：该部知道。钦此。

《时报》宣统二年三月十日（1910年4月19日）

浙江武康县乡民因捐哄闹

武康县洪子靖大令，前以查拿花会，被土匪纠众拒捕，伤及头额，并伤警兵两名等情，上省禀诉中丞查办。嗣又知系为抽勒笋捐起衅。兹悉此案原因，因陈绅其禾屡次勒写警捐，或不允照出，送县管押，而洪大令或打或罚，竟听信陈绅一面之言，以致民间积怨已久。此次珊多地方花会赌博，先由该邑典史往查，人众仍不敢顾问而返。然该处明知捕厅回署，必欲禀请县令再来查拿，以故亦早防备。洪大令于二十九日会同巡警果至，乃到埠时，见有笋担横停街上，其时有警兵喝令迁移，担主不允。讵该警兵即动手将伊迎头棒打，以是担主乘此逃上山顶，鸣锣纠众。未几竟聚至三千余人，将洪大令舆内拖出，声势汹汹，伤及额颊。随由从人等竭力劝解，洪大令得以回署。翌日，乡民三千人又复入城诘问勒捐情形，拥入衙署。洪大令以为愈避则民愈闹，爰即传齐班役，升坐大堂缉问。孰意讯未数语，该乡民即谓官不合理，将案桌倾翻，旋将大堂并警局分投拆毁。署内官眷哭声不息，局所书吏绅董莫不上瓦逃命，全体罢市。商会、劝学所当即电禀上宪。现由湖府李思澄太守会同湖防周统领抵武弹压后，暴势已解。尚有乡民千余人，分在西南两城。李太守即出示安抚民心，悬赏严缉首要，并查明警察局所失枪械器物，及巡董章家房屋被毁，所失银洋、衣饰、动用物件，估价三千余元，委典史分别前往履勘，开单详请核办。

至浙抚增中丞，据洪令面禀各情后，除檄饬候补知县杨德懋外，又委省防统领雷荣督率军队，驰往查办，一面谕饬武康县洪令回署，严缉首要惩办，以儆效尤。巡董章绅被乱民拔去，百般殴辱，幸由某绅乞情得以救出，惟受伤过重，恐难医治。李太守已责成该地绅董，送出为首要犯，送县收押，否则里邻同科治罪。警局与巡董被劫各物，由贩户追查给完，余少估价照赔，并令酌捐以充巡警之用。现在邀集各处绅士会议善后办法。城内勇丁既足，乡民逐渐逃逸。现由周统领拿获抢物者五人，交县先行收押。至上街徐隆茂京货店、南门外悦昌米栈，乱时略有损失，余则尚无大碍。所幸李思澄太守颇为武邑乡民信服，必能持平办理，克弭乱萌也。

《时报》宣统二年三月十日（1910年4月19日）

浙省仙居乱事近况详志

浙江台州府属仙居县朱溪地方，盐商苛勒，激成民变。兹悉该府旅杭六邑绅商学军各界，特开大会集议后，公举王应奎君为代表，另派朱君为调查，前日已将肇事情形联合合邑士绅，公禀抚宪查办。原文如下：

为小民无辜，贪官惨杀，乞恩严密派委查办，以警官邪而重民命事。窃敝邑朱溪地方闹盐一案，被已革知县江文光管带纵兵杀民，放火烧屋，某等假归，亲自闻见，深为惨酷。然以学生报代不便干预，地方有乡父老能为民请命，府县有贤官能为民昭雪也。乃迟之又久，不惟查办无闻，民冤莫雪，而褒功批奖已见诸沪杭报纸。可怜数千生灵，数千房屋，几渥恩露，各成村落，一然时尽为江革令杀焚邀功，升官发财，功罪颠倒，可痛可惨。查开正以来，省城并无各县士绅踪迹，仅一前保开复江文光及临海盐商黄蒸云之心腹盐贩王少南，密随台府来杭，被动捏禀，以惨杀为邀功，事在意中。惟碧血农民，冤沉莫雪，大失朝廷爱民如子之道。缘集同乡开会研究，佥谓此案种毒罪在盐商黄蒸云及子黄崇威，妄用私子，只知图利，不顾民艰；而杀人放火，罪在江革令文光急于邀功开复，肆无忌惮，并欲借此报答黄蒸云禀保开复之功。此盖互相依命、互相施毒而成去腊惨杀惨剧也。查江文光本充绿营哨书，驻敝邑时有与富户孀妇有染，借获重金，捐得知县，运动署事宁海，嗜烟纵赌，狎妓贪赃，种种劣迹，经合邑士绅揭发，蒙前宪奏参落职，不予严谴，宪恩何等宽厚？兹又运动台府，谋充管带，威权一假，其惨酷手段竟较宁海为尤甚，为盐商所嗾使，杀其民，火其屋，坵墟其村落，其罪岂容诛乎？某等为戚族鸣冤，为冤魂泣诉，不惮斧钺，剖胆直陈，谨将盐贾种毒及江革令妄杀无辜大略情形，禀乞大帅大人，电赐严密派委查办，恤醮类以重民命，惩贪官以雪冤魂，雨露所沾，存殁两感。谨禀。

《时报》宣统二年三月十一日（1910 年 4 月 20 日）

机户反对茧厂风潮（嘉兴）

秀、桐交界之濮院镇，向以育蚕织绸为大宗营业。去冬有绍籍职商金姓禀准劝业道，与本镇商会议定在北河头建造茧厂。各机户因鲜茧外运，丝绸必大为减色，群起反对。本月初三日，聚集千余人涌入商会，要求该厂停闭，其势汹汹。总理朱霁庭见无可理喻而避，现闻电禀抚宪请示办法。惟小民生计穷蹙，恐不免有暴动之患云。

《时报》宣统二年三月十一日（1910年4月20日）

上虞县民捣毁县署*

上虞县（浙江绍兴府属）乱民聚众捣毁县学堂及统计处、劝学所。（十七日巳刻绍兴专电）

上虞县署被毁，学堂亦被毁甚多。（十七日未刻杭州专电）

《时报》宣统二年三月十八日（1910年4月27日）

慈溪会党起事*

各报馆鉴：慈溪会棍聚众，昨日又焚毁小学两校，前后共毁八校。（十七日戌刻宁波专电）

《时报》宣统二年三月十八日（1910年4月27日）

慈溪乡民毁学详志

慈溪学校共有五处，此次被毁之校，名曰正始第二所，系光绪三十年邑绅冯、魏诸君所创办，借永明寺藏经阁为校舍，经营惨淡，已历七载，内容颇觉完全。慈溪旧俗，每年三月初至十五日止，各乡民分日分社入城迎赛东岳会，在永明寺山门内摆阵，斗殴之事，虽或不免，仇学举动，固未发现。去冬，县署各庄书为渔利计，声言明年学堂将会田充公，赶早推收过户，尚可为计，乡民仇学思想，至此深印脑筋。今春吴邑令一面出示禁止赛会，一面私购银牌，暗谕各庄书分谕各乡民，如若入城，仍有银牌奖赏，只须不到县署，为掩耳盗铃计，各乡民仇学之举，至此暴动矣。

二月下旬，即有毁学之谣，城中各校，本有戒心，然恐碍大局，皆照常上课。初三日，有余庆会入城，县署奖以银牌，欣然散去。初十下午一时，突有南太平会入城，至永明寺，即率众毁正始第二所校门而入，蜂拥至千余人，将教室要门反扣，以各教员行李堆集廊下，浇以火油，竟图将全校教员悉行烧毙。时堂长杨君欲启扣入教室，通知各教员，令其停课，奈人立如堵，不得上前，乃从前门混出，绕至北庙外，欲呼人逾墙入援。适室内各教员及学生见势不佳，均从窗口跃来，越短墙而逃。相见后，检点人数无缺，即令学生归家。时火光烛天，既成燎原，各水龙来救，均为乡民所阻，不得前进。迨县令至时，业已全校被毁，片瓦无遗，各乡民始扬长而去。自此连日捣毁龙西、沤浦、无择等校，烧毁鸡山、进修等校，四乡小学遭拆毁者既有十余处。城内人心汹汹，谣诼纷起，各学校严闭校门，至今未敢开课。并闻有十八日结大股入城，不拆尽各学堂不止之语。县令束手无策，若不从速设法解散，严惩刁风，窃恐气焰日张，愈难收拾，不知上峰何以善其后也。

《时报》宣统二年三月二十二日（1910年5月1日）

学堂勒捐被毁之原因（景宁）

处州府景宁县毁学一案，其大要早经喧纪各报。顷悉，因捐毁学，咎实起于办学者之苛逼所致。兹将袁提学札饬处州守原文节下：案据景宁贡生柳荫凤等公呈，查各属办学绅士，每有藉名学界，挟势横行，地方官以其事关公益，明知其办理不善，又不敢与士绅反对，破除情面，出而禁阻，以致乡民侧目仇视，反疑新政之苛。迨至激成暴动，该士绅动辄诬称为匪，要求地方官严办，此风殊堪痛恨。近来毁学之案层见叠出，肇衅之端大率由此，非责成地方官先时查核，于学务前途实生阻力。卷查该堂新造一年一览表，高等、初等两班学生，除张焕熙、陈明燃七人外，其余均系该族子弟，经费一项又载有盐铺派捐一条。是该县所禀该堂情形尚非尽属子虚，如非因该生筹捐激变，何以此次捣毁该堂并波及该生商店，所禀殊难尽信。惟官绅互禀，情词各异，虚实亟应彻查。为此札行该府，札到即于克日派员查明具复核办，毋稍延宕。切切。

《时报》宣统二年五月十八日（1910 年 6 月 24 日）

浙路风潮举动再志

甬郡绅学各界，因得总理不准干预路事之谕旨，莫不奔走呼号，谓完全商款商办之铁路，若不合力维持，大局垂危，何堪设想，故拟定八月初三日，假郡庙特开大会，曾志前报。既经传单通告之后，虽劳动界人群起惊骇，言我等售股之心血钱将无着矣。近日阔谈高论，纷纷扰扰，比比皆是。有向集股处索还股本者，亦属不少。经府教育会、商会、自治会各会员先于初一日在府会开职员会议，预备大会事宜，并筹对付索款之善后，以定人心而安大局云。

《时报》宣统二年八月一日（1910 年 9 月 4 日）

胥吏抑勒铜元

启者：敝邑镇海征收钱粮向由胥吏舞弊，银元每枚换钱一千，早经谘议局议定，由抚宪通饬。而镇海至今仍折九百数十文。秋米折色，左文襄抚浙时，定每升四十二文，而镇海历收五六十文、七八十文不等。胥差下乡，仅向殷实诸家收取，其贫寒之户，屡多漏收，盖利其过期改写易谷，可以加倍取偿也。此外复有坏户役费等，则概向殷实之户摊派。诸种弊端，难以缕述。县官明知之而不能禁，甚者且与为一气而串分其肥，以是胥吏愈无所忌惮，而民命乃实不堪矣。春间绅耆陈香池等百余人叠禀省宪，经批饬查禁革。邑尊孙大令接批后，即遣其侄与陈香池等磋商，允为出示禁革，乃时阅半年，叠进数禀，而卒未见出一示，革一费，延宕至今，竟置之于不论不议之列。其为袒庇胥吏乎？抑或与为一气乎？是所不得而知，无从而诘者也。因思贵报素无隐讳，敢乞照登，俾有禁革之权者，见而实行，是亦贵报为民请命之意也。幸甚！幸甚！

《时报》宣统二年八月二十七日（1910年9月30日）

聚众抗租之风潮（石门）

嘉属石门县西南各乡民，因田主以本年收成较优，增加租米，致各乡民群起反对，聚集数千人，相约抗租。二十日左右，齐赴县中求官核减，其势汹汹。盛大令恐有闹漕情事，特派专丁到府辕禀报，请兵弹压。杨太守当即移商嘉防沈督带，派拨师船前往云。

《时报》宣统二年十二月二十六日（1911年1月26日）

宁波僧众与自治冲突

甬郡大小寺院不下数十座，近年间改为学堂者甚多。去冬万寿寺假为自治公所，当该住持与僧教育会迭次议拒未果。因之各乡此次举办自治，亦相继效尤，至驱逐住僧、谋取寺产事所不免。僧众异常恐慌，屡至僧教育会协议保存对付之策。经昨前上午，聚集二三百人，蜂拥至道府，跪香要求。适甬道晋省未回，当由邓太守出署慰谕，僧众始退。遂至万寿寺内，不知与自治公所职员何以又启冲突，人众口杂，声势汹汹，并将公所之什物捣毁一空，欲焚毁自治名册，举动甚为野蛮。当经鄞县郑大令闻警驰往排解而散。今日，城自治员爰集各绅会议办法，谅于僧界大有一番冲突也。

《时报》宣统三年二月八日（1911 年 3 月 8 日）

宁波僧众与自治冲突（三志）

僧众与城自治公所冲突后，闻城议事会各议员以借用万寿寺系前由僧会与筹办自治公所双方合意允借，各禀县有案，今僧众无理取闹，捣毁议事会公物、册籍，拟开单向僧会赔偿损害。又闻杨管带万泰初六日奉委到万寿寺，初意拟示威解散僧众，不知僧众上午已由郡城各大寺主持出而劝散，寺中只留游方僧十余人，卒致所带防勇群起报复，殴伤僧人。杨管带深自抱憾，次日特至僧会道歉，并出医药费二十元给受伤僧人。僧会以前夜僧众殴伤防勇，亦未给医药费，当将票银送还，彼此均得和平解释，颇称幸事。防勇及僧受伤，均非在要害处，可无性命之忧。

又闻僧众外面谣传，有定初十日尚有普陀、天台等处多数僧人进城到万寿寺之说。日昨郑绛生大令诚恐别酿事端，特到白衣寺僧会事务所，妥商设法通告，以免误会。昨日已由僧会发贴广告多纸，晓谕僧众。其广告原稿如下：各乡被占寺庵已经府县宪允准次第复原，各寺庵僧众各安常住，静候官长妥善办理，毋得任意集众入万寿寺，切切等语。又西城乡本拟借望春桥法华庵为自治公所，此次万寿寺风潮后，已由郑绛生大令照会该乡各议员，宜妥择别处，勿率尔搬入，免召恶感云云。

敬安和尚已于初六日抵省，遂在省垣僧教育总会事务所邀集议绅特开临时大会。绅会长沈钧儒兼自治筹办处坐办，对于两方面力任维持，即嘱敬安赶紧□〔赴〕甬（闻于初七日起身），戒众切勿暴动，并将此次肇事情形切实申报云。

城自治议事会将捣毁情形详呈监督批云：查城区自治公所借用万寿寺一部分，经与僧会商允，两无异词。乃因西乡法华庵有迁移佛像情事，其塘界乡之太平庵、首南乡之慧灯寺亦未经商允相继举办，以致寺僧聚集来郡，波及城区自治公所，遂演成初四日之恶剧。现在僧众业经府县出示解散，并令僧会约束僧众，各归各寺，勿得再行聚集，有碍治安。所中损失物件，已函致僧会交出滋事僧徒，严行惩办，一面仍将先借之万寿寺让出，以便择日迁入，平复旧观。本县身任监督，事前筹画【欠】妥善，深自负歉，望议员诸君顾全大局，力守和平，与监督共商善后事宜，则大局幸甚！自治幸甚！仍候抚宪批示。此批。

《时报》宣统三年二月十二日（1911年3月12日）

罢市小风潮（嘉兴）

嘉郡南门外丝行街，道路逼窄，往来殊行拥塞。十七日上午八句钟，有小贩沿街摆炭篓求售，岗巡□其迁进，该小贩不遵约束，反肆恶语。巡士将炭篓掷于街衢，并追小贩至附近店中。一时市民大哗，佥谓负贩系求售糊口，并非犯法，何如此欺凌？互相口角，遂各店相率一律罢市。地保见已肇事，飞报县局。秀县秦大令、总局一等巡长均于下午前往劝导开市，允将该巡士斥革，始各照常贸易云。

《时报》宣统三年二月二十日（1911年3月20日）

浙军通告书

苦哉浙军，就兵丁一方面言，军装褴褛，形同乞丐，瘟疫业兴，死亡相继。就将校一方言，罚跪、受骂，降为仆隶；应酬、敷衍，消减精神。全军之廉耻扫地，官兵如水火相克，此之已甚，而尚不足以尽浙军。凡相继而起者，殆无一而非浙军前途之惨状焉。是则谁实为之，浙人皆曰协统杨善德。杨之罪固更仆而难终，兹姑略举一二暴之国中，以告夫有管理军政之责者。

一、植党营私，败坏军纪。浙军编练之初尚浑朴风，无欺无诈，勤于训练，不失新军气象也。及杨善德到浙，首先设立混成协本部，位置戚党（时仅部队四营，阅两年，乃编成步队两标暨炮工各二队、马一队，其间先设混成协名目，消耗公款实不赀），并布置及各标营队，军纪为之一坏。以杨所植私人，皆只解狐假虎威，为杨网利者也。如前混成协正军需官杨之中表郭成勋、八十一标军需官杨之妻弟唐培钧，是其私人中之最著者，为杨通纳贿赂之总机关。查现任八十二标统带萧星垣，前充管带，营务极废弛，且三十四年十二月间，由郭成勋手献千金为杨寿，杨遂去蒋而升萧。又前管带淳于玉龙在南北洋时，均以各饷撤差，三十四年到浙，由唐培钧手纳五百金，拜杨为师，并令其妻拜杨妻为干娘。杨遂保充教练官，宣统元年，复力保任管带。去岁添练新军，凡由排长升拔队官而出淳于玉龙手者，群谓纳贿有差。今年，淳于因案经增抚撤差，时以平素挥霍无度，不能交卸，曾由杨妻出私蓄金二百假之，其关系密切有如此者。复以成镇在即，用人甚多，可大开贿赂门，故仍留该已撤管带以为过手。其余如丁兵管带田继成、炮兵管带王锐，在北洋时毫无名誉，杨以其私人也，调之来浙，寄以重任，为杨办理军装，侵蚀马乾，饱杨私囊。再如八十二标书记唐鳞，为杨妻兄弟，八十一标二营队官学兵黄凤来，为杨妾兄弟，炮队查马长、李远志为杨义子，不可胜数也。近届成镇，杨更施其狡狯手段，将所有混成协部私人悉数位置于镇部，图广其权术而普于全镇。此其植党营私之罪一。

二、侵蚀饷需，刻公肥己。杨善德于军装一项，藉节省名义，包揽承办，而假手郭成勋从中渔利。其法于采办时，始则以严词令商人呈样，开价订约；继则暗令私人授意商人，将原样减次几等；终则待商人交货点验时，责以与原样不符，减其价。商人以未亏本也，听之。该协统乃持原价单报销，而减扣入私囊矣。似此穷极巧妙之舞弊新法，非天夺其魄，经该党中人呓语吐露，外人诚不易得其覆也。其刻蚀之确证，如三十四年冬，军中购办棉衣，商人受郭成勋约，将布料减次，又参以黄水絮，兵服之不暖而絮复团团脱落，众异之，有拆而视者，强半非棉，全军大哄。杨不得已，仍私嘱郭出其所肥，给每兵洋一角，言罚自商人，以掩饰劝慰了事，此其一。新军饷章并无存饷一月之例，杨特创之。旋以种种恶法，逼兵逃而入存饷于已。查每年逃兵千余人，其存饷肥没数约在七八千金。再截旷一项，近因大部清查，该协统无法，乃吐出一二，然不实不尽也。凡兵之伙食，由上月发饷时扣存，逃一兵，即有一兵之存。伙食各营皆由簿据呈缴协署，该协统亦一律肥已，此其二。三十三年冬，嘉湖匪乱，新军出防，领有津贴费，该协统全数入已，此其三。储藏帽盒，系洋铁皮所制，每只只值二角，该协统却报销二元，此其四。兵丁操鞋，该协统例定年给单薄皮底布靴一双、布鞋四双。兵丁已苦易破，每自添制，其无钱添制者，则破褴外出。该协统毫不注意军容，又使军需官故为克扣，竟将例定之数亦不按期给发，此其五。诸如此类，不胜枚举。只观郭成勋以一军需而每季得汇四千金于家，则杨善德之所侵刻可知矣。此其蚀公肥已之罪二。

三、纵庇骄横，养疽贻害。杨善德之治军也，无法律，无人理，凡其所私及其所善，均袒庇之不遗余力；非其所善，则禁毒之不留余地。或祖或毒，一以私意出之，无问曲直。而于兵也，则又主放纵主义，冀结兵心，于以贻害无穷矣。兹特略举近事以证之。如步队排长陈凤标，因兵哄饷，处置稍严，经该协统撤差，又罚重看管，而为首之兵无事也。炮队管带赵振清、队官刘耀林，因兵丁哄闹饷帐不清而撤差，而为首之兵仍无事也。兵丁骄纵之风长，于是星期出而看戏，则兵民交哄，复与卫队斗殴；二营移防，则与巡警哄斗，此纵兵也。前管带淳于玉龙试驭新马，御以旧朽皮缰，以致缰□马逸，踏毙行人。该协统为报马惊火车逃逸，以脱其罪。五月间，该管带所雇佣之司书生擅管带威，凌虐司务长周泉林，周泉林甚衔恨之。淳于知而不理，后队司务长刀刺司书生伤，几死，又任该行凶之司务长潜逃。夫事至官长行凶，该管带管理不善罪已不道，该协统竟复极力包庇得无罪，以致军中诸事受其影响。此庇官也，庇其所私也。若非其所善或其所忌，有事则撤差，或重罚，无事亦寻端毒骂，对兵罚跪，故夺其威严使不能御兵。种种恶风输入兵脑，在前岁已有第一标兵丁用实弹击官长之事，嗣后正不知演成何剧耳。此其骄纵贻害之罪三。

四、营务废弛，贻误大局。杨善德到浙以来，日任性骄横，营私罔利，以致营务废弛，无复余地。查该协统向亲信私人，并亲近之弁护目兵部下官长，故群希意旨，不理营务，惟蝇营狗苟酬应若辈，敷衍若辈，以为升进掩饰之资。该协统明知故纵，必得若辈一言为重，故各营队教育并无秩序，内务紊若乱丝，兵丁之在外嫖赌者，只要无大乱子，一概不问。而执事官于元熙且白昼入人闺榻，书记官吕本端则昏夜酗酒斗殴，司令部呼么喝六，通宵达旦，是为常事。各标营长官，日不到营理事亦属惯见。兵丁军容不整，官长服装如便。就其不经意时观察之，实已全失军人价值。而其最足令人悲观者，则为三十四年新入伍之征兵，于八月开征，十月入营，至十二月尚不给发棉衣，寒苦难挨，致群向征兵委员为难。嗣后为宣统元年新入伍之征兵，其分入八十二标者，因新造房舍为该协统所误，未能如期告竣（查承造时，该协统未分肥，因衔之，暗令标营所派监工委员姑任工头偷减材料，至大半落成，忽令拆换。该工头以赔累过巨而逃，工程遂搁起，致新兵无处住宿，分寄各处低小洼下之营房及未结构无门壁之新房。预备半载，尚无兵床，使各兵均席地卧，又不为备稻草，实为今秋大发瘟疫之因。计八九两月，该标竟死至五六十人，而该标统营官等尚若漠不相关，并不筹画善后。该协统目以新镇统吕军门爱惜兵士，看慰病兵为非，不亦怪乎。此其废弛营务之罪四。

五、妬材忌能，党同伐异。自募兵改为征兵，兵皆土著，按人地之宜，应以本籍学生充官长，何则？性情相近，言语相同，训教易而效用倍，如中兴时之湘淮军可为明证。查浙军于光绪三十三年就防营改编第一标，标统系李益智，同时设第二标，标统系蒋尊簋。蒋固浙生，其部下均用浙武备生。李虽以凶暴著名，当新旧过渡时代，亦尚知参用浙生，故浙人士于其用人无甚訾议。迨是冬，杨善德随冯抚至浙，委为混成协协统兼带第一标，时自念在北洋之声名恶劣，学术毫无，又见第一标进步远逊于二标，妬才之心随起，而决谋去蒋矣。后更见浙人士好为平议，以盾其后，羞极而怒诉之冯抚，谓浙人体弱而性嚣，不可用也。浙人因深恶之。数年来浙武备生求差极难，且苦舆论为呼不平焉。再杨当日并欲破坏浙江征兵大局，改招淮勇，结怨兵心，幸报章反对而中止。其负浙军也，率类此。增抚到浙，以杨为北洋旧军官，仍倚任之，然心颇恶其排挤浙人，时以浙军须用浙人语之。杨不得已，亦间利用浙之无赖学生而保举之，而浙生不可用之语依然不绝于口也。稍有才学而热心于浙者，百计逐之，以遂其私。此其妬才伐异之罪五。

六、欺诈蒙蔽，恃才济恶。杨善德对于军中各罪既如上所述，而其对于上峰，更专以欺诈蒙蔽自炫其能。同僚辈见其性情凶横，口舌锋利，惮之无肯发其隐。杨因得肆其欺诈手段，蒙蔽抚台，并以蒙蔽大部。如前次派员赴部呈送教育计划实施等表，均系临时撰拟，表面虽可观，内容不符也。此次所保升标统之管带马志勋，无学问，无见识，向为同学所轻，检阅考试又屡列下等，记过有案，且一月前其所部兵方与巡警滋闹，管理无法，盖可知矣。即如此次赴绍征兵，日事嫖赌，各报均有揭载，而杨善德以受贿而力保之。八十二标标统萧星垣，营务废弛，卑鄙钻营，军界中人向耻贱之，而杨且保其升协统。颠倒是非，竟以一手掩尽天下目。此其欺诈蒙蔽之罪六。

呜呼，浙军休矣。长官淫于贿赂，将校惫于夤缘，兵丁习于嬉游，失其教育前途，不堪问矣。举数百万之库帑付浙水以东流矣。此数千名之子弟，吾不知其死所矣。凡吾国人，当共为国家财赋惜，凡吾浙人，当共为故乡子弟哭。

《时报》宣统三年二月二十五、二十六日（1911 年 3 月 25、26 日）

栖凰自治会被打之一班（嘉兴）

嘉兴栖区自治会设在其本区之金章庙，于前月十二日开春季大会。议员到会者为宋景韩、褚竹亭、金乙然、赵星章、王侃如、冯桐华、俞明礼诸君。议决禁除花鼓（即弹唱之淫词）、影戏（俗名羊皮戏）、迎灯（演于深夜）、赛会等四则。惟赛会一项，王侃如君以为不能骤禁，而乡间牢不可破之迷信风气一时断难开通，况各处均未实行，今吾区骤然禁止，恐履川沙之辙矣。诸君非其说，遂出令禁止。无如金区人众果然非但不从，且大动公愤，于本月十八日竟擅将金章庙之杨爷出庙迎赛全区，二十四日进庙。其时叙集乡人一二千，将自治会器具尽行打毁，且欲找觅宋景韩、张丽卿二人再打，以吐平日之怒气（盖宋、张二人平时在乡间专以强硬手段欺诈良民）。以后之事并二人之劣迹容查明续志。

《时报》宣统三年三月二十七日（1911年4月25日）

嘉兴西塘闹学之大风潮

嘉兴府杨太守昨日（即三十日）由嘉善县袁大令来辕面禀紧要公事，缘县属西塘镇每届三月底迎赛神偶，本年为自治公所呈请官厅禁止。愚民积不能平，于二十九夜，乘黑暗结队数千人，将该镇平川学堂一律拆毁，并毁及自治公所，各职员黑夜潜逃，生命几难幸保。现尚风潮激烈，声势汹汹。杨太守得禀后，即率同袁大令亲往弹压解散，一面饬派秀水县秦大令会同嘉防水师前往镇慑云。

《时报》宣统三年四月二日（1911年4月30日）

嘉善县西塘区闹学之大风潮

嘉善县西塘区上月杪，因禁止迎会，酿成毁学、毁自治所之大风潮。本县袁大令闻警，不敢亲往解散，特于三十日来郡求援于府宪。杨太守委秀县秦大令，协同嘉防督带吴副戎统率师船前往。秦令喉痛求改委，太守委嘉县张令，亦托以事故不往。不得已，秦大令勉为其难，即于是日偕吴督带坐威靖兵轮出发，杨太守亲率辕下护兵，与袁大令径乘车赴嘉善县驻节策应。该县亦谣言四起，草木皆兵。初二日午刻，吴督带与秦大令先回郡治，并押解肇祸之三人在大营前暂羁。该处风潮已平，校舍、公所并未全毁。但最奇者，此次风潮最猛时，竟有年未满二十岁者三四百人为前锋，故被擒三人均年在十五六岁左右，铁索琅然，嬉笑自若。惟嘉善县城内外例于四月四日、八日、初十日俱有赛会，本年亦在禁例。凡中下等商业，拟停止贸易，以图抵抗。恐风潮之来，尚有防不胜防之患也。

《时报》宣统三年四月四日（1911 年 5 月 2 日）

杭州米贵肇祸记

肇祸之原因　浙省民食恐慌现状喧腾报纸，由来已非一日。乃自月朔以来，市价更日涨，一日至初八日起，米价已售至六元四角，核诸钱市，每升已需钱九十文左右。兼之原有善举已划归自治会经办，其本月份之孤贫粮等一律停发，以致贫者愈贫，无以为生。初八日夜间，突有劳动界酿成变故，节记如下：

闻肇祸之先一日，凡下城一带贫民均向两省县署跪求代禀抚台，要求减平米价。该县原允次日午后一点出示，及至期失信，故人心益愤，遂演此举。

机工之主动　是役也，下城机业中人居多，联合贫民数百人，由东街直上，自普安街以至石牌楼，由石牌楼直上荐桥、曲荐桥，直上洋坝头、清河坊大街，所经米铺不下数十余家，悉被捣毁。各处均手执火把照耀如昼，巡警不敢过问，以致各米铺均受异常之扰。惟此辈宗旨，专与米商为难，而银钱什物并无抢劫之举。

巡警之激变　当大方伯米铺被毁时，有二局巡警拘获贫民数人，押送地方审判厅，而众情益愤，遂哄至审判厅。该厅司法巡警不以好言调和，反用指挥刀乱飞，于是各贫户将审判厅门牌、门灯、栅栏以及刑庭、民庭案桌动用物件极意捣毁一空。其时人数已聚至千人，声势汹汹，莫可理喻。全厅法官大半逃匿。闻有张厅长者（元和人）避匿灶下，事平始敢出现，亦奇闻也。

官场之狼狈　洋坝头米铺被扰时，杨味春警道策马而来，正想喝拿之际，口未张，遽有一人手擎白米一筐向警道面上一扑，势如麻姑撒米之态。杨道猝不及防，眼镜滑落，几乎堕马，警卫已星散。杨道见势不佳，掉马而奔，竟有人将杨之大帽打下者。观者无不拍手称快云。

沈思齐者，仁和县尊也。在金洞桥弹压时，众以其父母官，前日失信于民，遂将轿子打碎，围住讨米。沈大窘，百计答应，面如死灰，适该处乃许绅门口，沈遂乘间逃进，暂借一席，以避其祸。

增中丞闻警后，立传兵备处袁参议挈带宪兵数十人，持刀在大街到处威吓，拿获平民一人，中途被沿街店铺伙友夺去。袁遂无计可施，甚形狼狈。以此一案拿不到人，其无能力可见矣。

请官定死罪　上城第一巡警局立派岗警擎枪植立市上，以示威严，此不足奇也。最奇者，姚园寺巷第三警区巡士竟有开枪之事，故刻下各业户麇聚该局门口，要求巡官明定死罪，方肯罢休。

米商之情状　自七钟至十二钟，风潮未息，市上居民铺户一齐闭门，以防不测。其实此变迫于米贵所致，倘官吏苟有人心，早为之计，亦何至有此巨案也。

现受损各米铺纷纷禀报地方官踏勘。又闻官厅已拿获肇事之首要数人，拟禀明中丞重办。似此专制手段，恐后患尚不至此也。

《时报》宣统三年四月十日（1911年5月8日）

杭州米贵肇祸再记

初八晚，浙省贫民捣毁米店一节已志本报。顷悉是晚亥刻，巡警二局因贫民啸聚不散，有某巡弁扯谎云拘留人犯均在审判厅，以为遣散之计。大众信以为真，复拥至三元坊杭州府地方审判厅，不问情由，入内索人。司法巡警出言不逊，即撄众怒，当将该厅捣毁一空，所有门前揭示牌并龙旗、警灯、传事房、收状处、司法巡官室尽行拆毁。继复拥至上城，向清河坊大街米店。某经手给发英洋四元，悉数购买火把。其时抚院卫队及宪兵等均忽隐忽现，所搜罗者类系旁观。警署复电禀抚院，告以危象，节署当即传电螺蛳山陆军辎重队。然城内仅仅二营，实数只有二队，尽行荷枪出队。至抚院增中丞命传宣官给发大令一枝，并饬役肩荷高脚灯牌，上书朱字“格杀勿论”字样，各处巡警纷纷开枪弹压。两首县无法可施，只得随众而行。破晓始获五十七人。计在大街一带获到者十余人，各局区获到者三十余人，共计一百九人，一并送交督练处暂押。警道拟请抚院即以军令从事，增中丞与英太守坚说不可。今晨总商会集议，官绅公决交审判厅讯办。刻该厅双扉紧闭，各米店亦未开市。闻四丰泰米店因被焚时有伙友二人投井，今未捞起，但见井边遗鞋一双，地上血漠斑斑。如何布置，容访续闻。

又闻是夜菜市桥亨泰号、六克巷银康号、联桥增裕号和合桥四丰泰号，接联毁打数次，抢米数十担。贫民愈聚愈多，声势汹汹，居民急皆闭户不出。此时最为恐慌，时已十句钟矣。

《时报》宣统三年四月十一日（1911年5月9日）

杭州米贵肇祸三志
生计问题一步紧一步

近来米业藉口来货价涨，将起米价贵至六元四角，合钱数每升须九十一二文，以致穷民怨言载道，酿成初八日群打米店之风潮，一切情形详志昨报。现再综志于下：

初八夜之举人多嘴杂，旁观者蜂拥毕集，忽东忽西，尾随其后，途为之塞，然并不抢取一物。至十一句钟，打官巷口源大等数家时已有左近贫小之人乘机搬取食米者，米店损失却亦不少。

当时谣传攻入某米店，有二人被该店栈司推入井中，并被巡警拿去二人。以误传误，众情愈愤，奔赴各局区讨人，致将五福楼、忠清巷、万安桥、高□巷分局派出所及地方审判厅等处捣毁。遇巡防队阻止不果，朝天放空枪，冀以吓退。众穷民大声疾呼曰："打！打！"巡防猝不及防，纷纷倒退，旁观者亦拼命逃避。一时人山人海，拥挤倾跌，有皮破者，有出血者，有头颅受伤者，有脚腿跌坏者。巡防并遗失枪械两支，不知被何弃诸水漾桥河中。尤可笑者，当巡防队惊皇失措时，喧传："胡大人不见矣。""胡大人不见矣。"东寻西觅，纷扰异常，想所谓胡大人者，必系巡防管带也。

是夜，巡防队及巡士受窘者亦颇不少。二句钟时候，遍街不见巡士一人，即有一二，亦将军服脱去，东张西望，几如丧家之犬。有头戴红边帽、手提指挥刀向人丛中乱舞之人，查系陆军警察。噫！陆军之不法者多多矣，而不料陆军警察之不法更有甚焉。

当初九日风潮最烈之时，增中丞直以乱民视穷民，竟下格杀勿论之谕，幸而巡警道及府县出示已迟，否则去岁湖南之祸将再见于今日之浙江也。

真正打米店之人，其来也以举手为号，其去也以吹叫子为号，始终实未抢一物，惟人心不同各如其面。贪图小利之穷民，俟若辈去后，确有乘机搬取情弊，以故昨日米董同商会报告谓，某某家被抢若干，某某家被抢若干。甚而有谓被抢者至一千余担者。过甚之词，亦未必尽足为据。总之，打者不抢，抢者不打也。抢者有时打，打者无时抢也。试思真打米店者，均由下而上，若如告示中将打抢二字混合，若辈必先带有无数之挑夫为之搬运而后可，否则安有背甲米而再打乙店之理。

自初八下午以至昨日，先后被官厅拿去八九十人，其中约分三类：夜间十二点以前所拿者，全系闲人；十二点以后在下城所拿者类多贪小抢米之人；至昨日清晨有屋小不能藏米，被人看见而被拿者。以故增抚有按户搜查之说。此说若实行，其滋扰有不堪设想者。

杭州商务总会于昨日午前开会，众米店之东家经手大都均到，力请转求官厅将所拿之人以军法从事，藉快若辈之心。总协理难之。是日官场到者，劝业道董、杭府英、钱塘县高三员。其议事录如下：总协理报告昨日打毁各米铺情形，实属不成事体，应请官厅维持办法。杭府英太守云，昨夜打毁各米铺，一时官厅保护不力，深为抱歉，已禀明抚宪请示办法。米董韩锦畇云，昨夜打毁各米铺，被抢劫米石损失甚多，应请官厅踏勘。英太守云，店铺被毁，照律本应踏勘，无如米铺繁多，且现在新律归地方检察厅办理。又云，米价腾贵，不独浙省为然，但现在迭次加价，应有理由。米董李培甫等云，米价之贵，因来源腾贵，敝业中现时定价成本尚或不敷，今遭此巨劫，惟有恳请官长亲临踏勘，追偿损失。董观察云，今日巡警道已将昨夜所拿之人移送地方审判厅，所言踏勘追偿及惩治滋事之人，均系审判厅权限，照章不能干涉。现在只有由各米铺开明损失清单，交由地方官转呈警道，一并移送审判厅办理。又由众官厅面谕米业，必须糙米减价，好米任凭抬高。各米商言，米业将糙米减价，惟必须官厅同时办理平粜，以保商业而安穷黎。邵绅伯炯云，现在官厅所言糙米减价一节，米商应照办理。至于拿获匪徒，官厅一方面应尽法惩治。总协理云，现在应议办法，第一，由被毁各米铺开具失单，呈由府县转呈警道，移地方审判检察厅分投踏勘；第二，请速追查损失；第三，拿获之人，会中及米业诸人不得要求如何惩治，稍有干涉一词，此系遵照司法独立办理；第四，请地方官出示晓谕，内载明办平粜、截漕等字样，并谓如再打抢米店，格杀勿论云云。会议良久遂散。

昨日官绅在商会会议，莫不曰所打之店应归地方检查厅验勘，所拿之人应归地方审判厅讯问。乃该两厅自初八夜冤被捣毁后，昨日将大门紧闭，门外被毁之物置之不问，岂待检查之检查，审判之审判欤，一切人等概暂从保康巷底后门出入。有谑者曰，该厅已开后门云。

初八夜，巡士之吃亏者颇多，昨日已一律罢岗。其暂时躲避耶，抑有心要挟耶，局外人不得而知之。

昨日清晨，板儿巷地方大有亨米店来一小孩，购米三升，多收四十余文。小孩持米归，其母核算不符，疑其在路消耗，切责之。小孩即指母至该店诘问，店伙自知浮收，照数找完，老妪不无责备。该伙不自引咎，反大声恫吓，群抱不平。有某君恐其肇事，上前劝散。该店伙反以此君多事，群向辱骂，旁观复哗。然幸此君以该店伙无可理喻，随众散去，否则又酿巨祸矣。

《时报》宣统三年四月十二日（1911 年 5 月 10 日）

杭垣贫民闹米风潮始末记

省垣贫民因米贵激变，酿成暴动情形，业经数志本报。兹悉地方审判厅自拘获百零九人后，讯系大半被诬，除将六十余人交保释放后，尚有四十余人羁禁在所内，有十人业经钉镣收禁。此乃司法权限，行政官本不得干预，不意巡警道杨士燮自初八夜被贫民打落帽子，愤无可泄，迭次上院，一日数见，坚请将为首之施阿荣正法，酒醉大骂百姓为匪棍。增抚答以杀则反动愈烈，万不可行，杨竟冲突顶撞，幸袁参议排解，始已回署。后以电话告审判厅，仍云非杀不可，其不明界限有如此者，亦足以见其威矣。

增中丞自闻广东孚琦被刺后，早有风鹤之惊，及省城民变后，其胆愈小。初九日起，加派禁卫，满布署中，大堂宅门夜间悬挂汽油灯（千枝烛光），照如白昼，意若为宵小棍徒无可遁迹，卫队防营荷枪排列，出入人等非悬徽章不可。刀枪剑戟，一片杀气。甚至昨日赴常雩坛祭祀，亦复洋枪鼓乐队围绕肩舆，军乐呜呜，鼓声咚咚，垂帘默坐，大有魂胆逍遥之态。查祭祀日期，向例禁止作乐，而增抚以胆小之故，亦竟公然违犯。现闻闹米案已电达军机呈请代奏，无非说百姓犯法而已，甚且将侦探队移近抚辕，十二日始改驻镇东楼，以防不测云。

自杨道主张严办贫民之说起，一般小民贼纷纷迎合上意，佥云非办不可。各巡官如陈履谦（前仁和警务长）、钱青（侦探科员）、汪某、沈某等科员均系因妄拿平民而受伤者，怂恿尤甚，以为泄愤地步，甚至两县亦为之所动。幸杭府英守力争不可。董元亮之告示竟指民为棍，而巡警道之告示更指民为匪，拟请增抚俟事平后，照广东一案，开保奖励，并无筹备民食之政见，真可谓全无心肝者。我浙何不幸，有此一班民贼也耶。

省城三仓积谷约有数十万石，本为备荒起见，乃自朱、邵二绅接管后，朋串劣绅，种种舞弊，将积谷私通米商，买进卖出，已属与存数不符，从中侵私，凿凿有据，且有缺少米石之说。闻系各劣绅私卖入己，诡云鼠窃虫伤，一年销耗不下数百石。此次事前绝不顾念民食，自谘议局提出赶办平粜之议案，该绅始筹平粜。近日已在布置设局等等事宜，又可浮冒开支矣。呜呼！浙何不幸而有此劣绅。

八十二标新军入城防御后大街一带，终日往来，或调笑妇女，或购物赊欠，稍不合意，辄起冲突，以致人心惶惶，不患饿死之暴动，而防军民之变患。各衙门加派岗警护勇昼夜防范，动辄提刀舞棍，以示威严。昨日去暴动之日已过两夜，天暮时有人负米过路，必受巡警之盘问，诘以何处购米，肩往何处，抑若疑其抢米者。市人皆受其累，无怪官吏眼中尽或匪棍矣。

初八之役，暴动者实不过百余人，而观者众多，游手好闲乘机称快者在所不免，此普通之心理，不能尽咎之于民。然被拘者至如许之多，其间安有不受屈者？虽释放六十余人，而在拘留所饥押三日三夜，无不形容憔悴，冤莫白，呼吁无门。有面目狰狞者，均指为不法棍徒，不容剖辩。米店停止之日，有贫户持钱无处购米者，咸以面饼充饥，甚有以菜根代饭者。呜呼贫民！浙江并无奇灾，何至受如此之苦。若责之官绅不顾民食，则又奚辞。现增抚已电奏截留漕米五万石，接济杭嘉湖三府，亦属杯水车薪，无补于事者也。

此次贫民暴动时，上下城米铺受损者固属不少，而贫民之伤命者亦复殊多。闻此役警官伤五人，侦探巡警伤十余人，贫民死六七人，有二人查无下落，或谓四丰泰米店杀死，藏尸灭迹者。种种谣言，此尚无据。惟四丰泰米店井内确有一人死于米袋中，倒置井底，头部受石，伤数处，系乱中谋毙者（前报所纪死者米店中人，实系误传）。现在各铺米夫均在，独四丰泰之米夫全行逃匿。刻官厅已检验明白，该米铺倒填帐簿，硬说是日被抢米石二千余担，其实毫无所损，要求官厅赔偿，竟藉此以图诈。说者谓，该铺因谋害人命罪状过大，将以此抵制焉。

此次暴动，本发生于机业。艮山门一带，为机业荟萃之区，合纱罗绸缎各机户共有十万人左右。刻已布发传单谓，如果审判厅将未保释之良民杀办一个，必合全体拼命以劫，横竖官已目民将为匪，民亦乐匪以苦官，其后患正未可已。而审判厅处司法独立之地位，乃竟受杨道之请，已属溺职，尤敢罗织良民，禁而不放，暗无天日，莫此为甚。日前被拘之人身上如有洋银，定指为抢劫而来，尤为荒谬已极。易解决之事，而故意小题大做，邀功取媚，势必良民死尽，方肯罢休。噫！此岂立宪时代所当为耶。

《时报》宣统三年四月十四日（1911年5月12日）

石门石湾警局先后被毁大风潮

嘉兴府石门县石湾镇巡警分局，十一夜巡士拘押闹事醉人入局。该醉人系油车工役，出言挺撞，区官余某大怒，饬巡士重责数百下，致皮破血流，伤势颇重。且平日罚款过多，一时商民群抱不平，地痞附和，竟哄涌入局，放火焚烧，区官衣服、行李、指挥刀尽付一炬，并波及自治公所。余区官见机早避，未及于难，致酿绝大巨案，府宪杨太守立委嘉兴戚警务长前往确查。如一波未平，一波又起。石门县城警务公所因商民拘解闹事兵勇至局，被警局无端释放，一时激动众怒，于十三夜当时打毁殆尽，并纵火焚烧，风潮剧烈异常。十四日，县令派专丁来嘉兴府辕告警，杨太守移知嘉防，吴督带派拨师船迅往弹压。其详情容续访再报。

《时报》宣统三年四月十七日（1911年5月15日）

浙江闹米风潮续闻

闹米一役，被拘未放者共计十五人。有叶德生等联名保释施阿荣，经审判厅批斥不准等情。批词极长，原文如下：此次初八日贫民纠众捣毁米店共计四十余家，损失颇巨。夜间尤敢聚众闯入本厅衙门，打坏头门内办公各处，并殴伤司法警察，声势汹汹，不服开导，殊属蛮横已极。查聚众滋事一案，虽麇集至千百余人，其中倡首者固无多人，余者不过随声附和而已。而附和愈众，即其势愈盛，即使当场立视，真非有意滋扰，而多立一人，即多增一人之势。设使当时并非有心抢米者，果皆能安分在家，不敢乘兴往视，则抢米之人必少，其势必孤，决不致捣毁米店有若许之多。是虽无抢米之心，而身入抢米之场，亦属咎由自取。旋经督练公所等处派兵分投拿获一百零五名解送前来。本厅体恤贫民，格外矜慎，业已先后陆续开释计九十三名，不可谓非视民如子，又不能不执法如山。如果讯有为首之犯，证据确凿，自应按法惩治，以昭炯戒。孰宜开释，孰宜惩治，本厅详细调查，无不权衡至当，谅为各界人民所共谅。若徒凭联名具保，遽尔可邀宽典，恐稍有声势者，虽身为重犯，亦将概行保释；而贫苦无依者，即在旁误获，亦将久羁囹圄，讵为情理之平。查施阿荣系由侦探队当场拿获，确有嫌疑，应候调查虚实再行核办。至该民等所称施阿荣母老妻少，终日号泣一节，何施阿荣当时并不计及，而身入嫌疑之地，自贻伊戚，咎将谁归。况所获之人，又谁无父母，谁无妻子耶？总之，本厅对于此案无不实心研究，曲意矜全，尔等无容过渎。所请保释之处，碍难遽行率准。此批。

藩司札首府文云：照得省城米价奇贵，民食维艰，邻省禁米出运，来源告竭，本地米商相率居奇，业经详明抚宪，委员分赴江西等省查探米价，采购接济，一面照会省仓绅士动碾仓谷，预备平粜在案。正派委间，本司与劝业道访闻湖墅地方到有外来米船四十只，装米甚夥，应由官厅筹款买回，察看情形，以备出价平粜。即经曾详札委候补知县路珩杨树屏，会同杭州府暨仁、钱两县前赴湖墅地方，探明外来米船运米若干、石数、定价，购买存储备用，应需米价若干，禀候核办。兹据该印委探明米价，开单呈请筹给洋九千五百元来，应即暂于厘金项下如数借放，以资买储备用，仍候将来粜价缴完归款。除详明抚宪，并照数填明联单札库作帐转发外，合行札府立即遵照，备具印领，派员赴库换取联单，持赴大清银行支领，督饬仁、钱两县会同委员前赴湖墅地方，与外来米商分别议价购买，眼同斛收，运仓存储，仍将领款转给日期及买回米石、价目各数开折呈报云。

绍兴临浦镇闹米一案，当十二日，该镇有义昌小米店挽人向乡民说情，愿备午膳供给，力请免打，乡民允之。无奈其时已一律罢市，食菜无从购买，勉强办成数十桌。乡民食之未足，复生歹心，仍打毁之。所有中弹身毙之漆匠，众人已经不服，其尸亲与管带为难。某管带商之米业，由该业之公所给洋七十元，另漆匠之店东再给洋三十元，合成百元，作为烧埋银，始行了事。于十二三夜间四更入殓。十四日，萧山县翁大令、山阴县增大令复莅临该镇踏勘一周，力劝各店照常开市贸易，各店亦即遵命照办矣。

绍兴柯桥地方为山阴县第一乡镇，十三日午前，突来史家坞及双桥、石道地等乡民二百人，执刀械蜂拥而至，向该镇聚泰、裕生、美济等各米行持蛮捣毁，势难阻止，以致该行内之门窗、器具多被砍毁。此外各米店虽未被毁，亦已饱受虚惊。其时警局闻警后，当由楼巡官率同长警驰往弹压，婉言解散。讵该民等虽各允从，仍复饰词口渴，在上市头某茶肆咆哮大言，恫吓强索饭食。嗣由义和米行代付茶钱，又由长泰等号总给小洋一百零八角、白米四斗始去。午后由各米行派代表晋郡赴县面禀前情，适增大令因临浦各米行先于十二日被乡民捣毁，前往履勘，舟经柯镇，由商董等要留登岸，向各米行履勘后，许以由临晋省向中丞请示办法云云。惟是日伤毁多时，并不误伤一人，亦可谓不幸中之幸也。

昨十七日，为闹事，杭州商务总会又特开大会。先是十六日米商向商会递一节略，请转移之审判厅，略中最重要者有二语：一曰明正典刑，一曰追究原脏。在初八夜间，增中丞不得已下一临时格杀勿论之命令。嗣后博采舆论，又证以穷民之一哄即散，除米店外别无滋扰，其非匪徒可知久已。翻然变计，故“明正典刑”四字万难达到目的。米非他物，比有记认者，即云有袋皮为证，为日已久，销毁无疑，况乎人数众多，能挨家挨户而搜查之耶。故追究原脏四字，亦属远于情理。噫！由前之说，足见米商之残忍，由后之说，足见米商之糊涂。

昨日午后开会，官场到者有一府两县，劝业道董观察派一蒋姓委员到会代表，米业到者尤夥。入座后，首由顾总理报告数语，旋由米业中人申诉一切，甚而有要求官厅赔偿损失者。杭府英太守只得据理驳之。继而又有米业中人痛诋报馆，力请官场取缔。钱塘县高大令曰，此事可无庸议。若辈讨一没趣，始默然。继又谓临浦打米店，山、萧两县均踏勘云云。仁和县沈大令曰，临浦与省城异，省城既有检察厅，我辈无踏勘权，诸君岂不知耶。米业继又谓，检察厅之踏勘仅来两三人，既不坐轿，又无随从，一转即去，殊不威武，无怪乎歹人之藐视米店也云云。顾总理曰，米商之意在严办数人耳。众官长曰，司法独立，抚宪尚不干预，而况我辈。众米商爰是又骂新法不已。顾总理曰，今之最要者有二：一曰疏通，苏省遏籴，以太湖出洋为藉口，今既不由苏办，仅假道于苏，宜由官绅合力以调查其究竟云云；一曰保护，请出示禁止造谣（按造谣二字出于米商之口）。王协理曰，既有人造谣，而又有报馆鼓吹，宜出示禁止。英太守曰，若巡警力任保护，何待禁止。沈大令曰，临时"格杀勿论"之告示今犹在，严厉极矣，胡再出示为是说也。众韪之。未几散会。米业中人复骂报馆，称为邪业，在三百六十行之外，有识者均目笑置之。此次闹米案出后，闻警道杨观察意殊郁郁，颇咎藩司、劝业道之不先事绸缪。缘上月杪，观察见米价有增无已，曾向增中丞条陈办法，力请购米平粜，且谓必须先出告示，以安人心。中丞属其转告藩司，迨承命往告吴方伯，唯唯而已。观察又往告诸劝业道，董观察则以此事须方伯主政，推诿未行。一般人民见官厅之愦愦也，遂有初九日之暴动。杨观察以言不见从，虽烂额焦头，究复何裨，故意终不能释然，已特向抚辕请假矣。

《时报》宣统三年四月二十日（1911年5月18日）

又打毁了一个巡警局（嘉兴）

嘉兴石门县石湾镇本月十一、十三等日先后被莠民焚毁。警务公所巡长分局各巨案尚未了结，不料嘉兴县属之王店镇巡警分局十五日鲍区官因制备夏季服装来郡。有落班巡士付某在外饮酒，薄醉归来，半途遇挑酒酿担相撞，彼此口角，该巡士竟殴打挑担之人。于是群不逞之徒，平日为赌博私售被惩者，借端号召，一时聚集百数十人，围绕警局，肆意哄闹，将门窗、器具打毁，巡长室被毁尤甚。禁烟分所驻镇调查员寄宿在局，衣被、床帐更毁坏无遗。幸本镇水师管带赵参戎率队弹压，始各散去。次早鲍区官闻警先回。午刻邑尊张大令莅镇勘验，并由鲍区官送肇祸之付巡士到县收押惩办。惟张大令尚据查明为首之人提案严惩，以为违背法律者儆。

《时报》宣统三年四月二十日（1911 年 5 月 18 日）

浙省贫民闹米案结果

可怜小民　浙省贫民闹米风潮，顷悉是案昨日已经判决，计总办打毁米店者十人，均各徒三年；哄闹厅署者一人，系流三千里，归报结局，文字上仍不离一抢字。哀赴贫民罹此重罪，言念及此，堪为浙江司法前途一叹。兹特将原判节下：

查王来喜、徐定修、徐明法、董年百合依爬抢粮食，并未持械，照抢夺本律，各拟徒三年。汤善林随同抢米，复敢殴伤巡官。查巡官当时身穿便服，汤善林不知误打，应以凡殴伤人论除，凡殴轻罪不计外，应从重，亦依抢夺律徒二年，移请检察厅，于上诉期满确定后，发交本省习艺所依限执行，限满释放。所有各米店损失米粮物件，系属乌合之众捣毁爬散，无从追偿。其余抢米各犯查访获日另结。此判。

查徐信山合依直省不法之徒，如乘地方歉收，伙众抢夺，扰害善良，挟制官长，喧闹公堂，照光棍为首绞立决例上量减一等，拟流三千里。付喜松、施阿荣当时或随同入厅，或在场附和，均属为从，亦应按律问拟，合于徐信山满流罪上再减一等，各拟徒三年，收入本省习艺所，按限工作。照章录具全案供勘移交检察厅，俟经过上诉期间，分别发配收所执行，一面按月缮册呈送提法司转报法部存查。受伤之司法巡警梅南枝业已医治平复，应毋庸□〔议〕。所毁本厅头门、内门窗什物亦经修整如初，亦毋庸议。其当时在场动手殴警毁厅之匪徒访获另结。此判。

《时报》宣统三年四月二十六日（1911 年 5 月 24 日）

宁波大闹审判厅详志

——行政官破坏司法权

宁郡全家湾白昼抢劫一案，经众要求法厅立斩，致起捣毁审厅房舍，聚众抢掠米铺。兹将详细情形缕述于后。

人民要求之原因　郡城自各级审判厅成立以来，一般愚民谣诼纷传，均谓现在审判厅审办盗犯，有罚金无死罪，以讹传讹，已非一日。初一日全家湾地方有方犯白日抢劫、持刀伤人之案发现，经巡士拿获凶犯，解送地方检察厅。一时哄集数千人，拥至厅署，要求立斩。法官允照律判罪，众不肯休，乃愈聚愈众。

审判盗匪之真相　当方犯获解至地方检查厅后，当移审判厅刑厅推事开厅合议审判。当据该凶犯供，系象山人，姓方名德兴，实则口操黄岩音，前曾在正中营充过营兵三年，现住邑庙前某马带店，直认白日抢劫、持刀伤人不讳。当按律判决绞立决，片付检察厅，俟过上诉期间执行，一面遂由检察厅牌示晓谕，然众人仍不肯散。

打毁厅署之情形　其时厅署内外人声嘈杂，拥挤异常，均呼非立斩不可，忽于人丛中大呼，如此凶盗不杀何以保百姓，快将审判厅“打”“打”之声不绝于耳。于是一般蛮徒，即将揭示板、检察厅录事室及会客厅等处门窗、板壁肆行打毁，虽其间多明理之人苦口劝告，已难入耳。防勇、警察人数无几，未敢尽力禁压。声势汹汹，愈难遏止。

凶犯收监之滋闹　地方审判厅判决重罪人犯，向送鄞县监收禁，县监距厅约二里许，地方检察长即令营警排队将该犯捆解县监收禁，群以为已得要求押捆至南门外去斩首，即有多人奔向南门去看。及凶犯捆押向提署前而走，方知系捆解县署收监，忽又大哗，请即在提署前正法，亦有倡言仍再勒回审判厅者。幸附和者少，群皆随向县署而去，沿途愈随愈众，拥挤不堪。迨押至县署收监，时将傍晚，幸早有防勇、警察严密防护，不至酿事。

米店被抢之详情　当凶犯押送县监，路过百岁坊厚康米店门前时，即有游手之徒大呼，如此白日抢劫凶犯尚可不杀，吾辈乘此正可抢劫米石。于是附从者甚众，厚康及贯桥头三和、税关前穗和等米店，三家同时均被捣抢。查厚康抢去米十余担，捣毁什物无几；三和只抢去石余；惟穗和抢去米二百七十余担、现洋四十余元、角洋数十角，一切生财什物无不捣毁殆尽。各伙友及米司衣服物件亦均被抢去，又将米司破衣丢入火缸焚毁，统计损失不下数千金，并殴伤伙友一人、米司一人。闻该米店系竺绅所开，业已开单向官厅禀请赔偿，严拿首要惩办。又闻该米店自六时被抢起，抢至十时始各散去。闻是夜新军防勇、巡士在鼓楼前一带密布梭巡，竟无一人被拿云。

官绅之会议　闻是夜十时，宁绍台道桑观察、巡防营常统领、宁波府邓太守、鄞县郑大令，并邀集张绅传保、范绅贤方，在常关内会议。佥以今日既已肇祸，诚恐明日愚民无知，或再聚集，更肇事端，大局不堪设想，决议将在监方犯于次晨电禀抚宪，就地正法，以安人心。当时司法官厅一方面并未预闻，而行政官之计议则已打定。

罪犯之正法　次晨（初二）七时，将犯由县监绑赴南门外正法，特绕道经全家湾犯事处，以明耳目。一时随观之人，填街塞巷，到场围观者不下数千人云。

官吏之冲突　方德兴之正法也，全系行政官一方面所主张，并恐知照审、检两厅必不答允，致事不谐，故司法官未与闻。至初二晨，方犯绑赴南门实行正法，汪检察长始闻信赴场，行政各官早已会衔出示晓谕。文云：宁绍台道桑、巡防统领常、宁波府正堂邓、鄞县正堂郑，为出示晓谕事。照得匪徒白昼抢劫，持刀伤人，固应尽法惩治，而顽民聚众挟制，借端掳掠，亦为律所不容。本月初一日，有抢匪方德兴经巡警获送检察厅讯办，乃居民聚集多人，要求立时正法，群至地方审判厅滋闹，捣毁厅屋外进，已属横蛮无理，讵游手好闲之辈，遂即乘机煽惑，复将税关前穗和米铺肆行抢掠，此等刁风万不可长。查抢匪方德兴一名，现由检察厅送县，经本道会同本统领督率本县等讯明，以该匪既系游勇，电禀抚宪，按照军律立予正法，俾照炯戒。惟此次抢米棍徒，同为扰乱治安，亦未便稍涉轻纵，除严拿为首之人究办外，合亟会衔出示晓谕为此事，仰军民人等一体知悉。尔等须知爬抢粮食，罪于拟绞，定例森严，岂容轻犯。自示之后，凡系守分良民，务各自安本业，慎勿妄听煽动，随众滋事，如敢玩违，一经指拿到案，定即照例严惩，不稍宽贷。其各凛遵，毋贻后悔。切切。特示。

只得谢绝检察长，谓现系照游勇办理，就地正法，请贵检察长勿庸过问云。

检察长愤愤回厅，审厅长及两厅推事亦各不平，连发省电二通，审、检两厅人员全体辞职。其电文云：

抚法宪钧鉴：东电请示办法，鄞县郑令在厅目睹。乃行政官厅及统领不候电谕，又不知照本厅，竟于本晨八时擅将该犯正法，致本厅判决无效，执行无权。似此违法侵权，本厅断难办公，机关停止，乞准全体辞职，遴委接办。宁地方审检厅。冬。印。

又电云：

抚法宪钧鉴：东二电及冬电谅邀钧鉴。此次事实，丧失营造物财产事小，丧失国家体面事大，蹂躏司法权至不能实行事更大。推其原因，固由众徒野蛮行强，不可理喻，实由本厅平时无预防之实力，临时又无遗使各机关必尽补助职务之实力。至防营巡局坐视其蜂拥骚扰，辱骂捣毁，至七小时之久，当场不能实力弹压，事后亦未逮捕一人，国家体面丧失净尽，司法实权蹂躏无余。今日本厅各员皆以营警不肯保护，道台临时闭门不理，行政文武各官擅杀本厅待核犯，惊悸惶惑，不知适从，全体辞职，现已闭厅，非俟重新组织，恐不能实行司法。厅长等请速撤差惩戒，专待派员接替，请速电复。厅长金泯澜、检察长汪郁年。冬续叩。

抚宪复电　宁波审判厅鉴：电悉。游勇方德胜〔兴〕聚众抢劫，如由防营捕获，有抗拒官兵情事者，自应归营务处会同统领或管带讯明，以军法就地惩办，否则应归该厅判决。惟查现行律，营兵为盗，起意为首者斩立决。方德胜〔兴〕是否为首之人，应讯明按律拟办。并希【会】同府县劝导居民，告以该犯无论由何处判决，定办死罪，断不轻令纵，不过稍分迟早。令速解散，毋再纷扰。仍将办理情形电复为盼。浣。冬。

《时报》宣统三年五月五日（1911年6月1日）

宁波大闹审判厅再志

——法律难恃　控诉无门

行政官厅之措置　道府县官自电禀抚宪，援法部通行章程，游勇聚众抢掠，于初二日晨刻将方犯就地正法后，当日又调新防各营军兵数百名，分段严密梭巡守护。并再电达省宪，大意谓游勇正法，众已平静，一面又约米商办米接济，亦已允洽，即将首途采运矣。

绅士之公电　昨报载官绅之会议，范绅贤方亦曾与议。兹悉是夜范绅虽经行政官邀到与议，而范绅实未到，次日闻该犯正法之信，即发省电如下：

抚宪谘议局钧鉴：昨日现行犯业经法厅判决绞立决，应候核准。缘莠民挟众要求，散后地方官因抢米继起，擅将该犯于今晨斩决，置抢米者不问，借图卸责。似此畏强玩法，人民权利难资保护，应请核办，以重法律而维人心。宁地方自治预备公会会长范贤方等叩。冬。

抢米犯之被拿　初一日抢米时，由巡警杨仁甫、郭敦尧等，获有抢米犯三名，一系张桂生，木工为业；一系金兰荪，年糕司；一系王仁官，无职业。当拟备文移送检察厅核办，但见该厅早已电省全体辞职，停止办公，警务长暂将该犯在警务长公所内拘留，余犯尚在查拿云。

警务长之辞职　鄞县警务长刘君采亮，上月间本拟辞职，旋因绅士留挽，尚未离任。初一日因人民要求立斩白日抢夺凶犯，捣毁审检两厅，现刘君以巡警保护不力，难辞其责，已电禀警道自请撤差矣。

人民诉讼之无门　自初一日地方审检两厅电省辞职后，前、昨二日，各处人民有因民刑各事迫切赴厅呈诉者，见厅门牌示停止办公，检察厅已不收状，受冤受屈赴诉无门，只得怅怅而返。有某甲等被盗，闻此消息均不呈报。此种现象，于人民权利大有关碍也。

城市之现象　自初一肇事后，初二晨除被抢较甚之米店外，均一律照常开市。嗣闻该犯正法，人民得遂要求，益深快慰。惟曾经捣厅抢米之人，事后追维，咸深惴恐。由巡警拿获三人后，人民益知畏法，至街头巷尾、茶坊酒肆，一般谈论亦已知此次方犯正法后，道台与审判厅大起冲突，将来必有一番大交涉。

至谈起初一日，因追犯被伤之黼章色额店伙鲍仁宝、章义兴之经理某君，则均称其勇义，悯其伤害不置云。

《时报》宣统三年五月六日（1911年6月2日）

宁波毁厅抢米风潮后之余闻

自初一日凶盗方得胜〔德兴〕白日抢洋，至酿成毁厅抢米风潮。次晨，即由道府县宪权援游勇聚众抢掠例，擅照军律，将该凶盗就地正法后，司法官以行政官违法侵权，迭电抚宪请示办法。兹闻抚宪电阁代奏外，特委候补道宗舜年来甬查办，探闻于明日可定到甬云。

又闻巡警所获抢米犯张桂生、金兰生，经刑厅一再预审，供认抢米不讳。惟王仁官一名，供认在路拾得米斗，致被拘获，并无抢米情事云云。

又闻审判厅员以一般愚民赴厅要求就地正法，不知其原因何在，特于日昨率同推事、书记官等员，赴各乡秘密调查。航船中适闻一般愚民群说审判厅办盗，仅处罚金数两了案，不处死刑。嗣到各乡镇，所闻亦皆如是。细查谣传原因，实由旧时衙门差役及地痞从中煽惑，愚民轻听妄信，致有酿成初一日毁厅之事。闻该厅员特于回厅后，先行拟就白话告示多张，分贴各乡镇、往来航船及人众聚集之处，一面知照检察厅所，访拿造谣肇事之人，按律惩办，以昭炯戒云。

郡城自初一日方匪白日抢劫，要求力斩，致酿成抢米风潮。兹又觅得被抢穗和米店股东竺廪祥、竺士康等，致省宪电文如下：

抚法劝业宪钧鉴：流氓聚众至巡警五区厅前穗和米铺抢米，历七小时之久，地方行政官目击情形，坐视不救，致抢去银米什物至二千余元之多。恳札饬行政官设法赔偿，严拿首要，照律惩办，以维商业而安民心。

《时报》宣统三年五月十一日（1911年6月7日）

金华水巡抽捐之风潮

——挖肉补疮之计

设立水巡，原为保护地方治安起见。上年金华县筹办水巡船四只，分投梭巡，所需经费，因猝无大宗的款可筹，当经由县会商绅董公议，就来往船只，分别大小，酌定数目，收取船捐，以资应用。业经开折通禀批准在案。近来江山、义乌、永康各船户，以民情困苦，力难缴捐，互相联合约定停船，要求蠲免，并将来往客船亦应一并阻截，不许开驶，一时停船二三百号，人集一千余名之多。人众口杂，声势汹汹，必要达其免捐目的，方肯散去。遂由知县即邀商会总理，会同商界中之素有闻望者，驰赴码头婉言劝谕，并晓以举办水巡等各项新政，酌收船捐，本属事非得已之举，该船户等自应共体时艰，照常缴捐行驶，以期顾全要公等谕。始终置之不理。船户愈聚愈众，固结不散，人声鼎沸，势逞野性。知县细加体察，倘不俯如所请，万一另滋事端，扰累地方，反不足保全治安，遂即印发永远免收简明告示，交各绅董张贴宣讲，始行解散。但此后水巡经费分文无着，每月应给各巡口粮等项，需款甚巨，来源顿绝，无从应付，百孔千疮，大有无从弥补之势。昨日黄令将种种为难情形，驰禀层宪核示维持。即奉增中丞批示：据禀已悉。该船等聚众要求永免船捐，既经该县酌量情势，准予蠲免，自应如拟办理。惟水路巡警亦关地方要政，断难因噎废食。仰巡警转饬该县，迅速会绅另筹的款，力予维持，是为至要。

《时报》宣统三年五月十四日（1911年6月10日）

宁波莠民连捣米铺十二家

鄞西鄞江桥镇，于日昨有童子持铜元二枚向某米店籴米半升，店伙以钱尚不敷却之。讵一般无赖之徒遂乘间均谓米价如此昂贵，均由各米店居奇之故，若不捣毁米店，米价必增涨无已。一时附从者众，声势汹汹，立将该米店门窗什物一并捣毁。旋时愈聚愈众，接连又捣毁米铺十一家。经该处士绅临时出而劝解，准允平粜，始各纷纷散去，幸未抢及米担云。

《时报》宣统三年五月十四日（1911 年 6 月 10 日）

时评二

生计日困难，民心益浮动。浙省四十日以来，抢米罢市之举，计十五次，其中抢米者四次，民警冲突者六次。试思其所损失者几何？长此风潮之不已，前途尚可问乎！

《时报》宣统三年五月十四日（1911 年 6 月 10 日）

剃发匠大闹巡警局（嘉兴）

嘉兴北门外坛弄口，剃发店主施七寿，系著名巨匪，手下徒党不下数百人，一时号召立至。十四日下午八时，北区巡警分局因张和尚荐女工起衅，饬巡士赴张处拘人。因误入贴邻施七寿家，拘施妻外出，经旁人证明释手，向西出坛弄回局，道经施店门前，七寿即逞凶痛殴。该巡士逃回报告，区官张复生饬四巡士拘施，无如施自恃该帮首领，率各伙抗拒。巡士势不能敌，重复逃回。正拟设法再往，而施七寿已兴风作浪，大召党羽数百人如飞追踪而至，即行尽力攻打，砖石如骤风急雨，直射局中。全局巡士逃避一空，区官张复生更杳如黄鹤。城中闻警，二区巡士与陆师第一营管带董参戎率队先往，保守局门。各痞匪围绕不散，竟有千人之众，仍以砖石为战具，致董管带与两营勇、两巡士均受砖伤。当时不敢放枪者，防有意外之变，只得隐忍而已。直闹至三小时之久，施七寿始战胜而散。

警务公所防备完密，饬各巡士前往协助，已波平浪静。最后知县秦大令偕水巡官楼赵廷到局勘验，前半局头门各件及巡长室毁坏无遗，此外尚无波及；巡士受伤四人。次日北局巡士一律罢岗，各官密商数次，未见举动。施七寿则发紧急伪令，烧红纸尖无字传单（系该帮最要记号），大召党羽，并连〔联〕合荷花堤散散班戏子百余人，为抵抗之计云。

《时报》宣统三年六月十七日（1911年7月12日）

民警风潮记（嘉善）

嘉善县警务公所二十六日拿获窃羊贼一名，据供窃羊五头，卖与东门外某饭铺中。当经派巡士偕事主往认，并无被窃之羊在内。嗣复讯该窃，仍供如前。巡士押该窃赴饭铺对质，该店以巡士故意肆扰，立即闭门停市。邻近数十家平日与巡警感情甚薄，亦相率罢市。县宰袁大令公出未回，由商会极力劝导，尚不致激成极烈风潮云。

《时报》宣统三年七月五日（1911年8月28日）

镇北反对自治大惨祸详志（镇海）

镇海山北东绪乡　自治已经成立，议决核准各案尚未施行。惟镇海联合会有肉捐一案，该乡办否尚属犹豫。讵该乡施公山、田洋、孙叶黄诸村愚民谓自治成立，一切食用各物均须起捐，突于初四早晨聚有千余人，鸣锣扬旗，群至龙山所东绪乡自治公所，蛮行捣毁。适乡使郑望枚君及议员郑精明、郑觉初均在所，见来势汹涌，遂越城河而逃，精明亦乘间前逃，追者跌仆，始得脱。望枚犹上前演说，尚冀劝众解散。愚民不由分说，遂将望枚蜂拥打咬，遍体鳞伤，已成半死。旋又将望枚拖出南门，倒置污缸，更扛巨块城石向污缸中当身压下，遂死。复拥至西门外焚烧演进学堂。旋至团董郑继耀君店中，货物焚掠一空。后至龙头场议员陈文华君家中，衣箱什物一概捣毁。幸文华将身避去，未遭毒害。当寻龙场学堂不著，随又西去，至施公山议员华峨三家，房屋及一切什物均被焚毁。复拥至华载三家中，捣掠一切。旋至孙家村议员孙耀勋君家中，肆行捣抢。时已傍晚，暂归，仍扬言明晨须捣毁乡董金鹤年、议员邱锡桂及议长杨性甫各家，并焚毁各处小学，并声言尚要过岭到山南焚毁蟹浦学堂及公局等语。议员、乡董等纷纷逃避。该处地保是夜三更时飞报孙大令，大令当即电禀抚台、提学使并道府宪，请飞派兵队下乡，并请格杀勿论之示。镇海县劝学所、教育会会同电达抚台、提学使，请电县严办。兹将其近日情形【录】如左。

匪势之张扬　初四日，匪众捣毁自治公所，门窗什物既已无完。初五日，复由孙叶黄、丁戎等处匪徒啸聚千余人。重行东来，将龙山所城围住。城头城外匪如鸦阵，一股仍入公所，乃将房屋捣拆一空，并扬言如今日县官下乡带有兵队，即当抗拒遂杀。是日孙大令未到，匪众至晚始西归。初六、初七匪仍不散。

官兵之迟滞　孙大令于初四日三更时得报后，次晨当电禀省宪请示办法，因电线损坏，现尚无复音。复电道府二宪及该处旅沪巨绅虞洽卿君处，并派张哨官光侯率同兵士二十余名先到该处。府宪于初六晨刻，特商常统领荣清率同兵士数十名，先赴镇城。初六日上午，孙大令复派前绪乡防营段哨官兴奎带领防兵三十余名同赴该处，与前派兵士同驻龙山所城内城隍庙。常统领、孙大令亦于是日上午由镇起程，下午三时到蟹浦地方。因常统领所率兵士均疲于行走，遂向该处前绪自治公所内一齐暂驻。闻匪众仍在施公山东岳宫内团聚未散，且复增多，乃准拟一宿，至初七日晨七时常统领及孙大令始赴山北各被祸处所，分别履勘弹压云。

《时报》宣统三年七月十日（1911年9月2日）

镇海反对自治大惨剧再志

镇海东绪乡施公山、孙叶黄等处愚民惨毙乡佐郑望枚，焚毁自治公所、学堂及各议员家房屋多所，已志昨报。兹复将探得肇祸原因，系镇海各区联合会有议决肉捐每斤捐银二厘一案，经监督核准施行。该乡自治公所曾函知本乡各肉铺，意拟照行。如龙头场西门外各肉铺，均先承认。讵有路头市施公山孙某所开肉店二家抵制不认。初一日，施公山市期停售猪肉，市人询其何故，谓自治公所现欲将肉每斤捐洋二分，且谓今日要捐猪肉，来月即要捐鸡、鹅、鸭、蔬菜及房屋椽柱、人口，我等从此不能做人，即当罢市，再商起事法子。于是一律收摊。初二日，路头市仍无肉买。当由该乡自治公所风闻，即函知孙叶黄、施公山各绅耆，谓肉捐不办，尽可禀请监督取消，请转劝谕，照常开市。至初四日，又是该处市期，陈文华、郑望枚二君先一夜特邀商西门外龙头场各肉铺前去设摊。迨肉担挑至路头市相近，施公山、孙叶黄各村愚民已聚集千余人，鸣锣扬旗，汹涌齐来，至南门亭始息锣进城，而入公所，郑望枚君等遂遭惨祸。为愚民既咬毙乡佐郑君，毁公所、学堂及各议员家后，恐地保等人过岭报县，派兵缉拿，特派多人在雁门岭、蟹浦等处守住，不许各议员家属及亲戚过岭。是夜各议员多有越蹊径而逃脱者。郑觉初君虽得脱逃，已经受伤。查施公山小学堂两所，一施公山学，一承志学校，均被捣毁；华峨三、载三两君家被焚，财产为数约值数万；孙耀勋君家谷米及陈文华君家物件数亦甚巨。当初四日，愚民西回中途遇戎姓人竖旗鸣锣而来者，数约四五百人，因闻东部已经杀伤焚掠，始折回。至初六日午前，仍啸聚施公山东岳庙中，议再往东行，毁各议员家及店铺等处。闻其所标旗帜有红、有白，有带"戎"字者，有书"孙"字者。当时被咬毙之郑望枚尸体，次日府宪仍未派兵，孙大令未敢下乡验殓，望枚尸体棚露龙山所南门。闻是日，望枚之老母、妻子及左近各学校学生，并学校之父兄，在凄风苦雨中终日环而苦者，陆续不下数百人。又闻郑望枚之戚友，有主张先将尸体暂行棺殓，以免暴露者。初六日早四点钟，宁郡巡防队才由郡城起程，前赴山北。该县孙大令既得地保飞报后，适镇北管界司巡检陶□尹在城，即饬带巡防队二棚前去。孙大令以无重兵卫护，稍迟启行，闻初六日方至该处云。兹将近日情形录下。

营县下乡之情形　孙大令于初七日上午至龙山所西门外，但将自治公所及演进学校两处忽忽履勘而去，而望枚君之尸早已入殓，望枚之母向孙大令面呈一禀，默无所言。禀云：吾儿师侨如何而死，见其惨酷者千余人。吾儿师侨因何而死，知其冤屈者，大监督及阖邑人民诸代表。今盖棺论定，氏不必言，亦不忍言，惟备衣冠成殓，抚其孤子而已。太令亦默然，旋即回署。常统领亦于初七日自山北回甬，夜宿某村。昨日回甬，但留兵勇数十名在龙山所城隍庙防驻。

惨劫余闻　西门外等处各店铺，自孙大令下乡后，初八日已各开市，惟自治职员及该乡向办公益之人，则均逃避四出。闻议员华峨三君自初四日家被焚掠后，迄今不能出面；郑觉初君虽得脱祸，身已受伤。至此次匪众焚掠各处，遭祸最巨、损失最多者，实以华氏为最，闻其损失之数足值数万云。

绅学界之筹议　镇海各区自治职及绅学各界，以郑望枚办理学务及各项公益成绩最著，此次惨祸横遭，影响甚大，若无善后方法，人人自危，何以办事。日来多有开会，协力筹议办法者。

官长之意见　地方文武各官，莫不以匪众目无法纪，此次须加痛剿，道府各宪尤力主严厉办法，以顾大局。

府教育会之职员特别会　府教育会职员既定十一开追悼会，于昨日齐集道侧事务所开职员特别会，提议以郑望枚君因公殉难，并创办龙山、演进各小学校，相继捣毁，教育前途不堪想，应共筹议方法。昨各县绅学界有进见府尊者。

孙大令复府会函　府教育会前致镇海县孙大令电已志昨报。兹闻孙大令于昨早函复府会，略云：昨奉电示，如亲尘教。绪乡自治会被毁，郑乡佐惨遭殴毙，前日会同常统领驰往，先将麇集人众解散，一面协拿首要，一俟到案，自当从重详办，以儆效尤而杜后患。此案事起仓猝，以致防范未周，抚衷自问，歉疚实深。现已悬赏密拿首要，一面抚恤家属，以资养赡。自兹以往，应办善后各事如有良法，尚祈时锡箴言为盼云云。

《时报》宣统三年七月十一日（1911年9月3日）

镇海肉捐风潮*

相近镇海澥浦地方因肉捐闹事，新任某道业派军三千前往。闻民人声势颇盛，事因官场欲在猪肉上每斤加抽捐钱两文，民人不允，至肇众怒。慈溪有米铺一家被抢，粮米、银钱、衣服亦多被抢去。

《时报》宣统三年八月三日（1911年9月24日）

镇海罢市风潮详志

乾大店经理胡大宝被南局巡士诬良为窃，致起罢市风潮。兹又详探如下：自南街罢市后，西街仍闻有人遍发传单，保令共闭，于是阖城罢市，各大店铺经理等人同至商会，请电禀巡警道核办。总理徐葭海君允请孙大令将肇祸巡士金起容惩办，以泄民忿了事。适孙大令偶有感冒，当委杨二尹出面劝谕开市。该时已人山人海，声势汹汹，已不可遏，不由分说几被殴辱，均谓若非将警务长撤换及免警捐，誓不解散，非孙大令亲履理息，均不肯饶。旋商会诸君与商界各柱首等妥商办理，并分发孙大令名片，群至各铺户婉劝开市，已经次第开门。乾大店当开门时，莠民聚众，拟起暴动，大声恐吓，谓尔系祸原之家，竟是虎头蛇尾，如果开市，定当抢掠一空。复见李震大相继而开导，群拥哄闹。该两店见势不佳，仍复紧闭。孙大令知势遽难和平，一面调新军镇压，一面饬差将捆缚巡士意欲带县责办，讵被民众阻拦，只得复委杨二尹带公案，在张相公庙台上讯供。闻当时先将金起容重笞四千，彼时观者尚不满，竟迫求加责一千，又捣毁局物之王嘉禄亦拿责三千。该两人均荷枷游街，在乾大店门首示众三日，并谕满日释放。至是民众满意，佥谓受冤之人今日可以出气矣。霎时纷纷散去，各店铺仍照常开市。刻闻各柱首联名禀请孙邑尊，详请将警务长撤换云。

《时报》宣统三年八月十一日（1911 年 10 月 2 日）

湖　北

武穴民人抗拒天主教*

西四月十八号武穴来信云：近日此间华人设法以御名实不符之天主民，民所谓名实不符之教民者，盖教民等往往乘神甫不及察觉，冒天主教之名，肆行为恶。华人御之之法内有一端，系另设一耶稣教堂，然此亦为伪托，其实与耶稣教毫不干涉。凡入堂者收钱六百文，所收之款悉用之于衙署，以为压制天主教民之用。最可异者，创立教堂之人忽又无端投入天主教，或其人吞没会中之款，故为此亦未可知。各会有因此不平，拟设法于晚间僻静地方谋害之，故其人十分恐惧，不敢轻易出门。

华人又于此间设立一地主堂，盖用此名隐寓拒敌天主堂之意，凡入堂者亦须捐钱若干。其宗旨有三：一、以御天主教民，使不得轻侮教外之人；二、集款贿通衙署公差人等，以便与天主教民涉讼；三、凡天主教民十分横行，无法禁止，即谋杀之。地【主】堂总会设在何处，现未查悉，然实有此事，初非同于子虚乌有之谈。天主教士每谓教民讼事，凡来历不明者，教士俱不管理。予等亦深信天主教士断不至包揽词讼，然有多人并未入教，而偏冒教民之名与人设讼，此亦不可不防。观地主教之设立，可知天主教必尚有可议之处，否则该会又何必设立耶。译三月二十三日《字林西报》。

《中外日报》光绪二十八年三月二十四日（1902年5月1日）

抗捐罢市（武汉）

武汉抽收煤炭捐专备警察经费，业已大张晓谕。嗣由善后局拟将此款拨入工艺局，警察经费另议抽收房捐，以致煤炭行不服，抗捐罢市，具禀邀恩，连日尚未定议。

《中外日报》光绪二十八年四月十五日（1902 年 5 月 22 日）

武健〔建〕四营军纪废弛*

闻湖北派往随、枣防剿之武健〔建〕左旗四营开差后，军纪废弛，以致弃械而逃者，几有十成之四。督带张虎臣副将彪在省得信，赶将武健〔建〕右旗拨补。该勇等又在汉口妓院硬索路费，斗殴生事，火车行至滠口，纷纷下车滋扰逃遁。嗣为当道所闻，严饬地方官拿获该营逃勇，即照军法从事。

探得泌阳匪党已侵入湖北枣阳县境内，声势浩大，张香帅接有该县告急文牍，立即派兵驰往防剿，并一面电请盛大臣转饬电报局，在该县设一子线，与襄阳府城电局相接，克期告竣，以便通报军情。兹闻盛大臣已饬本埠电局材料所解运电线材料，于十七日赴鄂。

《中外日报》光绪二十八年四月十八日（1902 年 5 月 25 日）

蔬贩罢市（省城）

鄂省各蔬贩因警察局驱逐摆摊，饬令迁至市亭，又须按月缴捐钱六百文，遂于十三日相约罢市，并布散谣言，阻止四乡菜担不准入城。是日，省城居民几断蔬食。警察局出示云，本局并无禁止沿街挑卖蔬菜之条，一面访拿造谣罢市蔬菜贩数名，笞责枷号。十五日清晨，四乡挑卖者始得入城，照常交易。

《中外日报》光绪二十八年五月二十四日（1902年6月29日）

湖北随州禀稿照录

（武建第四营暂留驻新城边界）

敬禀者：光绪二十八年四月二十三日奉本府转奉宪台效电，内开：刘、李两将准撤防回襄，俟刘将抵枣阳，并饬随州查明现在是否无需留营，禀复后即当调新派往随、枣之武建四营回省等因。转行下州。奉此，查武建四营到州后暂行分驻情形，业经卑职会同刘丞承恩禀报钧鉴，一面会同函商枣阳县陈令阆查照核办，并由刘丞派出干弁赴枣侦探各在案。接奉前因，并先后接据探报各禀，伏查泌阳教案已于四月十三日由河南候补道陈道履成，督同南阳县潘令、新野县钱令与安主教妥商议赔，总共修整泌阳教堂、抚恤被害教民之家属共给银二万五千两，在逃匪首张云卿等无论何县缉获，即行就地正法，已面立合同，画押寝事。惟此项赔款是否由官摊认，抑仍摊诸民间，匪首之外是否一律宽免，均未明白晓谕。故该各处匪众虽散，不过暂时平静，而民间惊疑之语仍有所闻。日前刘丞承恩送阅探弁所呈说帖，亦有麦后仍恐滋事之语。查由豫省官场所探信息，有迹象之事自较民间为确，而民间实在情形无迹象可寻者，但须博访，折衷其言较为可信。卑职愚意谓，此次泌案肇端，既由逼索赔款缴费过多而起，此次赔款似须另行妥筹，以默消民间迁怒之心。在逃匪首固应悬广缉之文，此外胁从宜明予从宽之典，如该各县照此一律晓谕，务使周知民间，惊疑之象一变而为感愧之情，民心大定，匪徒即无众煽惑，卑州属在邻封亦可永泯波及之虑。窃查卑州地方谣言已息，闾阎均已安业，新到防营本可全撤，惟卑州与豫省交界处，山岭联属，伏莽素多，月前由河南南汝光道朱道访闻，泌案匪首张云卿、胡会南匿在卑州戴寡妇家，札派委员来随会拿，虽查拿毫无影响，而播此风声，即难保卑州边界决无匪党矣。除由卑职严饬团保各绅务将边界来往之人留心盘查，勿任洮匪混入匿迹外，可否仰恳宪恩准将现驻新城边界之武建第四营暂留弹防之处，出自逾格鸿慈；其余三营请俟刘将水金回防枣阳后，此间接到陈令来信，再由刘丞禀请示遵。愚昧之见，是否有当，理合禀祈宫保大人俯赐察核，批示祗遵。再，武建军到防以来，营规整肃，民间毫无惊扰，痞棍慑于军威，无不敛迹，合并陈明。

《中外日报》光绪二十八年五月二十九日（1902年7月4日）

责人受辱（汉口）

铁路弹压委员张某，因被推运装料铁车小工将肩舆碰翻，致跌舆外，当将小工捉至火车厘局门首，重责二十板。小工哀诉承办铁路洋人代为伸雪。洋人问明情节，遂率小工多人追赶张某理论，互相口角。洋人挥众工一拥而上，将张头颅打破，并拆毁火车厘局门扇。洋人尚不肯罢休，谓小工运行重器，肩舆本当预先避让，今既自不小心，反责小工，实属违理。遂令张委员罚银五十两，始寝其事。

《中外日报》光绪二十八年十一月十五日（1902年12月14日）

董忠杰盗劫案*

详纪巨盗董忠杰事　董之功名已于初九日电咨吏部斥革，连日由武昌府审讯，已供认不讳。其同党二人为陈占奎、李福，均已逃逸。董不认开枪拒捕，诿为陈、李所为。至于更名蒙捐，据称本姓徐，名春山，因承继外祖，改氏董。富有票之徐春山，则另有其人。董之姬妾四人，现均发官媒价卖，家产入官。六月间所盗立成钱庄巨赃，已花销殆尽。董曾被该钱庄缉获送警察局，总办某太守以为不然而纵之。刻立成店主已在抚署控某太守矣。董禀到之日，系候补知县姜朗夫大令代出印结。刻姜奉委卫田局差，端中丞谕令撤差候质。闻姜与董并不认识，系董大令治勋所托，董系汉镇查街委员之王楚丞所托，王系某洋行买办所托，刻下彼此禀揭。安徽同乡已于十一日开会馆聚议，拟设法救董性命。刻已电恳某相国斡旋，惟黄小琴太守不以为然。

《中外日报》光绪二十八年十一月十八日（1902 年 12 月 17 日）

论张香帅禁米出口事

两江总督张制军近向上海各领事咨照言：年正月二十八号后，上海将禁米出口，至时凡以前所□之米照未经用尽者，亦须注销，此后惟专照可酌量准出若干，惟每担须纳资□百文云云。华官于运米之事不时作此举动，诚不能不令人致疑矣。况此次禁米出口之照会，又适值盛宫保重孝满期之时，以香帅论，本为吾曹所敬服者，而于此禁米一事，则所为恐不免太过矣。按天津条约第五款第三节，论□米出口一事最为清楚，约云：凡米谷等粮不拘内外土产，不分何处进口者，皆不准运出外国。惟英商欲运往中华通商别口，则照铜钱一律办理，出口时照依税则纳税，其进口毋庸纳税。至船载无论浅满，均遵纳船钞云云。查运钱章程载于津约第二节，阅者如将钱字改作米字观之，即指运米而言矣。该款云铜钱不准运出外国，惟通商中国各口准其以此口运至彼口，照现定章程遵行，该商赴关报明数目若干，运往何口，或令本商及同商二人联名具呈保举，抑或听监督饬令另交结实信据，方准给照。别口监督于执照上注明收到字样，加盖印信，从给照之日起，限六个月交回注销。若过期不交销执照，即按其钱货原本□数罚交入官。其进出口均免纳税。至船载无论浅满，均纳船钞。观于此款，可知华官不应禁止运米由此口以至彼口矣。照约亦不过通知道台，既未言明定须道台出有米照，亦未言□每担道台可抽钱二百文。或者香帅以为，运米之事向皆华商为之，而与洋商无涉，殊不知业米□虽皆华商，而米则几尽由英商轮船所载运，故禁米一事实有所关碍也。闻署英总领事满思礼君刻已着意办理此事，或将与各□事联络以与香帅辩论，亦未可知。盖此事不独违背约章，且于理财之道亦有背也。惟张香帅办事而仅由上海领事辨驳，将来或难奏效。亮当由驻华代理英使与外部辨之，而令外□□照香帅以阻止此举矣。顾外部中人类多懦弱不振，与以前总署无异，香帅或未必理会之也。查华官于运米一事往往颁行禁令，其意盖欲以此为华官获利之途，以禁令既颁后，华官即不自令下属运之，或与其友运之，亦未可知也。按照每担须纳道台二百文一说，则每逢出照二万担，道台转可得银四千两矣。按照英国商税大臣马凯新订之商约第十四款内载，若在某处无论因何事变，如有饥荒之虞，中国若先于二十一日前出示禁止米谷等粮由该处出口，各商自当遵办云云。按照该约，定须歉岁或有饥荒之虞始可禁止，否则能藉禁米以令官员图利也。况此款所载甚明，观于当禁米限内如华官准米出口，则应视该禁止已废驰，如中国若欲再行禁止，则须另行出示，自示之后，以四十六日为限方可照办。至于军米、粮米虽不在此列，然当禁止期内中政府欲运军米、粮米，则定须在海关报明数目若干。约中又言明除此之外，其余他项米谷一概不准运载出口。

本馆不惮烦劳，而将约文刊诸论中者，以恐或有代香帅辨论，以为香帅此举乃按新约办理也。盖禁米照会既不符于天律条约，复不符于上海条约也。译十二月十五日《字林西报》。

《中外日报》光绪二十八年十二月十六日（1903年1月14日）

宜昌教祸述函

宜昌福音会堂总教士丁君来函云：在宜昌东相距约六十英里，有一大墟场，名曰“玉鸡河”，属当阳县所管。彼地与沙市一水相通，两处均有商贾来往。当一千八百九十七年时，此间福音会堂派人至彼地宣教，同时瑞典教会亦派人在当阳、河雄、袁安（译音）三处传教。当福音会堂在玉鸡河商租房屋以为传教之用，正与房主商议之时，有绅士曾华国鸣锣聚众，谓如将房屋租与西人，定将其房拆毁，并将租房之房主殴打，及将租房之西人杀戮。后由福音会堂之教士禀知领事，该绅士方始不敢阻挠租房之事。于是先将其房租用，后即购买。于是开办传教之事甚为顺手。至一千九百年团匪乱时，有一私会名“海湖会”，设于沙市地方，为沙市官员所逐，彼等遂迁至玉鸡河。会首即系绅士曾华国之族人，名曾贤贵，甚与福音会堂反对，日日扰乱福音堂，而当阳县又不设法禁止。福音会堂之教民被彼等讹索钱财，又被殴击，教堂之房屋亦被其撤坏。后由领事官将此事照会华官，于是即将曾贤贵及余匪二人拘获，审定罪名，收禁当阳狱中，以外又赔银二百五十两，以为补偿被殴被讹之教民及修理教堂之用。至一千九百零一年五月团匪乱平以后，我等再至玉鸡河，该处之绅士即请我等宴会，并言愿与我辈交好，绅士曾华国亦亲对我等，求将其亲族曾贤贵释放。我等于是函求领事，请将所囚禁之三人释放，以表明我等并无记念旧仇之心及耶稣教宽厚待人之旨。领事即从其请，将此三人释放。至下次我等再至玉鸡河，各绅士均谓不胜感激，以后决不准此三人再与教会为难，曾贤贵亦亲来道谢。于是我等此后办事，稍可顺手，来入教者亦复甚多。但至一千九百零二年十二月，该处匪徒复行滋扰，与福音会堂为难，为首者即为曾贤贵，其中另有一被革之武员阮某。此次彼等之滋扰，不独玉鸡河为然，凡当阳县境内所有耶稣教堂及耶稣教士，无不遭其亏累。此次之乱，以何为题？乃以一千九百年偿银二百五十两为名，力欲索还此银。于是匪徒至教民之家，定欲讹索钱财，如不与钱者，即行殴击，并逐之出门。此一次海湖会之匪徒，知现在华官之举动一意结好于西人，非另外设法，必不能与西教士为敌，所以彼等欲借天主教为护符，以肆其恶。于是彼等请一天主教会之执事人，至玉鸡河及别村庄，用贿赂得注名为天主教民，其房屋即认为天主教之房屋，所以彼等房屋之上均贴有“奉旨天主堂”之字样。然自彼时至本年三月以前，天主教会之教士并无到此等村庄者。我等以为天主教士必不知此等匪徒之肆恶，又以为天主教士如知彼等之行为，必不收彼等为教徒，亦必不以彼等行事为然也。不料天主教士全收彼等为教徒，以彼等之行恶为然，并恫喝华官，不许华官惩办匪徒。闻于玉鸡河及荆门州之间有一村庄，其中有一福音堂，堂中新书被匪徒烧毁，教民被匪徒殴逐出外。在玉鸡河与河雄两处教堂，亦同样受亏。我等已将此事于西正月三号禀知英领事，彼即照会宜昌道，惟照会以后，华官亦不甚经理此事，故其事日坏一日。宜昌领事又于正月五号起身往别处口岸，直至于今并无英领事在宜昌，其领事之职由海关税务司暂行兼摄。惟税务司系中国所用之人，不愿将此事向华官督迫，虽以我等遭累之情形告知于道台，但各华官办理此事甚为延缓。至二月八号，匪徒重行滋扰，其滋扰之情形有华兵二名禀知宜昌镇总兵。因该兵二名系派其护送华教士一名，由宜昌往玉鸡河者，彼等所禀之事均系亲行目睹。但天主教民见此二名之兵所言之事，与彼教会有碍，故控告此二兵，谓其偏助耶稣教会云云。耶稣教民亦将此事告于我等，与兵士所言相符。

耶稣教民于二月八号礼拜日，在教堂听讲福音，曾贤贵及阮某带同匪徒围绕福音堂。当耶稣教民遁走之时，被彼等擒住殴击，宣讲之华教士受殴甚重，以致每日不能行动。此外有耶稣教民七名被彼等剪手背缚，一面游街，一面令其高呼曰：凡信奉耶稣狗教者，则视吾之形状可也。此七名中有四名绑缚数天，拘于客栈中不行释放，后当阳县令到来，方解其厄，随挈同彼等至县署。又有一名教民为匪徒所恨，当时适未遭获，后又遍搜各教民之房屋，卒致搜获，如前七名一式捆绑，又用棘棍鞭之，遍身流血，渍透重衣，又用一捆棘树戴于其首，谓之曰：尔所崇奉之救主耶稣亦系戴此棘冠，今尔可依例为之。当阳县曾验其伤，据云实为棘树所伤。此人亦系一面游街，一面流血。如此之恶事，全系一天主教会之教民所为，而其事又为天主教士所宽宥之者。

此等匪徒又在一龚姓匪徒所开之客寓，将其什物捣毁，故意诬称为耶稣教民之所为。有耶稣教民数名，因欲免为匪徒所殴打，故赠钱与彼，少则二千，多则四十千。我等曾亲至该地查访此事，既至以后，见有耶稣教民二十名匿于瑞典教会之中。我等又遇一瑞典教士，言彼等在河雄之教堂，亦被匪徒滋扰，亦将教民殴打，即便逐之出外，亦系湖海会之匪徒，借天主教为护符，而肆其恶。在河雄地方之天主教民，自除去其奉旨天主堂之牌子，并击毁什物数件，而反诬为耶稣教民之所为。天主教民等之行为，均系由瑞典教士告知我等。我等未到当阳以前，天主教士已到过该地，并到玉鸡河。当彼到玉鸡河之时，匪徒或携枪或携旗，列队迎之，彼亦认许匪徒为天主教民。夫即认其为教民，即为认彼等之行为矣。天主教士恫喝当阳县甚厉，以致该县不敢将此事办理。

据当阳县亲告余等云：彼甚畏天主教士，所以虽奉宜昌道之命办理此案，但恐实无力能办到也。据当阳县有人云，天主教士收录教民甚多，每名付钱二百文。瑞典教士屡思一见天主教士，而终不得见。但天主教士又向人云，耶稣教士知天主教士之来，即由后门遁去。我等见当阳县时，曾问其耶稣教民有何不合之处。当阳令答云：我未见彼等之恶，但见彼等之受害也。我等欲偕被难之耶稣教民同往玉鸡河，而当阳县劝阻勿往，谓彼之力不能保护。卒之派兵一名护送一华教士，带同耶稣教民前去。至二月十六号，闻由玉鸡河至荆门洲之间某村之教堂又被匪徒撤毁，并肆殴耶稣教民。及二十一号，九门（译音）之华官亲往该村验伤，将滋事者二人拘去。当此二匪徒被获之时，自称并非天主教民，然一二日后，天主教士忽至官署之中，令将此二人释放。该官即从其请，立释二人。我等作一函交与耶稣教之华教士，携交九门之华官，查询此事，现在华教士已返，将该华官所述之情形告知我等。华官言已将此次滋闹之事，禀知上台，请上台将其开缺，因为天主教士常常干与政治，令其掣肘，故决不欲为官矣。

现在玉鸡河受匪徒苛待之耶稣教民，已同归去，本村有一绅士姓张者，应允保护彼等不致再受匪徒之虐待矣。但当阳县之四境，匪徒尚属甚多，该匪徒等并非有福音道理，在其心中亦并非有所爱于天主教，彼等之奉天主教者，不过为求保护起见。而天主教士结纳彼等及保护彼等，以使之幸逃法网，实不啻助长乱萌也。

现在我等犹忆数年前在当阳县属河雄地方，该处之天主教民与美国耶稣教会之教民，互相滋闹。其时该处滋事之天主教民，与现在滋事之天主教民，系同一天主教士所管理。其时滋闹之情形甚烈，伤人亦甚众。假使耶稣教士敢于包庇匪徒，则必立被领事官之责罚，或被本教会调回本国。而天主教则不然，可以任意包庇匪徒，置法律于不顾。天主教会之司铎，或不知其属下教士之所为欤，或知之而不欲约束欤，抑或不能约束欤，均未可知也。观于此次我等往查此案件所闻所见之事，无怪华官之深恨西人也。以上译二月廿九日《文汇西报》。

《中外日报》光绪二十九年三月一日（1903年3月29日）

武昌拿获会党首领*

探寻湖北官场得两江密电云：有会匪首领匿迹武昌，系一僧人改装，其党甚众。鄂中当道派兵严密查拿，于初二日晚间在斗级营某栈缉获，旋送营务处密讯。据供党羽共千余人，散布武汉间，拟端午夜起事云云。嗣又供出同党六人，寓红墙巷内某家，遂于初六日派兵拿获。又供出同党八人，寓抚院东街牙厘局对门，亦于初七日晨派兵往拿，均未漏网。有见者云，其中二人衣衫甚为华丽，被擒后毫无惧色，随同兵勇往营务处尚昂然放步而行。至供词如何，容再续探。

按：此事当必确实。然所拿之人是否确系匪首，已难言之，则长江一带是否确有会匪欲图作乱，亦殊难悬揣。以上访稿。

《中外日报》光绪二十九年五月十一日（1903年6月6日）

学生界自结义勇队*

自《湖北学生界》出后，端午帅痛恶其报中议论，遂将湖北学生调回，并设法严密访查留学生有无革命等说，有即置法。此事既久，旋有自结义勇队之举。复经魏午帅奏闻，大略称学生等刻下已轻妄如此，不早压其机，将来大有可虑云。刻已由政府通饬各督抚严行查察，各该省学生若潜自回籍，即是革命党奸细，许其严法惩治。

《中外日报》光绪二十九年闰五月九日（1903年7月3日）

黄冈县拿获会匪暨民教不和*

近日汉口又有会匪蠢动，经夏口厅拿获二名，解送营务处收审。次日又由保甲局聂大令有武拿获一名，闻系案中要犯云。

黄冈县近因民教不和，致启衅端，已由关道陈观察檄委洪大令述祖驰往查办。以上访稿。

《中外日报》光绪二十九年六月十九日（1903年8月11日）

武建营调往广东*

湖北武建军八营派调来粤，听候调往西省。该军由鄂分乘飞鲸、泰顺两轮船来东者，业已抵省，其乘坐安平轮船之左旗第四营及右旗第四营勇丁，复于廿三日抵省，当由善后局营务处委员会同南、番两县亲往河干办理雇夫，代为挑运入营矣。该营督带官候选知府刘承恩、左旗第四营管带吴德宗、右旗第四营管带梁焯均即往东较场及贡院驻扎。

《中外日报》光绪二十九年七月四日（1903年8月26日）

端方派调武建营往广西电*

署鄂端午帅日前来电云：奉电旨迅速调拨湖北武建营拔队驰往广西，归岑春煊调遣等语。现经派委管带左旗第一营之选用知府刘承恩专充左旗四营督带官，管带右旗第一营之选用直隶州钟麟同专任右旗四营督带官，其两营营官另选员接带。已经电准北洋大臣袁世凯派泰顺、飞鲸、安平海轮三艘到鄂，装载该军赴粤。合亟奏明等语。

《中外日报》光绪二十九年八月六日（1903年9月26日）

又获会党

日前汉洋街某栈房内，藏有会匪多人，意欲揭竿创乱，为当道所闻，即饬驻汉陈参戎带同汉防营勇，前往协拿，捉获四十余人，起出军械甚伙。此四十余人中，有所谓三十六天罡者，即该匪之首领也。闻外埠、本埠党羽有数千之多。端制军已电饬各要镇密为防范，切实严拿。

《中外日报》光绪二十九年九月七日（1903 年 10 月 26 日）

湖北教案详述（利川）

西七月二十三号（即中六月十一日）本馆宜昌电云：传闻在施南府左右利川县地方，有法国教堂监督一人、神父一人被人谋害；又有神父一人被拘，教民二人被杀，教堂三所被焚。有兵二百名已离宜昌前往滋事之地。注：利川系湖北施南府所属，距宜昌西南约一百二十五英里，被害诸人乃比国人，非法人也。译六月十三日《字林西报》传单。

《中外日报》光绪三十年六月十三日（1904 年 7 月 25 日）

施南府教案详电

七月廿三号（即中六月十一日）本馆汉口电云：本省施南府利川县因出有仇外之事，致比国教会之维佛理雷甘监督及其弟某神父、佛罗百力神父全行被害。是时又有中国教士二人被刎其首，又有教士三人被焚毙，教堂被毁。该处官场已派兵半营前往滋事之所矣。译六月十三日《捷报》。

《中外日报》光绪三十年六月十四日（1904 年 7 月 26 日）

法报记施南府天主教及教士被害详情

湖北西境施南府利川县近出一杀害教士之案，其情形与一千九百年之拳匪之仇教相同。闻被害者主教一、神父二，系哥弟会党酿成。按哥弟会素具仇教之心，一千八百九十八年时，有教士名维克多伦者，曾被该党虐杀。此次复无故仇杀一主教、二教士，其被害之事，正与往昔四川成都府教案先后如出一途也，亦云惨矣。宜昌华官得信后，即派兵二百名前往闹事地方相机办理。想将来祸首弋获，即当从重惩办，而该处地方官亦必不能辞其咎也。夫乱党之敢于仇害教士者，皆由地方官办理教案敷衍了事，不肯将犯事之人严加惩办，以致匪党愈形猖獗，胆敢仇害教民也。

闻法舰台西台号已于昨上午起碇，前往宜昌。本馆深望该舰此行，必能将此次教案速行了结也。按此次教案，该处地方官当治以应得之罪，而两湖总督亦当实心办理，以防意外之虞，斯亦幸矣。译六月十四日《中法汇报》。

《中外日报》光绪三十年六月十五日（1904年7月27日）

论施南教案之结果

自施南教案一起，本馆已将教案之由来与大概详为论及矣。而其办理之法及交涉之状，均尚未知。要之，观其由来，综其大概，即可知其结果之如何。本馆向来患多言不幸而中之病，今者于此案之出，实觉心怀忐忑，为之不安。兹特于事前姑作豫拟之词，要非无病而呻，谅阅者必不病其伤时之言无端而发也。

一曰施南教案之发，正值远东外交将起之时，其结果必出巨患也。自日俄开战以来，中国宣命中立，英日两国之忠告，咸劝中国力修内政，勿起内变，以免瓜分之惨祸。幸而日兵每战辄胜，俄人自救之不暇，英兵之入西藏，中人亦不起而干涉，故目前托中立以苟安，稍得暂免急祸。然泰西列强除英美以外，其余之强国若法、若德，无不时时思逞欲乘机以迫成瓜分之局，而为一己之利。而其中之急莫能待者，尤以法人为甚，故其托比人之购粤汉铁路股分也，借口于粤西之乱事请派兵以助剿也，无非欲由粤南地方图伸其权力于中国南境，以与英人相抗。现值日俄之战将结，战事将终，而外交将起之时，已有德人请在洞庭、鄱阳驻练水师之事。此等现象，无非欲乘日俄战局将结之先，预为布置，以使外交事起，乘便下手而已。乃今者广西柳州兵变之事未已，又益以施南之教案，则是中国之不能修内治而无力平内乱也，已有明证。当此远东处分案将起之时，先自授实证于人，使其有所借口，窃恐因此一教案而牵涉广西之兵变，因广西之兵变而涉及扬子江之势力，竞争纠葛之余，借以决裂，则中国之大局必不可收拾，此其结果甚恶者一也。

一曰施南教案之发，当中国国权尽堕之时，其结果必将增重也。夫外交之政策，既以保护教门为召衅之一端，而中国政权之外落，亦即因教案而日甚。自天津教案起后，参官、戮犯、赔款之例以定，自后凡遇教案，其办理悉皆准此。自曹州教案出后，于参官、戮犯、赔款之外，又加以割地，而自后凡遇教案，其办理亦几准此。自庚子团匪事起，本与教案无关，因涉及教士，故订约时偿款、惩凶诸节，处罚更重。其后浙之衢州教案，湖南之辰州教案，于戮犯、赔款以外，又加以诛罚官吏，自后凡遇教案，其办法亦将准此。总之，外权日加，内权日削，有求必应，应亦将穷。乃当今内忧外患迫于眉睫之余，忽又平地生波，出此一重大公案，然则其办理之结果将何如乎，吾恐戮犯、赔款、割地、杀官四者之办法，必将并见于是案。而中国之教案办法，其重率所加，将以施南一案为结穴，此其结果之甚恶者二也。

一曰施南教案之发，正当中国民穷财尽之时，其结果必将贻患无穷也。今中国之民，其狡而黠者，皆以倚赖外人为得计，其愚而拙者，于内政外交之得失如何，皆非所知，惟是因赔款而勒捐，因裁厘金而增税，则其苦乃亲尝之，而愤争之端最为易起。

哀彼小民，既不知以与闻财政为要求权利之计，且其心尚以为朝廷之诛求我，官吏之朘削我，皆系受外人逼迫不得已而为之也。又不知外人与我政府之交涉，其用意何在，惟是内地传教诸教士受本地长官之谄媚，则亲见之，本地教民之倚势专横，则亲受之，即以为败我国事而丧我民财者，皆若辈之所为。俗所谓仇人相遇，分外眼明者，不于是报之，将乌乎雪我之怨耶！既种此因，即当结此果。吾恐教案之办法益重，则将来中国强桀狙诈之民，皆将依托教门，依势以逞其毒；良善富厚之辈或投靠教门，以免征求之烦；其穷而愚者与夫游手生事之民，则将牺牲群盲，仓卒肇衅，以供一己数日饱暖之求。而教案之发生，且将朝夕数发，而惩治赔割之计，亦将终穷，惟有坐视亡国灭种而后止。故施南教案又为日后无穷教案之起点，此其结果之甚恶者三也。

以此三端，推求施南教案之结果，则中国坐亡之祸，殆将与教案为终始乎？虽然，是亦不可必也。夫外交之得失，以兵力为得失者也。民智之高下，以教育有无为高下者也。所望我国之秉政者，于练兵、教育二端，尽心力以经营之，则救亡于今日犹未为晚。有心之人，其不以此语为河汉也乎！

《中外日报》光绪三十年六月十五日（1904年7月27日）

志施南教案

此处接有七月廿四号（即中六月十二日）汉口所来之函，言及施南府之乱事者，兹录于下：

本月十九号（即中六月初四日），距施南府九十里之利川，有天主教之主教及其弟一人、教士一人，均被杀毙，又有教士一人被拘。彼等均系比人，恐有从天主教之华人亦遭击毙，该处大为不靖。

其详情如何，尚难知之。不知此乱事果系与教士相争而起乎。或由抢劫而起乎。该处现已有兵七十名，宜昌总兵因许知县所禀请，故增兵一百名派往该处，想他处地方不致再有不靖之事矣。该县□知县已照会洋人，请其不可他往，以免再生祸端。因该县目下正在求雨，闲人聚集过多之故也。

湖广总督张之洞已发出严令，勒令捕获谋杀之诸人，并悬示赏格。译六月十八日《文汇西报》。

《中外日报》光绪三十年六月十九日（1904 年 7 月 31 日）

记恩施教案详情

昨得武昌友人专函云：现在施南府教案实在恩施县地方，与毗连之利川无涉。其肇事缘由，则因耶稣教与天主教以细故龃龉（闻因此造被掌颊之辱，欲彼造赔礼而起），遂致酿祸。耶稣教民杀毙天主教士三人，又杀毙天主教民四人，焚毁天主教堂两间。鄂省大吏闻报，已派左观察带兵前往查办弹压。又闻耶稣教民事后已逃避无踪，业由官场悬重赏缉拿矣。以上访稿。

《中外日报》光绪三十年六月二十五日（1904 年 8 月 6 日）

施南教案述函

施南教案出现后，本馆因其情重大，特函托施南友人详查一切，昨始得其复函，述该案之始末甚详，兹录如下：

施南府属恩施县，有沙子地者，一小村落也。三年前，天主堂荆宜施主教德希圣君巡行其地，深拟于是处设堂宣教，团首崔姓与之为难，主教知不可以以舌争，白诸邑令，崔因是受辱，含恨于怀。本年五月，德主教偕弟及一董姓教士遍查所属，复过其地，崔姓慑于压力，特具炮酒谢过。嗣因炮酒不敷，彼此互相争执，致激众怒，登时将堂焚毁，德主教兄弟及董教士先后被杀，并毙教民若干人。此六月初七日事也。鄂督张宫保暨荆宜施道余观察既得此电，即先后委吕竹笙大令、左元麟观察偕同法总领事所派田教士入山查办，宜昌镇傅军门随遣宜防营兵七十名前往弹压，更派兵五十名沿途护送田主教。张宫保仍虑兵力单薄，民情野蛮，恐不足以镇慑，特调常备军右翼一营入山，相机办理。该军于廿三日抵宜，次日即开差至滋事地方。传说崔姓亦耶稣教民，其父兄见已肇祸，将其处死报县。沙子地一带民人因惧祸远逃。至该管文武，闻已分别摘顶革职，勒缉首犯云。以上访稿。

《中外日报》光绪三十年七月五日（1904 年 8 月 15 日）

恩施教案详志

得汉口来函云：法国因施南教案事件重大，特派驻北京参赞官前往查办。闻某君刻已自汉附某法兵轮上驶，日内即可抵宜。鄂督张宫保闻之，特委胡次甫别贺先附固陵轮船往宜，照料一切，并饬东湖县预备行馆，以居法参赞。六月下旬，鄂省当道接到施南官场来电云，杀毙董教士及教民之正从各犯已获六名，计王成宣、赵世才、黄平山、黄玉隔、徐正柏、叶照林等，均送交府县归案讯办。以上访稿。

《中外日报》光绪三十年七月八日（1904 年 8 月 18 日）

恩施教案议约条款

兹将湖北恩施教案商议之约款详列如下：

一、下手行凶之犯，须即行惩罚。

二、该县地方官与分防之佐杂官，须革职离任。

三、须在该处造一医院，以为纪念。

四、被害之神甫，须以体面尊贵之葬礼为之安葬。

五、被害之华人四名，须以恤款若干给其眷属，并须于付给神甫之恤款时同时发给。

以上访稿。

《中外日报》光绪三十年七月二十五日（1904 年 9 月 4 日）

施南教案详述

按施南府首县恩施县教案详情，本馆业于二十四日据《字林西报》记录。昨得施南友人来函，叙述当时起衅情节甚为详备，足补前报所未及，特为补录如下：

按施南县杀毙教士一案，系因六月初六日德主教偕其弟及董教士自府城至沙子地分堂，讲道山乡，是处罕有外人足迹，偶见之下，遂相率围观，久而愈聚愈众。有自宜随往之教民贾姓，因人拥挤，口出不逊之言，致与乡团项协堂、崔春森等口角，继以殴打。嗣经旁观者解散，而贾心不甘服，白于主教，主教允俟回城再行告官。事为项等所觉，知势不敌，倩人从中调停，愿以酒八席、鞭炮二万谢过。主教以项既肯俯首，亦即允之。及至是日，先开酒席四桌，众教民以菜不丰美，鞭不足数，诸多挑剔，并将杯盘掷碎。项等以吾辈既已服礼，尚复如此受辱，未免过于欺人，若不先发制人，纵之必生后患，因密与崔春森等商议，拟俟彼等回城之日，于半途要而杀之，众咸许可。其计遂定。孰意机事不密，某教民微有所闻，白于主教，并云须通知地方有司派人保护回城，主教以为过虑，未经应许。及频〔濒〕行之日，诸教民意欲持械护送，以防不测，主教亦不允，且言众人若不放心，当先遣董教士前往哨探，吾随后行。于是且召董至，命其策蹇先行，设有不妥，即刻返骑，否则径自回城，我当偕弟乘舆后至。讵料董至鸦雀水（离城十五里）地方，项等早已埋伏，自田中突出，将董捉去。主教见董迟迟不回，以为必已平安入城，遂更放胆前进。及行近鸦雀水，遥见前途似有阻拦，正拟回舆，众已纷拥围绕。彼时众寡不敌，主教兄弟及教民四人同时遭擒，旋用刀矛刺死。祸既酿成，众旋四散。待至府县知觉，群凶业已远飏。此当日之滋事情形也。崔春森之父见其子如此行为，恐合家俱受其害，因将其子治死，自行到官投首。现首犯项协堂闻已就获，诸教士教民尸首亦均寻回，旋即棺殓，不日均须载赴宜昌。至查办此案之左瑞芝观察，日内即可出山，诸凶亦均解宜讯办，护理施南府之咸丰县知县何受之司马，则已因此案撤任矣。

《中外日报》光绪三十年七月二十六日（1904年9月5日）

石首闹教

访闻荆州府属石首县地方，近日亦有闹教毁堂情事，该县令已上禀道台，请兵弹压矣。

《中外日报》光绪三十年八月十四日（1904年9月23日）

施南闹教各犯就戮

施南闹教一案，应问斩罪者十三犯，现就获者仅只十名，尚有三名在逃。昨经余观察与贾参赞议定，将首要八犯于滋事地方就地正法，余二名需解宜昌讯办，参赞允之。观察当即电至施南，将八犯即日斩首。

《中外日报》光绪三十年八月十四日（1904年9月23日）

仇教又闻（江陵）

荆州府江陵县属张金河地方，近日出有匿名揭帖极多，所言皆系与天主教为难之事，地方官已严察防范矣。

《中外日报》光绪三十年八月十四日（1904年9月23日）

施南教案议结

施南杀毙主教一案，自开议迄今仅二十日，业经议定，办理可称迅速。兹已缮成文约八分，定于二十一日画押签字。风闻约中所议共计三条：

一、议结被难教士等恤银十四万两。

一、议另拨银五千两，于荆州府城内建立医院一所。

一、议恩施县知县王祐，事后缉捕凶犯不力，邻县巴东县知县田芸生，于施南一案不能协捕匪人，均应记过罚俸。

除此三项之外，余皆无甚紧要。法参赞于此案完结后，尚需偕余观察及诸教士同至荆州，选择地基，以为建设医院之用，而后遄返北京。左观察则拟至枝江一行，因前有两教寻仇一案未经议妥，故省台特令驰往查办也。

《中外日报》光绪三十年八月二十八日（1904年10月7日）

施南教案赔恤银数

施南府利川县教案由左观察与法参赞议结，已纪前报。兹闻议就将地方官分别处分，首犯处斩，其余各犯亦分别斩监。另赔修教堂房屋银一万四千两，抚恤教士银十万两，教民恤银二万五千两，修造医院银十四万五千两，共计二十八万四千两云云。

《中外日报》光绪三十年九月十六日（1904年10月24日）

湖广总督张奏办施南教案情形折

奏为湖北施南府教案，业经获犯惩办，议给抚恤，谨将从前启衅缘由并现在议结详细情形，恭折具陈仰祈圣鉴事。窃查本年六月间，据代理施南府知府候补同知何锡章、署恩施县知县王祐、署施南协副将吴友贵等电禀称：本月初五日，有法国天主堂主教德希圣往恩施县沙子地游览，带同教士德希贤、董明德，并随同游历之教民贾澄清等，路经花背地方，有福音教民向元新欲看德主教，随行教友贾澄清喝拦掌咀，彼此争闹。经向姓户首向光锡向德主教求情，德主教令向元新于初六日在沙子地教友李家炳家备席八桌，放鞭二万，服礼寝事。初七日晨早，德主教正欲启行，其时观看人众，贾澄清忽称前所放鞭尚未足数，勒令向姓将鞭补足，沿途燃放，以致激成众怒，纷纷喧嚷，由向燮堂等纠众，将主教德希圣，教士德希贤、董明德三人，及教民贾澄清、黄朝炳、何登玉、黄张氏等四人，一并杀毙，并放火烧抢李家炳、蔡贤歉、陈汉科等房屋，旋即扑灭各散。臣得报后，以事关交涉，案情极重，当即电饬施南文武各官，赶紧查明滋事杀人要犯，按名缉获，勿令远飏。派委湖北试用道左元麟随带委员吕贤笙等，驰往查办，并电催署施南府施纪云迅速到任。一面电饬宜昌镇傅廷臣，拨派勇营，趱程前往犯事地方，分别弹压保护；一面遴派常备军右翼第六营守备张绍绪，督率所部，驰赴施南驻扎，以资镇摄，并另派长于缉捕之文武员弁，分起前往，查拿凶犯。驻汉领事费享禄亦委宜昌荷国教士田国庆，偕左元麟同往施南办理。旋经现署恩施县知县王祐，亲往沙子地验明已死主教德希圣及教士、教民等七具尸身，妥为分别棺殓。嗣因迁延十日，犯无弋获，当经电奏请将代理施南府何锡章、署施南协副将吴友贵，摘去顶戴；本任恩施县知县王鸿宾，暂行革职留缉在案。维时由驻京法国公使吕班，派令使馆参赞贾沙纳来鄂，商办此案，旋即驰赴宜昌。臣当又派委熟悉洋务之候补知州胡得立，伴同前往，相机维持。一面札令荆宜施道余肇康，亲往宜昌会议办理。旋经试用道左元麟督同该署府施纪云及恩施县施南协副将暨委员等，分派兵役，四路蹑缉，即经先后拿获首从各犯三十余名，分别研讯，究出向燮堂、向元新、向爵臣、王成宣、黄平山、崔光照、黄镜亭、黄玉阶、黄观连、黎登甲等十犯，均系在场动手放火杀人之正犯，并讯明首先动手杀伤主教德希圣者为崔春生，已经其父畏罪将其毒毙，经该县王祐亲验属实。又讯得加功同杀德主教之犯为黄镜亭、王成宣二名，当有驻汉法领事派去之教士田国庆在旁听审，所供无异。由署施南府知府施纪云、署恩施县知县王祐开具供折，具禀前来。

臣查核供词，均系在场行凶正犯，法无可贷，当即核明批饬，将向燮堂、向元新、向爵臣、黄平山、崔光照、黄玉阶、黄观连、黎登甲等八名，在施南正法枭示；崔春生一名亦即戳尸枭示；其王成宣、黄镜亭二名，由该府县派拨兵役于八月十八日押解到宜，亦即当时正法枭示。尚有仅供随同滋事，并未在场动手杀人之廖作述、黄玉廷、袁华山三犯，批令该府县等另议办理。是行凶之犯均已伏罪，主教德希圣及教士德希贤、黄明德尸棺，亦经施南府县派人护送到宜，交天主教堂妥为安置。唯议恤一层，经荆宜施道余肇康、湖北试用道左元麟在宜与法参赞贾沙纳开议。据送交节略，要索赔款至六十万两之多，并另索施南荆州城内及江陵县属之郝穴、利川县属之李子槽地方，建造医院、教堂，各地基均须由官购给。其荆州城内并指索护国寺旧基地段，宽广至九十余丈。又另索在施南犯事地方，为被害之主教、司铎等，建造石坊碑碣，及恤偿被戕教民家属，及被烧抢之各教民家房屋、衣物等项，均不在六十万两之内。经臣迭次电饬该道等，开诚布公与之反复辩论，再四磋磨，相持二十余日，始经议妥。

（续昨稿）计被害主教、司铎等三命，共赔银十万两，抚恤被戕教民四命家属及被烧抢之各教民房屋、衣物，并建造主教、司铎之墓庐，共给银二万两，又帮助建造医院善举银二万五千两，三共汉口洋例银十四万五千两，一应包净在内，自光绪三十年十月初一日起，三十一年十二月初一日止，款分五期交付。其建造医院、教堂各地，除李子槽地方，该教会原已出价购有民地，毋庸再议外，荆州城内许于一年内，由官代觅公私无碍、洁净相宜之地，以宽长各二十丈为限；施南城内亦代觅相宜之地，以宽长各十丈为限，地价仍由该教会自给。而施南建造石坊碑碣、郝穴建造教堂两事，概作为罢论。惟所建荆州医院、施南及李子槽两处教堂，均议明奏请给予敕建字样，以示矜异。其各官处分，当经告知该参赞，亦无异言。议定约款五条，彼此允洽，遂于八月二十一日本约签字，业经撮要电请外务部代奏在案。

查从前武穴、麻城、巴东等处教案赔款，均奏明在江汉、宜昌两关拨付，宜昌教案赔款，系奏明在司库及江汉关拨付。现在宜昌关税收数过绌，此次拟查照光绪十八年宜昌教案，于司库各款及江汉关洋税项下如数分期拨给，司库摊认四成，关道摊认六成。至此案甫出之日，上海各洋报讹言蜂起，几致牵动大局，施郡居民纷纷逃避，众情惶惧，甚难措手。嗣经臣迭电施南府县营各官，令其剀切开导，出示晓谕，止办滋事正凶，断不株连事外，并明悬重赏，缉拿各犯，民情始渐安帖，得以将下手正凶陆续拿获惩办。迨法参赞贾沙纳抵宜之后，各教士极力怂恿挑剔，谓主教品级甚尊，所欲甚奢，意欲藉此大兴风浪，肆其案外之要求，多方恫喝，势甚汹汹。幸湖北办理此案尚为迅速，获犯讯供，均属切实，绝无株连冤滥，在彼无可藉口。法参赞亦能明白近情，事事均受商量，不为各教士所摇动。该参赞特于约款内专列一条，叙述法政府志谢之词。此案得以得平议结，不致别生枝节，稍堪仰慰宸廑。至该地方文武各员，未能先事预防，致酿巨案，实属咎无可辞。本任恩施县知县王鸿宾，在任日久，毫无觉察，厥咎较重，前已电参暂革留缉，应请即行革职。前代理施南府知府何锡章，于出案后漫无布置，应即摘去顶戴三个月，以示薄惩。现署恩施县知县王祐，虽到任已在出事之后，惟初起拿犯，未能立时破获，应请记大过四次，补官之日罚俸三年。卸署巴东县知县田芸生，于此案牵涉人犯，未即解赴施南质讯，辄行递解回籍，致启外人口实，亦属不合，应请记大过三次，补官之日罚俸二年。署施南协副将吴友贵，前虽失察，但于此案出后，竭力缉捕，拿获正犯甚多，应请将前奏摘去顶戴处分随案开复。此外在逃余犯及讯无确供各犯，由臣严饬该府县等，分别勒拿复审，酌其情罪，分别定拟，一俟办理完竣，再将全案供招，咨送刑部查考。至施南府距省遥远，山林深僻，民情愚悍，伏莽亦多，历年屡有教案，以后必须妥筹善后之策，方免横生枝节，贻误大局，容臣详筹办法，另折奏陈。除将现定议约五条钞送军机处、外务部外，谨将此案从前启衅缘由，及现在议结情形，恭折具陈。再，湖北巡抚系臣兼署，毋庸列衔，合并陈明。祈皇太后、皇上圣鉴训亦。谨奏。

《中外日报》光绪三十年十月三、四日（1904年11月9、10日）

书业罢市复开（宜昌）

每当考试之年，凡百生理皆随棚赶考。宜昌今岁适逢科岁并举之期，各业群集，而书铺为尤盛。此项商铺以向无定居，故招牌悉系布制，取便携带。学院街一带房屋矮小，东湖县熊大令因过街招牌有碍舆马，爰饬各店将牌高挂，各店当即遵谕办理。有善成堂者，因匆促收牌，偶不经心，致落熊大令舆前，大令怒甚，即时将招牌扯碎，更饬差将店主带案罚办。当云警察章程，招牌例应缴捐，今所有来宜赶考商铺，应照此章办理。书业同人以宜昌店铺并无此项捐款，何独苛待行商，众店咸不甘服，于是相率闭市，并于学院递禀。嗣经地方绅首向县令一再代为乞请，捐项始获邀免，各书铺即于次日重复开门，贸易如初。

《中外日报》光绪三十年十月七日（1904年11月13日）

因捐罢市（圻水）

圻水县之酒，行销甚广，地方官订定章程，向索税捐，以致该帮聚众罢市，藉图挟制。现经绅董调处，未知作何了结。

《中外日报》光绪三十年十一月十六日（1904年12月22日）

补录施南教案善后条约

按施南教案议结已久，而条约外间迄未之见，兹经本馆觅得全稿，特行刊录报端，藉供众览。

为立议约事。兹因光绪三十年六月初七日，即西历一千九百零四年七月十九日，湖北施南府恩施县沙子地地方凶徒向爕堂等，戕害管理湖北西南一带教务德主教希圣暨德司铎希贤、董司铎明德及华教民贾澄清、黄朝炳、何登玉、黄张氏一案，经大清湖广总督部堂张，特派本道余、左，大法驻京全权大臣吕特派本参赞贾，前赴宜昌，商同议办。本道左并先奉派前往施南，会督地方文武，查拿凶犯。两月之内，即行弋获惩办，办理实为迅速。彼此均愿持平秉公议结，以敦睦谊。自此次议结之后，并无遗漏，两无异议。今将议定各条开列于后。

第一条，起意下手正凶向爕堂即向协堂、向元新、向爵臣即向明新、黄平山即黄兴邦又即黄二、崔先照、黄玉阶、黄观连、黎登甲八犯，先于八月初六日在施南正法枭示；崔春生一犯亦即戮尸枭示；其王成宣、黄镜亭二犯，复于八月十八日解来宜昌，即日正法枭示，以昭炯戒。惟查据各该凶犯向爕堂等供，在场约有三十名等语。今除前开业已处决十二名外，其已获之傅朝升、廖述作、黄玉廷、袁华山、葛祖鼎、杨家声、向从新、向璧新、向光苕、李耀廷、谢代先即谢明山、向四娃、李保南、张佑林、王成纲、向顺兴、黄显章、孙竹亭、黄家保、梁立道、梁朝玉，及在逃之黄文明、孟文富、孟文宣、谭大任等，应饬地方官分别提拿，一一讯明，如有在场下手杀害主教等之犯，仍应按律惩办。其供认在场执有凶器，虽并未下手之犯，亦应讯明，分别轻重惩办。其放火烧毁教民房屋为首之犯，并应讯实，照例严办。其黄文英、赵绍坤、赵绍科、王昌正、王连苦、刘朝琎、周南、彭毓常、郑作桐、胡达章，及逃往四川巫山县之丁惟峰、李吉武等，应按照原控各案，分别提传讯明，从速拟办。

第二条，主教名位崇高，与司铎惨被戕害，应赔银十万两，以示优异，又另给银一万两，作为主教、司铎建造墓庐；暨田司铎单开被烧抢教民房屋等项，估值银一万四千二百余串，及酌恤被杀教民四人家属之款；又另给银二万五千两，作为帮助后开建造医院善举之款。三共洋例银一十四万五千两，分为五期交付：光绪三十年十月初一日交银二万五千两，十二月初一日交银三万两，三十一年四月初一日交银三万两，八月初一日交银三万两，十二月初一日交银三万两。均交汉口天主堂当家司铎收领。另立凭单，依期见单发给。

第三条，自签字之日起，一年之内，在荆州府城内，由地方官代觅公私两无窒碍、洁净相宜基地一处，以工部尺牵算，见方长二十丈、宽二十丈为限，建立医院一所，以永远追念德主教。又在施南府城内代觅基地一处，以工部尺牵算，见方长十丈、宽十丈为限，建立天主堂、并司铎住屋各一所，以永远追念德司铎。所有地价，及迁移民房，并建造医院、教堂及医院常年经费，均在前开赔款银十万两及善举银二万五千两之内，惟地价应须公道，不得任业户抬价居奇，亦不得稍有抑勒。又在利川县李子槽地方，建造教堂及司铎住屋各一所，规样依照施南教堂，以永远追念董司铎。所有地价、迁费、造资亦在前开赔款之内。至李子槽地方基地，教士已先自购，无须地方官代觅。其医院、教堂三处，均请督部堂奏明勒建，并饬地方文武员弁照约妥为保护，将来医院、教堂落成，三年之后，如欲自行价买基地扩充，地方官无不帮同照料。

第四条，前任恩施县知县王鸿宾，应请革职。代理施南府知府何锡章，摘去顶戴三个月。现署恩施县知县王祐，应请记大过□次，俟补官日罚俸三年。署巴东县知县田芸生，已奉调省，应请记大过□次，俟补官日罚俸二年。署施南协副将吴友贵，获犯甚多，应请开复摘顶处分。

第五条，湖广总督部堂张宫保及地方大员，拿办凶犯极形迅速，法国政府亦所深知，并为感谢。

以上五条，应备华文、法文各八份，彼此签字后，应候大清湖广总督部堂、大德驻京全权大臣核准施行。其八份，一存中国外务部，一存法国驻京使署，一存湖广总督部堂衙门，一存湖北巡抚部院衙门，一存江汉关道衙门，一存荆宜施道衙门，一存驻汉法领事衙门，一存宜昌天主堂。

大清钦命二品顶戴湖北分巡荆宜施兵备道余押。

三品衔湖北补用道左押。

随议委员补用知县胡押。

翻译随员潘押。

大法钦命二等第一双龙宝星头等参赞贾押。

光绪三十年八月念一日

一千九百零四年九月三日

《中外日报》光绪三十年十一月十八日（1904年12月24日）

志抗粮滋事（宜城）

宜城县武、襄两卫，前经上台札委候补通判江别驾凤藻，设局办理军户税契。因操之过蹙，以致各军鸣锣聚众，约有三千余人，薄暮哄入县城，焚烧衙署局所，拆毁书差房屋。县官沈大令俊，即请城守营张千戎保护监卡仓库，一面专差驰赴郡城，详请襄阳道派兵弹压。业由郭观察承举札委补用参将刘参戎永金、候补知县张大令长佑，带兵前往该县弹压解散，以免酿成祸端。

《中外日报》光绪三十年十二月十五日（1905年1月20日）

再志宜城县土民聚闹事

宜城县为征收卫田，致卫军鸣锣聚众起事，已纪前报。兹又得宜城私家专电云，该党愈聚愈众，现已有数万人之谱。先由该县电禀襄阳道，由襄阳道派遣随州马队弹压，该匪竟敢抵抗，彼此开枪对峙，伤毙马队哨长一名。后经马队竭力攻打，该匪势焰稍杀。鄂省现又檄派常备前锋步队二营，星夜前往弹压，已于初七日起程。

《中外日报》光绪三十年十二月十五日（1905年1月20日）

钦使随员行凶

铁良于初二日起程，十一下钟渡江。初一日，先由队官传谕，预备挑夫二百名。讵时值新年，仓猝之间仅得夫役五十余人。该随员及铁之家丁，平日因索酒席折价，与供给委员已积不相能，遂借此将办供给委员某大令朋殴，翎顶朝珠毁坏不堪。凡县署派往差役，无不缚而挞之。忽又称失去皮袍，将看门之城守营千总欧阳胜掌颊。是时铁已下船，而随人等即大肆抢劫，所有陈设席卷一空。善后局派有委员往彼收拾木器者，亦被辱骂。各员弁见某大令已狼狈不堪，相率远避，任令钦使随员之掳掠呼啸而去。闻动手殴某大令者，系副都统寿挹青云。

《中外日报》光绪三十一年一月十一日（1905年2月14日）

铁良搜罗字画

铁良此次在鄂贿赂一层，查无实据，惟送古玩字画者一概全收。尤喜刘石庵、恽南田字画，凡有家藏刘、恽真迹者，被官场搜罗一空，无不获厚利云。

《中外日报》光绪三十一年一月十一日（1905年2月14日）

宜城民变被参

探得襄阳府宜城县民变一案，已被御史涂国盛奏参，谓张督办事任性，宜城知县沈俊因循酿祸，卫田局委员江凤藻操切妄为。已有旨交张督查办云。

《中外日报》光绪三十一年一月十四日（1905年2月17日）

京山闹教志略

闻安陆府京山县百姓与法国天主教为难，焚烧教堂，杀死教民，并有强奸妇女情事。幸洋人为华官保护，得以无恙。驻汉法领事已照会张督矣。

《中外日报》光绪三十一年一月十四日（1905年2月17日）

钦使随员行凶补记

铁良随员殴辱行辕办差委员，已略纪前报。兹将友人目击情形详述于下：

当铁良未至鄂之先，即据下游各省来函，须致送赆银仪三千两，张钦差得二千，随员分一千。供给委员接函后，即呈之张督，督坚执不允。铁至鄂后，随员家丁至供给处索过三次，委员诿诸。临行时，该随员等又索折席价（每人每餐需席一桌，兹以六人开一桌，每餐须折价五桌），委员又未照付，积怨已非一日。初二日黎明，钦差忽传起节赴汴之命（张督本留铁初五动身），饬预备挑夫二百名。委员以时值新年，一时措办不及，遂用德律风报知善后局商之督中协张彪。张彪立派护军营兵丁二百人至行辕伺候，搬运行李毕，不过一点钟，铁已乘马车由汉阳门下河，随员等盘踞不去，饬询巡捕徐道恭、陈宝庆三千银如何，委员等以未预备对。随员等知已绝望，遂索东洋车二百辆（武昌通城平月只四百辆，新年多不上街），委员各处觅雇，只得五十辆，与随员商议，分四次推送。随员等坚执不允，大肆辱骂。有一家丁呼巡捕周、陈两人至小室中（陈宝庆、徐道恭皆湖北派充巡捕，并非铁带来者），缚陈手足，以马棒挞之。陈体最胖，且系北直人，崛强不服，以至挞百余棒，遍体鳞伤。徐系四川人，长于词令，遂伏地乞怜，故该家丁只踢徐数脚即已。当挞陈时，窗外有人呼郭四住手（或云该家人名果是）。陈、徐得释后，有由京带来之杂务巡捕杨葆元，同一穿行装带水晶顶者（此人或曰姓志，或曰姓严）奔至账房，大骂不会办差，高声大呼钦差的不要，难道我们的也不要么。某大令略与分辩，穿行装者即时拖该令之辫，杨葆元即以拳击该令之额，云是寿都统教我打的。适善后局总办蔡道源琛在侧，略与劝解，即扭蔡道殴打。蔡道申明系为钦差送行来者，而蔡道外褂已被撕破。复扭某令，谓其不配做官，又将帽抓下，朝珠扯脱，补服撕去。时已五下钟。忽内面又称失去皮袍，将看门之城守营千总欧阳胜并江夏县练勇差役一律殴打（此系卫队所为）。一时供给委员及守门兵役均逃走一空。该随员等莫可如何，始纷纷动身，沿街见有坐轿官员，即辱骂之，站街警勇即以马棒挞之，直打骂至江干始已。该随员去后，各委员陆续归来，至行辕检点陈设，凡细软均掳掠一空，琉璃磁器之粗者，均打毁无遗，木器亦拆成数块，狼藉满地。次晨，被辱各员均赴督辕申诉，张宫保命巡捕传谕，必从优调剂，各回家休息。诸员中以陈宝庆受伤最重，刻尚卧床不起云。

《中外日报》光绪三十一年一月十七日（1905年2月20日）

京山闹教缘由

京山闹教，已略志前报。兹闻起衅缘由，系本地举人费姓与天主教民争田水，纠众械斗，放火烧毁教民房屋。现在安陆府赵毓楠、京山县侯昉，已竭力调停，令费姓出资赔偿。费系殷实之家，亦愿了事，当不至酿成国际交涉。

《中外日报》光绪三十一年一月三十日（1905年3月5日）

湖北宜城军户啸聚始末详记

宜城军户揭竿一节，久无详晰报告。兹据宜城来者言，其原始盖发端于卫田委员张令长佑之苛征，继以县尹沈令俊之逼迫，遂致聚众揭竿，抵抗官军，负嵎自固，至今未已。张、沈之苛征逼迫，尤非一端，试略述于后：

一、卫田局清丈地亩，不以工部尺丈量，私以八寸为尺，任意苛求。

一、卫田每亩必令军户缴钱二百四十文为丈量费，违者责罚森严。

一、军户旧券必令呈缴察验，如按券丈出盈余，则余田或充公，或仍售与原军户，令其缴价。

一、券票每银一两须缴钱三十六串，外加书役陋规，有券票银一两缴至六八十串者，违抗即加罚倍蓰。

以上所述，不过略举大概，然已可见其余，故军户多不遵令呈缴。适有军户绅富殷道洪及王某、刘某等，惧花户借以滋事，乃联名禀请县令核减，沈大令当以严词批斥。众花户即时进城，撞入县署，沈大令见势甚汹汹，当持利刀烟膏，对众宣布，谕以汝等不退，吾即不活。军户等恐酿成戕官重案，立即退至璞河瑙卫田局，大肆喧嘈。沈令闻信，率役赶往弹压，张委员赤足渡河逃命。次日，沈令传殷道洪之弟至县问话，语次挺撞，当被管押。军户闻耗大愤，复率众入城，至县署，要求沈令立碑大堂，蠲免军粮。沈令以其锋颇锐，电请马队管带刘水经参将带兵一营，又张千总率部队四哨，同时到宜，列队相向，用枪对击。军户等徒手不支，立时退散至城外枣林地方，正拟解散，沈令督兵进至，即令放火烧毁城外民房甚多，并殃及郧阳府训导住屋数十间。军户等以势成骑虎，有逃至南漳者，有逃至河南者，有逃至四川者，惟殷、王、刘三姓投入大刀会，为之助臂，借得军械，以为护符，遂于腊月初八日与官军见仗，互有损伤。适鄂督派来查办之刘观察至，军户等乃啸聚山林。为自固计，刘道累次柬邀殷道洪和平调处，而殷恐蹈其弟故辙，畏不敢往，惟据险死守，官军亦未攻打。年底宜城文武各官禀报办结，实不确之至。据宜城来者所言如此，特择录以供海内阅者。

《中外日报》光绪三十一年二月一日（1905年3月6日）

电委查办宜民滋闹事

张宫保自接京电，以宜城民变，致被湖北京官联名奏参后，已将宜城县沈申佰大令俊撤任，并电饬安襄郧荆道郭兰生观察承举，迅将闹事情由查明，据实禀复，以便核夺。

《中外日报》光绪三十一年二月二日（1905年3月7日）

毁闹教堂饬赔（蒲圻）

蒲圻县西凉山煤窿，前已经官作为已圈未购官山，封禁在案。乃有教民王丹堂等，违禁擅自开挖，由欧阳义亭率众赴教堂，找寻王丹堂等，彼此口角，致将该堂什物捣毁一空。而欧阳世功诚恐酿成祸端，特将情形禀明关道。当由桑铁珊观察批示，一面札行武昌府，转饬该县速饬欧阳义亭等，将其所毁物件照数赔偿，完结具报。

《中外日报》光绪三十一年二月三日（1905年3月8日）

论武昌教育普及社封禁事

闻武昌教育普及社，因得罪警员，被诬以私通革命党，即将该社抄封，并拘逮其店主伙役人等，严密审讯等情。本馆按教育普及社之案，其被抄封之故，因其出售《革命军》及藏有《兄弟歌》一张也。此案之情状，大与去年上海《警世钟》一案相类。《警世钟》一案，因华官偏徇外人，草率定案，致上海书业大为不平，群起力争，上海道亦以为枉，照会西官再行审讯。今武昌教育普及社所售各书，其非为自行出版，而为承售，固可知矣。以承售言，则书铺交易，往返兑换，固不能细别其孰为禁书，孰为非禁书也。即曰《革命军》等书已犯有案件，该店不应出售，然应禁与否，在地方之行政官吏应先发禁止出售之命令，并载明犯禁科罪之明条，且须先饬知警察吏员，许其有检查书籍之权，使其如是，而该书店仍行私售此书，方可罪其意存叵测。今者禁令未颁，罪科未具，职权未定，即欲凭一二警员之讦告，大肆诛求，则是警察之设，非为保全治安计，而为吏员逞私陷人计矣；亦非为安行政令计，而为宵小讦告计矣。揆之文明各国之行政法，恐不其然。又况所抄出者，上《革命军》一本，又卧榻搜出《兄弟歌》一张，不足为贩售逆书之据也。窃谓张制军敭，历封疆垂数十年，群下之情伪，固已熟知矣。中国官场之积习，每利有禁令及有大案，因乘此机会彼等即可借事邀功，为一己之升官发财计。故每遇朝廷出一禁令，地方出一巨案，其奉令之实行与否，指控之的确与否，符不可必，而惟固利乘便以为猎取功名富贵之计者，大率千百之中，必此辈居其多数。固老成之大吏，每遇大案，力戒株累，胥为是也。今者教育普及社之罪案，充义至尽，不过谓其私售禁书，情迹可疑而已。然私售禁书，尚有发售与承售之别，如欲罪以发售，必须抄出版片，为此案之证，方为情真而罪当；倘欲以不应承售为罪，亦应由官吏发布禁令于前，而后犯者可以惩治。若无禁令，即不能罪之，抑或虑其发售此书，恐致摇动人心，则仅须传该店主人，饬令停售，亦已足矣。苟非再犯，固不能加以拘罚之罪也。况又诬以大逆也乎！不伸禁令于先，而骤加人以罪，是非野蛮无法之国，国无此种之政令也。故此案之为公为私，不难立决者，只有三端：一、须问武昌地方官，果先有禁售各书之命令与否？二、须问该社果曾奉令停售各书与否？三、须问警员果奉有检视书籍之职权与否？如其不然，则是警员之控告，必系私仇，而非公务也可知。该社之发售各书，必非有意犯罪，而被诬陷也可知。地方官之遇事张皇，必系借案以邀功，欲图保举也可知。窃愿老成通达、有志文明之张香帅，能洞烛群小之奸，勿便彼等得以狐假虎威，张其虐焰，致为外人所讥笑，且为上海《警世钟》案分谤也。

《中外日报》光绪三十一年二月九日（1905年3月14日）

禀复查办军户滋事情形（宜城）

客冬宜城卫户因清丈田亩，聚众揭竿，鄂督张宫保檄委刘道秉彝，随带委员四人，驰赴查办，刻下争已平息。刘观察等均于月初旋省，将查办情形禀复核办。

《中外日报》光绪三十一年二月十六日（1905 年 3 月 21 日）

汉口铜货帮罢工滋事

汉口铜货一业，所用工人甚众，曾由该业绅首童日昇倡议兴建老君殿，以为会议之所，垫银二千多两，始得落成。兹童以垫银无著，议抽铜匠薪资抵还。该匠以向来薪资甚薄，未能再行议抽，因向店东请加未准，遂即罢工，聚众三千余人，在后堤环瀛茶楼集议，借滋事端。当为都司陈庆门都戎所闻，督带汉防全营勇丁，前往弹压排解。有警察一局哨弁许镇亭，在场弹压不力，且未衣冠，随经都戎棍责，并请道台撤委，以示儆戒。至于该业所酿事端，刻已经绅调处，未知作何了局，容俟探闻，再补续报。

《中外日报》光绪三十一年四月十一日（1905 年 5 月 14 日）

枝江地方不靖

枝江县属荆州府，与松滋县毗连，刻下松滋县土匪滋事，枝江人心亦为蠢动。县境祠堂港地方，已有红灯教多人盘踞，明目张胆，散放飘布，勒索居民报効。该县余鼎臣以兵差有限，不敢捕拿，昨有电禀到省，请饬荆、沙就近派兵，前往兜拿。

《中外日报》光绪三十一年四月二十日（1905 年 5 月 23 日）

匪耗警闻（光化县）

近接汉口访友来函，谓光化县属老河口地方，去腊有拳匪数万定期起事，幸由该县黄大令仁葵严密查拿，始在路家巷酒馆获住匪首柯了凡、孙老幺等六名，并起出伪示、伪印票、布符咒及军械等。其伪示中有"奉天承命，统领天下，九龙天兵，扫荡清朝，弥勒圣主"及"圣德元年国号"，又有"今年属午乃午会当运"之语。共计伪示八套。随由黄令将柯、孙二匪带署提讯。据供党羽甚多，已遍发传单，通知豫、陕二省刀痞，共计二万余人，原约定除夕在老河口纵火为号，所有河下船只计有二百余号，拟先闯恩关，再劫当铺，抢掠局卡，然后戕官劫狱，共图大举云云。大令得供，遂饬画押，并即枭首示众。豫、陕各省匪党闻风惊散。近闻该匪党拟图报复，谣言又起，黄大令因电禀上峰拨兵镇摄。

《汇报》光绪三十二年三月四日（1906年3月28日）

近日学堂风潮汇志

一、仕学院因日本教员与学生冲突已纪前报，兹由监学吕太守调停，业已如常上课。

一、东路高等小学学生因放风筝为监学记过，致大起冲突，学生咸挟刃欲得堂长而甘心。现已革除学生中为首者九人，敷衍了结。

一、工业传习所学生因事屡与教习冲突，兹复全体要求调换教员，否则一律退学。此事结果，卒换教习八人之多，以谢学生。

一、三江旅学学生因与隔壁东文学社学生口角启衅，竟致用武，东文学生大败，为旅学学生挟去一人。后经东文学社员出面责问，已将该学生放出。

一、汉阳道师范因国文教员有某事与学生不合，学生群起攻之，致停课一星期。兹已由监督调处无事。

《时报》光绪三十二年三月十七日（1906年4月10日）

抗官毙役骇闻（汉阳）

湖北汉阳县属南乡天鹅湖，又名郎官湖，同治末年地归乡民俞捷三管业，嗣有王万谦者，从中阻挠，争夺湖利，因是各执一词，涉讼多年。去岁经署鄂臬梁廉访讯结，断充阳夏高等小学堂，经费归王万谦认缴，按年湖课二千串，两造均已具结。不意去腊王仅缴钱二百余串，前汉阳李令因将王提案讯押，并委县丞胡某会同乡绅稽考此事根据。兹接任戴令又饬员役清查，乃该乡民等竟抗阻不服，且将派往员役大肆殴辱，狼狈而逃。戴令闻信怒甚，更添派兵役拿凶究办，复被殴毙一人，余均负重伤，所乘渔船暨行李、公文概被焚毁。现鄂督张香帅以乡民抗官殴毙公役，此风断不可长，已饬汉阳协率兵一哨，前往弹压，并相机拘惩凶犯云。

《汇报》光绪三十二年四月二十日（1906年5月13日）

武穴兴国莠民滋事

武穴因米贵，饥民肇事，抢掠该处钱店二家，日前已有电至省，请派兵前往弹压。

兴国州饥民以近来米价之贵归咎于米捐，且以米捐为开办学堂之用，因相率将该处学堂打毁。刻已电禀到省，派知府周以翰前往查办。

《时报》光绪三十二年闰四月二十六日（1906年6月17日）

湖北武昌知县被殴

武昌县令方雷，因催征钱粮，故被县民聚殴受伤。

《汇报》光绪三十二年六月十二日（1906年8月1日）

鄂督派兵弹压罗田县民*

汉口电云：罗田县（属黄州府）土匪作乱，与教堂为难，鄂督张制军已派兵五百名前往弹压。

《汇报》光绪三十二年六月十二日（1906年8月1日）

汉阳脚夫打毁县署警察局*

汉阳鹦鹉洲木商，因川汉铁路借地建筑码头，大起冲突，后已和平了结，迭登本报。兹有湖南中学堂教员李某同学生胡某、周某出为阻挠，谓郴桂之地，不能由十六帮作主擅让，将会首韩姓家打毁，又将益阳、宝庆两帮首董缚于竹竿，任意殴打。汉阳县戴令闻报，立传郴桂木商黄某等三人至署，软禁花厅。该帮脚夫等聚集三千余人至县署滋闹，并打毁警察局。现鄂督已派兵前往弹压，并委曾道、陈道、程守、胡令驰往开导。按李某等身为新学界人，尚阻挠路政，殊不可解，其中殆别有故欤。

《汇报》光绪三十二年六月十五日（1906年8月4日）

罗田匪耗（安徽霍山会党潜攻防营）

湖北黄州府属罗田县有匪扰乱，已据专电登载。近得该县李显卿大令禀江汉关道电文，略谓：安徽霍山张正金于五月二十九日五更时，纠集英麻蕲罗会匪游民二千余人，潜攻霍山防营。时值深夜，营兵不及戒备，致被伤毙营兵六七十人，火药军装被抢不少，营兵整队迎剿，格杀党匪四名。据闻张复纠东八魁居住之李仕英、郑大鹏、胡巨臣等匪，会集霍山，定日大举。罗田与霍毗连，难免波累云云。当经关道陈少石观察转禀张香帅，闻已允拨营兵五百名前往防剿。

《汇报》光绪三十二年六月二十六日（1906 年 8 月 15 日）

凯军滋事之原因

吴虞卿军门拟赴定海镇本任，呈请开去差使。督宪因凯军操法与新军不一，故拟汰弱留强，归张虎臣统制管带，以归一律。讵凯军因此之故，借邀求恩饷尚未允准之词，遂于十七日呈缴军装时抢去指挥刀、饭锅等项，十八日夜间复在新河街抢店铺三家，箍桶街抢朱姓丝线铺一家，计现银三百余两，缫丝两大捆。十九日，张镇统、黎协统同至凯军开导，令交出滋事之人，并尽缴军装。人多口杂，遂至拔刀相向，将张统制平素最爱之坐骑杀伤，黎协统几被刃伤，幸吴军门再三拦阻，亲自护送，始不至酿成大变。二十日，张督宪即派常备全军出武胜门弹压。现滋事者已拿获一人，散遣之五百人允给三月恩饷，留营之五百人仍归张统制督带。惟事当呼吸之时，风声鹤唳，草木皆兵，城外居民甚有惧而迁徙者。

《时报》光绪三十三年一月二十九日（1907 年 3 月 13 日）

武昌兵变近闻

《捷报》得念三日汉口电云：武昌兵变一案，直至念二日尚未安静，各营兵以为无剧烈之举动，尚不能满其意，故现已特派守法兵士一队前往弹压，当经拿获乱勇数名，即系前次在汉口捣毁戏园各人。昨日居民又大受惊惶，铺户几尽停闭，因有兵士在街上拘拿闹事各营勇也。现各营勇更任意要挟，谓须给发饷银一年，若给三月尚不足以了事云。

《时报》光绪三十三年二月一日（1907 年 3 月 14 日）

会匪合志（鹤峰长乐等地）

闻湖北之鹤峰、长乐与湖南石门、慈利交界之下洞堡地方，近有会匪一股，勾引饥民，陡然起事。经湖南强字军、湖北卫昌营率队往剿，阵斩三名，胁从者随即散去。当场又生擒女匪一名，夺获双刀二十把、鸟枪十一枝。其会名英雄堂，所散票布上刻“同顺和发铜元一百文”。立言诡谲，未识是何意旨。

去腊岳州镇巡捕督同差官在汉利轮船拿获匪目宁调元、任智诚两名，现该县已将二匪押解到省，经臬司审讯诘知，宁系醴陵人，一名宁协万；任智诚系巴陵人，现名任震，曾著《洞庭波》书报，前北洋电饬拿办之任弱，亦系任智诚化名，现仍监禁候办。

《汇报》光绪三十三年二月七日（1907年3月20日）

众怒难犯（广济）

鄂属广济县富池口地方，向设厘金统税总局，专抽兴国州出口货厘。日前有江西瓷器船二十余艘驶进该口停泊完厘，司事王大宾需索不遂，大起冲突。瓷器船户吴云乡，素知该地乡民深根厘局司巡之横暴，遂号召多人将全局立时捣毁。局员据情飞禀到省。闻已经该县拿获船户多名。

《汇报》光绪三十三年三月一日（1907年4月13日）

淮盐缉私局被乡民捣毁

沔阳州一带淮盐缉私局委员樊希训，平日滋扰讹诈，乡民衔怨已深。讵该委员忽于前月大张告示，禁止赌博，复纵使丁役暗索规费，致乡民陡集百余人，将局所捣毁一空，并将该委员殴伤。现在省宪已饬沔阳洲查办，尚不知若何了结。

《时报》光绪三十三年三月九日（1907年4月21日）

米帮殴辱警员杀伤警勇（汉口）

杨家河为米船荟萃之区，袤延里许无他船。十一日，黄陂、孝感两帮雇工因议涨工价，齐集黄陂公所，与各行主人开议，彼此各执不下，以致大起冲突。该公所会首袒护行户，借滋闹公所题目函送雇工三人于警察局枷责。讵激成众怒，鸣锣聚集数千人，将公所打毁。警察二局王令、三局庆令各率哨弁勇丁百人，驰往弹压。人众不服，将王、庆二令肩舆打毁，捆闭公所内痛殴，打伤哨弁冯某，勇丁黎某被枪洞穿腹部，肠脏流出，其受伤勇丁及撕毁号衣、损失器械不计其数。旋经江汉关道电饬汉防营及铁路护军全队前往弹压，厦口厅冯丞亦率领练勇差役数百人前往掩捕，当场拘获为首滋事者九人，解散余众，放出王、庆二令，将受伤之冯弁、洞腹之黎勇一并送往医院诊治。尚不知若何办法，容俟探得续登。

《时报》光绪三十三年三月十七日（1907年4月29日）

书黄冈匪变事

光绪三十三年四月十一日，黄冈贼反，越六日事平。潮郡故多盗，比年尤甚，比两月尤甚，大吏责捕于潮州镇总兵黄军门金福，军门檄蔡弁河宗以三十人者往获盗。黄冈贼急，以其党夺所获者，遂戕官以反檄远近，讼言官取厘货剥民，且有排满语。十二晚警电至。十三日，黄军门帅兵二百往屯井州。井州四面环海，距黄冈里二十。十四日绝早，贼以二千人围黄镇井州，战殊苦，贼炮窳不能及远，然镇军所统勇弹子罄，势危甚。会赵都戎以百余人至，大呼大军三千自后至，军气自倍，贼遂遁。明日又战，贼又败。又明日进逼黄冈，贼蹙遂解散遁去。同知谢某出示安民。黄镇军入黄冈。十八日，水陆提督李军门准率大军四营自省至汕，翌日军入黄冈。潮郡去黄冈百里强，有兵三百，镇军挈以去。城西北角颓塌，久未整，官绅议团练。十五日乃集，而邱弁焯以侦贼形势被获于浮山。郡人皇震，米钱市踊腾，黄冈左闽漳右潮，倚山而面海。是役也，贼戕柘林司巡检及城弁二，黄冈同知都司以下官皆虏而不杀，勒捐绅富，勒平米价，然不挠市廛。当其盛也，左近从者至四万。嗟乎，贼至微末不足道也，然吾有大忧焉。潮州故无厘，汕商岁内报效金五万，生计今益穷矣。吏要加报效金不能应，则设卡抽厘，闻其细至于一炉两烟十余铢之物。民愁且怨。而兵备单薄，贼撞门，劫巨室，饱所欲而去，更不能捕。此其所以生心也。夫宁知械炮之无可战也。虽然亦幸贼无才略，使不枯坐待捕，虽揭竿来潮，遂无可以御也。言念及此，可为寒心。而首匪远飏，伏莽遍地，天幸岂能长邀。余欲联同人禀，截留缉捕经费二十分一，以练团勇壮桑梓，庶几其亦哀而许之也与。

《时报》光绪三十三年五月四日（1907年6月14日）

淮盐分销局被乡民打毁（罗田县）

罗田县属凌家嘴地方新设淮盐分销局，零售食盐，每斤定价七十二文。乡民以邻邑分销局售价较该局为廉，互相龃龉，致由众将该分局捣毁一空。现已禀报汉口总局范季乡观察核办矣。

《时报》光绪三十三年五月二十七日（1907年7月7日）

请兵弹压打毁教堂事（圻水县）

下巴河向有福音教堂一所，开办以来各教民等均遵约章，并无滋生事端情事。乃本月十四日，有陈麻木者，不知因何事故，纠约多人，将其堂内什物捣毁一空，而该堂李教士由窗逸去，星夜奔赴黄州福音教堂，将情诉明牧师，遂往府署禀明此事。郑太守即派防营前往弹压，一面札饬圻水县将陈拿案，从严究办。

《时报》光绪三十三年六月二十五日（1907 年 8 月 3 日）

商民打毁德政牌伞（汉口）

夏口厅冯篔于念五日交替当卸任时，有一辈之地方绅耆制成德政牌伞鼓吹送署者，讵为舆论所不容，被商民拦路，打毁一空。冯篔遂将此情禀请各宪惩办，现尚未知如何了结云。

又一函云：夏口县小学堂各教员昨特制就伞匾，鼓乐导送厅署，以志冯篔德政。讵料行至黄皮街，各商以小学堂之款均系商家所捐，今竟作此无益之举，是以当将伞匾一并折毁。各教员恐受其辱，均鼠窜而逃，第不知将来有无纠葛矣。

《时报》光绪三十三年七月一日（1907 年 8 月 9 日）

土匪聚众围抢之详报（武昌）

大冶县属富绅刘丹桂，聚族而居，田亩阡陌，为一乡之望族。月前刘因米贵，乃出其仓储平粜济荒。比为土棍郑霞欢、饶荣坤等约集多人，向刘要求此项平粜米粮应尽数由郑、饶粜购，刘以事关公益，坚执不允。郑等当将刘姓抢劫一空。近更聚众至千余人，将刘村围住，肆行强抢。刘亦聚族相拒，并禀报大冶县江大令秉乾派勇捕拿，郑匪等竟也持械拒捕。大令立即电禀省宪，当派营兵一百名于日前驰往相机弹压，并经鄂臬梁鼎芬饬令该县将办理情形限十日内明白禀复，刻又密委林大令道堂前往查办，以昭慎重云。

《时报》光绪三十三年七月十五日（1907年8月23日）

大冶乱事详纪

大冶有刘文发者，向业木排，家资颇丰，近已分作三房，大房、二房素称不仁。地痞郑遐欢邀约饥民千余人，直往三房行抢，三房家属礼延匪党，优待一切。匪因三房如是，只索谷四百石而去。适至大房，大房谓先报案请兵弹压，匪众闻言，大愤，遂将所有抄劫一空。致现愈聚愈众，白莲教匪亦随附和，故大冶之乱事成矣。

臬宪据大冶县江大令禀报，当派候补知州廖珮珣往查属实，禀明督宪，先后派兵前往相机剿办。追兵抵县驻扎刘姓家中，饥民聚众将兵围困甚紧，兵乃持枪向天轰放，俾各纷散，众亦不惧，后由队官某君善言劝导，始鸟兽散。

该县之地段分为七十二堡，现在有四十余堡之人滋事，各处匪徒纷往附和。后经官兵进剿，而匪胆敢与之对敌。督队委员廖直刺珮珣见势不佳，遂具禀词通报各宪，略谓：郑遐欢本系著名地痞，向与红帮会匪柯玉山勾结往来，此次行劫刘姓两屋两店，赃值万金，杀伤刘姓雇工四名，情形甚为凶悍。此时踞居祠堂，聚众不散，扬言劫尽刘族，次及堡内殷富各家。刘姓亦广募多人，日夜防守。彼此相持，恐酿巨祸。近日该县所属马岭分流各堡镇，有痞徒聚众讹诈钱谷等事，匪风甚炽，非借兵力，恐不足以资镇摄而散胁从。拟请再派弁兵驻赴该县弹压解散，以靖地方云。督宪张相国于十八日即派马队前往剿办矣。又一函云：大冶县匪徒郑遐欢等向与红帮会匪柯玉山勾结往来，此次行劫刘姓，赃值巨万，杀伤刘姓四人，并占据刘姓宗祠，扬言尽抢刘族。刘乃募人，日夜防守。禀县电省派兵派员前往相机策应。刻仍相持不下。距离处不远之马岭分流两堡匪党，乘隙纠众强抢，希图勾通郑匪，合成大股，扰乱地方。日前该县江大令以匪风甚炽，恐酿巨患，电禀添兵。经鄂督张香帅立饬添兵一营驰往，会同地方印委弹压解散。连日兵到后，匪等始稍稍慑于军威，潜逃者亦为数不少云。

《时报》光绪三十三年七月二十四日（1907 年 9 月 1 日）

南漳县筹饷局被毁

鄂中筹饷系于厘金之外专为烟、酒、糖三项而设，向归各州县代征。嗣因毫无起色，于今春始另委员专办，至今数月，纠葛之处甚多。近省中又接南漳县方令禀报：该县筹饷局被乡民聚众拆毁，局中银钱、票据、钤记、公文抢劫一空，委员及司巡人等均被凶殴，现正加紧严拿正犯云云。

《时报》光绪三十三年八月二十七日（1907 年 10 月 4 日）

南漳县筹饷局被毁*

湖北电云：襄阳府南漳县筹饷局因征收烟酒捐，商民不服，聚众毁局殴官，税款亦被抢。

《汇报》光绪三十三年八月二十八日（1907 年 10 月 5 日）

纪汉口小贩因禁止摆摊聚众滋乱事

汉口警察因奉巡警道命令，切实整顿清道事宜，遂于本月十一日传谕沿街肉鱼、小菜、水果、熟食以及各项杂货等摊，概行撤去。十二日又由专局正巡官率领区员哨弁人等，逐段驱逐，勒令立刻迁徙。讵十四日晨，有小贸数十百人在涵万茶楼会议反抗，至午刻即聚至数千人，蜂至道署，各人手燃一香，跪恳生路。适桑观察拟往送次帅，甫出头门，即被围困，进退不得，舆遭挤坏。幸夏口厅汉防营及本汛都司闻信，驰至弹压，谕令暂退于长沙会馆隙地，静候示下，关道始得出署。而人则愈聚愈多，至八九千人之谱，忽然呼哨分途而去，将警察各专局分区全行捣毁，站岗警勇遇之即驱，抛砖掷瓦，路断行人，各街铺店关门者甚多，几成罢市。甘露寺初等小学堂被其纵火焚毁，闻并焚毙学生数人。旋又分赴商会、道署、厅署等处，聚集不散。武昌闻信，经小帅立饬张虎臣统制酌带兵队渡江，会同巡警道妥为弹压，迟至燃灯时粘出告示，略谓：驱逐货摊，乃因赵制军在汉有碍马车，刻下制军已经起节，着即一律照常贸易，俟市亭修成后再行迁徙云云。始行渐渐散去。善后如何，容探续登。

《时报》光绪三十四年四月十九日（1908年5月18日）

汉口摊商藉端聚众罢市事再纪

本报昨纪汉口小贸聚众滋事，捣毁警局，焚毁学堂各节。兹闻经各地方官一再示谕开导，小帅亦亲颁示谕张贴，皆无效验，将沿街熟食等物抢食一空，各项铺店有不闭门不收牌者，概行打毁。

是晚复将警察一局三区纵火焚毁，警员冯某住宅亦遭焚毁，墙垣倾圮，打毙多人，幸即救息未成燎原。

十五晨，又堵截各铺店不准开市，龙王庙河街有日本洋货店一二泰信等数家启门挂牌，乱民蜂拥而至，被日本人开枪乱击，立毙数命，然该店卒为乱民捣毁一空，所有日人男妇二十余口，均经兵队护送至关道署暂避。

所有担水负菜及售力人等，亦被乱民阻截，不□□市，否则群殴立毙。

小帅除饬司道等大员皆渡江妥为弹压外，并饬加派陆军，一面檄调河、襄、长江各水军炮船分扎各码头，以期镇摄。

驻汉各国领事亦调各国泊汉兵舰军士登岸驻扎，于华洋交界之各口巡防滋扰。

巡警道冯已将巡缉营全队调齐，并将调毕业学生数十名，极力开导弹压，无如人数众多，无从下手，特渡江面禀小帅，请出大令得便宜行事。

扰乱最甚者为警察二三两局地段专局分区，警棚、路灯被毁无一存者。乱民男妇老少数万人，声称各店铺如欲开市，须每日照数各给铜元一枚，以致全镇罢市。

至晚，经商会各帮议董数十人连袂沿街开导，声称奉新制军手谕，命尔等各安本业，照旧设摊，不得再滋事端，概免深罚，势始稍遏。其如何结局，容再续登。

《时报》光绪三十四年四月二十日（1908年5月19日）

汉口摊商罢市*

湖北巡警道冯观察启钧，因十三日卸任，鄂督赵次帅渡江至汉口各处查考，乘坐马车行驶较速，而汉口街道素窄，加以沿街两旁摆设货摊甚多，颇为窒碍，遂饬站岗巡士驱逐，勒令收歇。时观察正议在汉口择地建设市场，已通饬各警局先行筹办。警局遂于是时择地街道较宽之处，示令各摊户先为迁设，俟市场成立后再行分别办理。各摊户以小本营生，万难一日失所，当即纠众会议，于十四日分班赴江汉关、夏口厅各署及商务总会跪禀要求。当由巡警道警局及地方官先后出示，谕以制台行后即照常准其摆设。讵地痞青皮等辈从中煽惑，各摊户团结不散，胆敢将警局及派出所路灯、便桶一概打毁，地方印委以人数太多，弹压不下。至十五日早，流痞等竟敢逼令通镇商店罢市，有不闭门者即肆行打毁，商家尽行闭门罢市。此时道厅均又出示，许令摆摊交易。夏口厅会同商会各帮董步行各街，面谕开门，无一应者。午后势仍不散。大宪恐有他变，当派炮步队兵丁渡江，分段弹压，以资镇慑，而摊户及流民仍复沿街滋闹。有某日商洋货店未曾闭门，为痞等拥入，彼此互殴，各受重伤，均抬赴厅署勘验候办。至夜风潮仍未少息。此次损失极巨，水电公司正派人沿街安设电线，现已均被打毁，实为汉口近数十年未有之奇变也。

《时报》光绪三十四年四月二十日（1908 年 5 月 19 日）

汉口巡警取缔小贩地摊引起罢市*

汉口电云：十四日巡警取缔各小贩地摊，摊户聚众万人，毁警局。昨日各商店亦一律罢市。

《汇报》光绪三十四年四月二十一日（1908 年 5 月 20 日）

汉口摊商藉端聚众罢市事三纪

汉口全镇因小贸风潮激烈，于十五日一律闭市各节，曾纪昨报。幸经小帅除派司道大员及水陆各军劝导弹压外，并手谕商会亲书告示多纸，沿街张贴，全镇于十六日即照常开市，小摊亦照旧摆设矣。

当十五日风潮猛烈时，藩臬两司、巡业两道、陆军统制协统等率领陆军第四十二标、二十九标全军暨汉阳商协等员，在汉分路劝导弹压。巡警道冯因是日辰至省禀请大令返汉，因闻龙王庙一带乱甚，特乘轮径入襄河，由武圣庙登岸，以避其锋。不料仍为该等侦知，蜂拥围住，石下如雨，幸离近铁路营垒，该营整队而出，始将冯护送至营暂避。而乱民愈聚愈多，竟将全营围住，声称与冯某为难，不与营盘相涉。冯当用电话通知道署，谓督宪已饬陆军来汉，请即转该军统带迅来援救，否则贱躯不保矣等语。适张统制、黎协统皆在道署，即率队前往，甫近该营，乱民齐声发喊，震动数里，军不敢近，只得扎驻。张、黎二人策马当先，再四开导，相持至燃灯时，始将冯道救至道署。

十五日，武昌各城门一体戒严，添兵驻守，天未黑尽即关闭矣。各衙署、局所、学堂皆奉鄂督谕，分派陆军驻守，藩署善后局及各军装库，防兵尤重，水陆各军营皆不准兵弁挂□出营，以防不虞。汉阳制造厂除原有之保护兵外，又添派陆军一营，备齐子弹，陈列于大江小河两岸及各厂门首。

日本商店被毁者，除昨报载一二泰信店外，尚有四春、东益、前田等店。日领当电致寄泊日本租界之兵舰启碇上驶，欲派兵径至华界保护。经关道桑观察力任其责，阻止越界，幸全体糜烂若此，并未伤及外人，而华人反被外人枪伤刀刺数人，财产则不免损失。然但只日本一国，并无他国商业云。

河街清佳茶楼跨武汉轮渡码头而修，宏广华丽，成本甚巨，因有人谓系巡警道冯观察所设者，故乱民迁怒，立将该楼拆毁一空，已成一片断椽碎瓦之场，一切器具无丝毫完全者，并飞石乱击渡轮，以致上下两码头之渡江轮船皆驶开，以避趸船，大受伤损，盖该轮渡亦冯之商业也。

当日除岸有陆军、各码头有水师炮船外，另有兵轮楚同、楚有两号奉饬在汉沿江游弋，以防不测。

汉口钱帮，每月半月底比期乃钱银交兑定限，当日全体已经闭市，故银业董事在公所宣布，所有本期应行交兑汇兑各款，概俟事平后办理，以免仓猝误事。当事之猖獗时，关道桑观察以弹压调遣已有陆军，即命管带汉防营陈士恒率领所部专任保护各教堂、医院，并命夏口厅金太守回署防守监狱，以防他变。闻小帅以此次汉事几至酿大患，而驱逐货摊并未据巡警道禀明，况市亭未设，小贸以谋衣食者，一经禁止，无异绝其生路，实属荒谬已极，故冯观察数次谒见时，皆大受申斥。闻此事于冯大有不便云。

《时报》光绪三十四年四月二十一日（1908年5月20日）

汉口摊商罢市滋乱事四志

汉口全镇闭市各节详纪本报。兹因地方辽阔，乱民扰害甚广，仓卒调查，免无遗漏，兹特将详情再行补录于下：

乱民于十五日除胁令各铺店不准开市及阻拦贩菜、挑水者停止贸易外，并胁令堡保马路之人力车全数停歇。至十六日阖镇开市，该马路之车仍未行驶，车夫人等亦藉此要求减少捐费，所有该马路之路灯及新设之警棚全被打毁一空。

日商之在华界被扰者，除昨报已纪之各店外，尚有河西药店、丸三药房二家，皆有损失，并伤有某店之店伙二人。

当时派往弹压之兵队有新军二十九、四十一两标全队暨巡警道之巡缉营、本镇之汉防营、铁路丁营、夏口厅之督捕营、关道之练军等，惟警兵则为乱民所不容，遇之即殴，头破血流，断筋折股者比比皆是，是以四方奔避，鲜有见者。

长江水师暨襄河水师炮艇离近汉口，及因公来武汉者，皆奉小帅命令分布汉口各码头停泊，并另有楚同、楚有两新兵舰沿岸上下游弋。

当起事时，警察三局撄其锋，人众一拥至局，声若鼎沸。正巡官方冠卿大令立于大堂，开诚劝谕，舌敝唇焦，卒无济事，全局须臾捣尽。幸方之眷属早经迁避，未及于难。总务科长瞿世玖太守临场弹压，并遭围困，将舆打毁，头亦受伤。巡缉营某哨弁闻信，率领数十人驰往，将瞿救出。乱民群相追逐，各拾砖石乱击，兵丁受伤者无数。本管三区旋被纵火焚烧，区员冯锦文竟被殴伤，眷属越墙逃避，多受伤损，并有跌断手足者，衣履器具悉付一炬。所有一、二、四等分区，皆被捣毁尽净，沿街路灯、警棚、便桶，凡属警察敷设之物，无一存者。

武昌按察司法科长李令继沆，奉委至汉查探情形，乱民误为冯道，瓦石交下，肩舆立毁，几遭不测。李大声分辩，群始知讹而散。

驻汉日本领事高桥氏于十六日渡江谒见陈督，面陈日商受害情形，并索偿损失。小帅道歉多语，允俟调查确实，再行酌办。

武汉防务尚未撤销，地方文武兵队昼夜梭巡，未稍松懈。

计此次焚毁警察分区一所、甘露寺后殿一栋，捣毁警察专局一所、分区三所、清佳茶楼一座及沿街警棚、路灯、便桶、后城马路之派出所等，日本商店一所，其余日商店、华商店招牌，柜台、门户打损甚多，击伤警察总科长瞿太守、司法科长李大令、正巡官方大令，区员冯、王，哨弁某某等，焚毙巡士三人，杀伤巡士朱玉辉、罗锦云二人，杀毙警勇一人，墙倒压毙男妇老少三口，其余警兵及他营兵受伤者不计其数，路人被砖瓦飞伤者亦复不少云。

《时报》光绪三十四年四月二十三日（1908 年 5 月 22 日）

汉口摊商罢市滋乱事五志

巡警道冯少竹观察以汉口此次之变，警察有不能辞其责者，故特将办理不善之员弁一律撤差，听候大宪核办，并自行详请参处，不知小帅若何批示。

又有谓，观察以汉口警察经此次之后，行政上将生出种种之棘手，恐难望其起色，拟即禀请开缺，不知确否。

汉口各帮商董皆谓：此次之变，商界大受影响，小贸货摊先时既未代筹迁徙之地，命令遽下，压制遵行，其不激而成变者几希。警察原以保卫治安，今反而扰乱治安，奚用此警察为？刻已齐集商会决议，不认警察各项捐款。

陈小帅近已接到各地方官禀复各项情形，因恐尚有不实不尽之处，复传见商会各帮议董，详询一切。

夏口厅金煦生太守连日往晤日本领事高桥君，磋商日商损失各事。闻该领事颇为开诚，已转告受损之六家核实开报，不准虚控丝毫。自十六日阖镇开市后，至十七八等，警察皆未照旧办事，警兵亦未上段站岗，所以巡街各事皆汉防营暨督捕营暂任。轮船、火车、客栈、旅馆皆有秘密侦探梭巡，以防匪类混迹生事。

巡警道因汉口刻已安静如常，特禀请小帅将派驻之兵队撤防，各回本营，已准如所请，仅留四十一标第一营暂行驻汉。

当十五日事起时，各国驻汉领事皆飞电报本国驻京钦使转告外部，外部亦即电询来鄂，经小帅陆续电告平静矣。

陈小帅近已专札劝业道刘、江汉关道桑、陆军统制张，会同妥筹善后事宜。当经关道转商会遍发传单，于十九日午刻开临时特别大会，官商公同筹议完全办法。

京汉铁路火车十五日行至信阳州，即接汉口事变电信，当即停驶，载客一千余统住该处，至十六日事略平静始开驶来汉。

又另一访员函云：鄂督陈小帅以此次汉口摊民暴动，酿成罢市变局，赔款交涉，均系巡警道办理不善之过，且警局驱逐货摊，并未先行禀明，擅自出示禁止，不念小民衣食所关，殊属荒谬。特谕巡警道，以后一切警章改良，务须慎重，必须详禀候核方可实行。至善后各事，仍责成该道会同江汉关道、夏口厅商会妥议办理。

《时报》光绪三十四年四月二十四日（1908年5月23日）

汉口摊商罢市滋乱事六志

汉口此次摊户与警察冲突，到酿成毁局罢市之惨剧，赔款惩犯之交涉，皆原因于巡警道冯观察启钧办理操切。刻下事已平息，鄂督陈小帅以巡警轻举妄动，极不满意，于冯观察大有责言。观察当时被万众辱詈，几有性命之虞，连日往来武汉间，筹办善后事件，途人纷纷辱之。既不能垂谅于长官，更不能见容于部民，愧惧交加，实为筮仕鄂省以来未有之奇垢。观察特于日昨面禀鄂督，自请参处，并先将各警员分别撤差，仍力疾会同地方官办理一切未了事宜，藉以自□。闻观察拟事竣后决意辞职，盖观察于留芳遗臭之关头未可少忽也。

鄂督陈小帅刻以此次警摊交哄，日商店之开在华界均已损毁，驻汉日领高桥氏已要求索赔，此事不能不以详慎出之，特饬江汉关道督同夏口厅将被损各日商店所损失之货物数目，逐一清查，以为赔偿之张本。

川督赵次帅十四日在汉起节时，已见小贸聚众滋事之事，然不料竟致酿成闭市之祸。兹次帅抵宜，即电致汉口商会云：汉口商会诸君同照：鄙人十二三在汉镇拜客，见摊撤牌去，深以为异，后始知巡警道先有示谕，然亦足见吾民之纯。逮十四日复见多人聚集，即系摆摊小贩，当即面告冯道，此事不比招牌易撤，断不可骤行。冯道谓即出示明日照旧摆摊。鄙人又曾向商界中人言之，并属转告各小贩，想能记忆。顷闻竟酿重案，殊为悚恻。在冯道初意虽为地方公益起见，而竟忘积重之势，其继亦欲收回前示，不料愚民之不及待也。此事自有新帅主持，鄙人原不应置辞，但冯道先借故行权，而鄙人不知使小民以爱鄙人者，转而殃及众人，实与鄙人平日宗旨大违。特此布陈大略，更望诸君速即遍告小贩，此事极易说明，冯道并非固执，各宜静候安置，断不可听信奸徒闹事，自取祸殃，庶鄙人之心少安也云云。按冯道十二日传谕，沿街禁挂横直招牌；十三日亲身步行至某段，则由本段专办暨本区区员随行沿街晓谕云：赵制军在汉拜客，尔等货摊宜暂让车马，明日再摆。小民爱戴情深，须臾收歇尽净。实则次帅或单骑，或便舆车，无须让也。至次晨小民设摊，而警员即欲藉此以行警章，严加禁止，有强拙者违抗，竟遭笞责，以致激成此变云。

又闻鄂督陈小帅以此次汉口摊民成罢市之变，皆系巡警道冯启钧办理操切所致，昨特将详细情形电述军机，并请将该道记大过三次，以示儆戒。

《时报》光绪三十四年四月二十五日（1908年5月24日）

汉口摊商罢市案已结

汉口因小贸滋事闭市，牵成交涉各节，已纪前报。兹经陈督特派专办此案之刘香葵观察与驻汉口日领事高桥君将该国商店六家之损失调查确实，共计银三万二千余两。当即禀明小帅，如数交割清楚，所有彼此略受伤损之商民，皆不置议。此案即作永远缮结矣。

但警察之政权虽已规复，而小民之故意侮辱警界人员及故意违犯警章者，比比皆是，若自鸣得意，而警察将无如之何者。致武昌、汉阳皆尤而效之，当局□不妥为调停，不特警察之命令难行，而后患正方兴未艾。武汉各报皆著为论说，极力解释此问题，以期消患于无形而保全境之治安云。

又函云：鄂督陈小帅刻以汉口摊户强迫商店罢市一案起于警局之勒迁货摊，业将巡警道冯启钧撤差，又将江汉关道桑宝一并记大过三次，夏口厅金世和记大过二次，略纪前报。刻又据藩、学、臬三司详报派员考查情形，复将办理不善之警局武稽查、都司金开山、警察三局正巡官、知县方仁元撤差，各记大过三次，停委二年，以示薄惩。

鄂督陈小帅近以巡警道自设缺以来，因无专署，暂在西厂口魏家巷租赁公馆一所，以资办公，特援武昌府同知通判租屋充作衙署例，饬善后局按月发给租洋一百元，俾资津贴云。

《时报》光绪三十四年四月三十日（1908 年 5 月 29 日）

汉口后湖地户聚众捣毁清丈局

汉口谣传后湖地户将与清丈局为难一节，曾纪前报。兹于初三日竟步摊民之后尘，聚集数千众，将清丈局捣毁一空。该局员司人等，先时闻风逃避，故未伤人。警察汉防巡缉等营勇驰往弹压，械伤数人。于是各地户手执一香，齐舁伤者至厅署请验，经金煦生太守、马鸿卿都戎再四劝谕，幸即解散。而当时关道署电禀督辕，派张虎臣总戎率兵两营到汉分防，并颁发告示多张，略谓：后湖地亩经前督宪赵另定新章，致有不便，兹委黄会办任遵阁督所拟章程办理，诸业户不必别生疑虑，造谣煽惑。倘有如前滋生事端，定即访拿为首之人，严行惩办，决不姑宽云云。

《时报》光绪三十四年五月八日（1908 年 6 月 6 日）

汉口清丈局被毁*

汉口电云：清丈局新章与后湖业户不便，初三日聚众毁局。

《汇报》光绪三十四年五月八日（1908 年 6 月 6 日）

再纪汉口清丈局被毁事

汉口后湖乡民聚众捣毁清丈局一节，已纪昨报。兹特将其始末详述于下：

后湖一带地亩先年本属弃土，四无堤防，每至冬令，则汪洋一片，俨若泽国，既难播种，又无渔业。至南皮相国督鄂，始筹拨巨款，择要建堤，于是荒凉之区一变而为膏腴之地矣。殆至京汉路成，粤汉、川汉议起，举国皆知中外轮轨之交通汉口为独一之场，华洋商埠之展拓，后湖为必需之地，买卖囤积，纷纷扰扰，而该地之价值骤至十百倍蓰于前矣。后因沿垣一带官荒与民产错杂，辗转售卖不无混淆，而地方之奸民棍徒亦乘间侵占盗卖，讼祸蜂起，纠葛不清，始有清丈局之设，既可彻查官基以辟利源，又可勘验民业而泯争端。□至善也。讵奉行不力，流弊转滋，段员司事藉此苛索。清丈固以约契为凭，然其间有被兵火等灾遗失焚毁者，或有约契而斗石丈尺略不同者，皆不体查情形，一概指为官地，声言照章充公，实则藉端索贿。家小康者，则张罗筹措以应命；贫苦者，惟出售地亩以献纳。而劣宦奸商早已勾结一气，各挟巨资，伺隙于旁，一遇此等事故，则以贱价勒买。该员司等既得售主之贿，复得买主之赂，莫不腰缠巨万，惟小民膏血尽点，积怨深矣，此所以有初三日之事也。幸即解散，未致贻患全局，亦云幸矣。然某营勇竟敢械伤多人，岂尚以未激大乱为不足耶？自今已往，汉口多事矣，商务减色矣，匪徒乘隙矣，居民惊恐矣。推原祸始，谁为罪魁，柄政权者其熟思之。

又函后湖业户因刻下清丈局更订新章，颁行红白契及分等易充公为缴价规则，遂动公愤，当将该局各段清丈委员历年作伪事迹，分条刊印传单，遍贴通衢，联禀鄂省各大宪。至初三日，局员至湖北清丈时，各业户环集禀求，该局员因人数过多，惧遭意外，遂飞请地方官及防营前来弹压。各业户见兵来，遂愈聚愈众，竟拥至横提清丈总局，将居所拆毁，分赴道厅两署呼宪。其景象如日前摊户滋事时相同。道厅劝谕不散，电禀省宪，当派张统制、巡警道冯观察等渡江弹压，并派兵保护各衙署。鄂督陈小帅派弁持告示来汉，剀切晓谕，至夜始散。现陈小帅以该局会办李观察坚先期辞差，特委黄观察祖徽接充清丈局会办，会同江汉关道体察现在情形，妥筹办法，禀候核夺。至该处地亩最占多数者，为商会副理刘观察人祥为多云。

《时报》光绪三十四年五月十一日（1908年6月9日）

巡警出现（汉口）

该埠巡警上月因禁止摆摊，酿成罢市巨案，各巡警自十五日起至二十日，无一巡士站岗，惟省城派来军队，日在街上梭守而已。后以众怒渐息，且由各商董分途演说，各巡士始于二十一日陆续上街，然皆畏首畏尾，不似前日之凶横矣。

《汇报》光绪三十四年五月十五日（1908年6月13日）

汉口行商九九商捐之风潮

汉口各帮行商从前原认有商捐，如售货银千两抽捐银十两，故名为九九商捐，向由商董包缴，年共银十二三万两，归汉阳府经收转解。现鄂督以此项商捐若照章切实办理，年不难得银百数十万两，特饬不假手于商董，委派候补道张尧臣观察设立商捐局，专办其事业，定期于十月初一日开局。各行商以从前认缴商捐名曰九九，实则缴捐之款有限，现设局稽征，条例过严，咸以为不便。其中又有人言，该局开办必改章，取千抽百。各行商遂议于十月初一日罢市，以期抵抗。汉关道、夏口厅等官闻知此说，惶恐已极，即出示诰诫劝止，并由商会发出传单，允将不便之处磋议，以便代禀当道，变通办理。兹悉此事已经小帅饬汉关道齐观察，会同商捐局总办张观察，将新章不便之处通融办理，各行户始无异议，于初五日起仍照常下货，俟章程议妥再行缴捐。

《时报》光绪三十四年十月十一日（1908年11月4日）

布帮店伙之风潮（汉口）

汉口布店帮伙因争工价，一律停贸。江汉关齐道、巡警道冯道会同上院，禀陈若辈抗殴官长。自摊警交哄后，演出后湖业户闹局，土摊罢市，今又有摊伙停工。此风一炽，实属有坏大局，力请将为首之王明庵斩决，以昭炯戒。而冯道禀请尤坚，盖因前警摊交哄，曾受一番挫折。鄂督陈小帅以该商等既经停工出号，乃敢假齐帮之名，聚众敛费，要挟各疋头店闭门，殊属扰害市面，不安本分。如遇有目无法纪、不受弹压持强抗拒者，准格杀勿论。刻已饬令遵照。故巡警道告示词语严厉，有格杀勿论字样。所有各疋头店门首，均派有兵丁，以资守卫。并由鄂督派委中协陈士恒，武巡捕都司徐堂，戈什张用彬、熊有文持大令一枝来汉，会同夏口厅金守弹压。后事如何，采明再报。

《时报》宣统元年闰二月十日（1909年3月31日）

云梦县教案风潮

云梦县属三里畈有陈姓公祠一所，去冬卖与西人改为天主教堂。兹陈族有男女各一被人杀毙，报经县主下乡勘验。是时观者如堵，好事者见陈姓公祠设有十字架，立有天主堂，疑是教民谋杀，喝众将教堂拆毁，并扭控教士张某为凶手。该县令并不深察，遽予收押，以致众情不服。刻已详报江汉关查核，齐照岩观察拟即委员前往持平办理，以免交涉云。

《时报》宣统元年闰二月十四日（1909年4月4日）

鄂督派兵弹压　安陆土匪纪续闻

湖北安陆府京、天、潜三县土匪滋事，鄂督驻省陆军步兵一营及水陆防营协同防范。兹探悉该匪首一名胡千斤，一名陈大发，党羽甚重〔众〕，四出行劫，日前有大批土贩结队路过安府，亦为匪众所劫。现在防营之兵已到境，分扎三县要路，连日捕获从匪共十一名，惟陈、胡二匪仍在漏网。闻各匪所持者，均刀矛及农具之类，头目则挟有手枪数枝，故大兵一到，匪众星散。

巡警道冯观察闻该三邑匪警，亦派侦探队管带徐升带四十名，乘小轮船驰往天门，帮同巡缉，密侦祸首，以保治安。

《时报》宣统元年闰二月二十八日（1909 年 4 月 18 日）

枣阳饥民聚众求赈

鄂属枣阳县民风悍朴，号称野蛮。近因春茶，各乡饥民大起，竟集有大小男女三四千人，齐赴县署要求赈济，任意抢劫富户，地方大受扰害。县令曾传漳当派差将为首之人捕获四名拘狱，各饥民遂齐集衙署，乞全数收禁。曾令只得将拘禁之人开释，传谕绅董好言劝令分散四乡，并谕各富户捐粮赈济，一面通禀督院，拨款购米平粜，以免酿成他变。

《时报》宣统元年四月八日（1909 年 5 月 26 日）

湖北政界片片录

（前略）岛口厘局委员管令子才，自在刘桂红妓院与警局庶务局刘灏争妓打降，被参革职，心殊不服。昨竟上书陈督，谓官学军各界人员，如学台高凌霨、官钱局总办新委署理劝业道高松如、善后局会办程道颂万、营务处总办黄道邦俊、方言学堂监督馨道龄、第八镇张统制彪等，无不在汉口花天酒地，与革员日事争逐，大帅整饬官方，应请一并严究云云。陈督阅后置之不批，管遂在外扬言，将赴都察院呈控。个中人等闻信，恐其闹至京师，为言官据以入奏，闻已公醵银六千两，倩某令赠管，嘱其别谋出路，勿再兴讼，并许为谋一挂名差使。想管令感激宪恩，当不至别有异说也。

《时报》宣统元年六月二十二日（1909年8月7日）

九志湖北之大水灾

沔阳州新堤镇为湘鄂两省之孔道，鄂属天门、潜江各县之饥民，赴湘境逃荒者，均取道新镇，每日来者以百数十计，勒索米粮，恶讨盘费，居民店户，疲于应命。刻竟有二三千人，盘据不散，往来拥挤，街衢被围不通，本地又少殷实富户，无巨资给令出境，势必酿成大祸。距新镇十余里之杨家嘴、洪兴河、汉河口等处，又有匪徒煽惑饥民，在水面抢掠船只，出没无常，水师营不能防范。刻沔阳公益会绅胡柏年已禀省吏，请再派兵驻守新镇，拨款赈抚，免酿巨变。至驻扎沔阳仙桃镇等处之陆军二十九标第一营何管带锡蕃，刻率所部捕获鼓惑饥民滋事之惯匪张经理、许秉午、朱荣瑶等四犯，当移送沔阳州张刺史清审讯。讵张管押不问，且谓该州被灾宽广，百物昂贵，民不聊生，势必抢劫，平情而论，应予宽纵。何营管见其不究，遂据情径禀都院。当经陈督专札申斥张牧，饬即将已获各犯迅速讯明禀办，未获之犯亦应由该牧查实，会同营汛分头擒获，毋得泄沓成风，视抢案为平常。其邻近之天门、潜江、汉阳、汉川各县，亦饬其协同访缉，毋任窜匿，以靖人心。

黄州府属黄冈、黄梅、圻水、圻州、麻城、黄安、罗田、广济八州县，均已被水成灾。现经黄州府麟太守振督县查明，以黄冈为最重，圻水、黄梅、广济次之，圻州、黄安、麻城又次之，罗田则属山乡，被雨虽久，尚十分困苦。现查赈委员李通守仙培已先从黄冈县散放急赈，次及圻州、圻水、黄梅、广济等县，黄安、麻城三县则俟查勘后，酌量办理。

鄂垣武胜门外塘角地方，前日有黄冈、黄陂等处饥民数百人，蜂拥入某杂货店，势将行抢，当经驻扎该处之某营闻讯率队前往弹压，捕获鸠形鹄面者六人，送江夏县惩办。据供饥饿难堪，只抢米粮，不窃钱财。王大令以其情可悯，当即开释封船，资遣回籍；一面禀请张虎臣统制，每夜轮派军队，至城外各地梭巡防护。闻京山、潜江交界之处，近亦有多数饥民被匪徒鼓惑，抢劫店铺，借端起衅。省中有派步队三十一标第一营李管带锦标，率所部驰往防范之说，该营现正预备一切，听候命令开拔。

《时报》宣统元年六月二十二日.(1909年8月7日)

港民又演拆局风潮（汉口）

汉口自警摊交哄后，刁风日炽，动辄聚众要求。现今堡垣堤外玉带河港基，下至陆度桥，上至硚口，居民有数万户，前归堡垣局收缴地租。现该港基拨归官钱局经营，已在由义门马路设有官地巡查局，委员王令祖镬昨饬地保逐拆苏湖公所旁新盖民房，以便填筑马路，直接堤街。讵有造谣之传，谓官地局屡逐港基居民拆屋让退，否则即纵火焚烧云云。霎时耸动港民千余人，拥至马路官地巡查局，大动野蛮哄闹，胆敢抛砖引石，拆毁局所，殴伤巡丁，击破巡查武委刘宝珊头脑。由商会用电话通知各署局，经关道立饬夏口厅警察局、汉都司巡防队带勇弹压。各港民要求常居，并须三日出示，始各鸟兽散。俟有续闻再报。

《时报》宣统元年七月二十八日（1909 年 9 月 12 日）

应城盐工停工*

（前略）应城县盐井工匠，因要求加增工价，聚众停工，盐道马观察委本署文案杨令澧枬，驰往查办。兹已经应城县令皮昆，会同邱委弹压开导，拿办首要，解散胁从，议定每工日加工价钱十文，各工安静如常，照旧工作。杨大令亦于日昨回省销差矣。

《时报》宣统元年七月二十九日（1909 年 9 月 13 日）

港民聚众要求风潮续志（汉口）

汉口官地局兴修支马路，饬令有碍港基居民将房屋拆让。讵港民被匪徒煽惑，聚众毁局、殴官各节，前已报告矣。兹悉江汉关道以自警摊交哄后，聚众要求之禁已数见不鲜，民气嚣张，至于此极，且与市面攸关，倘再姑悉〔息〕，将来为祸必至不堪设想，立即严饬夏口厅查拿究办，以儆效尤。冯丞奉札后，立即派队签差，前往捉获叶长子等十余人，收押卡所。

二十四日，有程登贵者，心不甘服，耸动港民妇女千余人，群至夏口厅署，各人手执签香一炷，跪求施恩，并恳安土重迁，哭涕之声，惨不忍闻。关道齐观察恐有意外之变，即饬巡防营、警察局各派勇丁，至夏口厅署妥为弹压。旋用电话禀知鄂督陈制军，当调四十二标驻汉陆军统领张永汉，驻守道厅各署，认真保护；一面饬令巡警道冯观察至汉口会同办理。该港民愈聚愈众，不可收拾。冯丞衣冠出署，善言开导，并出手谕云：港基仅止七户阻碍道路，前令拆让，系修筑支路，因维持公益起见，非尔等多数妇女来署混闹所可了事。况叶长子本厅正在设法向上宪代请邀恩，自可从轻发落。尔等须知妇女有罪，罪在夫男，若想安居，亦应具禀申诉，如无违碍，自必准行。既称系本厅良民，应听本厅吩谕，赶紧各自散回，静候本厅据情详请上宪核示；如执迷不悟，惟有执法以从云云。各妇女始各自散去。至如何了结，俟探明再报。

《时报》宣统元年七月二十九日（1909 年 9 月 13 日）

汉口后湖蓬户聚众闹局续闻

此次后湖蓬户贫民聚众向地方官滋闹，全为谣言而起。前数日夏口厅已出有告示，调苏湖公所旁官地建筑马路，只路线界内蓬户七八家须拆屋让基；又令地保往应行拆让之处，逐户晓谕。讵有素行不法之袁长子，竟敢违抗不遵，控造谣言，耸令贫民聚众闹局。事后警局访闻系袁长子散布谣言，已协同夏口厅派差将袁拘案收押候办。而袁之妻又唆令各蓬户妇女，于二十四日围闹厅署，洵属目无法纪。闻汉关道齐观察以年来汉口民气嚣张，动辄聚众闹局围署，此次尤属无理取闹，若不严惩倡首之人，不足以昭炯戒。业饬夏口厅将袁长子提审，从严拟办；一面由厅出示明白晓谕，略谓修理马路系为地方公益，各蓬户租用官地搭屋居住，系属格外恩宽，遵示迁让原属应分，即一时实有为难，或求给迁徙之费，亦应向官钱局或本抚民府处具禀乞恩，乃敢听人唆使，聚众滋事，则是甘为乱民，三尺具在，断难宽贷。况拆迁者只七八户，其余各民毫无干涉，何得误信谣言，自取咎戾。

《时报》宣统元年八月二日（1909 年 9 月 15 日）

湖北灾荒之现状

湖北今岁自春至夏苦旱，五六两月又大雨不绝，江河皆隘

〔溢〕。现从六月下旬迄今，已及两月之久，雨泽又极稀少，江河之水尚未及退，所有地势略高被淹之田涸出补种杂粮、荞麦之类者，复因无雨不能生长，荒歉之状，为从来所未见。兹将最近调查情形汇纪于下：

灾民有三百万　被灾之区约三十州县，以沔阳、天门、潜江、汉川、枝江、公安、江陵九州县为最重。现筹赈局据各勘灾委员会同牧令呈报灾民户口册，将近三百万人。即沔阳一州，册报亦有六十余万之多，殊属骇人听闻。闻陈小帅恐有滥报口数，希图振款情弊，业专札该振务印委等，务须亲赴灾区，逐户清厘，以期核实。

赈款有二百万　小帅因灾民如是之多，需用赈款甚巨，前经奏请开办实官捐，又为枢部所驳，筹款殊称不易。爰于日前传集司道会议，以现在部议准鄂省因灾向大清银行借款五十万，然尚不敷振济，自应别筹款项，以免灾民待赈，别滋事端。查湖北官钱局发出钞票，流行最广，颇得民间信用，特饬该局添制钱一千文纸币二百万张，专供赈济之用，以恤灾黎。

荆河忽又涨水　荆州府荆河本月上旬忽又涨水数尺，沿河涸出之田复又淹没，荆郡官绅以未得雨而涨水，均不胜骇异。嗣经调查，系汉中一带大雨，直贯襄河，襄水与荆河隔一绝大之堤，其水由溃口处灌入，故涨水出人意外。现荆州府斌俊已禀鄂督，请仿黄河进占之法，早日堵筑，以免久溃。

湘抚请设粥厂　沔阳、监利等州县与湖南毗连，故灾民纷纷成群结队往湘乞食，虽经派有水陆防营，亦截留不住。昨湘抚岑尧帅特咨请小帅，谓湘亦有灾，移民灾区，恐酿事变，恳于鄂境沿江新堤罗山等处，设立粥厂，俾得在本境就食，以免逃往湘省，资遣之去，旋又复来云云。当经转行筹赈局办理矣。

购运直隶杂粮　各属办理官粜、义粜、粥厂等项，需米甚多。现在湘、赣、皖三省秋收不旺，米价昂贵，且禁止出口，是不难于筹款，而难于购米。昨小帅与筹赈总局司道议定，派员往直隶、天津、保定一带采购玉米、大小麦各杂粮十余万石，办理赈粜，即由火车运鄂，以期迅速。并电奏请饬下邮传部及直督、汴抚，转行铁路局火车货捐局，遇有此项杂粮，免收运费捐税，俾得减轻成本，以济民食。惟湘米运鄂，在宝塔洲局应缴之税，每石钱四百文，前因水灾蠲免，限至八月朔日为止，刻下限期已满，米价较前尤贵，而当道竟饬捐局照旧征收，绅商颇有怨言。

查禁贩卖人口　刻下有种闽粤奸商携款至各属灾区收买人口，着以整齐之衣，诱往下游省分，装运出洋，贩卖与外人为奴。已经小帅所访闻，特札饬各地方官出示查禁，又饬长江水师、荆襄水师及税关厘卡，一体协查，并委知县李际青在下游一带严密查拿。

《时报》宣统元年八月二十日（1909年10月3日）

篷户被火滋闹租界续志

汉口歆生路外，十二日夜半，大火延烧篷屋数千户，焚毙男妇十余名。突有匪徒造谣，以致灾民聚集数千人，闹至英租界，将刘绅人祥之寓所及附近铺店亦被波及。兹悉被火灾民仍在该处结茅而居，风餐露宿，一片瓦砾，荒凉景象令人不堪入目，而啼饥号寒尤为可悯，其焦头烂额之尸骸，见者无不泣下。

有富绅黄某，每户派人给钱五百文，某米商每户发米一升，以资度活。济生堂特备板棺十数具，已将焚毙男妇分别收殓安埋。诚可谓好行其德也。

夏口厅冯贇以灾民仍在该处搭盖篷屋，殊属不合，特谕迁至铁路外高处，照官画灰印搭盖居住，以免参差不齐，俟度过隆冬，明春仍须回籍，各守职业。所有搭盖之费，应俟禀准上宪酌给，以示体恤。惟该处与英租界毗连，现在犹有谣言，诚恐别滋事端。除商请汉口都阃府马都司饬派巡防队一营，在城垣马路旁驻扎，以资弹压外，特禀明江汉关道吴肇邦，立即出示晓谕云：本月十二日夜后湖篷户失火，延烧多家，本道亲临救护，见各户男妇纷纷逃避，啼声遍地，惨不忍闻。兹由本道筹款派员先就极贫之户暂行放赈，俟查明户口，再行禀请督宪酌给赈款，以资接济。至是晚火熄后，竟有匪徒乘机煽惑灾民，闯至刘万顺家（即刘人祥寓所）滋闹，并毁附近各店铺屋物件，殊属不法。除饬夏口厅会营查拿，务获严办外，合行出示晓谕云云。

至英捕房受伤之印捕，因与附近居民素有嫌隙，故若辈借此报复。闻英领事即以有扰害租界治安，拟向华官交涉。惟各店铺之损失，均系刘人祥赔偿，并不诘责捕房，英领事颇难措词，想不难和平了结也。

《时报》宣统元年十一月二十一日（1910年1月2日）

湖北之哀鸿

汉口地方，近日来有各属饥民男妇大小约共二三万口，原意以挑抬谋生。讵知时近年关，又雨雪交加，各处均已停止工作，该饥民等难谋糊口，遂成群结队，沿途骚扰，商店与卖熟食小贸均受其大害。夏口厅丞冯筼睹此情形，即商之诸商董，筹款设立资遣处，遍贴白话告示，劝令各归本籍。由官雇小轮船七艘、民船六十艘，自初七日起，分批拖送，并每人发给钱一千六百、面包四个，小口半之。运至初十日，已遣送七八千人，忽天又大雪，深二尺许，寒冻异常，道途难行，不得已□于十三日即截止遣送，另筹安置之策。

初九、初十等日大风雪，结冰甚厚，所有各属来汉饥民，均栖息于沿途墙屋之下，经此严寒，多遭冻毙，连日各方地保善堂收殓此项露尸，不下数百具。事为杨护院所闻，极为恻然，当饬厅局分致各善堂，每日派人在沿途散放面包，以救民命。俄国驻汉领事顾连科君目击此情，亦极怜悯，特于日昨捐银五百两，又二百六十三元，照送江汉关道，以助赈济之用。

荆州府江陵、监利等县，灾情亦重。现灾民多聚于府城内，竟有匪徒勾结四处劫夺。该处虽驻有巡防队两哨，因现值宜万铁路开工，人夫众多，加以各防吃紧，须将该两哨兵撤回宜昌驻扎。昨荆州道吴观察品珩特电禀督院，请派陆军来荆分扎，以资镇慑。昨杨护院特檄饬陆军二十一混成协黎协统元洪，在所部内连派两队前往荆州驻扎，以便巡防队撤回宜昌。

汉口桥口地方某机器面厂，日前几为饥民所劫，幸该厂司事见机，立即电话通知各署局，派兵勇前往弹压，然已发放面粉百余担，饥民等始散。

省城外荒地灾民与贫户结棚而居者，不下万余户。日来大雪盈尺，压倒棚户不知凡几，饥寒交迫，死者相望于道。昨冯巡道特饬各警局调查，如有无栖止者，不论灾民与贫户，均暂安插于各庙内，一面发给粮米，以资存活。

本年鄂属被水灾重之区，均经散放急赈，现在早已事竣，而各属之造册请销者寥寥。刻筹赈局奉部文饬取此项款册，特札饬各属赶即分晰造具妥确清册，勿稍含混冒滥草率，以重赈务。

《时报》宣统元年十二月十七日（1910年1月27日）

湖北宦海近事记（竹山县抗捐罢市）

（前略）竹山县聂令广泽到任以来，百税繁兴，私设开贺、嫁娶、生人、唱戏种种税捐名目，以致民怨沸腾。日前该县有黄州会馆演戏，例应每日赴县纳捐钱六百文，该会馆独抗不遵缴。聂令闻知，即令其第三子与乃婿郭某，率差役数十涌至会馆，将乐器捣毁，并将绅首叶某等拘押署内。于是合县之人大动公忿，罢市二日，聚众数百人，欲与聂令为难。聂始惶恐，请高等小学堂长解其文君，出场调和，愿罚戏二台，鸣炮百声，酒筵念席，亲送叶某等等至会馆，尽罢一切苛捐，风潮始得平靖。现此事为省台所闻，已饬郧阳府程少门太守查办矣。

《时报》宣统元年十二月二十一日（1910年1月31日）

饥民哄闹县署（汉阳）

沔阳一带饥民闻武汉各善堂开设粥厂，年内外陆续至汉者纷纷于途，元宵节又有大帮饥民逃出汉阳。是夜九时，聚有千余人，至汉阳县署哄闹求粥。经该县张令由电话通知汉阳镇协城守巡警派兵至署弹压，劝解饥民至东门外安置。是时文武弹压得力，地方尚属安静。

《时报》宣统二年一月二十八日（1910年3月9日）

留学生大闹考场（崇阳）

崇阳县王大令国铎近奉提学司札饬，考送法政学堂第二次绅班学员，报名投考者共有二十余人。讵考试之日，有素行横野之附生龚国煌，恃其在日本游学，竟不守考场规则，不报名，亦不请保，强欲与考，闯入花厅，肆行喧嚷。经该令劝其遵照章程牌示，邀请正绅出具保结，投候挨次应点接卷。乃龚国煌不惟不听，反敢手舞足蹈，哓哓强辩，并将牌示扯毁，喝同赴考各生拥出罢考，肆口谩骂。以此横行妄为，藐视官长，不予以儆戒，不足以肃政体。刻王大令已通禀督学两署，请停其考试，以阻其上进之路。

《时报》宣统二年二月十三日（1910年3月23日）

南漳县警署被毁

鄂属南漳县警察专局，向设于邑城东关外山西会馆内。上月某日，东关及学门口等处有赌痞多人聚赌，警务生高锡圭即派巡警多名当场拘回赌痞数人。时值新正，闲杂人众，遂随声附和，蜂拥入局，喝声喧杂。乃该警务生不达事机，公然坐堂审讯，勒令赌痞跪伏，旁观各痞群起不服，欲聚众与之为难。该警务生见其势汹，随用指挥刀格伤龚家富一名，痞等乘势立将公案揪〔掀〕倒，劫放被获赌痞，拒伤巡警高士杨等数名，并将局内桌椅、器具、什物捣毁多件，复抓该警务生高锡圭出局，声称到县喊冤，且乘将沿途警灯打毁。幸管带捕勇之吴哨官派捕蔡占春前往极力解救，痞等始将该警务生释放，围拥至县署鸣冤。经该县令赵传鎏将该警务生暂留于花厅之内，以避风潮，并饬差捕严防监卡，一面亲出大堂，将众弹压解散，将当时格伤喊冤之龚家富一名验明交保，众始解散。迨风潮息后，始派差捕获犯数名讯办。惟高锡圭则惧痞等寻仇，刻已至省禀求销差。

《时报》宣统二年二月十三日（1910 年 3 月 23 日）

鄂省承购粜米人员之大恐慌

湖北各属自客岁被水灾后，官界运动差委者有二派焉，除一般钻营修筑堤工外，余皆图谋承办饥米，升官之心既同，发财之意亦无不同，大部乘间染指，借饱私囊。现新督瑞制军以赈米关系民命，未便姑容，下车伊始，即委知县祝令廷绂严密查察赴湘购米各员及石数、米色、价值情节，据实禀复，以凭核办。乃该令有意隐匿，昨经制军谕云：查鄂省购米平粜，委员从中渔利，人言啧啧，本署部堂已先有所闻。该令奉饬密查，并不切实声复，徒以含混隐约之词，一禀塞责，殊属大负委任。惟李令章锷购米五千石，调查米店账目，每石二两六七钱，而核对李令报销，每石自二两八九钱至三两二钱不等，行用水脚驳船上下力尚不在内，即此一端，已见其浮冒侵蚀，凿凿有据。熊巡检应龙所购米石价在三两以外；庄守钟溥包与商办，听其搀和粗劣，均难保无不实不尽之弊。当此度支告匮一筹莫展之时，公家不惜挪百万巨款办赈办粜，为灾民延一线生机，此何等事，经手委员犹图乘间染指，是其天良昧尽已无人理。侵渔米价，与吞赈无异，若不从严彻究，何以重公款而谢穷黎？吴道品珩（荆宜道）等经粜劣米，曾每样封存百包，另有一千四百包尚未拆动，究竟是谁经办？包外有无戳记？此等劣米，当时市价若干？核其报销价值，实在浮冒若干？应由司局破除情面，一一彻究明确，据实禀复，听候严行参追，勿稍瞻顾。刻已札饬藩司杨文鼎会同筹赈局，迅速遵照指饬，秉公办理。

彼一般承办委员无不凛凛然惧。

《时报》宣统二年三月八日（1910年4月17日）

湖北民穷财尽之一斑

鄂属下游之武穴镇，商务繁盛，人烟辐凑，洋商行栈、教堂林立，但附近各乡产米无多，向恃湘、赣两省接济，近因外源断绝，本省各属又遏粜居奇，以致米价一日数涨，贫民难以谋生，遂有抢劫米店之谣。经该处分防同知陈世青司马闻悉，为弭祸起见，特会同孔绅繁祉等，在商会邀集米商，剀切开导，谕以平价即所以保全身家，各米商乃愿将粗糙之米提出，汇集在上下两庙戏台发售，每石只定价六串文，以惠平民。惟每人每次购米不得过一斗，以防囤积转售之弊。其平价亏耗之款，则由商会担任设法弥补。此正月杪事也。讵开办甫一日，即有奸民数人，自晨至午，前往轮买数次，售米者以为取巧过甚，将每斗米内泼水一碗，使其不能囤积转售。其时天又大雨，由戏台上将米递下，复被雨水所淋，因此群情鼓噪，谓系米商泼水，一唱百和，立聚众数百人，将各街米店抢毁。内中以张聚丰米行为最，因民间咸谓米涨系张行主持提价，素存不平之见也。陈司马闻变，即督同本地文武汛官，分途弹压。又各绅商认可，极熟之米，每石只售钱六千八百，糙米六千。一面出示晓谕，众心悦服，遂即解散。

是役也，衙署、局所、行栈、教堂均无恙，仅伤米店伙二三人。现陈司马将情形飞禀鄂督瑞制军，以民食缺乏，深为可虑，特饬筹赈局将武汉订购未经运到之赣米截留一千石，交武镇官绅平粜。又饬在该地官钱分局拨借钱一万串，以为续购米石平粜之需，其亏耗则由官绅分任，俾资持久。

《时报》宣统二年四月十五日（1910 年 5 月 23 日）

湖北又出借灾围署案

鄂督瑞制军昨据广济县何令庆涛禀称：查勘县属被灾及陶塘坂地方陶松林等借灾进署滋闹各情形。当即批示云：据禀及另单均悉。查陶松林与陶纯楷等，借请勘灾歉为由，辄敢纠领多人，进署滋闹，挟抗钱粮，如此胆大妄为，实属目无法纪。仰【湖】北布政司会同按察司，迅饬该管府就近确切查明，如果属实，即饬该县赶将陶松林、陶纯楷等拿获，解由该管府确切审明拟办。查近来多有借灾为名，动辄聚众填署，挟制长官，此风断不可长，务须照律究治，幸勿徇隐。候将办理情形详细禀复，以凭核夺云云。

《时报》宣统二年四月二十八日（1910 年 6 月 5 日）

武昌县警局被毁之风潮

湖北武昌县城天主教堂现修建新堂，雇有泥木工人甚多。本月初四日，有泥工数人于酒醉后在街市上与卖水果者口角逞凶，岗警扭获一人，带局惩责。嗣知其系教堂工匠，比即释放。该工人回堂后诉于同党，大为不服，立纠众百数十人，拥至警局，逢人便殴，警长、巡警等悉受重伤，什物亦被捣毁，势甚汹汹。后经巡警教练所长闵孝泉带同该所学生六十人，持械前来救援，当场捕获为首滋事者三名，解送县署收押。现工党等恃教堂之势，欲索回被获之人，并集痞棍，拟与巡警教练所大决斗。该县陆令渠以县境饥民众多，深恐匪人乘间鼓煽，致酿大变，特据情电禀省吏，请兵弹压。昨瑞制军特饬八镇编制张彪派步队三十一标一营左队队官胡孔昌，率兵一中队，驰往该县镇慑，以靖人心。

《时报》宣统二年六月十四日（1910 年 7 月 20 日）

大冶著匪柯玉山之猖獗

湖北大冶县保安镇有著名哥老会匪柯玉山，开堂放票，积案如鳞。该匪出则四人大轿，前后拥卫，鸣金放炮，毫无顾忌。历任县令畏其党众，均不敢过问，只王令士卫宰该邑时，曾派差往缉，被其率众拒捕，毙差三名，而王令旋即调任。继之者遂弛缉捕之，令柯玉山逍遥法外，愈敢肆行凶残，人民遭其荼毒，莫不切齿。瑞制军到任后，访悉其情，始而派辕下卫队兵丁六十人乘轮驰赴该县，会同县令赖汝骥所派差捕，出其不备，拿获柯匪及其党柯青山、柯益俊等。讵尚未解至县城，中途即被其党将柯玉山劫去。从此流匪倡乱之志益坚，挖地道，备军械，昼伏夜聚，计画抵抗。嗣经瑞督添派辎重第八营督队官安禄华，率兵一中队驰往驻扎协缉，柯匪始知畏惧，匿于武昌县胡进地方。后被侦者所知，前往围捕，该匪又由地洞内逃遁，窜入咸宁、通山、崇阳三县交界之罗家村（一作卢家冲），恃柏树山之险峻，聚集徒党以与官军相抗。县中差捕左立生、陶顺等前往侦察情形，被匪捉获，浸入洋油，用火烧毙，并挖深坑，预备活埋续获之人。安督队率兵往剿，众匪竟敢放枪拒敌，兵匪互战三小时，各有损伤，官军乃退。安督队见其势正盛，兵少不敷抵敌，星夜回省，禀见瑞制军、张提台请兵。故于二十三日添派步队三十一标标统曾广大、三营管带万国斌，率兵一营有余（约四队），携带子弹，分向咸宁、大冶、崇阳等县进发合攻。不料，二十日匪众又下山，与驻扎该处之官军接战，开土炮向军队轰击。官军见来势不善，放枪抵御，约斗数小时，共发百余弹，毙匪五六人，伤十余人，始丧胆退避。而前经军队拿获之从匪柯青山、柯益俊二匪，原监禁于大冶县监，兹因有劫狱之说，特将该二匪交楚安兵轮解送省垣，发交首县模范监监禁，候获柯玉山后一并正法。至续派往之三十一标三营军队，刻已抵境，四面合围，该匪首柯玉山虽悍，终不敌官军之枪械灵便，一战即溃，比经某营队官安永年带兵挡住要隘，立将柯匪拿获。昨电禀到省后，瑞制军即电饬派军队妥慎押解来省，尽法惩办，并饬曾标统广大相度情形，分途追缉余孽，以防死灰复燃。闻柯匪之党有伪东王（即胡老五）、伪南王（即陈金山）、伪西王（即金巴子）、伪北王（即李云幹），均系长江著匪，各有党羽千余人。此次柯与官军抵抗，该匪等均率党羽前来助战，现事败，已由崇阳县窜入江西境内矣。

《时报》宣统二年七月一日（1910 年 8 月 5 日）

鄂督派大军镇压汉口百姓*

汉口电：昨因一人力车夫倒毙，镇人疑印捕殴毙滋事，团练队弹压不住，田领事乞助于驻汉之两军舰铁斯耳及乾葛。该两军舰水师携带机炮登岸，见地方官禁遏无效，关道与夏口厅均受伤，因即开枪，毙十人，伤较多，外人亦有被石掷击而受伤者。□□□□人后鄂督遣大军至，与乱民酣战，乱民始遁入城中。

译者按：汉口无城，汉口之对河则为汉阳府城，非船莫渡，右电谓遁入城中，恐即遁入华界也。

汉状仍险，店铺闭门如故，团练队与水师执械驻防。

《时报》宣统二年十二月二十五日（1911年1月25日）

汉口华人大闹租界之惨剧

踢毙车夫之误传　汉口英租界一码头江边于去年腊月念一日薄暮时，有人力车夫一辆拖载西人到该处下车，洋人去后，车夫忽倒地不起。适有英捕房西探路经该处，见之，询称患病，该西探急召一印捕、一华捕将其抬往捕房附设病院医治。时有数车夫见此事，误为西捕踢伤，故畀入施诊，一时谣传殆遍。讵该车夫到捕房未及服药，即已毙命。西医见其猝毙，疑系百斯笃疫症传来，极为注意，当验明病源属于气厥，乃命人抬往英租界外后城马路，嘱华警察召人认领，缘汉上业拖车者均住于后城外也。不料各拖车夫暨推土填筑后湖之土工人等，已为前谣所惑，众口一词，谓为踢伤毙命，咸叹华人性命不值一钱云。

苦力华人之公愤　已死之车夫名吴一狗，乃湖北应城县人。其家属现住后湖，闻信前来抚尸大痛。时值昏夜，苦力华人围而观者不下数百人，而痞徒又从中煽动。尸亲当夜即将尸抬返捕房，初意无非欲敲诈恤金，孰意围观之人愈聚愈众，人声鼎沸，滋闹颇甚。印、华各捕不能禁止，反被击伤。乃由捕头电请夏口厅丞王国铎派防营勇丁百余人前来弹压；一面带同刑仵驰来相验，委系病死，毫无伤痕，特赏薄棺一具，装殓钉封，命差勇押送出界。于是一班苦力人等大愤，谓官袒洋人，我辈此后在租界谋生，性命殊属危险，遂倡租界车夫于明日一律罢业之议，如违众者，必攒殴之。此议既定，时已深夜，众遂暂散。夏口厅及弹压各文武见众已散去，以为从此当可无事，均各分途而归。讵二十二日辰刻，后湖一带有人鸣锣聚众，召集各车夫、土夫一律罢业停工。是辰租界遂无一乘人力车，且后湖内亦不见一乘土车行动矣。

愚民围闹捕房　汉上街道窄狭，不及租界宽阔、空气清爽、游戏齐备，故每逢礼拜，人民均往租界闲游，异常繁盛。是日适有此谣，好事者无不走至英界，观有苦力人等，遂随众拦入，痞徒复从中煽之，因此各挟石子，于上午十钟之际蜂拥至捕房前，石如雨下，各码头夫又因礼拜进出口轮船稀少，无货上下，且因平日与印捕积怨已深，亦群起附和，呼喝之声势如叛乱。各印捕闻变畏打，均散归捕房守卫，各马路遂无一捕弹压。华界之人闻呼喝声，均入租界旁观，道路拥塞不通，十里洋场，盖无非华人足迹矣。

英兵枪毙人命　当围闹捕房之际，捕头特于楼上陈巨炮二尊，故愚民均畏吓不敢逼近攻打，惟在远掷石呐喊，而行路之西人亦多被石击，匿不敢出。有某领署文案谢某之子谢景堂者，已改西装，时经过歆生路，被众扔石跟进，谢即向鸿彰洋货号内躲避。众复追入。该洋货号主人阻之，众痞大怒，立即抢毁其店。间壁之同昌、天佑两洋货店，亦被众痞以借刀枪为名抢毁，损失甚巨。于是租界内各华商店皆闭门（洋商行店因礼拜例停交易），而西装之谢景堂则幸由鸿彰号后门逃至华界，否则性命休矣。各痞徒既扰三华店，兴致益豪，竟欲劫某军装行。迨至其门，该行已有人持枪警备，莫敢动手。适英领法磊斯君因风潮甚大，华官弹压不下，又闻店铺被抢，深以本界中外人生命财产可危，特调停泊汉江之英国兵舰各舰兵登岸，防守领署、银行，并请该舰司令官率兵一队（约五六十人）鼓角负枪，巡缉弹压。不料走至一码头，华人阻其前进，掷石乱击，大声呐喊，英舰司令官即令各兵站立，先放一排空枪，各华人贤愚不齐，有滋事者，有随观者，闻枪声吓而反奔。英兵见之大笑，乃前行未数武，各华人又阻其进，掷石乱击。英兵遂装弹开枪，此一响，应声而扑者共二十一人，伤十四人，毙七人。（已毙之七人惟二人系商界中人，余均苦力，其受伤之人抬至医院，次日又毙三人，是其毙十人，尚有二人伤势甚重，命亦难保）余人遂若战败之军，如潮而退。呜呼愚民！呜呼吾民。

道厅文武之受伤　汉上军备单薄，虽有陆军一标，系为防卫京汉铁路由汉至汴轨道之用。此外有防营一营半，分驻各处，并防守监狱、仓库，故一遇有警，呼应不能灵通。警察军只数百人，又不能通班前来，所以是日风潮起于十时，至十二时始有百余名防军前来弹压，因见苦力势盛，暂作壁上观。而关道齐耀珊因太大人生辰，贺客满署，故亦迟至十二时半钟始带十余护勇行抵租界。时汉阳协陈士恒，夏口厅王国铎，洋务委员吴凯元、吴尚楷，警务总办严师愈，汉口都司马光启等各武，皆已先至，因关道未来，特在洋务公所立候会商办法。迨齐道台至，与众文武言，我们出去劝散，不行再请大帅的令。各文武唯唯随之，步行偕出，适遇英兵枪毙多人，众愚民反奔，正与诸文武遇，衔其袒护洋人，验尸不公，遂举石击官。齐关道、陈汉协首当其冲，一伤其目，一伤鼻，其余文武无不受伤，以夏口厅王国铎之腿受伤为最重。当经防勇护兵拼力救护，仍返洋务公所，而齐之面部已肿起流血，大呼反了反了，当以电报、电话双方告急于鄂督请兵，又自乘快轮往谒制府。而众愚民因洋兵已过，当又复聚哄闹。于是华街与租界毗连处各店铺闻悉洋兵枪毙多人，痞棍掷石伤官，皆惊骇罢市，大有变乱之象焉。

司道军队之纷来　提督张彪闻洋兵开枪警信，即调二十九标、四十一标两全标军队出文昌门，预备船只，专候瑞督命令即出发往汉。适齐自乘轮来，血面模糊，入谒瑞督，又大碰其钉子。惟瑞督以事已如此，非兵不能平静，即令张提率新军前往和平弹压，以解散为宗旨，并颁大令一支饬出告示，有不散者格杀勿论。又派藩司马吉樟、交涉司施炳燮、巡警道黄祖徽、劝业道高松如，立刻赴汉，公商官绅、领事，妥慎办理。张提率带两标军队用轮船八只连袂渡江，于两点一刻由英租界码头登岸，讵最先上坡之两兵士、一排长，竟被亡命之徒出其不意，以扁担击伤，各兵如蜂拥而至，当获住两人，闻即该码头夫役。张提随即调度各军驻扎各华洋交界街口，只准人出界，不准入界；又派两营分作大队，鼓号巡查各处，所经之地，愚民不敢呐喊，亦不敢掷石，惟站立两旁观望，而捕房之围遂解。英水兵亦由施交涉使与英领商令各归兵轮矣。所有枪毙之尸，经夏口厅命人舁至洋火厂暂殓，均各拍一小照，验明伤痕，以备将来交涉而便召人认领。

好事者之散归　军队既到，愚民镇摄，然好事者欲观其究竟，不遽散归，租界内犹拥挤异常。而鄂督、汉关道、夏口厅、商务总会之告示，遂纷纷张贴，大意谓：不准谣言惑众，自有官为料理，倘至八点钟后定即严行驱拿，如敢抗拒不遵，准其格杀勿论。商会接连所出三道告示，则较平和，语意无非劝诫，故好事者均遵示而散，不到八时已回复安宁之象。惟各戏园是日均停歇，夜间亦未开演。而大菜馆与酒楼，则因军中官弁狼餐虎嚼，不惟未受损失而且利市三倍。

保安会之得力　汉上各商团保安会共有十六团，虽为救火会之用，实且补助警政能力。此次风潮，华界谣言蜂起，势将一律罢市，各商董因警察力弱，设遇事故难资策应，特请各保安会员戎装，各防各段，令各店铺均暂照常贸易，力任保护，故华界痞徒志不得逞，安戢如恒。各会员并恐人心未定之际，匪类于夜间纵火焚掠，是以连夜排队巡街，不辞劳瘁，商民无不感颂。

二十三日之情形　二十二夜，愚民纷散之后，因防卫周密，安堵如常。至二十三日辰八时，租界一带店铺犹惧而不敢开市，人力车亦未上街。张提即会同商会总理并率各军官剀切劝导，谓有陆军在此保护，嘱遵谕开贸。又命军士召各车行东至，开导一番，命晓事军官带兵随之往召各车夫，有拖车至一马头者，赏铜元百枚。各车夫见钱心动，齐拖车出租界，遂又照常行车。总商会因此事已成交涉重案，若愚民无知再有暴动，则交涉必归失败，甚至闹教堂、戕洋人均在意中，故于是日派员在太平会馆帝主宫开会演说，劝苦力镇静，候官绅秉公办理，切勿暴动，如英人恃强，不以相当赔赏，即以文明抵制对待，众皆拍掌赞成。

三十六团之会议　绅商学界三十六团体代表，于念三夜在小关帝庙会议，咸以此次人心激动，由于夏口厅丞王国铎验尸不公，袒护西人，致英人轻视民命，擅行开抢，现在以复验吴一狗尸身有无伤痕为第一层，然后再请制府交涉，司关道按照约章，据理与英领交涉，切勿退让。于是公举商会总理蔡文会君为此案代表，禀请瑞督委派大员先行复验，以伏人心而免浮议。

省垣戒严之周密　瑞督于二十二日谕令司道并派军队渡汉弹压解散外，以省垣人士对于兹事三五成群，互相谣传，诚恐有匪徒从中煽惑，扰害治安，特饬张统制、黎协统派拨三十一二两标及工程辎重各营，分驻各署局所厂及火药敬慎等库暨教堂洋员住宅，以资保卫。派兵六队昼夜梭巡城厢内外，谕令至除夕方允撤回。汉阳各教堂，亦责任汉阳协陈士垣调拨绿防营兵驻扎保护。又饬巡警道遴派侦探在武汉埠查拿造谣惑众之徒，沿途均派全班巡士弹压。又调长江舰队楚同、楚有两舰停泊江面，防备之周如临大敌。

（续昨稿）法司复验之慎重　瑞督徇商界之请，特于二十四日札派提法司梅光羲、交涉司施炳燮、高等检察厅长黄庆澜，会同汉关道齐耀珊，复验吴一狗尸身究竟是否踢毙。梅法使等当于午前来汉，先至洋务公所会商商会蔡总理，拟移尸兵轮，开至江心检验，盖恐验又无伤，愚民复起哄闹也。蔡总理为三十六团代表，不敢自专，特询于各团领袖。旋因各团以江心相验虽属妥当，但恐天时人事一有不慎，别酿变端，不如仍赴济生善堂内凭众检验，各领事及西医均可不请，以免有意外之虞。梅法使接各团函，以此案关系交涉，如无领事眼同复验，不足以杜外人口实，今各团既以领事到场为虑，乃请英领举派英法医生二人，商会延请明白检验华医二人，官家随带军医二人、仵作二人，合同细验。众均认可。故迟至日暮时，官绅商界始莅济生堂开棺复验，首仵作，次华医，又次军医，再次西医，均谓无伤。梅法使据医生报告一次，即请蔡总理等诸绅商详细听明。于是满场无异言，惟尸亲母弟尚哓哓不休，梅法使斥地保带之去，候禀鄂督核示。是日复验，济生堂内外均满布陆军，各官出入咸以军队夹道护卫，殆因谣言丧胆也。

各领事议组枪会　英领事法磊斯君谓：此次华人无理取闹，实属形同拳匪，如无舰兵登岸保卫，专候武昌华军救援，则西人生命财产不知丧失几许。爰于二十四日用单柬请各国领事官于六点钟在英署会议，对付此次交涉手续。闻法、比、丹各领事谓，中国人排外思想日益扩张，非练西商团，遇事不能策应，拟联合各国西商组一枪会，每星期六在跑马厅练习打靶，以资自卫。各领均赞成其说。至对于华官之交涉，则事涉秘密，未悉其详，然大致不外有强权无公理云。又各外国银行二十二三两日均停市，二十四日开市未久即停，公估局送银往某某等银行，并无收批，不知何故。

施司使主持交涉　梅法使复验吴一狗尸身后，当日即晋谒瑞制军，面陈情形。制军谓：既属病死，应令夏口厅王丞勒令其亲领尸安埋，不准妄生希冀，要求抚恤。其被洋兵击毙之人虽属良莠不齐，然皆好事之徒，自贻伊戚，死有余辜，惟念愚民无知，随声附合，初无仇洋排外之念，而洋兵径行开枪轰毙，殊背公理，爰命交涉使施炳燮会同汉关巡警二道查明已毙受伤各人平日作何生业，是否安守本分，即由该司酌量与英总领事据理谈判，责令将擅行开枪舰兵处以相当之惩罚，所有伤毙各人亦应索赏恤款，庶免有碍中英商民感情。现施司使奉饬正调查死者身份，不日即与英领大开谈判云。

《时报》宣统三年一月四、五日（1911 年 2 月 2、3 日）

汉口华人大闹租界之余闻

汉口苦力华人大闹英租界，英领调兵枪毙多人一案，详情已纪本报。兹闻官场以此次风潮显系痞匪从中煽动，除由巡警拿获著痞熊寿妍、王玉泉、王老四等三名收押候办外，昨又经巡防营将此次倡首滋事之苦力拿获十三名，一并收押夏□厅卡，听候讯追。其被西兵枪伤之人，于日昨又有白启乐一名在医院毙命。是前后被西兵枪毙者已十四人矣。而当道以英人开枪系属自卫，伤毙者非乱民即不安分之徒，竟不提起交涉与英人索赏恤金。讵英领不顾邦交，反开一损失单，索赏六万元之赔款。传闻交涉司施炳燮、汉关道齐耀珊、陆军统制张彪与英领磋商，允赔两万元，可谓退让之极矣。而英领惟守强硬主义，毫不让步，现已将此案详情及官场迭次所出告示、检查车夫吴一狗之尸格，一并申报北京英公使与外务部正式交涉。此吴一狗之死，商界仍谓系属西捕踢毙，现已具陈情书于谘议局，求其主持交涉。而谘议局副议长张国溶亦向汉上各商团宣言，如此案谘议局办无效果，渠即致函北京同乡官，请联衔纠参，并醵资令吴一狗亲属赴大理院上诉。盖绅商意见，以此案须车夫吴一狗有伤，交涉方能得直，故坚称系属踢毙。将来官绅两方面恐不免有绝大冲突。

《时报》宣统三年一月十四日（1911年2月12日）

汉口英租界风潮之谈助

汉口英租界风潮，此时虽已平息，车夫吴一狗疾死、踢毙二者已为疑案，至被枪而亡者，迄今尚未开正式交涉。尸亲慑于官威，亦不敢要求伸理，惟有忍泣吞声而已。鄂公仅咎巡警保护不力，致酿巨祸，所有巡警局总务长及与租界毗连之五区、四区、二区各区长，概予记过示儆，尚谓不足以蔽辜，爰饬令将保护弹压情形详细禀复，以凭核办。由巡警道黄道祖徽饬令巡警局总务长严令师谕，以此案发生，由各人力车夫因同行之车夫吴一狗身死不明，其弟赴捕房争闹，旋被拘押，群怀不服，拟聚众与英捕房为难，当以事在租界，既难调查起衅原因，又未便越俎代谋，只有严饬毗连之五区、四区、二区妥为防范。讵次日车夫即行同盟罢工，其中有不愿互起争执，聚有多人在汉舞台迎宾楼一带滋闹。当以虽在法租界地内，而与四区所辖大智门地方毗连，立即会同五区区长带领巡警驰往弹压，并知会四区、二区一律警备。迨至迎宾楼时，见车夫等及旁观附和之人拥挤喧哗，即晓以利害，以车夫吴一狗即使身死不明，既经鸣官由夏口厅验明，将来自可向外人开正式谈判，严重交涉，不得野蛮暴动，自取咎戾。如违，定行拘拿。众人闻之，渐有散者。旋闻一码头一带聚有多人，思登岸与外人为难，洋兵已开枪轰毙一人。是时恐酿重大事端，即星驰赴一码头弹压，并饬二区区长率同长警堵住前后花楼，不准闲杂人等闯入租界。适关道宪戾止时，江干之人愈聚愈众，即随同关道宪并英领事至江干，向众人开导解散。讵乱民不由分说，砂石杂投，势如雨集。英领事见势不佳，当即避去；有一石误中关道宪，面部血流如注，并自己颈项受石伤一处；五区刘令景濂胸前亦受石伤。似此情形，乱民难理喻，请关道宪至洋务公所暂憩，以避其锋，一面仍带伤赴一码头地方弹压。江干所聚之人约已千余，适英领事因关道宪受伤，率一医生前来，请带往洋公所为关道宪诊视。讵乱民见英领事，又飞石乱击，向前猛进。洋兵先用空枪威吓不退，始实以子弹开放一排，当时击毙七人，受伤十五人，众始稍退。此巡警保护弹压实在情形也。昨已具禀到院。当经瑞制军阅知后，以该令等因循之咎仍属难辞，除饬令严拿造谣生事之人，认真密查匪徒煽惑外，并将此案起事、保护弹压、参酌以上情形，详细电致北京军机处代奏。旋由军机处复电开，奉旨：瑞澂电奏汉口英租界人力车夫因病在车上，拘至捕房医治身毙，各车夫误为殴毙，聚众暴动，甚至不服开导，击伤官长，幸而解散甚速，现仍派兵防护等语。此次虽系车夫误会生衅，难保无匪徒从中煽惑，乘机滋扰，著仍督饬加意防范弹压，勿令再生事端。其究竟因何滋事及毙伤各情形，一并查明电奏。钦此。立即钦遵恭录谕旨，札饬藩司马吉樟会同交涉司施炳燮、提法司梅光羲、巡警道黄祖徽、劝业道高松如、江汉关道齐耀珊等，筹议禀办，略谓：车夫吴一狗身死，虽经复验明确并无伤痕，讹传已息，地方亦尚安静。惟因何滋事及毙伤各情形，迄今尚无确实之报告，其应如何拿办首要，妥筹善后，对付交涉，亦未能定正当之办法，应即责令各司道赶速会同查核筹议，即日禀复，以凭查核具奏。其在租界弹压得力之陆军兵队，虽去腊天气严寒，不辞辛苦，昼夜巡查，深堪嘉许，理宜犒赏，昨特谕知张统制查明各队，赏酒半坛、猪肉一百斤，以资鼓励。至关道齐耀珊因伤痕未愈，面部发肿，且不能进水，视之如舞台上之大花面，窥镜自照，颇觉忿恨，谓民气嚣张至于此极，特赴津就医。禀奉瑞制军批准，请假一星期，已于十二日乘快车北上。所有道署一切日行公文，即就近委夏口厅王丞国铎代拆代行云。

《时报》宣统三年一月十六日（1911年2月14日）

湖北防营殃民记

湖北光化地方偏僻，距省窎远，该处时有匪徒出没，扰害闾阎。鄂督特派巡防队第三营前往驻扎，以资保护。乃该营管带周飞鹏，不独不能卫民，反得虐民，昏暴无能，败坏军纪，与哨弁贺继兰狼狈为奸，纵勇为非，劣跡昭彰，更仆难数。经邑绅徐铭来省上控，列指实据，谓去腊抄掠十字口张姓裁缝铺，今春又殴伤警勇，并拆毁各街警棚。又去秋八月二十三日午时，因强赊豆料起衅，派兵各执凶器，将武生魏学瀛毒打几毙，迨至酉刻，该管带又饬该哨弁带队，又将魏学瀛之兄学士捆营吊打，皆有县案可凭。是时全军束装，督队四出，人马沸腾，行路者咸被其蹂躏，已由师范毕业生王某呈控足据。以上曾具禀提署，已饬该统领刘温玉查办。讵刘温玉一味袒庇，希图含糊了结，以免谴责；一面邀请邑绅徐铭及师范毕业生王某等至中火庙，嘱勿再控，并诱以甘言；一面蒙禀而期了案。不料该管带周飞鹏、该哨弁贺继兰因无大碍，于是更无忌惮，纵营马以践踏青苗，有自治局县案可查；纵营勇以抢掠良善，有解姓喊控县案足证；现在又在张家集地方藉抓牛肉为名，枪毙方姓，欲用恐吓手段给以百元免讼。此是目前最近之事，更易饬查。故邑绅徐铭等，以军纪废弛，纵兵骚扰，法律原有明条，而官长督勇残民，军法又岂能末减？况巡防之设，意在卫民，今周管带与贺哨弁持刘温玉为护符，以生命为草菅，致令百姓畏兵甚于畏寇，无论地方受害不堪，而国家费无数饷糈养此凶顽之马勇与暴虐残忍之官长，一有缓急，其奚足恃等情，又在督署呈控。当经瑞制军即饬襄阳道钱道绍桢，确切查明禀复云云。

湖北提台兼陆军统制张彪，近据署襄县吴令本义禀称，以巡防队勇丁杀人放火，种种不法情形，请即照例惩办一案，当即批示云云。马队巡防第三营勇目朱殿卿，被陈猴子勾串，诈称民人张大型在家剥宰牛只，该勇目希图索诈，胆敢将伊子张有人铳伤毙命，喊经村邻捉获朱殿卿，交甲看守。即据保甲报验，并缴军衣一件、快炮一杆。正诣验间，突被客贸张德富等，纠约多人，劫去朱殿卿等情，实属凶恶藐法已极。除照饬左路巡防刘统领温玉查明情形，赶将朱殿卿送案严惩外，仰速拿在案之陈猴子、张德富等，务获讯办，以锄凶恶。切切。并候督院批示云。

湖北宜城县姚板店地方，乃一集镇，商务亦颇热闹。该处设有专汛外委一缺，原以保卫治安起见，乃外委柳某，凶横异常，贪婪枉法，动辄受理词讼，任意刑责，民不堪命，由邑绅严振声等赴县呈控。讵该外委大为恐惧，该县张令数月不理，固有特别原因在也。后该邑绅来省具禀，当经提署批饬宜城县张令查复。张令又为洗刷干净，谓系民人苏继轼一人所为，并将严振声接至署中，授以银洋五百元，以缄其口。昨特具详前来。又经提台张彪批：以姚板店团绅严振声禀控柳外委贪污扰民一案，既经该县逐款彻底查明，均是苏继轼一人挟嫌盗名妄告，自应如禀，免其置议，惟称苏继轼差拿无获，仰即严饬拿办云云。呜呼，钱可通神信然。

汉口右路巡防队统领现已改委陈得龙充当，于前日到差，点验全营勇丁，名额缺少，军纪废弛，异常腐败。查悉一营管带马光启现署都阃府，不谙营制，克扣军饷；一营管带张得胜，疏懒性成，不理营务，皆前统领陈士恒姑息所误。昨特拟就整顿办法，并将情形具禀提署。当经张彪饬令分别撤换，认真改良，以期名实相符，勿始勤终怠云。

《时报》宣统三年二月二日（1911年3月2日）

湖北测绘学堂剪发风潮

又呕头发气　湖北陆军测绘学堂学生全体，拟即自行剪发，前日不约而同剪发者，竟有十名之多。该堂监督刘邦骥，人甚顽固，甚不谓然，并先曾牌示严禁，无如各生听之藐藐。此次大为震怒，本拟一并开除，又因各生成绩俱佳，未便遽行开除。爰拟相当办法，以去岁军学各界闻有剪发情事，诚恐学生年幼，易为煽惑，已经牌示禁止在案。乃于昨日查知补习班学生私自剪发辫者，竟有三十七人，三角班学生竟有十八人，地形班学生竟有十七人，制图学生竟有二十五人。此事虽经资政院提议，并未奉有明谕，应剪与否姑无具论。惟学生既在学堂肄业，应服从本堂命令，既经诰戒在先，即不应私剪于后。除将首倡之人俟查出严行惩办外，先将剪发生一体记过一次，即于第一次考试平均分数内扣除十分之一，以示薄惩，仍责成即日蓄发。如再故违，定即详请核办。此后如有续剪之人，亦即一律重办。计开（补习班）方绳修、孔斌、易其介、张子蓉、果仁、甘缉熙、徐世安、刘继焜、陆高平、李华模、范宗文、宋珍珊、萧超杰、董扬武、张秉均、罗锦、谢光头、罗焕奎、彭克武、刘震东、李荫寰、唐润明、薛衡平、彭祖思、邹廷燮、萧材鹤、胡联乔、刘维、朱作藩、宋树烈、胡绍忠、熊其光、高士杰、刘立三、汤名方、陈霈林、张忠巡，（三角班）朱大铸、聂奎垣、管梦相、余复、卢成义、刘赞襄、万则曾、胡翰藻、胡霖森、万煜斌、程礼贤、陈明善、朱登庸、方定远、熊士恒、彭亚杰、娄玉临、吴懋义，（地形班）汪恺泽、熊良骥、胡俊、蔡楠、陈丽生、潘克勋、杨正清、姚承湘、王寿、方定宇、郭振亚、崇俊、王尚武、段良蓺、闵绍骞、彭耀曾、宣家璋，（制图班）冯负真、刘粹、张曙、关遇春、汤延编、徐作孚、程章、张彬、齐世彝、罗藻芳、金殿勋、胡召堂、熊炳衡、李翊东、傅定国、喻义、曹维一、贾定芹、萧杰庭、傅人俊、谭家模、潘祖谟、李笃文、龙绍炳，共有九十七名，既已记过示儆。余下未剪者无几，如某某等（中略），均能不为谣惑，确守堂规，深堪嘉许，但为日方长，不可渐为浮言所动。如再查有续行私剪之人，决不能再为宽恕也。刻已分别牌示，以昭激劝云云。查该学堂学生此次剪发，本邀同全体一律实行，奈人心不齐，多有以不剪发见好于监督，故一般剪发获谴者，大不悦服，互相私议，谓彼等不顾公益，必须一律剪去，否则概行出堂。是以监督施以两方之手段，现在业已停课，要求已剪之后不得再蓄。闻监督亦无可如何，刻已将情形分别禀呈鄂督查核批示云。

《时报》宣统三年二月八日（1911年3月8日）

沔阳阻开窑河之风潮

又是妇女出头　湖北沔阳州连年荒歉，民穷财尽，铤而走险，动辄私斗，或互相残杀，皆因争私利不顾公益无教化之人，殊可悯也。地方官每每目之为匪徒。该邑有窑河一处，连界芦林湖上下两垸，去岁两境居民因争水大肆决裂，几至酿成大祸。鄂督拟防患未然，今春即责成该州罗牧庆昌将窑河开浚，以期两垸相安。又恐愚民无知，听信劣绅指使，从中为难，爰派兵队前往弹压。讵前日开工，上垸人民喜出望外，而下垸人民极力反对。盖因窑河一开，上水下泄，如顶贯足，且滨临长江，泛滥河盈，易溢不断，南峰、季尔、永胜、十河、西河五垸汪洋，即林大升、长胜、上耳、西圻、七角诸大垸，亦成泽国。于是邀聚老幼男妇百数十名，俟该牧莅止，围绕肩舆前后左右，哀号阻拦。该牧即以奉上宪命令，不能违抗，立饬开挖。一时老幼男妇尽行扑地，咸称此河万不能开，如开，吾辈悉卧此地，任其锄挖。该牧无可如何，遂尔中止。众妇女犹不解散。适弹压队长赵某见此风潮汹汹，乃向该牧曰：民心未洽，何不请兵弹压开工。该牧允之，答以回署再作办法。讵该牧即张大其词电禀鄂督云：武昌督宪钧鉴：窑河开工之日，突来妇女数百人，辱骂万端，开导不服，陆军弹压亦不退，该垸悍徒固结，逐日鸣锣聚众来抗兵差，万分棘手。现仍设法办理，如难就范，再禀请示云云。当经瑞制军诚恐匪徒勾结，为害闾阎，遽信该牧一面之词，已饬督练公所移知混成协黎元洪，选派四十一标二营右队全体兵士，于十四日早拔队起程矣。

又一函云：鄂督瑞制军前饬沔阳州罗牧庆昌会同堤工委员林令，将北乡下垸窑河开浚，以泄水道，俾免时虞水患。讵该垸劣绅邵伯棠、王作宾纠众阻挠，殴差拒捕，势极汹汹，由罗牧电禀省宪派军队前往弹压，并饬严拿邵、王两绅解省惩办。当将邵伯棠获案，王则闻风远遁。刻下罗牧迭次督工开河，均被该乡妇女扑地阻挠，以致不能开工。该乡劣绅甚多，均以阻挠为心。印委再三设法开导，迄无应者。昨经罗牧将阻挠详情电禀省宪，当由瑞制军遴派前办该处工赈之盛道春颐，克日驰往，督同官绅，剀切开导，俾得从速开工，免酿意外之变云。

《时报》宣统三年二月二十日（1911 年 3 月 20 日）

湖北左支右绌之学务

根源起于盐课被提　湖北盐斤加价银两，自被度支部提拨四分之三以偿赔款后，学务经费岁入遽短三十五万，加以各属延欠学堂捐不解，学务公所遂有束手待毙之势。盖鄂垣各学校教育费统计年约一百万，惟恃此两大宗的款，其余皆零星杂碎也。近瑞督虽徇王提学之请，奏恳饬部缓提盐款，然已被驳，不得已乃将方言学堂、农业高等各校概行停办，管教员薪水一律减少，授课以钟点计。向之教专门学科每月百余元薪水者，今竟减至十六元，一时著名教师莫不星散，教育界大有一落千丈之象。而此少数薪水尚且无力发给，各教员自正月至今均莫名一钱。堂中杂用，惟恃收入上学期各生之学费暂时敷衍。学务公所日接各学催款公文，多如雪片，使再迟数星期乏款接济，学务人员必致全体解散也。前数日各初等小学教师已因裁员减薪全体罢业，几经调停，始获上课。似此情形，千百年后亦无教育普及之望矣。悲哉！闻王提学所持主义，拟将东洋留学官费生一律撤回，年可省三千余万；又拟将各属门捐规复，年可得十余万。然此皆属咄咄书空，远水不能救近火之策，是以禀由瑞督，通电各州县，催解学堂捐及科场、考场等费，以济眉急，但亦不过杯水车薪耳。

《时报》宣统三年二月二十四日（1911 年 3 月 24 日）

襄阳县苛抽税捐之殃民

湖北现署襄阳县吴令本义，小有才华，自到任以来，升官发财之热念达于极点，无如意与心违，离省穹远，攀援莫从，惟有对于民间百般搜罗，无微不至，以图见好于上峰。其与税契一门，尤为不畏□言，任情苛索，怨声载道，以致去年腊底报解三十余万之多。果然鄂督瑞制军大加奖励，该令亦因之自鸣得意，辄谓人曰：将使我理财，无不充裕。其不安本分，于此可见。该邑绅士大为不服，以其以百姓脂膏作升官之媒介，于是调查其实在办法：（一）民地已投税者，仍照章纳税。（一）民地有数百年祖遗者，仍勒令更换纳税。（一）军民地已投税者，仍令照章纳税。（一）当地有捏报者、有已赎者、有不转者，亦勒令纳税。（一）纳顶土钱数百串仍完主人钱课者，亦勒令纳税。（一）投税不论期限，户户皆须罚款。（一）差票下乡骚扰，必须出差房费。（一）现投税契纸中填换契二字图章，不知何故。（一）准民人用匿名揭帖互相攻讦。（一）铜元每串加补水钱二十七文。以上数项，该邑绅李仙舫等确查属实。查谘议局原有整顿税契议案，未闻有如是之严而且苛。既云报解三十万两，合计中饱需索等项，何止百万。殃及民间，莫此为甚。刻已呈请谘议局开议纠举，呈请督院核夺施行云。

《时报》宣统三年二月二十五日（1911 年 3 月 25 日）

湖北官场现形记

汪文钧　前任兴国州牧汪文钧，到任仅一年，已括有民脂数万，去夏经瑞制军访闻参革，汪遂挟其赃私回省，在磨子街道修建洋房大栋计四十八间。现在工将告竣，而承修之木工高洪兴谓包价六千金，亏折甚巨，恳求加价千金，汪已面允六百。乃二十八日高洪兴赴阅马厂汪之公馆算账兑银，汪忽自食其言，该木工与之争辩，大触其怒，即手批其颊，并呼家丁朋殴，致将高之头部打伤，卧地不起。一众工人闻信，蜂拥前来吵闹，汪即将公馆门紧闭，竟被众工撞开，拥入捣毁什物不少。幸巡警赶到保护，该革牧始免受辱。嗣众工人将高洪兴抬往初级、地方两审判厅控诉请验，俱受汪之嘱托，推诿不予收理（初级厅曰此事应在地方厅管辖权内，地方厅亦曰应归初级审断）。刻木泥两工齐动公愤，已罢工不修，并传知同业不为修建云。

《时报》宣统三年三月七日（1911 年 4 月 5 日）

汉阳调查户口之风潮

湖北汉阳县属贞五堡太平庵地方，距城十余里。该处读书明理之人甚少，目下新政懵然不知。该处调查员李登榜调查户口将毕，忽有地痞宋某等妄造谣言，谓此次调查系将名字押借铁路，每名押钱四百文，家有三丁抽其一，家有田土加其税。现李登榜充当乡官，已得千金，非将册子夺回不可。于是纠约多人，将李登榜殴伤，并捣毁家具。立即禀报汉阳县，委杨县丞前往弹压。地痞又怂恿男妇将杨县丞围迫堡庙之内，勒令交出李登榜并名册，方准回署。虽极力开导，终不肯散。后又请汉阳县核示办法。当经张令振声以若辈留官追册，阻扰新政，实属谬妄，是以亲带练勇四十名，驰往拘获多人，分别惩处，立予解散，并将为首之宋某等数人及不听开导之妇女二名，一并带署拘留，以便发落云。

《时报》宣统三年四月二十一日（1911 年 5 月 19 日）

沙洋人民铤而走险

抢劫迭见

湖北沙洋月堤于本月初旬复溃之后，虽未冲淹田庐，而决口收合亦颇不易，所需木料不能如期到工，民间重以去岁荒歉，谋生艰难。此时无事可做，惟有期望挑土糊口，停筑半月之久，束手待毙，不如铤而走险，一般壮者分途抢劫。计除抢米粮数石及被絮小案外，大者如大凹山船户聂某被抢，杀伤事主一案；四垸杨锦州家被抢所值一千余串，刀伤事主一案；獐湖垸邵光海家被抢三百余串，刀伤事主一案；舒家店许起凤家被抢，匪人拒捕，溺死五命一案；苏家港某姓在外行抢，被叔处死，匪党报仇杀其叔，分尸三段，投于水中，沙洋州同奉委勘验，数十匪党抗拒殴差一案；又前日又出一最大抢案，抢去土布商刘复兴银钱共值一千八百余串，刀伤事主两膀，打瞎眼睛一只。以上抢案，不过数日，可谓层见迭出。刻经该州罗牧具详来省，自请议处，不知当道如何处置也。

《时报》宣统三年四月二十六日（1911 年 5 月 24 日）

崇阳军学界之大冲突

学生强梁军人弱　湖北崇阳县师范研究所学生与该邑驻防兵

士因修理留声机器，彼此言语不合，即起冲突，立即斗殴，互相损伤，惟营受伤较重。遂由督院学司羽电交驰，诚恐有匪勾结，图谋不轨，防范备极周密；一面饬督练处委徐令秉书，由学司委汪令元秉，同往该邑查办。其原因外间纷传不一，兹探其确定内容：五学司先据崇阳县学界电称，督学宪自治筹办处钧鉴：驻崇胡哨防营兵变，杀伤学生十余人，请设法保护。崇阳县学界公禀等情。当以情节离奇，不足凭信，电饬该县明告电复在案。旋据该县视学周谟麟、高小学堂长罗逵、监学庞从龙、师范研究所监学何正鉴等来辕面禀，情形与前电大致相同。兹据该县孙令电称，督提藩学法道府宪钧鉴：督宪皓电、学宪效电均谨悉。卑县师范研究所学生因修整留声机器与营兵口角，彼此争殴，学生受微伤，兵伤较重，兵已惩办，并由地方绅董调处，事已寝见。不谓该学生等复要约高等自治各学生一律停课，兵安如故，详情禀陈。知县镜寰谨禀云云。核与学界电禀暨该员等所禀，大相悬殊，实非兵变已无可疑。该视学堂长、监学等，事前既不能调和，事后又不能收拾，任意离堂，纷纷来省，饰词禀报，希图卸责，殊属不知大体，应将该四员先行撤差，听候查办，委员禀报到司，再行核办云。

《时报》宣统三年四月二十八日（1911 年 5 月 26 日）

瑞澂电催镇压反对路归国有之绅民*

鄂督瑞澂，因湘鄂两省绅民反对路归国有，合力抗争，风潮剧烈，电催督办铁路大臣端方速来镇压，并派统带、帮带、官弁率兵队迎接，加意保护。（初三日亥刻北京专电）

《时报》宣统三年五月四日（1911 年 5 月 31 日）

老河口穷民纠众求食之风潮

湖北光化县属老河口地方，市面亦甚繁盛，商务日渐发达，惟因邻境迭告荒歉，以致各行生意减色，一般穷民度活不易，相率结伴成群，乞食于富户人家，分道扬镳，总以数千计。人类既众，恐有匪徒从中煽惑，穷民无知，被其引诱，为害闾阎，何堪设想。该县黄令仁荄电禀来省，恳祈当道赈抚。鄂督以事关民瘼，究系如何实情，饬令详复。该令即查该邑上年本无大灾，缘土瘠产米极少，即杂粮亦不敷各地食用，向各〔恃〕外来米粮接济。近因各处春荒，来源顿涸，每石米价涨至十五串，麦价涨至十四串，人心恐慌。连日回乡穷民围吃大户，动以千计，曾经分饬弹压，查拿为首之人，并严防匪徒煽惑，幸已解散。而老弱妇女仳离情状，目击心伤。已饬绅各查各团富户，匀粮散放，并倡捐补助，但求两旬不雨，麦可登场，或无大碍，此暂救极贫乡民之办法也。城镇贫民均以粮缺价昂为苦，非购粮平粜，不足以争民食。遵奉电饬，复与商会磋商。据称老河口名为繁盛，实则过载码头，并无殷实商户有款可借，况今年生意淡泊，银根奇紧，委系无从设法。除息借官钱外，一时实无大宗现款以应急需，拟以敦善、育婴两堂房契，抵借官钱局款一万五千串，限五个月还清云云。当经鄂督饬据藩司余诚格会同工赈局议妥，由老河口官钱分局借拨钱五千串，借资应急，不敷之款仍由该县就地筹款；一面将平粜事宜委速办理，勿任稍资弊混。至此项借款，虽有公产房屋抵押，仍责成该县担保归还，务于三个月清缴，不准稍有欠延。刻已电饬遵照去后。旋据老河口官钱局分局陈令玮，会同光化县黄令仁荄电禀云：遵系商会将房契抵押，已由玮拨钱五千串，定限三个月还清。所有就地筹款及购粮平粜事宜，由仁荄督同绅商切实举办，总期宣布宪德，实惠及民。连日天晴，人心大定云云。

《时报》宣统三年五月十二日（1911年6月8日）

宜昌因路酿出殴毙士兵之风潮

湖北川粤汉铁路争归商办后，而宜昌亦属通商口岸，曾经设立铁路分会，招集股款，估勘路线，由该处至四川万县，合资筹修，已于去冬开工建筑，计长三十余里。不料奉上谕收归国有，借款筹修，该处公司即行停工，将工夫概行遣散。众股东群相诘问，公司管理诸人又复置之于不闻不问，众股东益滋疑虑，深恐路一停修，股款无着，咸向公司管理诸人需索原缴股本。该公司答以现在收归国有，此款应由公家筹偿，不得向该公司质问。众股东见公司一味推卸，不胜愤怒，即将管理诸人殴辱一番，并将器具、房间全行撤毁。经警局闻知，当派警勇前往排解。各警勇见众股东愤激，风潮甚烈，难以和平了结，随禀报宜昌府袁太守核办，即请宜防营管带陈嘉猷率队弹压。众股东一见军队弹压，愈为愤极，遂各回乡村，纠聚农民二千余人，执械抗拒，殴毙兵士二十余名。皆因该兵士不过三百余人，是时并未携带火药，势力不敌，故尔失败。近来人心惶惶，城市商民亦因之罢市，由荆宜道电禀来省。当经瑞制军以铁路国有，定为政策，值此匪乱不清之时，深恐不肖之徒从中煽惑，为害不堪设想。况宜昌为通商口岸，华洋杂处，教堂林立，除电饬认真保护，设法解散，并令现署宜昌府鑫守世和，迅即到任，随时禀承办理外，一面咨请陆军统制张彪，派步队四十一标一营管带戴寿山，率队前往镇慑，以保治安云。

《时报》宣统三年六月三日（1911年6月28日）

鄂省风云片片

此次川省人民反对铁路收归国有，绝匪湘粤有始无终者可比，较之湖北更无论矣。一切抵抗情形，早经详志本报。兹悉内阁以事关重大，特令督办大臣刻日赴蜀，以期镇慑。兹端钦使业已起程，由瑞督电请代奏：迭奉谕旨，祇悉一切。端方遵于十七日入川，业经奏报。现遵旨会商，酌带第八镇步兵一队随行，由瑞澂饬统制官张彪选派，即日开拔。惟军需预算现在定额，所有应加行饷、柴草两项，仍当由鄂勉筹。其行军川资筹项，□请援照派赴宜昌弹压路□新军一营办法，由邮传部担任。事关运用陆军，除分电咨军谘府、陆军部及邮传部外，谨请代奏云云。

川省风潮日亟，鄂省当道无日不接恶耗，昨又由瑞督饬令陆军统制张彪加派三十二标第三营前赴郧阳府属之竹溪县驻扎。盖该县东于川之大宁、南于川之巫山相接衔，惟巫山一邑为著名匪窟，上宪恐匪徒乘间滋事，故有此举。已于十九日下午拔队起程云。

川省谘议局副议长萧湘之被捕也，系邮传部盛大臣访悉一切问题之发生，均是该副议长之原动力，且恐四川另生别故，电请设法截留，是以车行时该戈什即大呼其衔名，称有某大人立请谈话，该副议长出问底悉，被戈什拘获，以其系川音易于辨识也。及至武昌府时，赵守毓楠亲出接见，询及川省近日一切骚扰情形，即以身在外不知答之。嗣复闲谈川省路事历年收款情形良久，慰曰：此次上宪之所以请驾屈居敝署者，实北京盛大臣为君代觅避嫌疑地，川事稍平，自有正当之布告云云。

汉口川帮如药材、杂货等号客，因接该省来电，知此次反对铁路收归国有风潮甚烈，恐有不测之虞，连日纷纷贱价售货，以便早日回籍，以致刻下行驶沙宜之沙市等轮，生意异常发达云。

湖北陆军第八镇统制张彪，昨日又接四川第十七镇朱统制来电谓：川民暴动，官兵调遣不灵。张彪立至司令处会议，并派三十一标三营李管带汝魁率同全营，准于念二日出发，乘兵轮赴宜前进，以备调遣。

鄂督瑞制军以川省不靖，且逼近邻省，恐有不虞，必致牵动湖北，倘有匪潜来煽惑，为患不堪设想。是以分饬江汉关巡警道转饬巡防队及武汉各警区，一体严为查禁，以保治安云。

《时报》宣统三年七月二十五日（1911年9月17日）

鄂省防范民心之大计画

自铁路改归国有，各省人心大为摇动，川民风潮之烈，尤为可骇。莘帅深恐此风煽惑无知愚民妄行蠢动，昨特札饬王月庄观察转饬各区，严加防范，凡属会馆及诸善堂等处，不得听各色人民擅行开会聚议，如有此等情事，立时申斥遣散，并查明为首之人，拘留儆惩，勿稍宽容。王观察当即抄札转饬各区遵照，不日当有明谕揭示通衢，以便周知云。

《时报》宣统三年七月二十六日（1911年9月18日）

召伯已见罢市风潮

召伯行栈私运米粮出口，早为一般人民所反对，无如主持其事并不稍事转圜，以致合镇店铺相率于二十二日一齐罢市，不准米行开斛，如实有官米、军米来镇采办者，再为变通办理。禹大令得信之后，已经星夜来船，亲往弹压，未知能息此风潮否也。

《时报》宣统三年七月二十六日（1911年9月18日）

湖北军书倥偬记（节录）

陆军第八镇统制张军门，自本月十六日川督赵季帅电咨鄂省派拨陆军驻扎，毗连防堵，以杜骚扰，当即一面札饬步队三十二标一营董管带督兵三队，带真子弹六万颗，先同端大臣前往万县，沿途弹压；复饬二营驻施，三营驻郧，又饬步队二十九标三营驻襄，严加防范各节，已志报端。兹悉该省本月初二日商界开会，初五日学界开会，初七日军界开会，十一日众铁路股东开会，十二日各民团开会，各团体均是暗约集聚，所以未发明之先，政界负有地方之责者，概未之闻。及临时停课、罢市，由各界办事人通报督署，已防不胜防。故此以县传县，至有十余县之多。至于约攻督署，实系吓诈之语，欲勒令季帅代奏川路不归国有之故。闻近日各县如故，不准开门贸易，学堂不准上课，人心惶惶，不安其居，到处派人演说，颇有日不暇食之势，并闻最激烈者不过于商学两界云。

张军门致右后两路巡防统领及戴管带电　电称：顷接川省来电谓：该省因争铁路不归国有，庶民罢市、停课十有余县，并云克期围攻督署等情况。现已开拔陆军发往郧、襄、施、宜驻防，该统领务须加派侦兵，日夜梭巡，以防不法越境云云。戴管带鉴川省争铁路风潮甚形激烈，务须会商崇统领派兵严察，以防意外之患，遇有紧急之事，务随时报告。

（续昨稿）川省人民争路风潮剧烈，湖北当道以逼近邻境，关系甚大，所有筹备防堵一切情形，迭见本报。兹端钦使刻由蜀来电谓：川省官兵不服调遣，黎民聚众蠢动，轰击督署，烧毁辕门，势甚猖狂。此次查办，深恐民情不易晓谕云云。并请瑞制军速派新兵陆续开往，藉资防范，以备不虞云云。

川省路事风潮日剧一日，湖北毗连各境早已戒严，刻下出发兵丁甚多，省垣不免稍形空虚，且喻标统被抢，尚是军界中人，此种不法恐有匪徒从中窃发，尤为可虑。是以陆军统制张彪谕饬各营官长，凡目兵一律不准外出，所有请号告假，概不准行，惟父母病故或已身染有重疾者，每队只可一名。至目兵外出购物，应禀由长官派人代办，万一非人可代办者，出外一概不可过久，以示限制。刻各标营一体遵照办理矣。

川省人民抵制铁路收归国有相继罢市者，共有十余州县。瑞督以宜昌为入川之门户，恐匪徒窜入鄂境，藉端为害，除派陆军前往驻扎外，日前札委湖鹗雷艇管带林君霆亮，刻日开驶巡视江面，以资镇慑云。

湖北荆襄水师统领陈得龙奉上宪命令，以川省不靖，着派右炮舰十艘速赴沙市城陵矶等处游弋巡防，以杜暴徒出入而保治安云。

川省路事风潮危险异常，陆军不服调用，赵季帅诚恐大局破坏，一面电鄂请援，一面电陆军部请其就近拨派陆军，以便随时调遣。刻该部荫大臣有电来鄂，令瑞督转饬第八镇张统制准拨步队第三十一标全标兵士赴川，听其随时调遣。该标统带官曾广大预备一切云。

川省路事风潮日亟，闻川督辕竟被烧毁，愈出愈烈。赵季帅以该省兵力单弱，不足弹压，昨有急电来催三十标全标兵士由十五协统带官邓承拔传集该标统带曾广大暨李、陈、萧三管带在协司令部筹商出防一事，约点余钟之久。是时各营多有出外野操未归者，一时传令聚集，并带子弹十箱，每箱一千颗，以足十队兵数分配。每标内十二队，其余二队留防守屯营，取道宜昌登陆，径赴成都城内驻守。此乃赵督急电调遣，无分星夜驰往，沿途必定困苦，所有本月饷项已由瑞督饬度支公所给领散发各兵，作为途中用款，并携带军需款项及八九两月兵饷约计四千余金，以免接济缺乏之虞云。

湖北陆军统制张彪，近因川省警告势甚剧烈，鄂军多以调散，恐有匪徒不法乘机思逞，扰害治安，刻已传谕驻守各军队，仍照春夏间归定地段，日夜各轮派官兵一大排换班巡查，以资防范。闻已会同巡警道王道履康一律协办，以通声气云。

鄂督以川省路事风潮日见激烈，虽迭派陆军步队出防，仍恐无济于事，昨闻瑞制军拟加派马队八标第三营，预备开差赴毗连之河口、郧阳一带巡防，与驻襄阳之马队十一标一营互相策应，以助声威。

湖北陆军督练公所军事参议官铁忠，日昨传集各协标营务须整顿一切，若有调遣，该管长官立即拔队起程，以重戎行。以此视之，川省风潮尚难和平了结也。

川省风潮，盛大臣归咎该省谘议局副议长萧湘，业经鄂督接电饬拿，交武昌府看守，迄今有日，并未宣布其罪状。省旅鄂同乡大动公愤，刻已缮具禀词，投呈瑞督核办。一面由该副议长将在京情形及出京一切洋洋数千言，自行检举，力辩其诬，不知当道如何批示也。

《时报》宣统三年七月二十六、二十七日（1911年9月18、19日）

湖北兵变骇闻

湖北陆军名誉向来颇好，皆因其形式上具一种尚武精神，兵士程度甚高，多有过于长官，以致发生一种娇矜之习气，不无傲慢之状态，积之日久，长官视兵士如奴隶，稍有志者相率求去，而继后补额之人类都不学无术，不过一强悍之徒，滥竽充数。统制张彪自升授提台后，专讲与官场酬应，遇事敷衍，抱一多一事不如少一事之主义。上有所好者，下必有甚焉。其协统如邓承拔、王得胜，标统如李湘邻，管带如萧国斌、萧安国等，均皆花天酒地，广置姬妾。若辈薪饷之厚，不如此不足以花费，民膏民脂供其挥霍，而对于兵士，纯以苛虐手段，动以鞭挞从事，兵士视长官如寇雠，而纪律亦从此废弛。其不肖者，在外闹娼者有之，赌博者有之，恃众逞凶者亦有之，甚至兵士即为匪人，黑夜行抢，标统喻化龙住宅被劫是其明证。再者，一闻警信，纷纷潜逃，前日奉命开往四川，留守兵士亦有私遁者数十人。吾鄂陆军名誉从此扫地矣。日昨又有兵士擅抢火药、炮弹，持枪反抗长官，骇人听闻之举。探其致此之原因，乃炮队第八标（即抢喻化龙住宅之同标兵士）三营左队有照章退伍兵士及请假回籍者共计九名，各棚兵士以其数年同营，感情甚笃，一旦分袂，实有难舍，特备酒席为之饯行。始而排长刘步云不允，只得私在棚内摆桌张筵，刘排长又往棚内大声斥曰：尔等违抗命令。此时众兵士正在兴高采烈，猜拳行令，刘排长更怒不可遏，复又曰：尔等有违风纪，大肆咆哮。复八棚张副目上前理论，刘排长即将酒席掀倒，众兵哗然。刘排长即告知队官宁鸿钧，以刘排长事犯众怒，意欲和平了结，立将各棚正副目传到，令其与刘排长赔礼道歉。正副目立即遵令跪下，宁队官即请刘排长出见。刘排长以如此办法不足以蔽其辜，宁队官以既不能寝事，即禀明管带杨超凤，又将正副目传至营本署，刘排长定欲全责正副目军棍，以致激成公愤。闻将杨管带、刘排长拖出，受伤甚重。众兵士因势成骑虎，不能不作铤而走险之想，于是愈为激烈，立入本标子药库，各携手枪一杆，腰置子弹多颗，当即连开数排，因非实弹，幸未击毙人命，受伤者数人，并在军装库拉出五生七山炮两尊，按有真子弹二枚，连押扯头，幸匆促间炮弹未上底门，未曾击响。附近居民以为兵变，大为惶恐，人声鼎沸，喊天震地。该标统带官龚光明已赴北洋秋操，由执事官电告马队，立派兵士一营至火药房及该营队左右以至河岸一带，分队站列。殆左队兵士再入库房搜取实弹时，马兵正在出队，是以寡难胜众，纷纷潜逃，有往南湖而逃者，有往武太闸而逃者，身携枪弹，莫敢尾追，并有数兵行至陆军第三中学堂河桥，置枪弹、军服于水中而去。当经一营卓管带、二营姜管带各率亲兵八名，分往武汉缉拿。统制张彪闻信后，立派参谋官三员及其公子学龄飞往查办。旋复乘马亲赴该营安抚众兵，传集各军官至标本署，详查确情，即行查棚，已逃去兵士二十四名，计携枪十三名，空手十一名，并饬严加约束。殆点灯时始回司令处，与参议铁忠会商一切，大为丧气，一面上院禀明鄂督。当经瑞制军甚为诧异，以军人应服从命令，乃敢抢弹放枪，反抗长官，殊属目无法纪，形同匪党，若不严拿究办，何以肃军律而儆效尤。除谕令妥筹善后办法，再饬标统喻化龙赶派兵士十一二队专行梭巡，其楚望台宪兵队果管带亦应派宪兵二班帮同料理，该管队官宁鸿钧责无旁贷，更当认真查拿，以期就获归案讯办外，并以排长刘步云无术带兵，以致激动众愤，事后该排长又无计可施，不能禁阻，因而夺抢军火，幸而未酿成大祸，各兵又复逃脱，似此事关肇判，该排长不为无咎，著即发交该营管带看管，听候究办云云。现在鄂省谣言四起，人心惶惶，深可虑也。

《时报》宣统三年八月九日（1911年9月30日）

湖北兵变骇闻再志

湖北陆军炮队第八标三营，有服役年满，精力已衰，应行退伍之兵士多人，本月朔放饷后，该营管带等即令该老弱各兵退伍，并以私意开除憎恶之兵多人。各该兵在伍多年，与弁目感情甚厚，连日分别与之饯行。初三日左队之兵公饯退伍之正目汪锡玫等，正饮酒猜拳之际，该队排长刘步云，因与退伍某某等正目有嫌，出而干涉。该队各兵答以凡有退伍之兵，准其饯行为营规所许，况近日某队官排长等皆曾设筵祖饯，尔何得以私怨禁止乎？该队官恼羞成怒，即回明标值日杨管带齐凤，欲棍责该违抗诸兵。于是众皆不服，全起哄闹，而退伍中之素与官长有仇者，即哄至军装房，取出马枪数十杆，向队官所居之室轰击，幸系有药无子假弹，未曾伤人。该兵等复至军械库房，欲劫夺真弹。时军需官已将库房门堵闭，并经杨管带带同卫兵守护，由诸官弁善言开导不听，势若天翻地覆。当以电话调来马队兵士弹压，众始解散，而退伍兵之号召滋事诸人，皆夺门而逃。当经马队追获八名，有二十余人逃脱，所有追获之兵刻已解至陆军审判厅讯办。闻张虎臣统制以此事几以细故酿成巨变，足见该营官长平日之失士心，爰委刘寿岩参谋到营查办。闻对于该兵之劫械罪名，拟从宽处分。

又闻此次肇变，系三营中队队官宁鸿钧、排长刘步云激成。缘该兵等置酒与退伍者饯行，正在兴高采烈，宁、刘忽来，将酒席踢翻，杯盘狼藉，致触各军士之怒，即至管带处争闹。管带姜某不问情由，遽护兵抓住数人责打。众愈怒，遂开枪轰击，因无真弹，复在军械房拖出五生七快炮三尊，直向官长所寓之室施放，然忙中未上底火，炮放不燃。值马队之兵已掌号至，众闻号声惊散，否则不堪设想矣。至该营与本标一二营未变之兵，均作壁上观，只呼哨在旁假作解劝，不肯听官长指挥拿人，所以该乱兵数十人闹有二小时之久，非马队来几成不可收拾。又闻该乱兵于暴动之初，即占据军装库，他队兵士有器械无子弹，故莫之敢近。现查悉冲开马队夺门而逃者，共念四名，后在武太闸及陆军中学堂附近拾获枪三支及军装数件，盖逃兵等恐被拦追，故弃枪改装而逃也。该标驻扎南湖，距城数十里，沿途并无岗警，故一律逃脱。而此事出后至次日，城内始有知者，所以居民毫无惊扰。闻鄂督得信，极为震怒，除饬张统制派炮马两标、军人宪兵队、特别警察队协缉外，并饬巡警道、防营统领通饬所属警局、防营一律协缉，一面饬将该营队官宁鸿钧等看管。是夜军警分途在城厢内外、汉口、汉阳巡缉，并未捕获一人。惟天尚未明时，鄂督乘舆诣文庙行香，道经长街，见有着军服者三人，东逃西窜，疑系炮队逃兵，当饬卫队追拿，杳如黄鹤。鄂督因此大怒，次晨传谕张统制、王警道，严行申斥其缉捕不力，有限五日须将各逃兵一律拿获之。呜呼！以素称精练纪律之师，一月之间，迭出抢劫标统、持械图叛巨案，言之亦可哀矣。

《时报》宣统三年八月十日（1911年10月1日）

鄂省炮兵藉端酿变四志

湖北炮队八标三营左队炮兵藉事酿变，幸人数不多，立时逃窜，究于军界前途大有影响。吾鄂最优之名誉，亦从此扫地矣。且现值川省不靖，谣言因之而起，咸谓有革党混迹军界，将来不免大暴动。惟查察不易，不能不预筹善后之法，以期防微杜渐。鄂督瑞制军昨特请统制张彪、协统黎元洪、参议铁忠并驻鄂铁路总公司总办高前藩凌霨，在五福堂会议查拿办法，甚为秘密，外人不得其究竟，仅传谕武承启官，凡各官非有要公面禀者，均倩于次日接见，直至六点钟始散。由此观之，军界必又有一番问题也。

湖北巡警道王道履康，昨因炮兵风潮一事，特传知省城上下前后中各警区，略谓：省垣旅馆林立，旅客众多，且各省风潮迭生，难保无匪党潜伏，藉以摇动人心，以期破坏大局。陆军第八镇炮队第八标于本月初三日因祖饯一事，官兵致起冲突。此事虽军中自有办法，然恐各属匪徒闻风潜至，希图煽惑，仰该区区官巡长等，率同巡士，将各旅馆、学社加意调查，如有形迹可疑之人，准其即行拿获，以凭讯办而保治安。从此旅馆、学社多事矣。

此次炮队兵士反抗长官，几酿大祸，在逃之正凶等多已远飚。当道对于该项案件格外注意，管带杨起风被殴之伤痕未愈，上峰追人甚急，不得已悬赏格一纸贴诸营门，上列各犯兵姓名、年貌、声音、长度；上写无论军民人等，如有拿获一名者，赏洋五十元，报信者赏洋十五元。此赏格已悬有三日，迄今尚无影响云。

鄂督昨接湘抚来电，云与湖北毗连之岳州，近日饥民愈众，内有土匪煽诱，以索食为名来郡骚扰，各镇生意大受影响，鄂中军队请即早来云云。当经瑞制军以本省军队【因】川省乱事已纷纷调往，留守者颇形单薄，而岳州又为湘鄂之接壤兼辖之地方，未可见却，本拟即派炮队一营前往弹压，后因演出抗官风潮，深恐别有他故，遂尔中止。瑞督颇有左右做人难之势。

第八镇炮队八标三营自左队兵士酿出风潮后，连日以来该标兵士等每至夜晚，三五成堆，七八一团，交头接耳，语言秘密，下级官长瞥见，亦不敢过问来由。现第一营管带卓占标、周标统、龚光明奉命秋操，未便推卸，昨特饬该营程度最高之队官排长挑选资格最老、平日信用之目兵二十名，彻夜巡察，严密防范。是夜，卫兵司令官迭报营门口时有二三两营兵士移转箱子物件他往，询其用意，均答送往典当，其实在情形不可测度等语。该管带以如此现象，不可不预为防备，立即派亲信护兵数名，至军装火药库，将所有真假枪炮子弹尽行搬出，加派妥兵押送城内，寄存总火药库，一面报知统制转禀督院查照矣。

湖北陆军统制张彪，以炮兵风潮此事关系军队最大，且失枪多枚，尤为紧要，自非缉获逃兵讯办，不足以肃军纪而儆效尤。查凶首计正目张孝纯、曾广银，副目王天保、鹤殿臣，正兵聂金山等十二名，皆籍隶郧阳、武昌两府，亟应开具年貌箕斗，移请该属严予查拿，务获解办，并谕参谋官刘锡祺查明肇衅实在情形，以便分别议处云。

昨据军界友人云：此次炮队风潮疑团甚多，鄂中陆军惟第八镇之马炮辎各营最为强悍，而炮队尤甚。该标兵士多系郧阳、襄阳、河南等处之人，皆存心叵测，负有杀伐思想。日前饯行退伍兵时，酒后语言异常含糊，人多不解。及至火药房抢子弹未获，在营未出各兵士追悔见于形色，可惜之声不绝于耳。至兵士王保清私匿子弹百余颗，此等怪事，更令人骇异。该兵士鼓噪时，即行放枪，众军官犹以为假子弹，不甚介意，后见将营墙击裂，方东投西窜，极形狼狈，望风趋避，莫之敢撄。故逃兵至一十余人之多，任其直跑，无敢上前追止者。有谓此项子弹彼自言由广东带来，藏之已久。各军官遂因之惊骇，平日漫不加察，无怪其然也。

湖北陆军统制张彪，以此次风潮发生后，诚恐各营目兵不肖者藉为口实，相继效尤，昨特通传各长官，略云：自兹已往，务各表爱情，上下一心，勿以小节而生恶感，勿以细事而生暴动，要知军队纪律为重，军人以服从为先，倘敢再蹈覆辙，定予严办不贷，切勿谓本统制言之不预也云云。

此次炮兵反抗长官，情同叛逆，当此数省不靖，设有他故，其害不堪设想。至办理之法，瑞督主严，非一律枭首不可（指在逃者言）；张彪主宽，只须将为首者斩决，余均分别定罪。二者不知孰是，姑并记之。

《时报》宣统三年八月十二日（1911年10月3日）

鄂军炮营持械酿变志

疑心革命党　鄂省陆军炮标第三营兵士被官长激变，携枪而逃者二十余人，除在汉口拿获六人及当场拿获几人外，余均远飏，莫知去向。刻鄂督催捕甚急，张统制特饬该标营悬赏购缉，无论何色人等，拿获一名送案者，赏洋五十元，知风报信因而就获者半之。并闻鄂督派员查得，当滋闹时，众拥入军械库抢弹，因真弹之箱放于假弹之箱最下层，非将各箱搬动，不能得真子弹，众人遂挟假弹而出。有乱兵王葆经，系鄂人，投效粤军队中革出，渠藏有真弹百余粒，当取出分给众人，以致将营本署墙垣击穿数洞。现以该乱兵私藏之弹从何而来，且以其曾到广东，故深疑其为党人，混入该营煽惑。刻已赶制此人小照多张，令各军营注意，而赏格中开列其年貌、籍贯、声音、长度，尤为详细，并令营中官长查报其平日与何人交往最密，以便彻究。连日该营各兵固多观望附和，顷闻有穷究党羽之说，大为恐慌，私逃者已有数人，又有多数兵士私将所有衣物携出，若预备逃亡者。且每夜三五成群，团聚私语，形状殊属可疑。该标营官长恐有他变，查察极严，标中军械库所存弹药，刻已一并送入城内军械总局库中矣。虽已获各兵在陆军审判厅讯供极为秘密，而是日守卫营门军械库之兵丁亦一并管押讯办。

《时报》宣统三年八月十三日（1911 年 10 月 4 日）

异哉！鄂省若大乱之将至矣

鄂垣当道自四川变起时，即饬各文武营署戒严，嗣川乱虽平，而本省适有炮队第三营之变。鄂督以逃兵王天保私藏枪弹，疑系革党溷迹军中煽乱，业饬将各营兵士之素不安分、形迹可疑者，开去军籍，遣送回籍，以遏乱萌。乃有炮营逃兵数人，因恐追捕，于邮筒投书督提各辕，大致谓彼党团体甚固，如因此事而妄行杀戮，全镇必为激变，其中颇多恐吓之语。张提遂大震惊，请于鄂督，饬将各营所存枪炮机纽拆卸，连同各种子弹一并缴送军械总局敬慎库收藏。所有标统以下、排长以上各军官，每日一律驻营歇宿，不准擅离，由张提不时亲往巡查，吹奏紧急集合号令，点名官长，有不在营者撤差，咨部及各省永停差委；目兵有不在营者，责革严办，并罚其该营长官。一时军纪至为严肃，而谣言亦因之蜂起。不意初九日傍晚，督辕又忽行戒严，派出特别巡警队（即卫队）二百余人，在辕前排队荷枪，各携真弹守卫，围墙一带，亦有巡防军持枪梭巡，东西辕栅门未至九点钟即闭，十城门薄暮即上锁，非持有对牌印文公事不开。其余如藩署、官钱局、造币厂及其他各司道署局，皆调有陆防营驻守。戒备之严，为从来所未见。其各城门向例有文昌、汉阳二门，每夜须十二句钟关锁，是夕忽然早闭，由城外及汉口回省之人，均隔于外无法通过，露立终夜者至数百人之多。时值大风怒号，因之受病者必为不少。夫以交通极盛之区域，启闭有定之城门，并不先行出示公布改定早闭时刻，率行断阻交通，致使民间大受其害，司门禁之巡警长官岂能无过乎？连日武汉轮船因城门黑即关，于其营业大受影响，只得停班不驶，而街谈巷议，谣言遂愈可骇，有曰四川乱事又炽，顺流而下将扰及鄂境者；有曰新军蓄谋图变，枪械虽缴，仍定于中秋起事者。此二说皆非凭空构造，故浅见者信以为真，至有举宅远避者。顷经调查，得如此戒严之故，实因接有粤督加急秘电，云有革党数百人，假装学生、商人，在香港议决附轮潜至长江，在武昌集合，希图大举；并云该党抵沪后，换座帆船上驶，以免窥破形迹，且应举其秘密布置之法。鄂省深恐新军不足恃，故如此张皇戒备，若大乱之将至者。噫！革党二字真足以夺官场之魄矣。

《时报》宣统三年八月十六日（1911年10月7日）

湖　南

关于湘乱之近事种种

湘省乱后，表面虽渐平靖，其实隐忧正甚，后患方长。城内则谣言如故，揭帖如故；城外则抢劫如故，吃排饭如故。推原其故，由于谷米缺乏，银钱紧迫，游民太多，穷极思逞，以致一遇事起，附和者辄千百人，若惟恐乱之不速者；各大吏深以为忧，而究无消弭之法。前数日且有积薪于司府两监狱之后墙，希图纵火劫狱者，幸经街邻觉察，始获无恙，否则又多一事矣。

常德府下南门城门，忽于十三日深夜被匪徒烧毁大半，守城诸人竟无觉察，亦咄咄怪事。又闻岳州府城水师兵勇，日前见有人起行李入城，坚请启视。其人允以去寻锁钥，久之不至。及启视，乃子药一箱。闻现已解回营中，禀报上宪察核矣。

省城兵勇，近日巡逻查察，仍异常严密，深夜多携带子药，荷枪而行。至保护商埠之各新军，虽日中亦上枪露刃，往来梭巡，因连日匪徒肆行揭帖，有俟各教堂、学堂起复之后，仍当烧毁之语，故防范尤为吃紧云。

益阳县痞匪，复行滋事。兹闻本月十四夜，因买米勒索滋事，该县驰往弹压，竟人多不能理喻，乃将为首滋事之人即时正法，痞徒乃一哄而起，大肆抢劫，共被抢者计三百余家。又闻烧毁教堂两所、高等小学堂一所，益阳县衙门亦被焚毁，恭令不知下落。城外商埠，从二堡起至三堡上，概被焚毁等语。因连日电县不通，谣言蜂起，刻已经杨抚派员前往调查矣。

此次益阳滋事，经飞翰水师拿获匪首苏博泉一名，于十七日押解到省，讯供系河南人，自称为拳匪不讳，并称其师罗蜈蚣本领最好，此次省城各教堂学堂、益阳宁乡等处，均系渠一人当先，能日行数百里，现已远飏，不知去向。

鄂督瑞制军近派湖北候补道丁焜年、候补府朱芾来湘公干，于本月十六日抵省，十七日往谒杨中丞。闻系奉到政府及外务部密电，饬商赔款事宜，应如何赔解，由何处开支，非面商不可。故特札派该二员来湘，酌议办理。

此次匪乱，湘省大伤元气，官绅各界预算将来用款，虽罄湘省而搜括之，亦不能运用活泼。现议电达政府，请将本年应解之洋款、海军经费、游学经费、大学堂款提出，规费应行解部各款、政务处经费，概行截留免解，留办本省各项要政，以及善后等用，俟元气稍复再行照数解缴云云。

又闻此事官界不欲遽电政府，须俟谘议局议札详请后，再行据详请示云。

《时报》宣统二年四月二十八日（1902年6月5日）

记函述辰州教士被戕事

上海内地会副总办今日致二函与本馆，皆系言湖南辰州闹教情事者，今特照录如下：

其一，乃八月十五号辰州华教士张某寄往常德者，其函云：教士勃罗士及罗威斯二君刻已为辰州人民所毙，予亦几遭不测，除左手及脸面受创甚重外，余处亦多受伤。予于三日前见势不妙，曾劝两教士往避于辰州府吴太守之衙署。二教士不允，谓是何足惧，并谓汝若畏之，不妨归去。向其侍者文某所言亦然。予

一、教士被戕处相距数家之远，华官曾派有兵士在彼保护，而教士之祸仍不能救。二、该教会后面本有兵一营，亦不赴救。三、府县署与该教会相距颇近，报可援救而不救。四、现任辰州县于一千九百年在常德为县令时，亦系不肯救护洋人者。将来凡有洋人处所，应不准此种人为知县，不知能否办到。此皆吾洋人等所不可忽略者也。

由岳州分来之邮政局方经开办，此次匪徒闹教后，即驰至该局拆毁其屋，并将管理信札之司事痛殴一顿，受伤颇重，刻尚难保其能否无碍。译七月念七日《字林西报》

《中外日报》光绪二十八年七月二十八日（1902年8月31日）

辰州府吴、署沅陵县陈会禀闹教稿

敬禀者：窃卑郡向有英国教堂一，座落城内府仓巷，名曰福音堂。房屋系属华式，向民间租赁。堂内有教士两名，一名胡绍祖，一名罗国茎，均英国人。该教士等于光绪二十七年正月间到堂，迄已年余，极安本分，并不干预地方公事。卑府素所钦佩，曾饬前沅陵县冼宝幹、前署县万兆莘均各随时切实保护。本年六月望前，卑郡时疫流行，早发夕毙，后来疫疠更甚，死亡甚多。迨七月初八九日，地流匪徒谣言四起，谓教堂雇遣华民携药投井毒人所致。愚民无知，纷纷传说，各被煽惑。经卑府访闻，面谕查街委员曹仲乾、前署县万兆莘妥为开导，由县出示严禁，保护教堂。是月十一日，万令交卸，卑职禧年到任，复到卑府告知前情，卑职遵即严示查禁。卑府复饬查街委员曹仲乾赴堂会晤胡绍祖，告以查禁保护缘由。适前数日有常德府邮政局派来供事薛亨、萧泽二人到辰，薛亨籍隶广东，鼻高目拗，状似洋人；萧泽籍隶长沙，均在县衙前龙合顺客栈居住。十二日午刻，先后来府告说，业在西门外租定房屋，定于次日开局，恳请出示保护。该供事亦即回寓。十二日午后，街上流匪□薛供事行迹可疑，误谓此人前来放药，谣言愈大。闻东关民妇萧张氏吸食洋烟，素不安分，手拿药末一包，在西关街上乱散。街众瞥见，诘其何物，称系毒药。街众上前查拿，该氏即逃至宋姓烟馆。街众将其追获凶殴。维时观看之人愈聚愈多，且值中午，四乡来城者亦不少，约共二千余人，喧闹不已。西关及西门内一带铺户因恐匪徒拦抢，纷纷闭门。卑府卑职等当即督率勇役弹压。讵该匪等拥至城内龙合顺客栈，不分皂白，将邮政局薛供事殴打，身受重伤。卑职赶至，饬勇救护，将薛供事送至县署养伤。萧供事在街买物，见事不好自行逃避。其时卑府等往救龙合顺，不料另有匪众多人已至福音堂滋闹。卑府卑职一闻警信，立即赶往，而街上人多拥挤，轿马不能向前。经勇役上前喝开，卑职弃轿步行，一同赶到教堂，毅字旂统带颜武林、辰州城守营都司刘良儒、后营都司彭锡俊，亦各带兵勇踵至。顷刻之间，匪众已将教堂打毁。教士胡绍祖、罗国荃均各逃出堂外，胡绍祖逃至府仓巷口，被匪殴毙；国荃逃至堂后王家坪地方，亦被匪徒殴伤毙命。堂内门窗一切均被掷毁，衣物亦被抢去。当饬兵役查拿，匪众一哄而散。卑府等即派勇役在城关内外严密巡访，以安民心。即据该勇役等拿获萧氏送县提讯，供词狡展，收禁县监。一面劝谕各铺户照旧开门，各做生理，并府县出示安民，解散匪党，地方业已安谧。卑府回署始知萧供事逃至府署躲避，妥为安置，现经卑职接至县署，与薛供事同住。教士尸身饬差抬回堂内，妥置衣服，并备坚厚棺木，于十三日上午邀集同城文武及堂内年老教民张厚甫，将各尸看明伤痕，开单附卷，眼同棺殓封口，注明姓名，停柩堂内，派人看守。现由教民蔡志城赶告常德教堂。查保护洋人，屡奉谕旨严饬。卑府等身任地方，何敢稍事疏懈。惟卑职到任甫经□日，事起仓卒，人数较多，致卑府与防营等不及保护，疏忽之咎难辞。除饬医薛供事伤痕务痊，并悬赏购线严拿滋事凶犯，提同萧张氏讯供严办外，理合会禀查核参办。除径禀督部堂、抚部院、藩臬道宪外，肃此具禀，恭请钧安，伏乞鉴。

敬再禀者：卑郡□疫流行，匪徒捏造谣言，乘机滋闹，打毁教堂，殴毙教士一案。卑府查此次起事，系西关流匪居多，究竟何人在场殴打抄抢财物，系众目昭彰之事，保正人等自必深知。当将城关保正饬传来署，假以辞色，详细诘问，供出田俊之、王大、徐玉亭、胡开琼、□胡覃、罗三、郑技廷等名，当由卑职悬立重赏，选派府县各署亲兵干役，并移会毅字旗拨派练勇，饬令保正作线，严密缉拿去后。本月十四日□据该勇役等缉获田俊之、王大、胡开琼、□胡覃、郑技廷四〔五〕名送府。卑府卑职等分别提讯，供词闪烁，显系狡供避就。唯田俊之称系监生，容即追取监照另文详革。当将□犯分别戒责笞责，锁钉镣铐，发交卑职分别收禁。一面派拨练勇多名，在监内外昼夜巡防，以昭详慎。除再悬赏严缉逸犯徐玉亭等□获，提同现犯□〔严〕讯确情，□供禀办外，所有获犯缘由，理合附禀查核。肃此再禀。

敬再禀者：正在发禀，现又缉获滋事匪犯余庄龙即余二老、刘舍卿即刘以芳、欧□□、龚胖子、张□拘、糜屠户等六名，理合附禀查核。肃此再禀。勋安。录八月初二日《字西林报》。

《中外日报》光绪二十八年八月三日（1902 年 9 月 4 日）

函述办理辰州教案事

西九月十三号湖南常德函云：汉口英副领事嘉利士君昨由辰州遄返，道经此间，明日即将乘湘抚小轮前往岳州。

此次嘉君至辰州后，即觅一善地，为两教士安葬，并会同道台二人将滋事各犯审讯，先定八人以死罪，即在河边正法。

辰州各官之革职者，计文武各三人，文官即辰州知府及沅陵县前后任二人，武官则统领城守营官是也。译八月廿二日《字西林报》。

《中外日报》光绪二十八年八月三日（1902年9月4日）

革职保护教堂不力之沅陵县知县等上谕*

八月初六日电传，初四日奉上谕：湖南辰州府伤毙教士，业经降旨饬令俞廉三迅即派员查办，严拿正凶，务获重办，并查明地方官如有保护不力情事，即据实参处在案。兹据奏称：因该处时疫盛行，痞匪造谣，谓教堂投毒井中，适有民妇萧张氏在街抛撒药末，因此起衅，突聚二千余人，拥至薛亨寓所，将薛亨殴伤。讵有另众痞匪拥至福音堂斗闹，当经该府县营员赶往保护，痞匪已将教堂打毁，英国教士胡绍祖、罗国全由堂内逃出，均被群殴身死，匪众奔散。当传到教民看明两教士尸伤，从丰棺殓。先后拿获萧张氏及匪犯田俊之等十名。当访有徐玉亭等正悬赏购拿惩办。沅陵县知县陈禧年到任甫经一日，当时同营员赶往救护，两教士已被殴死，教堂已毁，究属保护不力，请将陈禧年、辰州城守都司刘良儒、驻防毅字旗参将张耀魁一并先行革职等语。著俞廉三仍严饬查拿正犯徐玉亭等，务获惩办，早结重案。刘良儒、张耀魁、陈禧年均著先行革职，俟正犯拿获结案后，再行分别具奏。钦此。

《中外日报》光绪二十八年八月七日（1902年9月8日）

查办署沅陵县知县等上谕*

八月十一日电传初十日奉上谕：湖南辰州教案，迭经谕令俞廉三赶紧拿匪惩办，并将保护不力之营县等官降旨革职。兹据该抚电奏，匪犯张日蘸、【张】永汰二名，业经讯明正法；续获各犯正在严讯，并续参文武各员等语。前署沅陵县知县万兆莘，于谣言流播之初，未能认真弹压；统带毅字防营总兵颜武林，未能设法保护，以致酿成巨案，均属咎有应得，著一并先行归案查办。钦此。

《中外日报》光绪二十八年八月十二日（1902年9月13日）

辰州教案议结

辰州教案刻已由中国所派之庄、俞两道及英国所派之汉口副领事嘉礼士君会商了结，尚有未了各情，则由庄道暂留辰地核办，嘉礼士君则回汉口，俞道则回转长沙，会同洋务局总办蔡道同往汉口，与嘉君再将赔款数目及官员犯罪者应如何惩办核议。当嘉君在辰州时已议有十款如下：

一、被杀之两教士已经地方官殡葬如仪。

二、被拆之教堂业已修复，与未毁时相等。

三、教民受伤者业已医治痊愈。

四、祸首张白拘、张永泰已就获正法，另犯六人亦已正法。

五、宋长发因鸣锣聚众滋事，已经辰州道审讯，候即严办。

六、丁纪圭等现在虽已就获，惟尚未认供，俟地方官审讯明白再行责惩。

七、此次杀戮教士巨魁，业经就获正法，已无一事遗漏。至本地匪徒随众滋事者，虽未犯有大罪，将来亦必惩办。

八、教会及教民被伤之财产，将来应为照赔，至数目若干，则由嘉君与洋务局员商定。

九、邮政分局所失财产，由辰州道会同岳州海关道与邮政总局商议调停，此事与教案无涉。

十、所有辰州地方官应办之事已经照办，此案已可做了。其余应办各节，则由洋务局员与领事在汉口商定。至在逃各犯，则仍由辰州地方官严缉究办。译八月十八日《文汇西报》。

《中外日报》光绪二十八年八月十九日（1902年9月20日）

记宝庆仇教近事

有教士名铅勒者，于九月十七号由长沙来信言：近据长沙洋务局总办蔡观察告以宝庆府附近有乱事。当查其致乱之由，则因有吴姓武员近出一谤教说帖，并集党若干，会同一起，与教士为难，并以一份送呈观察。方以为观察必喜之，乃观察接到后，即着宝庆府知府将吴褫革拿解长沙，而由湘抚俞廉三将情电奏北京，请示如何办理。至九月十七号晨，蔡观察又接宝庆来电，略谓吴党已有数百人，联合一起滋事，内地会德国教士铅门已邀入府署暂避云云。因复立派专差赍文驰往宝庆，嘱令严办。今将铅勒教士所寄来之说帖及电报大要列左：

其说帖云：各国教士在华传教，名为劝人为善，华人愿从其教固佳，即不从其教，而果无祸乱，亦未始不可。但吾华人从孔孟之道已数千年于兹矣，虽其道非尽人能行，然亦无不敬之。故除孔教外，其余他教之由外国来者，即以邪教视之，而不愿从之矣。况吾中国现为各国欺侮太甚，其欺侮之由，以教士酿成者居多。平心而论，各国教士至华传教，设其教而果无所害，何自自始至终士民多情愿杀身以仇教者，此必有不善之处在其中也。他事姑不具论，即以挖目抠心及下毒药于井言之，今年各处已几无地蔑有其挖目者，一经拘拿，即自认为某教堂所派。故无论中外官员将百姓如何严办，而百姓仇洋之心总不能除。况凡入耶稣、天主两教之人，匪类居多，已早为国法所不容，自入教后更肆无忌惮，无恶不作，而各国皆视若无睹，与情理殊有未合，无怪向来闹教之事如此其多也。故如欲地方太平，惟有撤去教堂，而令教士回国，则百姓安而中外可和矣。不然百姓纵受官刑，亦必滋生事端。何也？盖与其下毒药于井，而毒毙者较多，何如甘冒不韪以杀身之为愈也。今华人不畏官刑，若此试问传教之士，其能有安宁之日否？尔等教士在华传教，明明结百姓之怨，而犹言劝人为善，犹欲强人入教，何其傎也。况华人之心合则从，不合则否，固未可以勉强为也。今教士在华日久，则华民仇教愈深，既经仇教，则死生已置度外，毫无畏惮。所以教士而在华传教，实于中外均无裨益，如各国能将教堂撤去，而将教士收回，本国则善矣。

湘抚俞将此事致电北京，其电文大意如下：电云湘民自入夏以来，霍乱时症随处皆有，致匪徒借此造谣，辰州戕教之案，亦即由此所致。近有武员吴姓，竟在邵阳县境内布散揭帖，捏言教士有挖目抠心等事。不法至此，应即从严惩办。否则百姓一为蛊惑，更易滋生事端。故臣已饬令拿解长沙候办。吴本庠生出身，现已褫革，饬长沙府收禁。查吴在该处颇有权势，曾管带宝庆右营军兵，后以其才力不足，调赴营幕习练。臣一面已电致所属各州县，饬令保护教堂，并晓谕人民，不得生乱，其揭帖之板即着毁去，以安民心而免生乱云云。译八月二十五日《字林西报》。

《中外日报》光绪二十八年八月二十六日（1902年9月27日）

英使要挟重办辰州道台等*

探得辰州教案自经英国派兵轮上驶武汉后，北京政府业经允准照英使所索各款办理，惟重办某道台及统领一事，尚在磋磨。闻英使要挟甚坚，必欲照办而后已。

又闻英人指请惩办之官计共六员：都司刘良儒斩立决，毅营统领颜武林斩监候，知县万兆莘充军永不释回，知府吴积钧流五年，长胜水师统领赵玉田及毅安营分统张耀奎永革；另索英金万磅，除恤教士家属外，作为教会善举，并为被害教士在府头门立碑昭雪。恭录上谕，以敬将来。

《中外日报》光绪二十八年十月一日（1902 年 10 月 31 日）

函论辰州教案详情

西十月二十七号汉口来函云：吾英现以辰州教案中国办理不能满意，故欲派兵舰来扬子江。予今试将辰州教案始末大略言之，当亦不以为过也。查辰州在湘省西北境，虽为府城，然地方狭隘，其中只一大街可观，余者实难寓目。惟文武各署，则皆具备，与其他府城无英〔异〕。五年前内地会始往设一教堂，彼时固相安无异，直至团匪乱时乃始他往。迨至去年底，以和局业已大定，教士勃罗士、罗威斯二人遂复回该处。查勃君在华传教已历六载，而罗君亦有三年，自回辰州后，与民间亦颇相安。不料至本年西七月间，辰州一带亦如各省之霍乱流行，彼时民间皆言霍乱系洋人置毒于井所致。教士闻而畏之，虽平时不入官衙，然以与有相关，自不得不据情禀诸地方官，乞为保护计。辰州除文官二人外，武官亦不少，知县名万兆莘。教士于七月二十六号至其衙署。其时该县已将离任，教士见知县后，即以一揭帖相示，并求知县出示严禁。乃知县虽允而仍未出示。至八月二号，教士又闻匪徒将于中国八月间戕教，以见知县绝无举动，故于八月十二号复往见辰州府知府吴积钧。查该知府本世家子，又与王文韶相国有葭莩谊者。教士亦以一揭帖相示，请为示禁，而该府亦置之不理。其时大清邮政局适派有半中半西之人来辰州，欲于沅江一路设立邮局，以达贵州，共带现洋三千元、邮票若干，即寓县署对门某客店内，亦以闻有匪徒将往攻之说，乃以文凭往见知县，请为示禁，知县亦允之而不为。由此观之，华官固已知乱事将作，特不欲与闻耳。查教堂后面相隔不远处本扎有华兵营寨，其统领为颜武林，在该处带兵已有多年，颇能以势力转移民心者。闻其人性颇仇洋，有一次其部下某武弁与教士交好，竟被开去差使。又有一武员张耀奎者，其营扎于辰州城对河，以奉统领之命，无论如何不得擅离汛地。水师统领赵玉田，亦带有炮船五六艘。此外则尚有辰州守城兵，其营亦在教堂后面，统带为都司刘良儒。乱事至八月十五号始作，邮局中人见知县不足恃，往求知府，而知府复命往见知县。彼时旧知县业已离任，新知县陈某则甫经接印视事，虽允援手，其曾否相助，则无从知之。邮局中人见知县应允，即回寓所，不意于路即遇见闹教匪徒，致亦为匪徒所殴，所有现洋及邮票均经失去。幸县署相距甚近，知县得即往救，不致被杀。而匪徒等又复往攻教堂，经过颜统领营寨，统领亦置若罔闻，并不设法弹压。据知府言，未乱以前早经咨照该统领，嘱其保护教堂，统领不肯前往，亦属无法。匪徒既到教堂，即将勃罗士殴毙。罗威斯见势不妙，即往后面武营中乞援，而武官竟令紧闭营门，不任入内，只得复回，而遂为匪徒所擒，沿途至一候补官陈公馆前，即被击毙。有言陈亦助力者，而陈则谓曾经劝过匪徒不得戕害教士。以上情形，均真实可恃。盖汉口副领事嘉礼君曾亲往将事查明，而地方官所言亦然者。况教士罗威斯之日记簿，所有揭帖、如何即往官署求救等事，莫不被载于中。末后所记为八月十四号事。据言：今日有委员至堂拜会，新知县于今日接印。此间谣传匪徒已宰猪三口，将饮齐心酒，以闹教云云。教士被杀后，教会中以向无要索之理，遂听华官任意办理，由华官备棺两具以为之殓，并为择地以作埋葬之用。又将教堂修复。而抚台则命严缉凶手正法，计处斩者九人。又将地方官奏参，此已见诸中政府所颁谕旨矣。初时抚台犹以知府及统领官阶稍崇，故未一并参劾；后以知该两员固亦有罪者，因复具折奏参。此华官办法之大略情形也。而吾英政府之未能满意者，以此次闹教地方官倘不容纵匪徒，教士必不见戕。盖未经起事以前早经教会禀告，而匪徒阴谋及何日举事，地方官已早知之矣。故此次不将该地方官从严惩办，则将来无辜洋人在华被任意戕杀矣。仅革其职，实无所济。故汉口总领事特要索中国七款：一、须将都司刘良儒处斩。盖教士罗威斯被戕时曾往营寨求救，乃非但不允，反将教士交与匪徒，以至于死。二、统领颜武林须处斩，否则发极边永禁。盖此次闹教，皆其平日仇洋所致，又因其所部各员不为援救，亦皆其所命也。三、沅陵县知县万兆莘、辰州府吴积钧，须充军五年，永不叙用，因其口允保护而未曾照办也。四、参将张耀奎、城守赵某，均应革职，永不叙用。五、辰州官绅应共罚英金一万磅。六、辰州应立一牌坊，将此次闹教之事及各官之受惩者一一书明于上，以令地方知永远贻羞。七、以上各事，均应刊诸邸抄，以使通国皆知。以上七款，乃总领事之所索者，办理之法甚善，倘能照办，将来功效自匪浅鲜。而华官则以此为无理，所办如下：一、向来此种闹教案件，从未将官员处斩。二、按照和议大纲，有罪各官革职已足，并无言处斩者。和议大纲乃各公使所定，如必处斩，是前后不符矣。三、凡文明之国，断无因此种案件而将官吏定以死罪者。四、如从外人所请，而将地方官处斩，则以后难以治民，必致随处生乱。以上四项，乃华官辩论之大概情形也。至今仍坚持不屈。吾驻华英使自知理直气壮，遂不令再办，特派兵船前往，或兵船未至以前，事即可了，亦未可知。盖现在华官已不敢再辩，只求将所索者减轻，而于处斩官员一节，求之尤坚。吾政府如一定不允，当亦终必相从也。译十月初二日《字林西报》。

《中外日报》光绪二十八年十月三日（1902年11月2日）

论辰州教案

日者英国因辰州闹教一案我国不允将武员正法之故，遽遣兵舰驶往汉口，本馆既著论详述其非矣。前日某西报复登载汉口来函及其所自作之论，则尤有令人愤懑不平者。论之言曰：必如此要索，庶足令在华洋人能有太平之日。不知两国相处贵于亲近，不贵于怨恨。辰州匪徒戕害教士，其曲在我，亦既缉凶戮犯，以示谢罪之意，则亦可以已矣。乃必逞其势力，逾其分以相施，并波及无辜之人，是使内地人民益增其仇恨外人之心而已。犹冀其永远相安，是犹南辕而北其辙也。譬如邻人之子弟得罪吾家，我告其父先惩责其子弟，斯亦可矣。若因我之势力大于邻家之故，既责其子弟又欲治其父兄，既索其赔款又欲彰其羞辱，彼邻家即因势力不敌之故，不敢不饮泣听命，然而不敢言者未必不敢怒，正恐一人受屈万众含悲，咒之诅之，伺隙以图之，竭心力以谋之，固事势所必有矣。何西人之不悟也？论又曰：自中国大吏观之，以都司统领正法，实不关紧要，而此次竟不肯相从，是实欲开罪吾英国也。按此数语，实为蛮悍之词，恫吓之语，不谓素称文明之国，在中国著名之报亦复有此口吻。夫中国虽弱，要非英之属国也，生杀之权操【自】朝廷。苟其人实有应死之罪，固不容使之幸免，若其人本无死法，或其罪尚在疑似之间，则岂得不加以斟酌。鄂督张制军自庚子以来，联络外人不遗余力，故英人亦盛誉之。而此次于辰州一案，亦不以诛戮诸武员为然。则诸武员之应否正法，固尚在未定之列。乃西报因我国不能曲从之，故即指为开罪英国。信如斯言，则英国径自杀之可矣，奚必假手中朝为此迂折之举哉！英国素以保全中国，不欲使地方扰乱为言。然如此举动，设各国尤而效之，欲如何办理？即如何办理，中国不允即指为得罪彼国，藉为启衅之本。若此者，其为爱我中国耶，抑扰乱我中国耶？恐不待智者而知之矣。至若汉口访事函中详叙辰州教案本末，既归咎府县之不为保护，又归咎武员之不为援救，并谓都司刘良儒非但不先救援，反将教士交与匪徒，以致于死，故当予以斩决罪名。不知当时事出仓卒，教士既已受害，则实在情形谁能知之，若仅凭旁人传述，即以为真实凭据，则亦不足以服人。总之，事后传闻最难得实。今该访事所言，安知非教士之徒党及与诸武员有仇之人从而甚其词耶。其尤不足据者，访事函言有：某武弁以与教士交好，竟被颜武林开去差事，因指为仇教之据。按颜武林开去某武弁差使，其得当与否，应以其人之有无过为断，不得以其与教士交好与否为断。今西人于某武弁既不知其有过与否，而但因其与教士素常交好忽被撤去差事，遂指为颜武林之仇教。然则此后中国官吏但与教士交好，即可恃为护符，不复受上官之约束矣。教士之在华者，即可干预我内治，操吾取舍之权矣。而我国文武大员并将听命于外人，不得自有其权矣。不知中外各国果有此治体、果有此约章否也。总之，英国于此次辰州教案，其办法不过二意：一曰代教士复仇。夫教士传教受害，岂有报复之理？按《新约·路加福音书》第六章云：耶稣言，与尔等为仇者已爱之，恨尔等者宜善待之，咒骂尔等者亦为之祝福，轻慢尔等者宜为祈祷。是则耶稣之教，非特视人如己而已，且爱及与我为敌之人。不闻曰人以无理施之于我，我即以无理施之于人，并且逾其量以相施也。又《路加福音书》第二十三章载：耶稣钉在十字架上，为害己之人祷祝，其言曰：求父赦免此诸人。是则教主耶稣之被害也，尚为害己者祝福。而今日教士之被害也，非特将害己之人之正法，并且累及无辜之人，以快其意，不且与耶氏遗训相背耶。以是而传教，不知于教宗居何等也。若谓英国并非为教士复仇起见，则是特藉教案为名，以自张其权力也。而此两教士之被害，以为为传教而死可也，以为为扩张本国权力而死，亦无不可也。然则诸来华之教士，果为传教计乎，抑危险其身以为扩张本国权力计乎？论既竟，旋奉谕旨，则已悉如英人之意将文武各员分别治罪。想英国至此，当亦可满意，不复指中朝为有意开罪英国矣。特未知讲求公理之人又为何如也。

《中外日报》光绪二十八年十月五日（1902 年 11 月 4 日）

惩处保护教堂教士不力之辰州各官之上谕*

上谕：湖南辰州府城痞匪聚众滋事，殴毙英国教士步绍祖、罗国□〔荃〕一案，前据俞廉三电奏，业经降旨将沅陵县知县陈禧年、辰州营都司刘良儒、驻防毅字营参将张耀魁、前署沅陵县知县万兆莘、统领毅字防营总兵颜武林等，一并先行革职，归案查办。兹据该抚奏称，此案初起时，罗教士从福音堂逃出，往城守衙门，都司刘良儒闭门不纳，以致该教士被殴毙命。总兵颜武林，当痞徒聚众往打教堂，从该总兵门首经过，置若罔闻，不往保护。知县万兆莘，卸事在即，有心推诿，谣言初起，不能立行禁止，以致酿成巨案。其余各员，或保护不力，或防范未周，均属罪有应得等语。朝廷慎重邦交，迭经降旨，严饬各省地方官于所属教堂教士实力保护，不啻三令五申。乃辰州府又出此重案，该处文武各官事前既未能预防，临时又复坐视不救，殊堪痛恨。核与寻常保护不力者不同，自应加重惩处。即著照该抚所请，将已革辰州营都司刘良儒即行正法；统带毅字营总兵颜武林定为监斩候；参将张耀魁、桂阳营参将赵玉田，均著革职，永不叙用；辰州府知府吴积钧革职，永不叙用，并流五年；已革沅陵县知县万兆莘，充发极边，永不释回，以示惩儆而昭炯戒。余著照所议办理。钦此。

《中外日报》光绪二十八年十月五日（1902 年 11 月 4 日）

封闭教民私立福音堂要闻

湖南江华县禀：兼署鄂督封闭教民私立福音会堂，恳核示立案。经端午帅批示云：据禀已悉。查教民马如麟胆敢私设教堂，干预词讼，殊属不法。教士彭兰生，始则因闻其有藉教妄为事，函致该县查复，迨经据实函答，即行函请封闭究治，具见一秉至公，毫无袒纵。近来民教交涉之案，固大半由于痞徒造谣而起，然教民藉教妄为，教士不加查禁，而反从中徇庇，以致激成事端者，比比皆是。今彭教士公正不阿，为近来所仅见。如能人人如此，嫌隙无自而生，民教又安有不睦之事耶！而教民马如麟，非惟有干法纪，抑且大犯教规，既据彭教士函请究治，即由该县将其拘案惩究，以儆效尤。其余安分之教民，仍示谕民间，照常相待，不得藉此别滋事端，是为至要。仰南按察司会同洋务局转饬遵照办理，并饬函致彭教士知照，仍候抚部院批示。缴。清折存。录《汉口日报》。

《中外日报》光绪二十八年十一月十六日（1902年12月15日）

湘抚俞奏陈加收米厘片

再，湖南地方素称产谷之区，自光绪二十一年以后，水旱频仍，恒虞乏食，加之财力耗竭，民气日趋浮嚣，偶值粮价增昂，辄即讹言流布，盗贼繁兴，情形极为可虞。上年夏间大水为灾，臣竭力设法督属赈粜，并酌借官款，将溃决堤坝即为修复，境宇幸获谧安。其未经被水地方，秋收尚得中稔，谷价因亦稍平。而各处商贩即闻风麇集，有尚未刈获豫向田中买定者，有甫经收割即挑运上船者，小民急于近利，不肯稍为存留，奸商但求取赢，辗转贩运销场，更难究诘。将见储蓄一空，青黄不接之时毫无可恃。据各属士绅公请禁止谷米出境，臣谆饬各司道详筹妥议，佥以江皖等省粮价亦高，商买贩运巧诈百出，暗中偷漏，防不胜防，非但徒负遏籴之名，于民食毫无裨益，且将使原有厘金亦归无著，不如以征为禁，使商贩成本加重，贩运自稀，藉以存留谷米，备本地缓急之需。第湘鄂两省唇齿相依，湘米运出既减，鄂省米厘必因而短绌，势不能不统筹兼顾。拟请于谷米出口之湘阴等县，设立两湖赈粜局，凡遇米船经过，每石收钱四百文，谷则减半，折收钱文，专备鄂湘两省赈粜之用。由湖北商务局、江汉关道、湖南善后厘金各局司道会详前来。臣复与督臣张之洞往复函商，意见相同，随饬照议开办。所有办理缘由，谨附片具陈，伏乞圣鉴。谨奏。

奉朱批：户部知道。钦此。

《中外日报》光绪二十八年十一月十九日（1902 年 12 月 18 日）

记师范学堂风潮*

师范馆监督刘佐楫唆馆长王先谦擅革学生四名，以致学生不平，请中丞斥去刘监督。中丞闻之，谓不但刘监督须斥退，四生亦须留学。王先谦大愤，谓中丞纵容败类，其势汹汹。

日前师范学生三十余人至中丞处求见中丞，谓四生被斥，实系冤枉。诸生虽相聚愤激，而仍能恪守法律，不与馆长为难，具见湖南学生程度之高，深惜馆长之不能见机云。

师范馆之风潮，皆首府朱太守为调人，朱与王莫逆，处处为王留体面。闻王尚怨朱不为前辈出气，颇有贬辞。

教习单启鹏声名恶劣，师范高等两届学生均极恶之。闻中丞颇有所闻。

《中外日报》光绪二十九年七月九日（1903 年 8 月 31 日）

湖南巡抚端札衡州道府文

（为耒阳县劣绅地痞聚众殴本管知县抢劫官船事）

为札饬事。据衡、永、郴、桂道禀：据现署耒阳县胡令扬祖面禀，该县举人谢式芬等，挟嫌捏诬，原有煽惑痞徒聚众殴辱之谣，禀蒙严切批示，并委员查办，谣风顿息，满拟可以相安无事，商明委员吴令回郡销差在案。不料委员甫经回郡，突有素行不法、劣迹多端之已革文生伍炳章，即运灵，辄挟该令革拿之嫌，胆敢乘该令于二十四交卸，率领痞徒数百人，分为两班，以一班拦截中途，准备殴官；以一班在河下打抢官船。是日城局各绅及学生数十人闻该令将行，在东门外设席祖饯。该革生闻之，即执木槌打毁席桌，挟制各绅不准送行。众情不服，与之理论。该革生即恃强逞凶，学生多被殴伤。于是该学生等，协同团勇，登时将该革生拿获送案。正提讯间，该痞党蜂拥而至，吆喝劫犯，情势汹汹。该令以其平日自恃强梁，扰害乡里，罪恶多端，现复如此凶横，一经漏网，不但为地方留一大害，而该令之祸即在眉睫，必酿出戕害重案。因事机逼迫，未及请示，遂调齐团勇弹压，从权将该革生立时枪毙，以昭炯戒。该令交卸后，立即启行，伍运灵之子复率群痞拦途殴打，轿被打毁，并伤该令眉角，踉跄下河。而伍运灵之妻伍何氏，复在岸上指挥抛砖掷石，使水手躲避不得开船。伍运灵之子又声喊，有帮同殴打者，每人给洋一元，官舱现有饷银，闹出天大事，有我担代。于是蠹役地痞随声附和，一拥登舟，各执军械，打破舱门，将粗笨器具抛弃河内，复劈开箱笼，将银钱细软抢劫瓜分。幕友家丁之船，亦被抢毁。伍运灵之子复持刀寻杀该令，幸得缉私营炮船赶拢，眷口亦遇小驳船经过先后救护过船，均得无恙。该痞徒忽扬言，学生系习洋教，将与教堂为难。一切详细情形，容另与刘令德馨会禀等情。据此，查此案前据该令以该县举人谢式芬等，挟嫌捏诬，有煽惑痞徒乘该令交卸下河聚众殴辱之谣，业经严切批示，饬令照案拿解。随据谢式芬等捏款砌控，一并委员驰往查办。因地方谣言已息，该委员吴令世芳回郡销差，并据委员查明该举人平日劣迹及捏诬各情，禀复前来。昨经开折，详请宪台俯赐批准，将该举人褫革拿办在案。据禀前情，并据衡州府唐守面禀，以该痞徒肆无忌惮，请从严拿办，以儆刁风各等情。

职道窃念痞徒强悍至此，实与乱民何异，若不彻查究办，大为吏治民生之害。当即一面派委管带强字三旗尚守备鸿宾，督带得力哨勇，星夜驰往查拿弹压，并面饬务将教堂极力保护，不可稍涉大意；一面札委耒阳官运局委员周令至德，切实查明是否即系谢式芬等联谋，抑或另有主谋之人，务将起衅各确情，会营严拿首要，务获究报外，理合将此案派委员并查拿缘由，禀报查核。再，此案据周令访闻，随同滋事之人，多系伍运灵所开煤窿窿夫，该窿夫等原多亡命，又系伍运灵所雇，故听其指挥等语。合并声明等情到本部院。

据此，查此案伍炳章即伍运灵，挟胡令扬祖革拿之嫌，聚集伙党数百人，欲乘胡令临行时，分投殴抢，固属凶横不法。惟既已将伍炳章拿获到县，自应审明禀办，一面妥为弹压，当不难于解散；乃辄将其立时站毙，办事实属操切。伍炳章妻子胆敢藉此聚众殴官，并复任意抢毁财物，案情尤为重大。且所纠伙党，既系煤窿窿夫，大半多属无赖之徒，更难保不乘间抢劫民间，多滋扰害。至向来殴官之案，大都由官办理不善，有以激成。查胡令历来举办新政，颇资得力，曾经升任部院赵及前抚部院陆奏保有案，当不致过于荒谬，何以出有此事？谅系一二刁徒煽惑纠集所致。既据该道饬派周令至德、尚管带鸿宾前往查办，应由该道督同唐守及周令、刘署令、尚管带等，先行妥为弹压；一面相机密捕，务将为首滋事之人拿获，解府审办，不得稍事张皇纷扰，不可妄拿无辜，别酿巨案。举人谢式芬，事前既有布散谣言之事，此事是否即其主使，并即确切查明，据实禀夺。所有城内学堂、教堂及教民房屋，应妥为防护，毋任稍有疏虞。周令至德，老成练达，为本部院前督鄂时所深悉，应令先将此案始末情形详细查明禀复；一面务须会同妥速办理。总期群情慑服，首要就擒，地方商民咸各照常安业。尚管带亦宜将所带勇丁严加约束，勿任藉端滋扰平民，是为切要。谭道、唐守耳目较近，调度自灵，尤须随时随事详加指示，倘办理轻重失宜，致小事酿成大事，激成意外风潮，定惟该道府是问。刘令身任地方，责无旁贷，乃于此等重案，不能设法弹压防范，并闻其有临时畏惧避匿情事，实属罢软无能。本应即行撤惩，姑念甫经到任，从宽严加申斥，以策后效。嗣后务宜振奋精神，力图补救，毋因衅起前任，意涉诿延，至干重咎。所有抢毁情形，并即勘估通详。其站毙之伍炳章尸身，亦由刘令验明，填格详送备核，均毋违延。除电饬分行外，合亟札饬。札到该道府，即便遵照札饬事宜，妥为办理毋违。此札。

《中外日报》光绪三十一年四月二十四、二十五日
（1905 年 5 月 27、28 日）

益阳争矿开衅*

湘省益阳县两村锑矿，前经湘潭廪贡杨昭朴购地开采，土人艳羡已久，去冬亦集股在其左近另开窿口取挖。杨于腊月禀请县宪暨省垣矿务局派兵查禁，仍不遵行。日前该县令亲率干役，会同巡防队前往查封。该土人竟聚众千余，与之格斗，至将县令及巡防队围住猛攻。某管带以兵少不敌，喝令施放空枪，以图吓退。讵土人始则略退，后见枪无子弹，复奋力前攻，势将不支，并被捉去三人。管带情急，即装弹击毙三人，始各退散，惟扬言须将杨昭朴杀抵，以泄众忿。及官兵退后，杨之矿厂已被土人焚毁一空云。

《汇报》光绪三十三年二月二十四日（1907 年 4 月 6 日）

沅陵县阖县罢市*

湖南电云：辰州府沅陵县因事激成民变，现仍阖郡罢市。

《汇报》光绪三十三年十一月十四日（1907 年 12 月 18 日）

痞徒焚毁学堂杀毙学生惨状

湖南永州府东安县高等小学堂，系借该县某寺宇改建。该寺向为痞徒盘踞之所，自改学堂后，痞徒衔恨最深，累思报复。由是大放谣言，谓该堂为洋教。日前该堂堂长将该庙神像移置他处。痞徒闻之，因统众数十人前往围烧，声称该堂即系教堂，毁灭神像。该县居民素多迷信神权，一闻此语，相率而起，顷刻间集至数千人之多。该县闻之，驰往弹压。因人众太多，无从解散，竟被杀毙学生三人、教员雷发聋一人，均置尸于塘内。现在凶手尚未拿获。该县彭香沅大令士荃当即电禀省宪，请速拨兵前往弹压。尧帅随即电达永州镇张紫枫军门，拟令迅速派拨巡防队前往，以便严拿首要，解散愚民。

《时报》光绪三十四年三月二日（1908 年 4 月 2 日）

行户抗缴房捐*

常郡警察经费，向恃房捐为大宗。前因地方花鼓淫戏颇甚，各商屡请禁止，不意警兵受贿，反极力包庇。故各行户愤极，相约抗不缴捐。昨经郡尊王伯平太守出为调停，饬警局坐办王翰青别驾开文邀请八省三堂各绅董，再三劝导，饬仍照旧认缴，许以整顿章程，决不再如从前之腐败。闻各商已允许照旧承缴矣。

《时报》光绪三十四年三月十五日（1908 年 4 月 15 日）

痞徒毁学杀毙学生详志

湖南东安县痞徒烧毁学堂、杀毙堂长一案，据该处访员函报：先是堂长雷发聋假该地花山寺开办小学，痞徒孙大儒等即叠次赴县控争，县批候勘定夺。继闻该地痞党有统众殴毁学堂之谣言，遂借防盗为名，移营驻扎。不意该营忽奉宝庆檄调撤回本境。该学堂又于去月初五日开学，痞徒于初六日乘虚纠众，持刀直入，将该堂什物打毁一空。幸是日星期，学生在堂者仅六七人，均被掷入塘内，有三名现已垂毙；堂长雷发聋被痞徒追及，围砍毙名〔命〕；监学雷鸣盛逃走，痞党追至二里有余，幸居民竭力保护，仅被割断脚筋，而保护之人竟有三人亦被斫去手指者。该县彭大令士荃闻信往勘，痞党数十人持刀相向，未验而归。直至初十晚，永州派防到县，始行就验。现凶手已远逸，府尊德太守泰闻之，立即移请本镇张紫枫军门庆云派营赴县弹压，并委员驰往查办一切。又电复省宪云：宪台钧鉴，有电敬悉。花山庵案出，当即面商镇军移防，严密会缉，务获惩办。除仍饬县严拿，并委员驰查另禀外，卑府泰谨禀。

《汇报》光绪三十四年三月二十五日（1908年4月25日）

湘潭商界反对百货厘金*

湘潭县百货厘金，视省垣及各埠抽收较重。该县市面向用九九五色湘平纹银，近日厘局议令补足，该县商民时有怨嗟。日前有某某广货行三家，因勒罚糖厘，心实不甘。商界全体谓厘局过于苛征，大动公愤，遍发传单，群起反对，迭次在大官庙七帮商董公所会议，誓非酌量减轻不止。倘终不能达其目的，则将全体罢市，以为抵制之策。

《汇报》光绪三十四年五月八日（1908年6月6日）

新宁盐商垄断盐利激成罢市

广州电云：新宁县盐商垄断盐利，纵勇毙人，激成罢市。

《汇报》光绪三十四年五月二十二日（1908年6月20日）

湘乡县大闹公堂

湘乡县前因米谷价值将次昂贵，由该县绅民禀请周大令禁阻出境，时米价每斤只售钱二十余文。五月间有米坊曾姓等八家联名禀请县令暂为弛禁，准其运米出口，并声称该县谷米有余，将来米价每斤不过二十余文，倘有昂贵由该商等分别认赔。当经出具切结，周大令即予批准。讵禁令一弛，旬月间米价已涨至每斤三十余文，乡民大噪。六月初二日，各米坊因铜钱湾乡民聚众拘留米船十艘，事经米商禀县，差提乡民两人，送县笞责收押。乡民愈愤，号召至二千余人（外间传言一万余人），多系肉袒，齐赴县署，在大堂喧闹。周大令出为弹压，乡民齐称小民无以存活，环求赈济。大令无词以答，立将所押两乡民释放，且谓此事与本县无尤，因有米商出具必不加价切结，是以准予开禁，并指出曾某等八家牌名。乡民闻之，哄至曾姓米坊，肆意滋闹，将一切什物尽行打毁。旋又至某某等七家，相继毁坏。事后复至县署，大呼谓我等均肉袒而来，兹有肉袒而出，并无丝毫掳掠，各米坊不得以抢劫相加。但求老爷或予赈济，或予责押，从早发落。周大令以众怒难犯，无可解散，只得签差将具禀首名曾姓拘拿到案，叱以尔等惟利是图，将本县蒙蔽，酿出此种巨祸，饬即笞责一千板。乡民就以为轻，遂令乡民等自行笞责。又将曾姓加责无数。乡民等始各无辞，齐声告退。是日县署监狱各犯闻外面喧嚷声不绝，知必有故，遂暗中约齐，同时起手将禁役推倒，坏门而出，当时逃出者共计十五名。比派差追缉，仅获两名，其余十三名已杳如黄鹤矣。

《汇报》光绪三十四年七月二日（1908年7月29日）

湘乡闭市劫抢之原因

岑尧帅日前派委候补道王伯平观察带同知县余联辉、俞寿璋，中路巡防队营带易炳荣统率弁勇，驰赴湘乡县查办痞徒统众劫抢、哄堂闭市一案。兹经观察查明，该县周令克堃因四乡并无荒家，所储常平仓社谷已觉霉腐，乃令商人曾甘和、潘荣和等运赴境外销售，以便另换新谷，系为以陈易新起见，办理尚无不合。不图乡民误会，以为奸商觅利，遂藉口阻禁，群起拦止。痞徒乘机啸聚，顷刻之间聚众万余人，劫抢铺户九家，地方为之闭市。现已拿获痞党数人，拟分别从严惩办，地方亦已安谧如常矣。

《时报》光绪三十四年七月三日（1908年7月30日）

呜呼盐斤加价

湘省淮盐，前度支部因土膏税日减，各省加练兵经费□文；又本省加铁路经费四文，统限七月初一日起，一律增加。盐商市贩又因限期加价之故，未加价以前腾积不肯多售，以致民人大噪。当经督销局电禀江督端午帅，咨商两淮盐运司，暂就山东借运东盐来湘，以应急需。刻已陆续到湘，每斤增至一百零六文之多。噫！小民谋升斗者，不堪命矣。

《时报》光绪三十四年七月二十二日（1908年8月18日）

淮盐缺乏情形

湘省淮盐，本年颇觉缺乏。日来又因加价之故，各盐贩腾贱居奇，秘不肯售。议俟八月初一日起再行加价。刻下每斤涨至一百零八文。凡购买者，每次只准半斤，至多以一斤为度。近数日更闭门不卖。居民大哗，群赴督销总局斗闹。该总局无法，只得连电两江，恳请火速派轮拖盐到湘；仍恐缓不济急，又复雇定无数小轮，分别驰赴各处截载，以应急需而免滋闹。

按：如此情形，真欲令吾民淡死。

《时报》光绪三十四年七月二十八日（1908 年 8 月 24 日）

湖南铜元之殃民

湘省现在铜元充斥，钱价日落，从前系六钱七八分，此刻竟跌至五钱四分零矣。致各项食物无不骤增，地方食力贫民以及各项商业工作人等，现均纷纷停工，要求加价。即昨日碧浪湖浚河各项小工，亦皆一律罢工，尚未开办。以市面而论，除钞票铜元以外，现银颇觉寥寥，诚经济界上之一大变局也。

《时报》光绪三十四年九月三十日（1908 年 10 月 24 日）

土贩恃众抗捐（常德）

湖南常德与鄂境荆州毗连。九月中旬，常德地方有由贵州来土贩二百余人，持械闯卡抗捐，势甚汹涌云。

《汇报》光绪三十四年十月十八日（1908 年 11 月 11 日）

宝庆抽收纸木等八项货捐激民变*

宝庆府中学堂前因学款支绌，经士绅禀请抽收纸、木、竹、靛、谷、米、铁、煤八项货捐，俾资挹注。当经尧帅核准照办。兹尧帅复据该府禀称：武冈州分局甫经开办，即有多数木商统率痞徒数百人，各持器械，立将该商打毁，并有殴伤局绅情事。幸当场拿获痞党数人，其余均各逃走，无从缉获等情。业经尧帅飞檄该府，饬令分别缉拿，严行究办，并将捐务情形妥为整顿，以免商人藉口云云。

《时报》光绪三十四年十月二十二日（1908 年 11 月 15 日）

衡州商民因捐罢市

衡州府各商界一切商货，向来只有门税，为数甚微。近因举办新政，需款甚殷，遂拟改收落地厘金，较之以前门税约加十倍有奇。商民均不认可，致全郡商铺大起鼓噪，遍发传单，全体罢市，市面大为震动。衡永道谭观察以众怒难犯，一面电禀省台，仍请照旧只收门税，并不增加；一面亲赴街市，督同府县，向各铺户声明一切仍旧，各商户始开市如常。

《汇报》光绪三十四年十二月十五日（1909 年 1 月 6 日）

长沙闹事之前因

咸同中兴以来，湘军向推劲旅，其后日久练弛，益形腐败。戊戌陈中丞抚湘，改练新军六百人，后即解散。当时黄廉访公度创办保卫局，其制较今日之警察尤善，四境称治，后亦解散。继起抚湘者，若俞中丞廙轩、陆中丞春江，均无所措。自赵中丞尔巽到湘后，教育始有萌芽，新派人方得立足，遂动练新军、办警察之议。当日仅练步兵一标、炮兵一队，警察则办一学堂，及巡士教练所。其年冬，市中始有警察出现。然新军及警察人数虽少，精神固在也。继赵之后者，为端中丞方，新军扩充为步兵两标、炮兵一营，警察则已扩充于城外。端去则为岑中丞，新军因部章严促，遂成一协，统之者为随岑中丞最久之杨晋，学陆军者与之不合，多他去。去秋咨部编为第二十五混成协。自日本归之陆军学生，人数亦渐多，新派中人始得插足于军界，均无重要位置，其全权仍操于杨也。

自混成协成后，款项益绌，营房、操场不能修成，步兵则枪弹未充，工程队几无器械，炮队则仅野炮数尊，马匹自去冬始购，新军办事者谁有热心？以经费困难，其督练处以藩臬学三司总之，颇形阻碍，故以改良之见请之中丞，亦无效也。岑中丞颇深信巡防队，前二年故有请改皮靴为草履之奏。浏阳之变，以巡防队自居成绩，犹时举以对僚属言，而新军益难进步矣。巡警自中丞奏请以赖承裕补实缺后，赖固湖南之老州县，颇有守旧名，向之办巡警者纷纷求去，巡警日趋于腐败，一有事变，断难应用。初六日变起仓卒，人数众多，首用巡警，其无效力可知。新军驻于小吴门外十数里，变起于南门，直向抚署，待新军闻变全部入城，而乱民合乡民太多，火已大起。只能从事镇抚，保护各重要地矣。

湘省近年民食之艰也，一因于铜元滥发，货物价昂；一因工艺不兴，人民专恃农业；一由于各省改征为募，湘兵归里，均失生业；一【因】社会教育不发达，而事权均操于顽绅。此次因不禁米而致民变，固在近因中之最近者也。

《时报》宣统元年三月九日（1909 年 4 月 28 日）

湘市民抢劫米铺电文*

武昌电。得湘阴信云：星期三日，有人一群在长沙南门之外抢劫米铺。其时巡警道赖某出而遏阻，反受窘辱，并受伤。赖急返城，乱民即行随入，在抚署前终夜滋闹。明日早（星期四，即初五日）城内喧哗愈甚，随劫店铺，并围抚署，拆毁巡警棚，新军不能抵御。

武昌电。各西式房屋如税关、中国邮局、领事署均被毁。长沙西人之避难者，多走岳州至汉口云。

《时报》宣统元年三月十日（1909年4月29日）

为湖南灾民暴动电*

径启者：顷接湖南常德府局虞电称：常德水灾民荒，麇集数千人，已拥进城内，呼号哀鸿，困围绅富。李亨泰住宅适与电局贴邻，大局骇甚等语。用特专函奉闻。顺颂台祺。电政局启。

《时报》宣统元年六月九日（1909年7月25日）

长沙泥木工匠罢工暴动

湘省工匠，前经禀定有案，不准他处人来省承充。本年因造建新关租界房屋，经某署幕友另招湖北工人喻汉臣、鲁方才来省承包。如是湘省各匠大动公愤，通禀各衙门又遭斥驳，忽于本月二十八日齐集各工匠约一万余人，各持器械，同赴小西门外，意图械斗，势颇汹涌。岑抚闻之，当即传饬长、善两县，并派营勇前往弹压。后经关道朱观察再三劝慰，允以设法变通办理，始各解散。

《时报》宣统元年十月十一日（1909年11月23日）

湖南民变之原因谈

湖南人之气质，凡中流社会多以服官或游幕为目的，下级社会则以当兵或力田为目的。中兴以后，此风尤甚。自戊戌变法，风气渐开，而以借中兴薄盛名，诸顽绅横梗其中，仅中流社会与之对抗。近数年来，长官稍附顽绅，新派人势力益弱，纷纷向外间谋事，而下级社会教育毫无进步。昔年排外之气焰，曾不稍减。民间经济组织纯恃农业，工商业最不发达，地方官绅亦未有出而提倡者。乡间田畴多地主所有，耕种者按数纳租，米价贵，百货因铜元之影响并贵，受损者以贫民为最甚。即就市面而论，近年惟金融业、绸缎洋货业、土业尚好，此种交易与贫民无与，故利益颇佳。各省新军改募为征兵，士之归者多。全省无一大工厂，则游民更众；警察制度不备，游民愈得横行。此次变动之原因，先起于乡民，而游民借之以暴动。所练新军，以无经费增制器械、修造营房，驻城外十数里之遥。长官向深信巡防队，军校兵士本不足恃。故一径难民暴动，近者不能恃，远者力不逮，而乱局遂成矣。

本省产米，推易俗河及靖港为积米大埠，丰年运往汉口者，约三百万担。湘产推米第一。近十年来人口日加，食米日多，因乡民多往荆州及新潮出之华容等地耕作，米之产额始足供需要。本年临省皆荒，长官又不能不酬应，米价增至八千文一担，而游民遂借米而变矣。

《时报》宣统二年三月八日（1910年4月17日）

江督就长沙乱事致上海道电

上海蔡道接湘抚岑中丞鱼电云：湘省上年澧州一带被水成灾，长衡等处亦间受旱，年内商贩运米出境甚多，米价渐昂，业经奏准禁运。惟照约须出示二十一日后始为实禁之期。愚民不谙约章，痞徒从而煽惑，以致聚众滋闹，不服开导，并胆敢用洋油焚烧抚署，并教堂、学堂亦被焚毁数处。当经官兵协力弹压解散，领事教士均已保护避开。现正赶办平粜，严拿首要，街市照常贸易，尚称安谧。诚恐谣传误会，特电闻。督。齐。印。

鄂督致上海道电。上海蔡道台：两电均悉。湘抚之耗，系程从周岳州来电，据税司函报所言。自初六午后湘阴至长沙电线不通，迭电湘阴转递湘省查询，迄未得复。至昨日巳刻，长沙电始通，接湘抚两电，是并无恙，凶耗全是谣传。据湘抚电称，民已解散，照常开市，惟谣言甚恶云。鄂兵派赴长沙两营，相机防剿；又派岳州一营，以为后援，并闻。澂。庚。印。

《时报》宣统二年三月九日（1910年4月18日）

长沙乱事公报

长沙庄藩台致上海道电。上海蔡观察鉴：湘民因米贵聚众滋闹，痞匪乘之，烧抚署波及教堂、洋行、堆栈，业经拿获数人正法，人遂解散，事已大定。尧帅安好，商、教、领事亦保护无恙。现仍严拿首要惩办。鄂军已到，地方安静。谨闻。良叩。佳。印。

《时报》宣统二年三月十日（1910年4月19日）

长沙民变　毁官署拆教堂之详情

湖南澧州、岳州、常德各属，去岁大水为灾。而长沙、衡、宝各属，收成仅及中稔，致不敷民食。又加以鄂属大灾，米石全仰给于湘省，遂使湘中米价日益昂贵。现贫民等借口鄂运湘米，夺其自食，于初四日聚众数千，围闹抚署。嗣又迁怒西人，竟将城内外之汇斯礼、内地会、脑威三教堂拆毁。湘抚岑中丞当派新军及巡防各队弹压，匪徒等竟敢抗拒接战，兵之死者百数十人，乱民死者不计其数。旅寓长沙各西商及各国领事、税关税司、学堂教员，见此情形，极为恐惧，均弃其所有资产物件，纷纷逃避。并传言抚藩各署及领事署，悉被焚毁，某领事并查无下落。昨初五日，鄂督瑞制军接得警电，以湘系兼辖省分，且居鄂省上游，如被扰动，武汉亦属危急，故即日派兵一营，驰往助剿。驻汉英、日各国领事，亦以长沙系通商要埠，各国商民生命财产关系甚巨，是以各命其本国巡弋长江兵舰，开往洞庭湖停泊，相机而动，以助官军声势。窃恐乱事弭平之后，尚有一番大交涉也。

《时报》宣统二年三月十一日（1910年4月20日）

湖南肇衅之由

一、米贵

湖南为米之出产地，去岁秋获之时，担值三四千文，年底涨至五千，民间已有恐慌之象。今突增至八千，较秋获时已增一倍，故食力之家，平日所入足供两人之食者，今供一人尚恐不足。

二、佣值低廉

湖南人口二千余万，工厂仅一火柴公司，足容千人，且系妇孺，每日所获不过四五十文。男工只有宝庆及衡永一带矿山，足以容纳万人，然多旧有之煤矿；新增者只一铁路工程，而开工未久，需人不多，以致佣值异常低廉。男工以每日六十文为常，涨至八十文、百文者，必夏时车水、秋时收获之短期间。若十二三岁之小儿，农家雇以牧牛，每日多不过二十文，且有只吃主人伙食，不取值者；而初春晚冬，无草可收，必须退归。

三、农家穷窘

农家有恒产者，不过百之一二，余皆租种。其租以丰年为率，主佃各半；且初佃时，必纳押租金于田主，谓之佃规，其金之多寡，以租为率，租一担，佃规多至五六元，少亦需二三元。其有力不能纳佃规，及纳佃规不满率者，则按佃规加租，所加之租，谓之水利。近来人口日增，又出一种怪象，租谷外，带纳新鸡糯米。于是农家所入，以强半供田主，而其弱半，八口之衣食出其中，庆吊之费出其中，祈报之费出其中（每年演戏三日祀神，名曰禾苗戏），婚嫁丧葬之费出其中，牛种粪草出其中；而地方之修筑道路桥梁，地保之办事夫马，及水道之疏浚，居室之修理，或一人独任，或与田主分派。故丰年仅能生活，稍歉必须称贷。称贷一次，非有特别款，终身不能偿还，惟贷东偿西，以资周转。其称贷之法有二：贷钱偿谷，名曰新谷钱。春夏之交，贷富者钱，预定秋收时偿谷若干，借债中含投机性质，往往纳倍称之息。其贷谷偿谷者，亦春贷秋偿，息自三分至五分不等，视贷者之信用及米价之高低以为率。总之，农家之偿债，常在秋时，至冬季则仓囤告罄。故农谣有曰：禾镰上壁，莫有饭吃。有曰：七月衣饭饱，八月充财老，九月算一算，十月去一半，十一月且莫急，十二月做皇帝（盖赧王避债之意）。

四、货币恶劣

银币有光洋、鹰洋、常洋（一名烂版）三种。常洋较鹰洋、光洋其价值每元低三四十文。钞票有省票（城内官商各票又名洋票）、乡票（乡间商民所出之票）两种。省票与银元、铜元交换，不必补色。乡票仅能以票易票，若兑银币、铜币，只能作九几折，买米亦然。佣人及小工商，本少力弱，急于求售，例不能得货币，展转兑换，亏损已甚。现在米虽值八千，以小民实出之数计之，则已达九千、十千矣。

五、结论

今日之变，米涨特其一端耳，而祸根尚不在此，然则平米价仅治标之一法也。且现在百货昂贵，农家出米一担，以牛、种、肥料、劳金计之，亦须资本二三元，过于压抑，米业断难发达。湖南产米之邦，不可以平米价为得计也。工厂不设，垦牧不兴，林业不振，又并米业而抑之，始而病民，继而病商，终乃病国。目光仅及于一寸，遇祸乃至于无穷。当道诸公，慎毋以米平风潮息为得计也，或于实业稍留意乎。

《时报》宣统二年三月十二日（1910年4月21日）

汉口英领事关于长沙乱事来电*

（前略）又汉口英领事来电：十三号至十四号（初四、初五）晚间，匪徒打劫巡抚衙门后，惠尔原教堂付之一炬，以后脑威教堂、田地教堂亦被拆毁。初五日巡抚衙被焚，各米铺被劫，海关与英领事署亦遭其厄。有商轮一艘，停在埠口，一俟英舰铁史耳至，即开行赴汉。铁史耳于十钟十五分开长沙。“彰和”轮于十五号（初六）载运妇竖无算抵汉后，船中人云：外人虽无恙，而中国兵民损失身命甚多。临走时，城中烽火四起，闻所有教会已悉行被毁，各教士出难甚险；城中文武各员，当乱炽时，有逃走者；各外人均由湘潭轮船迁至彰和云。

《时报》宣统二年三月十二日（1910 年 4 月 21 日）

湘省乱耗再志

自初六、七等日，湖北援军到境，外国兵舰亦有四五艘在江心下碇，乱民见之，即全行解散，销声匿迹，无暴动景象矣。现在各店铺已照常开市，行人往来，均无危险。惟谣言尚未息，有约日与鄂军大战之信，以决生死。岑中丞仍恐惧异常，昨日迭连致鄂督瑞制军三电，请再添派三四营新军镇慑，故又续派第八标炮队第三营前往防守。

至乱民起事原因，现亦探悉。因泥水匠二人，向某米店购米，因见米价陡涨，遂在大街大呼岑抚之名乱骂，为巡警拘入局中，立即薄责枷号。众泥工不服，纠集同类及木工数百人，欲将被枷者劫走。巡警乃与格斗，霎时人愈聚愈多，警道赖观察出场弹压，致受重伤。乱民知事已闹大，乃不顾生死，将警署拆毁，复围抚署，抢劫美孚、亚细亚两洋油池，四处放火，势遂不可收拾。但该乱民虽焚领事馆，毁洋商行店，抢劫财物，惟遇外人则挥手令速避，并无加害之意。盖其宗旨，只与官为难，焚毁洋商行店，不过欲闹大题目，使政府闻之也。现在东西人避难来汉者，约共二百余人。鄂督瑞制军，以其受此惊恐，抱歉良深，特饬汉关道齐观察，会审公所吴晓汀、辕下文案詹贵珊两直刺等，分途慰问。闻有一英教士及神甫二人，坐民船避难来汉，行至汉口附近之金口地方，为英国兵舰上驶往湘时所撞沉，教士等悉遭溺毙。昨初八日，驻汉英总领事法磊斯君已带舌人往谒瑞督，述湘乱之事，全由官场保护不力，以致如此糜烂。现清算损失，大约总共各国人受损在二千万以外，照理应索赔偿云云。闻瑞督答以须俟大局安静，调查得实后再议。今非其时也。

鄂省近传瑞制军接北京军机处电，以湘抚岑春蓂于乱民暴动，不能事前预防，临事又张皇失措，实属庸懦无能，已奉旨著先行解任，以湖北布政使司杨文鼎升署。但武汉近来谣言孔多，人心惶惑，陆军各协、标、营一律奉有命令，无论官弁目兵，概不准请假外出，预备服装干粮，听候调遣。初九日，步队三十标第三营，即奉出发之令，由该管带李汝魁率往与湘交界之崇阳县驻扎。缘该邑系产茶之区，现有茶工二三万人，诚恐湘匪窜入煽惑暴动，爰派兵预为之防。炮队第八标，前日亦开拔一中队往长沙，带有大炮八尊，及过山炮等件，无非前往示威也。连日鄂省各署局及有关银钱、军火暨监狱等处，仍派兵守卫防范匪人，极为严密。瑞制军并出示二道，禁止造谣云。

《时报》宣统二年三月十四日（1910年4月23日）

湘乱详情再志

湘垣近因米粮缺乏，每升涨价至八十七八文，贫民生计维艰，苦难度日，有一家四命同时投水者，亦有愤捣米店、坐吃排饭者。本月初四日，南城外敖山庙地方，贫民购米，要求减价，滋闹不休，人数众多，均聚集警务分局不散。岑抚意在重惩，至饬巡警道赖子佩偕同协台杨明远及两首县出城弹压，因开导语多强硬，民情不服，群起痛殴，赖道仅存一息，协台亦受重伤，两县逃走。痞党遂乘机蜂拥入城，聚围抚署，附和者愈聚愈众，难以数计。常备军奉调擎枪入卫，刺伤数人。痞徒更有以借口，于是放火拆署，无所不至；一面鸣号召各铺户，挨家燃灯，不准就寝，并嘱次日一律闭市，违者纵火焚之。是夜满城灯火，人声鼎沸，大街小巷均拥挤不通。不料抚署之围尚未解，而乱党又分赴各处放火矣。自是夜起至初五夜止，城厢内外，红光烛天，所有洋人所开之店、所住之屋，各国教堂及怡和、太古各堆栈趸船，均付一炬。日领事署因街邻恐遭殃及，苦求邀免，仅予拆毁，然什物已无一有矣。华产则新关巡捕局，以及水西门外各洋式楼房，学堂则中路师范附属小学堂、府中学堂、蒙养院，概付一炬，无一存者。初不料乱党横行，一日夜之间，竟酿成如许巨祸，湘中精华从此竭矣。将来赔款，亦难以数计。追维祸始，皆由岑抚、赖道平日种种不顺民情，愚民积怨已深，借民食缺乏大题，一朝泄愤。惜不分皂白，玉石俱焚，为可恨耳。

初五、六两日，城厢内外百举俱废。但见居民纷纷迁徙，拥挤于途，报往跋来，人无停趾。幸外人于初五黎明各雇舟逃去，尚无一人被害，否则更不堪设想矣。初六日，官绅会议，一面筹款购米，减价平粜；一面办团自卫；一面派兵役严拿乱党。幸于是日拿获抢犯五名，立时正法。至初七日，人心始定，然罪魁祸首漏网者尚多。是日团练已草草就绪，平粜先由商会会同乾益栈设局，已粜出数千石矣。此番捐款极踊跃，三四日之间，绅商共集近百万矣。惟米粮难办，不免时切隐忧耳。此番祸变，市面颇为之牵动，缘居民纷纷避地，均须各带银钱，凡出纸币之家，无不受其影响。大清银行官钱局，所出银票最多，受累尤亟也。电灯厂虽未落成，然材料均已做出，铁器及水火泥等，亦堆集如山。乱党来厂，亦欲付之一炬。内中有两人云，此系陈某所办，又无洋股官股，何必迁怒于陈，众乃允从，纷纷赴中路师范学堂而去，然亦险矣。刻下已调鄂军来湘，市面安堵如故，照常交易矣。岑抚自行检举，奏请庄藩署院；赖道伤体稍愈，必无颜再作官矣。电线电话断绝数日，今已修复矣。

《时报》宣统二年三月十六日（1910年4月25日）

湘人报告湘乱之真相

三月初五日午前十时，万余乱民竟将湘省抚署焚毁一空，同时烧蒙养院及学院衙内地会教堂；午后二时烧府中学堂，六时烧北门外教堂（幸各国洋人早已远遁未伤），打毁圣公会东牌楼、西长街等处教堂；是夜又烧新关等处。正抚署火势方张之时，岑抚已将印信交庄藩。伤心惨目，喊声震天，各学堂内停课，外塾学生亦只得暂行散居。是夜城内尚肃静，匪徒均往城外。庄莘畲是晚招集各街团总，按户清查，惟一味姑息而已。

查此次乱祸之原因甚复杂，一起于岑抚不于早十日即悬阻禁告示，使湘中所存之米一扫而空，遂致米店涨价，一日数次，米价涨至每石八千五六百文之谱。细民因买米闹事，巡警道往弹压，出语不达人情，遂动公愤，将赖道辱骂。赖道将人带拘抚署，余党遂蜂至抚署，请释所拘之人，并请平价。岑抚牌示每升减价至五十文，众问粜米之处，岑牌示以草潮门米店。此三月初四晚事也。是晚通省米店，一买而空，而前所拘留之人，尚未开释。余党遂围抚署，渐集渐多，至万余人。抚署调常备巡防队御之，开一排枪，打死多人。至初五日早晨，长沙府与两县同百姓议和（在席保祠）已妥，岑抚又开一排枪，打伤十九人，打死三人，公愤益激，拼死不休。此其一原因也。又泥木匠人前与湖北匠人冲突，昨又与广东匠人构衅，岑抚痛抑湘省匠人，匠人之恨岑抚，遂痛入骨髓。此事起于英人，因此而仇教之心益甚。此又其一原因也。虽有此两原因，如无人为之主持，亦决不敢出此。当乱民暴动时，孔三先生及杨绍曾乘舆在后，间亦为之指挥，所以有烧学堂之事。庄莘盦亦袒孔、杨，当庄接署理抚信时，乱民爆竹之声纷起，而庄对于毁学闹教之事，亦绝不过问。总之，此祸起于湘中食米缺乏，成于泥木匠之寻仇与官长之暴戾，而实成于旧党之寻衅。日本已来兵舰二只，英美两国亦不日有兵船来湘，拳匪之乱，竟又见之湘中，真可痛哭。女塾学生均出堂，教习均在堂云。

匪徒打圣公会，不过十余人；焚西街等处教堂，亦不过十余人。如有数人在侧一呼，便能压住，巡防兵在侧经过，并不一问。中路师范及附属小学，亦被焚毁。省垣内外罢市，即小巷之卖老姜葱者亦罢市，人心惶惶，街头实不见一匪。官长始则以专制激民，终之以姑息纵匪，愈纵愈甚，几至不可收拾。查此事皆系泥水木匠，十百成群，出之而成，而庄新抚一味优柔，遂酿成此不可思议之国际交涉、伤心惨目景象。岑之罪固无可逃，庄之罪亦不容逭也。

《时报》宣统二年三月十六日（1910 年 4 月 25 日）

湘民报告湘乱之真相

此次湘中民变，其原因只有米贵一事，且初意并非作乱，乃官吏连日激酿成之也（中一段大致与本报连日所登相同）。及初五日巳刻，兵队奉岑抚令开枪，轰毙十数人，而拆屋放火更甚。岑抚牌示，随出随毁。攻至下午，藩台署抚之电谕已到，众始一哄而散，遂分途焚教堂，烧洋关，毁趸船，并及蒙养院、中路师范学堂。城南北火势连天，自初五日午后，至初六日午前始息。附城贫户，亦乘风连抢富户，几无免者。迨至六日，庄抚台告示遍贴，米价平粜，每升四十，各富商踊跃解囊，咄嗟之间，捐银盈数十万，赴各路办米。此诚古人所谓救焚拯溺者，惜乎未免太迟，必待实行焚溺而后救之拯之耳。而是时乱民犹满街抢洋油，揭言必须烧尽学堂，且扑常备军（长沙常备军驻扎北门及小吴门外半里许，有某报云距城十余里，误也）。幸大吏请王命捕斩凶悍数人，城乡顿肃。刻下大局平静，唯浏阳、湘潭尚有谣风。

呜乎！吾长沙连年中稔，徒以米禁大弛，商贾居奇，致贫民饥寒失所。自去冬来，乡中卖工度日者，家口稍多，即不能养活，往□丁壮佣工而老弱乞食，或持钱无处粜〔籴〕米，自早至晚，走二十余里，籴米数升。既得米，饿不能行，泣向主人求半碗饭果腹。此等情形所在皆是，然民未尝暴动，亦可谓驯良畏官，可怜可哀矣。直至米价涨至八千六百，贫妇全家投水，大众聚观，而官不问，皂役吆喝锁拿，乃激而成此惨剧，且酿成交涉大案，将来外人要挟之巨，何堪设想。

总之，吾湘人负担敲剥，永无穷期，元气从此尽矣。此则悲从中来，欲投笔而痛哭者也。当乱民由抚署哄散、焚毁教堂之时，横行死党不过数十人，所至辟易，诸兵队麇集抚署，他处无一人。使分数队尾随追捕，分守各段，必不至为此糜烂。庄抚受命危难之中，未遑计及，可为一恨。然或者天之祸我湘，固无可逃也耶？要之，推原祸始，则在巡警道（站岗巡士现已无一人矣），而怨毒种于岑抚一人，亦由其平日坐视哀嗷，如上天之无声无臭也。虽然，此亦不能全责官吏。自谘议局设立以来，省中常驻议员数十人，大都以坐响轿子为目的（湘省富贵人，坐三人轿子，行时一起一落，其声哑哑，名曰响轿子），其谲者亦不过自为谋之，尤善者耳。今日开一会，明日发一单，一味敷衍门面，试向于吾民生活实际，有片语只字道及否？濡笔及此，不知涕洒之何从也。噫嘻！

《时报》宣统二年三月十七日（1910年4月26日）

湘民报告湘乱之详情

湘中去岁歉收，长沙县知县余令屏垣，思患预防，示谕仓户去七留三，以固本境。奈王先谦、叶德辉因己份租谷不便贩运，乃运动岑抚，饬长沙府汪守出示取消县示，致湘米装运一空。今年以来，湘中米价益贵，每石涨至八千文以上。有讽岑抚出示平价阻禁者，岑抚因先入王先谦之言，答曰：湘省茶楼，每盏百文，即斗米千钱，岂得云贵。嗣以各属迭报荒象，乃定议阻禁，而先三礼拜遂出示，致奸商得乘隙装运，岳州关每日收米厘三万余串（每石四百钱），兼旬以来，出口之米，已数百万石，于是米价日涨数百文不止，人心皇然。

三月初五日，南门外有贫民携铜元七枚，求升米不可得，夫妇子女有同时自尽者。初四日，邻街贫民因会集鳌山庙，议要求岑抚平价，巡警拘其倡首者二人，贫民因聚而与巡警争，经长、善两县令往劝，已将解散。岑抚嘱巡警道赖承裕与协戎杨明远，以匪党办饥民。赖、杨往鳌山庙捕人，饥民乃大愤，缚赖于树，批其颊。杨则乘间逃去，赖亦以宛转得脱。饥民遂群集抚署，要求平价。岑抚不敢出，调常备军及巡防营与卫队防守，饥民持瓦砾击其门，卫队及常备军开炮毙饥民及旁观者十余人，伤数十人。至是饥民大哗，纵火焚抚署，至次日犹未熄也。

湘省故多痞棍，遂乘间焚劫各教堂、学堂及各码头，盖从此则仅有乱民，饥民因米价既平，已各散去矣。方事之殷也，岑抚避不出，凡事以藩司庄代行。庄以欲见好于乱民，冀其称许，遂专事抚恤，坐视焚毁教堂学堂、抢劫米栈粮店而不之救。初六日，官绅集议席少保祠，庄犹听信杨巩、孔宪教之言，不肯派兵强压，惟谕两县恤抚署之炮毙者，每人二百金，伤者每人四十金。继闻乱民集西门外，呼焚日清公司及陆州税务司宅，遂饬两县往弹压。长沙县余令，以匪党势方盛，非带兵往剿不能镇压。学商各界乃力劝庄派兵，庄始以手书致常备军管带，令派兵五十名，合同两县往弹压。余令持书往寻管带不遇，乃回署集民壮差役二十余人为预备，又奔往军装局领取军械，经营至日晡，始得至门外施其弹压手段，获为首者二人斩之，自是凶焰顿息。此次之乱，因由赖道平日结怨于民，而岑于事前既不为之备，临事又剿抚乖方；庄则以姑息自矜，博乱民之称许推戴；杨、孔诸劣绅素反对新政，乃利用此机会，竟令泥木匠焚毁各教堂学堂及各码头，烧府中学堂时，孔之子行三者，亲莅其场指挥，人多见之者。现在省中之乱虽平，然各乡乘风抢劫者，正未有艾，兵不敷派，乱无已时，交涉之案将层见叠出。以官绅数人之私见，使湖南生命财产丧失无穷，诚可为痛哭也夫。

《时报》宣统二年三月二十日（1910年4月29日）

湘民报告湘乱之情形

（上略）当饥民由南门进城，沿途地痞游民跟随其后，迨至抚署，已数千人，众口高呼，要大人赏饭吃。岑抚不出抚慰，众遂折旗杆，毁辕门。岑抚急调常备军，始出示平米价，而事已迟矣。七城鸣锣，一齐闭市。夜常备军入署，兵民用砖石互殴。兵开空枪众不退，岑抚遽命开枪击之，毙数人，伤十余人，有旁观被枪子击毙者。于是众愈愤，然其时犹可转旋也。天明岑抚出示，严拿惩办。初五早，众遂乘机抢街上油店洋油，以棉絮裹之，燃烧抚署头门，烟焰蔽天。其时若派兵警分护教堂，彼乌合之徒，何能近前？不谓抚署火起时，合城皆慌，毫无预备。警兵因乱民打毁岗位，一齐鼠窜，不敢出声，各区分局改贴客栈招牌，并有闭门贴公馆出租者。满街巡警，躲尽不见一人。午前乱民焚南正街福音堂并蒙养院，并无一兵在门。于是东牌楼、西牌楼教堂同时拆毁，城外圣公会亦毁。又师范学堂（即城南书院）亦火起。可笑者，白日火起，并无水龙往救。据云乱民太多，不准救火。然则任听其焚烧耶？下午乱民蜂出北门，烧天主堂，拆福音堂，通夜火光不绝。

乱起时，众呼要庄大人做抚台。是夜庄方伯出示抚恤，竟称署巡抚部院庄示，从乱民之请也。众见官无布置，愈肆。初六早，烧城外怡和码头新关等处。日向午，始有官率兵出城救火，斩抢火者数人，乱渐定。然放火之徒，从容远飏矣。

此乱之起，酿成于岑抚一人。如早阻关，不至有乱；如早筹民食，出示平价，亦不至有乱；即乱起时调兵弹压解散，不遽开枪，犹可收拾，一面分派兵警，把守教堂，又何至激成交涉哉！事前固执己见，不达民情，事后急遽仓皇，但知束手。今日出此重案，他日国家赔款，孰非百姓脂膏。祸首罪魁，将谁属哉。岑抚无识无才，本难胜疆寄，在湘数载，不顺人心。若朝廷早为量移，不至有此变故，此则不能不为国家用人惜也。又闻初五下午，岑愤极架大炮于堂，将轰毁全城，然后自尽。刘舍人铎以身伏炮口，众官又力阻，始未开炮。

《时报》宣统二年三月二十四日（1910年5月3日）

湘省乱事之余闻

长沙乱事，现已大定。惟省外各属尚多不靖，闻益阳有匪类多人滋事，抢毁教堂，并将该处官钱分局抢掠；宁湘县亦称不靖，传言有县令被害、教堂已毁情事。湘省早派新军前往，想可安辑无事。湘赣交界之萍乡煤矿等处，近日谣传亦恶。鄂督瑞制军特电询赣抚冯中丞，探问情形。旋接复电，略云：承公垂念，邻治感激无已。前准德国米领事寒电，早经电复，告以萍境安静。迭据袁统领、钱令来电，防务布置委帖，人心安定如常。湘东上栗市等处，均有侦探防营；萍醴行车搭客，随时防范；株洲长沙并派坐探报告，萍境有英、法教堂，路矿洋员尤多，现皆安居，无庸远避，合境人民安谧，并闻湘事今已大定等语。前因萍电时通时阻，经敝处电请邮传部沪局迅饬修理巡护，昨始畅达。乞抄电函告英、法、德各领，以慰其意。仍祈见示云云。

长江水提程军门，现由湘返汉。汉阳镇张镇军，特乘舢板至沌口迎迓。闻程提军语之曰：刻下湘属匪党，多乘此机滋事。平江烧毁教堂，已由巡防营剿平，将为首匪徒正法三名，现虽粗安，然民心犹未定。江防关系紧要，须实力巡缉，并饬派巡缉营管带刘友才，带同线兵，沿途协缉，总宜慎重为要。迨抵汉口时，程提奉到军机处电旨，以长沙防务紧要，准其专折奏事。故一班属员皆登轮叩贺。现闻已鼓轮下驶矣。

《时报》宣统二年三月二十五日（1910年5月4日）

湘省民变余闻

此次湘省荒民哄闹，痞徒乘间窃起，烧毁学堂、教堂、洋行堆栈，共计四十余处，延烧至两昼夜，通城闭市。各处会匪均闻风响应，市面冷落，居民纷纷迁徙，实属一大变局。藩司庄心安方伯，连日饬令常备新军、巡防队警务兵勇、飞翰选锋各水师，不分昼夜，分班查缉。并令各持大令，随带洋枪子药，遇有抢劫罪犯，准其格杀勿论。又责成团保，饬令挨户派人举办团练，日夜巡查，以补官力之不逮。复加札派委候补道甘常宪、涂懋儒、韩葆忠、张继良，候补府彭家骥、盛松、王寿龄、许晋祁，知县朱锡琛、顾佩元、黎启勋、王国珍等十余员，督率弁勇，日夜分班轮流查察，以免匪徒混迹云。

连日各属州县闻风响应，警报迭至。湘潭、浏阳、醴陵各县会匪蜂起，四出抢劫，如椝黎永安市所有当铺米行，均劫抢一空，益阳则抢官钱局，宁乡则烧毁教堂、学堂，湘阴、岳州一带，割断电线一百二十里，道路梗塞，信息不通，群盗如毛，凡至无从下手。藩臬各道，只得将省城常备军悉数遣赴各属，分途防堵，仅留巡防队数营在省保护教堂。又札委知县孙兆基、李翥华、任焕枝、陶福履、陶在兴、蒋炤等数十员，会同军队前赴各属劝令举办团练。一面电达鄂省，请加拨重兵来湘弹压，以备不虞。

省城会匪四出煽惑，沿途揭帖，诋毁洋人。庄藩司等乃商请英日各领事，将各国旅居湘省之商教人等，概令聚居水陆洲税务司署内，檄调飞翰、选锋水师两营，专驻该处，加意保护。并一面出示晓谕，责成团保随时稽查。又派兵队各持大令，轮流巡缉，遇有此项会匪，拿获后即行就地正法。先后拿获七人，即时正法，其风始渐平息。

新署湘抚杨俊卿中丞文鼎，于本月十四日由鄂起程，十六日辰刻抵湘，随带委员浙江知州汪煦，湖北知州萧彝元，湖北知县王家槐、彭溥孙、曾世礼数员来湘办理赈事，并留湖北常备新军协统王得胜在湘弹压，暂住藩围后行台衙门，定于十七日卯刻接篆视事。

杨抚到湘后，即出示晓谕，略谓：照得湖南百姓，向来良善，从不肯犯上作乱。此次因米价昂贵，贫民乏食，痞匪乘机扰乱，酿成大变，真是意想不到的事。本部院现已饬藩司会同绅士设法筹款，赶紧分赴江西、安徽采购米粮，并买西贡米十万担，陆续运湘，减价平粜，以裕民食，断不至再有缺乏之患云云。

《时报》宣统二年三月二十六日（1910年5月5日）

湘乱实因*

昨见贵报载湖南人之通信，言湘乱之原因，一若责湖南之不办新政也者。不知此次湘乱，非不办新政之过，实因办理有名无实之新政，搜括闾阎之膏血而至此也。湘人向来排外颇烈，自丁酉后，陈义宁倡之于上，谭、梁诸人嘘扬鼓吹，由是士大夫之开通者，亦实不少，当时所以有小日本之名。洎戊戌政变，官吏日益腐败，举一新政，则借为渔利之资，有表面而无实际。大约每州县丁粮一万两，其派取办理新政之费率倍之。从前丁粮正供，尚是饶有田产之家。近日所派，无论布粟油薪，下及牲畜溷厕之类，务取盈焉！而胥差因之恐吓乡民，于是有灯油费、牌照费、巡查费，种种名目，千奇百怪！问何以故？曰：办学堂也，办警察也，办自治也。其所立学堂，乡曲子弟率又不得入；警察则窝盗骗财，无所不有。愚氓无知，不知为办理新政之人之不善，而反以为新政之害人，盖至于此；且以为此害人之新政，固从洋教学来。此次之乱，千百成群，乃波及于学堂、教堂、洋行之所由来也。目下难虽稍靖，将来赔教堂、赔洋行，又是凋尪瘠若二三愚民之担负，敲骨而骨已无可敲，抉髓而髓已无可抉。夫人所重者生命耳，至生命无可保，未有不铤而走险者。湖南之乱，其庸有艾乎。

顷宁乡、益阳、湘阴、湘潭、安化一带，尚汹汹抢劫。闻大吏所以为善后计者，不过日平米价而已。抑思米价之至此，果何故乎？百物昂贵，究不若向日贱售之足以为偿。今徒知平米价，无论远方商贾裹足，本救荒之敝策，而得不偿失，亦非所以劝农之法。为今之计，惟有铲除一切残暴昏庸之官吏，繁杂苛税不复征取，渐谋休养生息之计，庶可为桑榆补敝耳。今日之事，其大患在只知变法，不知用人。同一法也，泰西用之则足以致富强，中国用之则反以增弊害，非法不同，人不同也。王荆公之变法，何尝不是，而章惇、吕惠卿之徒，转用之以促亡赵宋。以今日官场之腐败，虽不逢荒歉，其所以朘割（削）吾民者，犹足滋斩木揭竿之怒，况又天炎流行乎。平心而论，官吏亦同胞之一分子，其人非尽不肖也。二三大吏以朴实为迂拙，以运动为贤能，即有本质不差者，亦随风而化矣。今之抚湘者，果能有转移风化之具乎，吾日望之矣。否则他日燎原之祸，恐不如今日星星者之易灭也。

即以湘省盐价一项而论，近省城一带，尚不过一百六十余文，其僻远州县往往二百六七十文不等。近日盐商之二成复价，五省议绅与官吏，各思夺取，互起冲突。然在议绅则曰提回办公益，官吏则曰提回办海军，而再无一人曰减盐价，为穷民淡食计者。一二小民颠连困苦，奈何不怒官而并及绅哉。此次湘乱之迁怒绅董又其一也。故正月广东、苏州之事，云有革党煽动，容或有之，亦未可知。至湘乱则纯是一般奄奄将毙无意识之愚氓，激而为此。若又多所株连，祸乱诚不知所底。仆湘人也，廑念梓桑，中夜彷徨，不识涕泗之何从也。

《时报》宣统二年三月二十七日（1910年5月6日）

湘省肇乱起事之原因

湘省粮价素廉，至贵不过每石三四串文。光绪三十三年，贵至六串余文，已为以前所未有，致有浏醴之变。今年正月，即已涨至此价，二月初贵至七串以外。各绅禀请禁止谷米出口，岑抚于是月初三日出示，限于二十八日阻禁。各米商趁此两旬之内，盈千累万，连樯下驶，本地之储积日空，各米店亦不免借机抬价，三月转初，遂长至八千二百文。湖南人民生活不高，何能堪此！咸归咎岑抚阻禁之示不应出在数礼拜前，是明明唤令各商赶先运出，不顾内地空虚。并相传其对于禀请平价之绅士，有湘民享用奢华，百钱吃茶一碗，升米八九十钱何足为奇之语，遂益不得人心。长、善两县请早办平粜，巡警道赖承裕以时距接新尚远，仓谷无多，恐早经发尽，后更难支，力持四月中旬方可开仓。两县复乞劝业道言于岑抚，始允早办，而设局碾米造册发票之手续，非咄嗟可办。适有南城外贫户持钱七十文，向利益米店粜米一升，店以价钱不足，不肯卖给。南城外贫户甚多，咸为不平，遂于初三夜，聚集数百人，赴该处警察分局，求委员减价平粜。善化县闻信驰往弹压，许以数日后开仓平粜，随即出示平价，传谕米店首事，次日照办，始行解散，日已四更。初四早，善化县往谒赖道，回明前事。赖道以岑抚对于人民聚众，意在用威，嗔其未能拿人，随同往谒岑抚。先传赖道入见，问悉未经拿人，大加申斥。次传长、善两县，甫入厅事，尚未就坐，岑抚手指善化县曰：昨夜痞徒聚众，何不拿人，你因将要交卸，就不办事耶？善化县对以贫民只求平价，前列之人，长跪陈说，犹之小孩求食，得食则已，似非应行拿办之事。卑职昨夜闻信即往，四更回署，今早即来禀见，何谓不办事？岑抚犹嘱务必严拿。两县回署早餐，即接赖道电话，谓南门外复又聚众，速往拿人。随一同驰出南门，至鳌山庙巡警分局，门外有数十人默立无言。因谕以现已出示，数日即开仓平粜，各米店已允减价，尔等复有何求？众遂散去。遂入警局与委员坐谈。未久，忽报门外又聚众多人。正查问间，消防所长龚培林来局，言奉巡警道谕令，带缉勇四十名出城拿人，顷见一人在街诽谤抚宪，已经拿送城中。两县谓滋事者可拿，若仅口头议论，似不应拿。时长沙协杨明远亦到，遂与两县出面开导。众言所求无他，只请将此人放出。此人姓刘，木匠手艺，一经收押，其妻子无从养活，如若有罪，请提至此处责惩发落。语甚恭顺。两县乃请龚培林入城，将人要出发落，久而不至，复当众作一信缄，求将此人开释。交给团总赍投赖道，亦久无回信。时已傍晚，聚者益众。佥称此人必已杀却，人情汹汹，拥入局内。两县复向开导，此人万无杀死之理。正解说间，忽传赖大人到，两县想欲阻止而已无及。赖道乘轿甫入庙门，从者手举蔑片摇打作响，众斥丢下，并喝在坪下轿。赖道出轿入局，忿骂此等胡闹，当拿几个宰了他。赖道办理巡警，素不洽舆情，至此益触怒，遂群起而殴之。两县为众所阻不能上前，幸平日素得民心，有多人喊称此是好官，不可无礼，四围遮护不令拥挤。两县乃遣丁役将赖道救出，导由后门避入近处尼庵。众亦随同拥入该庵，复请两县回城放人。随有多人为之开路，乘小轿回城，即谒庄藩，调派勇役往救赖道。赖道自入尼庵为众所围，无可为计，其随从兵弁，脱去警衣，混入众中，挤近赖道身旁，诈称此人打之无益，不如扭之去见抚台，将其背负而出，疾驰入城，行至司门口，转入臬署关门躲避。时已皆暮，大众追随在后，以为真是去见抚台，遂一齐拥入抚辕，而乱作矣。

变乱之情形　当其初赴抚辕也，其中真正贫民固不乏人，痞徒实居多数，加以其时各项工匠均已散工，各处之痞党闻风麇至，愈聚愈多。或称要抚台给饭我吃，或称要把抚台拖出杀死，虽扰攘不堪，其实均系徒手，随声吆喝。文武官闻信，均即上院，随经牌示五日后开仓平粜，价六十钱一升，牌出即打。改牌明日平粜，五十钱一升，亦被打毁。复牌示许放所拿之人，而此人已由警务公所带至南门城楼，一时无人可放，众遂汹汹，拥入头门并打辕门，毁照壁，锯桅竿，揭石狮，哄闹不已。卫队极力抵御，均被瓦石掷伤。岑抚乃由电话调常备军巡防队入署自卫。善化县言，昨日贫民求减价平粜，可不拿办，今日殴辱大员，哄闹衙署，即是乱民，非杀数人不能定乱。岑抚不从。庄藩于上院之时，痞众为之让道，有庄大人是好官之语。庄向众拱手而入，亦无一言开导。军队以空枪恐吓，反被掷石殴打。任其在抚署吵嚷经宵，一筹莫展，只望更深人倦，自然转回。谁知不惟不散，且其党夷到处蜂起，一夜之中，将城厢内外各碓坊堆栈之米，抢到罄空；警兵站岗之木棚，打毁净尽。并分派多人至各街道鸣锣，勒令各铺户每家悬灯门首，以便来往；次日不准开市，倘有一家不遵，即行打抢等语。迨初五日早，城厢内外各铺户一同罢市，镇日不敢开门。然其时犹未烧毁也。

（续昨稿）是日九点钟时候，各痞益加猖獗，驯至拥入抚署大堂，肆行打毁。岑抚不得已，吩咐开枪。常备军官试放一枪，击毙二人，伤者数人。于是痞徒益得有词，谓不应击毙良民，非将抚署烧毁不能泄忿，势更汹汹。两司道府束手无策，传集绅士至席少保祠商议办法。向使各绅士中有能通晓公事之人，请将强悍最甚拿获数人，立置重典，使余党不敢复逞，犹可解围。则死者不过乱党数人，可以保全无算。乃各绅士一味主抚，反归咎岑抚不宜开枪所致，议定死者每人恤银二百两，伤者恤银四十两，由岑抚悬牌晓示，并写四言告示，用高脚牌游街晓谕，中有“众绅公议，平粜伸冤，藩台担任，诸君请退”之语。

夫聚众殴官，打毁衙署，逼勒罢市，倚强抢掠，无一不干大辟，而反给银抚恤，其告示犹慰之曰伸冤，尊之曰诸君，到会之各绅，绝无一知顺逆之人，各大员亦即奉行惟谨，诚为咄咄怪事，百思不得其解。然使其果能因此解散，犹可说也。谁知痞徒不可情感，此牌一出，知岑抚不敢放枪，其胆益壮，竟敢抢夺洋油多箱，放火焚烧。抚署之房屋高宏，岂能容易烧着。当其先烧署外赍奏厅及头门一带之时，事机至急，无可挽回，非斩杀不能已乱。向使岑抚赫然震怒，发令开枪，将其抬抢洋油者击毙数人，余众不敢向前，何敢再烧大堂以内。果系安分之人，此等大乱，何敢从场附和，固万不至有误毙良民之虞。乃迟疑不决，莫知所为。常备军官某，见事势已迫，急放一枪，死伤数人，余众稍却。而岑抚吩咐只击上屋之人，遂亦不敢放手，于是各军队执枪环立，作壁上观。两小时间，竟将我湖南数百年来最高无上之大衙门付之一炬，仅留后面之上房一层。末后有痞徒五人闯入上房打抢，为军队所执，竟被其徒党要挟，派员交出，众始退尽。抚台之威严至此扫地尽矣。

当署中火起之时，岑抚仓皇，将其家眷寄送一堆口袁道台公馆，而自携其印信避入又一村之别院。两司入谒无计，部坐良久，望火叹息。盐道朱、劝业道谭、厘金局沈道等继至，或谓可以开枪，或谓必不可，或谓应请电奏，奉旨方可开枪，议论不一，坐误机宜。痞已分途四出，将北门外之天主福音教堂三所，南正街、学院街、西长街之福音教堂三所，中和街之蒙养院、模范小学堂，三府坪之府中学堂二所，一共八处，先后放火焚烧。而在抚署受枪死伤之痞徒，共二十余人，纷纷抬至长、善两署，且派委首府亲督两县为之相验，照数给予恤银，否则不肯领尸安埋。此皆是日午后一二点钟时之事也。

迨署中火息之后，岑抚无所措手，电奏请以庄藩署理巡抚事务，即时交卸，并为代写署理巡抚之官衔告示多张。庄藩逊谢再三，然后承任。岑抚此举，益以绅士交称庄藩之民望尚好，自顾既失人心，不如俯顺舆情，或可已乱也。

庄藩受印之后，各痞徒将附近各爆竹店之爆竹抢夺燃放，道喜欢迎。庄藩负此重担，趁此民望尚孚之时，理宜立即晓谕，此刻我既署理巡抚，粮价已允平减，凡属良民，别无他救，如果再行烧抢，即是乱民，格杀勿论。一面分派军队营兵，保护现存之教堂、领事府及新关一带之洋行公司，救一处是一处；一面督同各司道，带领差勇，分途巡查，遇有烧抢，即行格杀。各乱民均系徒手，只要杀两三人示众，其祸立平，城外皆可保全。乃庄藩狃于民情爱戴，其所出告示，仍以收拾人心为事，任其扰害一日一夜之久，不派一官一弁、一差一勇在外弹压。巡警消防兵弁，岁费数万金，此日全无踪影，民间平日救火之洋龙水龙，亦裹足不前，使空拳赤手之徒，烧抢打毁，左冲右突，随心所欲。计自是日十点钟焚烧抚署起，接烧以上各教堂、学堂，至傍晚时，焰犹未熄。烧新关洋行一带时交二鼓，庄藩、朱关道均入睡乡，差官来署报警，其家人吩咐“老头子劳顿一天，甫经歇息，不要惊动”。岑抚则于是夜躲入臬署借宿。是夜复将南门外之铁道教堂、中路师范学堂、立茂巷教堂、西门外之怡和洋行及其趸船、太古堆栈及其趸船、美孚洋行、长沙新关及其趸船，并华商之昌记德宜公司，及其左右一带之铺店民居二十余家，一并抢用洋油烧毁净尽，经夜火光烛天。其烧各趸船，已在初六日早晨，至日中焰犹未熄。其余东牌楼、浏阳门两处教堂，樊西巷洋设女学堂，社坛街华商生肉公司，及西门外日商之邮便局，及三井、日丰、中村、盐川、岩城、大石、小岭、东信各洋行，英商之太古、亚细亚两洋行，卜内门公司，德商之瑞记公司，美商之英美烟公司，华商之湘盛、皆宜各公司，官设之巡捕发审、查河、官银各局，凡二十四处，所有房屋、货物、银钱、什物、行李，均于此一日一夜之中，概被打抢一空，仅存墙壁。其北正街之圣公会、黎家坡之日本领事府、碧湘街之洋人布鲁特住宅、西湖桥之华昌公司，因街邻伏地哀求，虽被打毁，情形较轻。惟英国领事府系长沙协杨明远自往保护，向各痞徒磕头打拱，苦求此处万不可伤；岳麓山之高等学堂，痞已定于初六日早往烧，监督黎承礼，先日向兼署学司周臬台告急，付之不理，幸有常备军管带李保元不候长官之令，自带一队驰往，痞望风四散。故此二处尚能保全。益可见各处之烧毁，皆由无人防护之所致也。

自初四日以来，几成无法治无政府之国。至初六日八点钟，抢夺未已，城门昼闭。居民纷纷迁徙，如避大兵，不惟无轿可雇，平日满街之东洋车亦皆匿迹销声，人心惶惶。迟至九点钟后，始经当道议决出示，准将放火抢劫之犯格死勿论；一面派兵备处胡道、长沙府汪守，以王命出城，当街拿斩两人，长沙协长沙县亦各斩杀两三人，痞党散匿，而后其乱略定。呜呼晚已！

（续昨稿）此役也，衅由千百贫民议求减粜而起。既经善化县于初三之夜出示平价，众已散矣。若非岑抚坚持拿人，则赖道次日不至派龚委员出城将刘木匠拿获。即将刘木匠拿获，长、善两县既据众情，缄恳开释，若随时开释，亦可一天云散。即或难于开释，而非赖道自行出城，对众愤骂，则不至如此吃亏。而非其兵弁诈称去见抚台，则亦不至拥入抚署。而谷米之空虚，又由阻禁之示出之太早，使各痞徒有所借口。推原祸始，岑抚实咎无可辞。顾抚署为一省最高之机关，法治之所出，平日人民望而却步。岑抚当时既允开仓平粜，将所拿之刘木匠释放，虽其此次操之过急，平日别无暴政使民难堪。果系安分良民，所求已遂，其气已平，即令官有不是，于其衙署何与，而犹聚众不散，将其辕门、照壁、桅等、石狮一并捣毁，并敢逼勒罢市，打毁警栅，肆行抢劫，虽未执持器械，其为乱民暴动，在初四之夜，已可证明其罪。理应将其猖獗当先者，拿获数人立正典刑，则余众自当畏法，不敢复逞。若谓恐其恃众反抚，曲意拊循，则当出坐堂皇，好言抚慰，不应冒昧开枪。既不得已而开枪，则必理喻、情感之俱穷，不得不示之以猛。凡受枪死伤之人，皆罪不容诛之人，又何得反委府相验，死十人，伤二十人，其去恤银之千五百余两。给予恤银，岂非自认激变之非，而赏之使乱？迨至头门一带已经烧着，事机急迫，惟有开枪击退之一法，而又容忍不发，以为俯顺士绅之意，以致巍然节署，竟成劫灰。岂知巡抚奉天子命，来抚此邦，遗大投艰，一有遗误，绅士岂认咎乎？种种章法错乱，轻重失宜，始而操切，继而悖谬，终以优柔，九州之铁，不能铸此大错矣。然而是时痞徒之所欲烧者，仅此抚署耳。岑抚一既被围，方寸已乱，不能有所作为，固无足怪。庄藩为巡抚之亚，其时操纵自如，当其上院之初，痞既为之让道，称为好官，使能好言抚慰，明白开陈，以彼人望尚孚，当可唯唯听命；其后拜受抚篆，膺此重寄，定倾扶危，惟彼一人是赖。当痞徒爆竹贺喜，正可与之约法三章。乃以前既不抚循，以后又毫无布置，学堂、局所、民房之烧，犹曰物所自有，无人责备。各教堂、洋行公司、趸船、领事府署，关乎国际交涉，不可损害，尽人皆知。乃以二品大员，更事已多之七十老翁，茫乎若忘。其余各司道府，亦无一人计及。合城大小文武数十员名，仅一协台保全英领事府，不能分身，无裨大局。闻两县曾以治乱用重典之言，力请派拨军队，守护教堂洋关，抗则击剿。如听其言，犹可保全于万一，不至若此之糜烂。而以官小言轻，事权不属，发谋不用，坐视泯棼。省中兵虽不多，合常备巡防两军队及绿营计之，犹不下两三千人。乃以毫无意识、毫无器械之痞徒，振臂一呼，竟敢目无法纪，为所欲为，如入无人之境，实为千古之奇闻。最可怪者，此日之闹，只烧抚署、新关及中路师范、府中学、蒙养院各学堂，人数较众；其余各处动手之犯，或只数人，或十数人，喊抢则抢，喊打则打，喊烧则烧，在各教士、洋商固难与之相敌。至本地之学堂、公司，其中学生、丁役、邻右人等不少，乃非望风逃窜，即皆伏地哀求，绝无一人抵御阻拦。若谓伊等果凶不可当，则何以次日仅杀数人，即已若鸟兽散。盖无非因抚署且被焚毁，人皆丧胆，莫之敢撄。益可知此乱之成，纯由纵容所致。其后本城内外虽已镇定，而除〔附〕近百数十里内之痞徒，蚁聚蜂屯，明目张胆，到处抢劫。初六、七、八等日，长、善两县具报被害者数百户，食粮粢种，掠夺一空，扰乱情形不堪言状，各处电杆，多被打断。宁乡之教堂、县学女学堂、益阳之官银局，亦相继焚抢。当此人心思乱，闻常德、衡州各处亦有蠢动，此皆抚署一火之影响所及也。犹幸洋人知几，初四之夜先行远避，无伤生命。而滋事痞徒，亦皆一时乌合，非有成谋。向使有会匪乘机扰害，大局不堪问矣。此犹不幸中之大幸也！

呜呼！湘省财匮民穷，现以募修铁路股本，极力凑集，正苦财力不继。此次所毁者，除抚署系旧有外，如新关一带之房屋、趸船及中路师范、府中学、蒙养院各学堂，皆工程浩大，建筑未久，所费不赀。合之商民、学生毁失之房屋、谷米、银钱、货物、衣物，其耗损不可亿计。数十年不能复元，业已伤心惨目，加以交涉问题，赔费之大，可以想见。出之国帑，则部库如此空虚；出之地方，安所得此巨款。不知将来如何结局。彼当道数公，地处客观，即使一并革职，不过襆被以去，无毫末之痛心，所苦者湘人耳。

嗟乎！自前明建设抚署以来，五六百年之久，二十余处之多，以无如此坍台之事。现在虽经奏奉谕旨饬拿首要，既不能当时击斩，所谓首要，业已远飏，将来只得以随声附和或拾得微赃之余人，聊以塞责销案。使各痞徒知抚署可烧，法不能及，堕国威，长刁风，扰我地方之治安，丧我地方之财产，演此惨剧悲观，谁实为之，谓之何哉？现在岑抚归咎两县不早防范报告，奏准革职。两县之冤不足辩，可恶为罪魁者，且将轻描淡写，置身事外。此我湘人太息痛恨、同声欲哭者也。

《时报》宣统二年三月二十八日至四月一日（1910年5月7~9日）

湖南省垣焚毁抚署及学堂教堂乱事纪

庚戌三月初一日，饥民来垣求食，聚于南门外鳌山庙者为多。适南门外团总戴义顺碓坊，趁米价腾贵至八千六百钱一石，而网利心炽，有贫民向该店以粜米未遂，故相率四口溺毙。饥民愤，聚食该店。该处巡官周某，电致巡警道赖承裕，邀同长协杨明远出城弹压。适有木匠刘永福醉酒在道口称，各米日涨，不早没法，抚台该杀。赖道拘之。赖、杨至鳌山庙，不察时势宣威，激众愤殴，赖伤杨脱。消防队之官龚某复拘数人，饥众遂蜂拥入城，至抚署，号称求释所拘之人。岑抚则畏葸不出，庄藩得以市惠，恶归于岑，劣绅孔宪教亦如之。岑遂为丛怨之府，众聚抚辕，彻夜不散。贫民恃众，强作钱百米三升，向各囤户粜米，几为之空。至初五午前，常备军以人众拆毁抚辕，枪毙多人，乱民乃火焚抚署，继续焚毁各学堂、教堂、太古码头、趸船、三井洋行堆栈。及初六日午前，以军令从事立斩数人，乱乃已。事后探得此次放火乱党，泥木工为多，放火者不到三十人。其能肆行无忌者，以官府不早为准备。推泥木工蓄怨之由，则始于与湖北木工争承建谘议局，岑抚未予全胜，加以刘木匠被拘，遂乘饥众求食之际，复经顽梗痞首孔宪教耸恿，谓当此饥民待毙，抚台何不将建筑谘议局巨资并谘议局经费，及铁路股款、各学堂耗费，移缓救急。下等社会闻之鼓掌欢迎，赞美之声填街塞巷，如是有“官有庄青天，绅有孔青天”之谣。孔于初五日抚署未焚之顷，假饥众要胁岑抚六事：一停修铁路，二停办学堂，三撤警察复保甲（警察素不利于游民，为此言者迎合其意也），四平粜，五开皇仓，六撤常备军。无知辈传为美论。孔所倚为爪牙者，则有已革四川涪州牧杨巩。巩在籍武断，公家建筑权，历年多所延揽，泥木匠多任指挥，故焚毁各处，消防队不出水龙救护，以消防队之组织，每组必有泥木工四名也。府中学堂之毁，孔痞首之子孔三者，竟敢明目张胆率众堆集几案门窗于堂内各室，首将汗衣濡洋油燃置其中，各匪合力并举，目击者众，闻犹有称其英雄者。初七八日连获匪犯数名，中有戏子谢六者，为王、杨痞党之娈童（尚有戏子二名，经叶德辉保释）。孔、杨之必欲演成此剧者，其宗旨在反对新政耳。惟此次放火匪徒无多，其焚各学堂、教堂，必先喊知街邻，街邻亦嘱其勿近烧。该匪以泥木工，故善于拆断火道，而各学堂、教堂无敢与之抗拒。

嗟乎！饥荒之世，祸起仓卒。官既庸碌，不能见事预防，痞党复从中组合，遂酿成极大交涉。如北门外天主堂、小西门外之太古、三井等被毁，而绅衿赫赫有声辈，亦莫敢声罪致讨。呜呼！际此预备立宪时代，我湘人民正在渐次开豁，今忽遭此，宁非挫折！非速开国会，则昏庸官吏谁监督之，顽悍痞徒谁惩创之。哀哉！黑暗世界，我生不辰。用特纪录，上之同胞诸公，同兹一哭。

去岁收成歉薄，县官已出示，谷米去七留三，而王先谦、杨巩（即杨三豹子）、叶德辉运动岑抚，取消其示，以便其私。此饥荒之远因也。

《时报》宣统二年四月一日（1910年5月9日）

湘省乱后余闻

官吏之忙碌　新抚杨中丞履任后，接办移交，以及荒赈善后交涉各事，忙至寝食俱废。署中承办幕僚，亦复自朝至昃，不遑启处。藩臬各道，经日会商绅士，举办荒赈善后事宜，终夕磋商，竟无暇晷。长沙府汪荃苔太守，则连日督同发审局委员，严讯拿获滋事抢劫各犯，共计一百余人，有密讯者，有隔讯者，有留待后讯者。现只分别录供，不识将来如何定案。长、善两县则连日督同团保清查省城各粮栈囤户积谷，究有若干，查明实属，以便分别核办。巡防队兵勇、警务员绅，则稽查街道，通宵达旦，凡客寓旅馆所寓客商，每夜必清查数次，点名搜检，惊扰不安。各旅馆居民均纷纷迁徙，男女出城者，日必数百人。大有日暮荒凉之慨。

谷米之缺乏　湘省城内善后总局，就雷祖殿、鲁班庙、中州会馆、天妃宫设平粜厂四处，每米一升售钱四十文，仅准极贫之户按日携带执照，大丁每名准购米一升，小丁减半，每日每厂销米至六百余担。照此估计，省城每日销米约在七八千担左右。近日长、善各乡团总均纷纷来省递禀抚院，请予仿照城内办法，一律由官设厂平粜。昨竟有善化各乡三十六团贫民，聚集南元宫要求平粜，设不允许，其势又必至于哄闹。若一体平粜，则不仅无款可赈，且并无米可赈，诚有进退维艰之势。而调查省城各粮栈囤户所存之谷，不敷一月之食。抚院杨中丞所购之西贡米十万担，尚不能全数购齐。而各属州县之报荒报匪者，纷至沓来，几无宁日。查湘省谷米空虚，已达极点。倘今岁再继以荒歉，则荒民之哄闹，痞匪之滋事，恐无已时也。

市面之荒凉　省城自痞匪滋事之后，居民均纷纷迁徙，几至十室九空。从前城内房屋极形缺俏，至此则家家闭户，招赁无主。各项商业，几至一蹶而不能复振。钱店则不肯出票币，只收不出；绸缎南货谷业生意，十去其五；其余则马路停工，行商裹足，丐介成群，行人稀少，满目荒凉，不胜今昔之感。

筹款之竭蹶　湘省办理新政以来，所有款项早已罗掘一空。此次荒民哄闹，痞匪又乘机烧毁高等实业学堂、长沙府中学堂、中路师范学堂、初等小学堂、蒙养院等处。现议重行建造，恢复旧观，除图书、仪器、应用实物不计外，约需款十万金；高等实业学堂尚需添建本科房屋，置备理化机器，约需款五万金。本属荒赈，至少需款三十万金。各府州县举办荒赈，虽属就地筹款，亦须先就钱粮项下挪用，将来统通计算，约在百万上下。现虽暂由官钱、善后各局挪移应用，然弥补无术，深费咨嗟。既不便加抽捐款，又未便开办赈捐。刻已通告各省督抚，请予代为筹赈，然恐亦无济于事也。

滋事要犯正法　本月二十二日斩决滋事首犯二人，一名冯子荣，系南城外剃头营业，曾殴赖承裕者；一名王麻子，业皮匠，系冯扳出，均于本月十二日被获。王初不认供，经长沙府兵备处承审各员严刑熬讯，备极惨酷，始供认不讳。是日解至臬署过堂，臬司周儒臣询以此次烧学堂是尔否？供是。又问烧教堂、烧抚台衙门、烧洋行趸船均是尔否？该犯一一答是。又问冯有无同党？冯称此次为首系小的与王二人，一时从者该千人，均不认识。乃具手磨，捆赴浏阳门外正法。

梨梨抢犯解省　长沙县属之梨梨市地方，本月初八日，突有痞匪聚众数百人，抢劫当铺。当经巡防队拿获为首滋事之犯人王子成等五名，押送到省，经兵备处委员连日严刑鞠讯，供出党羽数十人。现正派勇四出拘拿，有仇扳者，有诬扳者，有诬认者，其中冤抑势所不免。刻该五犯已经供认，于本月二十二日解赴臬司衙门过堂，大约不日又将正法矣。

《时报》宣统二年四月二日（1910 年 5 月 10 日）

湘省乱事余闻

长沙府禀请交卸　湘省此次荒民哄闹，痞匪滋事，鄂督瑞制军以长沙县余令屏垣、善化县郭令中广办理不善，电饬先行撤任。现在长沙府汪荃台太守凤瀛，以长沙府亦系地方官，自应一并办理，特自行检举，通禀各宪，请予一律委人接署，以昭公允。刻尚未奉到批示，未谂如何办理也。

群盗如毛之湘省　湘省民乱后，各痞匪又赶赴四乡，到处劫抢。近日长沙之大兴都、明道都，善化县之尊阳都等处，均聚众至千人以上，肆行抢劫。各乡都总、团总来城报抢报劫、请兵请谷者，纷至沓来，日至十余起。警书迭至，噩耗旋来，群盗如毛，此响彼应，捕无可捕，防不胜防，大有无从着手之势。大吏深以为忧，然亦无善治之法也。

痞匪致书大吏　昨日有人革靴军服，佩东洋刀，伪若军官也者，持信径送藩司及长沙府衙门内。称此次滋事，实系出于公忿，请勿过事诛求，否则即当举兵为乱，特此预告等语。追索来人，则已渺不知其所往。噫！痞匪之胆大如此，亦奇矣。

官府大治痞匪　湘省官吏，近日大治痞匪，搜捕不遗余力。日昨湘省练军在局关寺拿获业木匠者二人，次日又在藩城堤拿获一人，数十兵勇，前拥后护，几同巨寇。其尤奇者，前在北门墙湾拿获拾得圣公会教堂之锡水碗十二只、犯人一名。又樊西巷宾姓滩子拾得信义会教堂被窝一床，父子犯人二名，近日忽将其提至监狱，脚镣手铐。说者谓上台欲以此谢罪外人，恐不免于刑诛也。

又二十二日正法之王麻子一名，其家尚有七旬之母。王被诛后，其母即于是夜自缢身死。王附近居民谈及王，性极强悍，而事母极孝。此次米涨八十余文，所得生活不能糊口，以是深恨赖子佩，故手殴之。不料竟以此被戮，亦惨矣。

此次被拘各犯，经兵备处逐一提讯，其中有供称此次烧毁教堂、学堂，系某绅士所主使，虽极刑熬讯，亦复矢口不移，未识上台如何处置也。

《时报》宣统二年四月四日（1910年5月12日）

湖南赔款谈

湘省因荒肇衅，焚烧抚署，迁怒外人，以为惩治官员之地步，故城内教堂，惟南正街之福音堂、察院街之福音堂被烧，余均捣毁什物而已，并未抢劫物件，贵重之物，各西人均已携带赴汉。且乱时并无与外人为难之意，见外人之逃难者，皆挥之速去，此其明证也。城外各洋行，惟太古受创最巨。至堆栈、趸船之货物，皆中国人之寄存，非外人之财产也。城外之日商，所谓暨川、大石、小领、日丰、东信、小石城、中村各铺店，渺小已极，估其赀本，不过数百元而已。惟大石、日丰，少为充足，然亦不过一二千元之谱。三井局面固大，然其行内素不存留货物，无论银钱，以其什物陈设并中外人之行李、衣服计之，不过二三千金而已。日法公司并未损失，日本邮局本无货之可言，赔偿因自易易。惟日领事府损失少巨，至不过万金之陈设。此日赔款之实在情形，征之湘人类能言之。太古、怡和烧毁之货物，可将提单并长沙关之进口装单为据，以局外计之，太古之货物，不及三十万，怡和不过十万而已，然此皆有定数可稽也。亚细亚堆栈洋油千余瓶，美孚堆栈三千余瓶，和记油厂不过四千金，太古公司不过千余金，怡和可以类推，英美公司亦无多货，亚细亚美孚之办房外，中国人之遗失亦不甚巨。

总之，此事非起于仓猝，各西人洋行皆有防备，银条贵重之物，岂有不先行运开之理。惟在办湘省交涉者，善自图之。再估太古新旧堆栈，旧堆栈本旧屋而周之以墙，并趸船计之，万金已足；新堆栈可以照式修造以赔。怡和堆栈、趸船亦不过万金。

《时报》宣统二年四月九日（1910 年 5 月 17 日）

惩办湘省文武各员上谕*

监国摄政王钤章，同日〔四月十九日〕奉上谕：瑞澂、杨文鼎奏遵旨查明湘省痞匪借饥扰乱地方，文武办理不善，分别参办一折。此次湘民肇乱，该省城文武各员，事前疏于防范，临时又因应失宜，均属咎有应得。除开缺湖南巡抚岑春蓂，业经交部议处外，巡警道赖承裕操切偏执，肇衅酿患；盐法长宝道柳延熙，遇事庸懦，应变无方；长沙协都司贵龄、左营守备周长泰、消防所所长游击龚培林、警务委员知县周腾，均保护不力，著一并革职。布政使庄赓良措置失当，著开缺交部议处。按察使周儒臣、长沙府知府汪凤瀛、长沙县知县余屏垣、善化县知县郭中广，身任地方，亦难辞咎。惟平日官声尚好，办理善后，亦颇敏慎，周儒臣、汪凤瀛均著交部察议，余屏垣、郭中广均著革职留任。署长沙协副将杨明远，查拿匪犯尚能认真，著摘去顶戴，勒令捕匪，以观后效。余著照所议办理。该部知道。钦此。军机大臣署名。

《时报》宣统二年四月二十一日（1910 年 5 月 29 日）

惩儆挟私酿乱绅士上谕*

监国摄政王钤章，同日〔四月十九日〕奉上谕：瑞澂奏特参绅士挟私酿乱，请分别惩儆一折。据称该省议劝绅捐，先办义粜，湘绅王先谦首先梗议，事遂迁延；变起之后，复归咎抚臣激变，电请易人，殊属不知大体。孔宪教、杨巩二人，于推戴藩司，排陷抚臣，持之尤力。杨巩本系被议人员，蒙捐候选道，尤属品行卑下。叶德辉当米贵时，积谷万余石，不肯减价出售，实属为富不仁等语。前国子监祭酒王先谦、分省补用道孔宪教，均著交部严加议处。吏部主事叶德辉、候选道杨巩，均著即行革职，交地方官严加管束。余著照所议办理。该部知道。钦此。军机大臣署名。

《时报》宣统二年四月二十一日（1910年5月29日）

花市会匪又起

本月二十四日，湘潭县花市地方又有会匪勾结聚众，至四五千人，以吃食排饭为名，大肆抢劫，全市鼎沸。被抢者计一百五十余家，地方铺店一律闭市。现在人心汹汹，居民纷纷逃赴湘潭县避乱。该县周令维蓉驰往弹压。因匪势甚炽，势难解散，当经驻扎该县之巡防队拿获匪首数人，解送赴省，以凭讯办，一面电禀省宪，请速拨兵，驰往镇压。杨抚接电后，立传新军协统领杨晋，饬令速派新军两营驰往剿捕，并委兵备处委员知县余凤生大令联辉办理匪案。能否渐就平息，尚未可知也。

《时报》宣统二年五月五日（1910年6月11日）

湘潭乡民要求平粜米谷*

湘潭县十五都地名花石，距湘潭九十五里。先是因谷米缺乏，乡民相率要求团总平粜，聚集多人，喧嚷不已，不逾时即有八、十两都邻境痞匪乘机附和，喊声震天。顷刻之间，即一律青衣青裤，头扎黄巾，共约千余人，大声呐喊，四处放火。该团总等即驰往该县报乱，县令周维屏立请驻扎该县之中路巡防第十一队夏管带、常备新军陈管带督勇驰往堵剿，一面电省告急。复经省城派新军两队、侦探队一队，由中衡参府连参将督带前往该处。即日开仗两次。匪党多无新式军械，不过鸟枪、铁尺等项，未开仗以前，一如拳匪办法，设坛拜斗，关符立咒。官军共枪毙匪目程辉冀、邓二皮二名，枪伤匪目邓四等十余名，余党纷纷逃窜。

《时报》宣统二年五月十一日（1910 年 6 月 17 日）

长乐会匪滋事*

岳州府巴陵县之长乐街地方，近有会匪约集饥民数百人到处抢劫。该处团绅电禀岳常澧道经熙观察，立派飞翰水师舢板十余号暨东路巡防队两营前往剿捕，一面电禀到省，请示核办。杨中丞复以相机剿抚，妥速办理，以免蔓延云云。未识近日能渐就解散否。

《时报》宣统二年五月三十日（1910 年 7 月 6 日）

沅江县乱耗

湖南沅江县（常德府属）刻有匪徒藉水灾饥荒，号召贫民数千起事，驻常提督曹军门当派兵前往弹压，匪众竟敢抗拒接仗，势甚猖獗。昨湘抚杨中丞特急电来鄂，请派军助防。经瑞制军商之八镇统制张军门，檄派步队三十标标统杨开甲率所部第二、第三两营携带子弹，于初一、初二两日分乘昌和、吉安轮船往湘助防，相机剿抚。

《时报》宣统二年六月六日（1910年7月12日）

湖南中路师范学堂被毁实情

敬启者：前此湘中饥民滋事，波及中路师范学堂，瞿君宗铎身任监督，劲等亦系职教员，不能保全无事，抚心内疚，日夜悚惶。然实智竭力穷，无能抵御，更事君子能见谅也。顷闻北京天乐茶园新排哀湖南戏曲，附演瞿监督吞蚀中路师范学款三万金（本校常款每月企督销局只能领银三千二百六十六两零，不能预支，则当时安有三万金之存余），摩写贪鄙之情，铺叙委琐之状，真令人愤恨。又《帝国日报》亦载侵吞二千金，且谓变起之先日既已远飏。种种飞诬，不可胜举。使当日果有此状，劲等自当首先责问，以重公益，断不敢稍徇私情，曲为阿护。特以事属子虚，情实冤屈，有不忍随声附和、颠倒是非耳。现在瞿监督前后情节业已水落石出，在省诸人莫不周知，本毋庸置辨，但恐异地传闻，易滋蒙蔽，使不缕晰各情，但甘缄默，亦学界之羞也。

三月初四日午后之衅，初五日早本校始闻概要。是日上午，瞿监督与劲等仍督学生试验，午餐后乱民喧嚣益甚，有焚烧本校之说。瞿监督正在管理室与劲等商议上课，并诫各学生勿外出，以示镇静。旋风声愈紧，即请街绅来堂商办团练，又函请常备军派兵弹压，绝无回复。逾时长府中学被毁，其学生多挟行李、书籍置本校前，瞿监督当饬工役搬入，冀免匪徒觊觎。是时本堂学生群绕前后请假，事机危迫，不忍坚留，遂令会计处酌给学生川资，准其回籍。四句钟时，乱民打毁近旁教堂，其势益张，遽饬各工人多集砖石，以备掷击。瞿监督又亲诣街坊，请其出力保护。部署未定，乱民已麇集本堂，分途纵火矣。时地方官长、学务、绅耆以及营兵、警察、水龙，无一至者，救火无具，弹压无人，力薄难支，抚膺徒叹。不得已，瞿监督与职教员数人、学生十余人趋回本宅，适会计员周君维桢、监学杨君开墀亦督工役肩皮箱来云，学堂银钱均在内。言未毕而乱民忽群趋瞿宅，势将劫抢。周君维桢仍与杨君开墀携皮箱去。瞿监督被暴徒追赶，几经艰苦，始获脱免。初六日上午，瞿监督即著工役遍觅周君维桢不得，遂连往臬署晤兼署提学周，假银百数十元，交劲等发给未归各学生川资。初七日，即专丁往平江周君维桢家，询其踪迹。渠于十三日始来省，瞿监督与劲等追问公款，周君维桢前后共缴出银钱一千三百金，原共一千八百金，尚欠五百金未缴。瞿监督以学款重要，万难含混，已咨请署提学黄勒缴矣。以上所述各节，皆劲等所亲见，毫无伪饰，明眼君子尚其毋为讹言所惑，则幸甚。是为启。被毁日在校职教员刘劲、熊非龙、胡豫章、曾开甲、薛祈龄、黄铭功、张幹、黄宗濳、曾鑫铸、郑寅亮、刘家瓒、马卓、林兆鹏、邓云鹏、萧世珍、周原、刘镇、缪育南、刘端冕、杨开育、文润英、吴起凡、童彪、周芳翰、文辉、梁卓球等谨启。

《时报》宣统二年七月一日（1910年8月5日）

永州罢市之原因

永州府城警察与学生滋闹，商民相率罢市，前经杨抚札饬委保送知府许晋祁驰往查办。兹闻系由于高等小学堂学生因商店买物，彼此口角，竟约集学生多人，将该店打毁。警察局长为之调处，反令商店鸣鞭，为学生赔礼。商界大为不服，以致酿成罢市风潮。兹经许守将滋事学生大人分别首从，将其开缺记过，警察局长谢克诚亦酌量记过，各商均无异言，现已一律照常开市矣。

《时报》宣统二年七月三日（1910年8月7日）

沅江会匪始末记

此次沅江县会匪滋事，系由于安化、益阳窜匪勾结而成。当起事之初，即啸众三眼塘登台点将，扬言须烧教堂劫监狱。该县傅令国俊闻信后，即躬诣飞翰及长江水师常备军沅江汛，商请协力防堵。各匪由鸡公嘴、杨泗桥两路并进，官兵分途截击。遥望鸡公嘴一带，击鼓吹角，沿途烧杀，蜂拥而来。黄巾黄衣，旗分五色，中有穿八卦衣人，居然纶巾羽扇，一路指挥。时飞翰管带洪学楷、新军排长王英锐、长江参将周德全、沅江汛外委张连陞，先后督率兵勇，水陆并进，与傅令所带警役排比迎击，匪亦对仗。约一句钟之久，枪毙匪三人，中伤数十人，飞翰亦被伤十一人。进攻益力，匪知有备，遂溃走。傅令等追剿，拿匪十八人，夺获旗帜、军械、衣巾并伪印等二百余件。杨泗桥一路匪党闻败早逃。现在虽已据报肃清，然匪徒出没无常，恐终不免死灰复然耳。

此次沅江匪乱中，有著八卦衣人，匪党目之为军师，号召乡愚设坛拜斗，现已被逮至省，讯供无异。岳州匪乱竟有身负关圣帝君对敌开仗者，其实并无军械，不过无赖游民借图一哄而已。乃各地方官张大其词，称为匪首，似犹有邀功之意。事为杨抚所闻，竟付之一笑，谓此系至愚极蠢之辈，不足杀耳。故近日沅、岳二案所获匪党多定以监禁之罪，皆杨抚一言之力也。

《时报》宣统二年七月五日（1910年8月9日）

湘潭县自治捐款之风潮

湘潭县地方素产槟榔，销场亦极畅旺，每日可售钱四五百串文。前该县余令屏垣以此项槟榔亦消耗品之一项，特仿照烟酒捐办法，分为三等，酌量抽捐，每岁约可获钱三千数百串。即以此款提归自治公所，充作筹办地方自治经费，以资挹注。当经赵藩批准，定期本月初一日实行。不料该贸人等大肆反对，即于是日一律罢市。经余令出示，凡自愿歇业者，悉听其便，倘系倡众阻抗，即行从严究办。乃各摊店人等仍一味抵抗，坚持不允。未识能否和平了结也。

《时报》宣统三年二月十八日（1911 年 3 月 18 日）

湘乱交涉之一场好结果
赔去八十万　升官发财之好机会

鄂督瑞制军因去年湖南民变，匪徒乘机肇乱，其时风声鹤唳，草木皆兵，所有衙署、学校多被焚毁，并烧抢各教堂、行栈、码头，蔓延数十处，交涉至英、美、德、法、日、哪喊六国之多，时势汹汹，人心摇动，全局几成糜烂。适湖北藩司杨文鼎奉命抚湘，立即会同往返电商，筹划一切善后事宜，遴派明干大员，调查各洋商教堂损失确数，预备偿还。惟时湘潭、益阳、湘乡、沅江等处匪徒响应，揭竿滋扰，此扑彼起，一日数警，并且饥民麇集，恐酿大乱。当经分派兵队，四处搜拿匪党，购米开仓，办理赈粜，人心大定，地方得臻绥靖。并派候补道王得庚、王寿昌前赴汉口，与英、法、德等国领事竭力磋商，其哪喊、日本、英国并派奏调湖南差委道员李宝淦、徐之棨二员，会同长沙关道，督同府县先后开议。现经次第完结，迭经详见本报。兹悉共议给六国偿款银八十万两，业将合同分别咨送外务部备案。现在瑞制军仍会同杨中丞，以此次乱变关系甚重，方事之起也，风谣迭起，讹言繁兴，殊骇听闻，近来强邻环伺，动辄藉端横索利益，不可理喻，措置稍有未当，外交则多失败。兹事仰赖朝廷威德，枢部主持，秉承指示，徐就范围，大局得以乂安。除赔款外，别无他项要挟另生枝节，上烦宸虑。所索赔款均尚核实，并无浮冒，交涉顺手，实为始愿所不及。办事各员调查筹画，竭尽心力，随机应变，设法调停，辩论至十阅月之久，均能迅赴机宜，毫无延误，实未便没其微劳。向来办理洋务出力人员，均准保奖。此次交涉事件，系属特别，与等常劳绩不同。所有候补道王得庚、王寿昌二员，拟请送部引见，候旨录用；湖北候补道李宝淦、徐之棨二员，拟请交军机处存记；长沙府汪凤瀛开复降二级处分；其余出力各员，可否准予查明，择尤酌保，以示鼓励，昨已电致军机处代奏。顷接来电，奉旨：瑞澂、杨文鼎电奏办理赔款事宜，尚属妥洽，王得庚、王寿昌著送部引见，李宝淦、徐之棨著交军机处存记，汪凤瀛著开复降二级处分，其余出力各员，准该督等择尤酌保数员，毋得冒滥。钦此。刻已钦遵转饬各员遵照办理矣。

《时报》宣统三年三月七日（1911年4月5日）

湘省火水刀兵之噩耗

饥民大抢　鄂省饥民前经赵藩押解回籍，所有赈款均截至二月底止，以后不再发给。乃解押各员送至岳州即行折回，而鄂省之来湘者，仍源源不绝。两面堵截，适聚集于岳州、华容、南洲等处，共计约在三万人以内。该饥民等以既经截停，无以为生，乃大肆抢劫。前月即有捣毁厘金分局情事，因厘金分局委员即发振委员也，要求未遂，是以酿成此事。后因该局调拨东路巡防队到场弹压，该饥民等乃分两股，一股至南洲厅，一股至华容县。其至南洲厅一股，约计万余人，肆行劫掠，河干来船数十号，顷刻一空。各船户水手人等不服，亦相率聚众千余人，互相纠战，各有死伤。该厅陶益卿司马驰往弹压，各饥民不服理喻，砖石交至，并将该厅乘舆打毁，一时人声鼎沸，几不复成为世界。当即飞电到省，赵渭卿方伯立即分电东路巡防队统领袁玉泉军门，就近拨兵，驰往镇压，一面即饬飞翰、选锋各水师速拨舢板，仍分批押全回籍。并电岳州上下两局厘金委员，仍照常发振，展限至三月半止，每名仍按名发，给振米三升，出境以后每名大丁给铜元二十枚，小丁十枚，倘有匪徒乘机滋事，即由水陆各营会同地方官，体察情形，随时电禀，以便相机剿抚云。

会匪蜂起　其至华容一股，即有长江大刀会匪乘机鼓煽。其匪首即光绪三十二年浏阳匪乱在逃未获之首领姜霄旦等，从中主使，统率饥民一万余人，以求振为名，沿途裹胁，大肆掳抢。该县乔令联昌、前令夏令承冕驰往解散，内有匪党数十人，各持刀矛，尾随其后，非有东路巡防队拼命救护，该令等几遭杀毙。各饥民相率附和，一哄入城。现在匪势蔓延，异常猖獗。杨抚得电后，立即飞饬中路巡防队统领吴道跃金，派拨中路巡防第四队驰往剿办，并拟续派中路巡防第十一队接续前往，会同办理。不识能迅速扑灭否也。

《时报》宣统三年三月十六日（1911 年 4 月 14 日）

停收湖南因路抽收米捐等股之谕旨*

五月初三日内阁奉上谕：署大理院少卿王世琪等奏，湘路加抽各股，请一律停止一折。前因铁路干路改归国有，曾经降旨停收川湘两省租股，并饬将此外另立名目捐作修路之款查明，请旨办理。诚以闾阎困苦日甚一日，铁路即归官办，凡因办路累民之举，应即悉数蠲除，俾得稍轻担负。兹据湖南京官联名奏称，该省路股除田租外，尚有米捐、盐捐、房捐各名目，似此层层剥削，不惟取之富户，且至扰及贫民，倘不一律停收，仍不足以示体恤。详阅该员等所奏，颇能仰体朝廷德意，俯察民生疾苦，著即将湖南所有因路抽收米捐、盐捐、房捐各股，与前项租股，概行停止。其已收之款，仍著邮传部督办铁路大臣、湖南巡抚恪遵前旨，一并详细查明，妥拟办法奏闻，不使有丝毫亏损。并著该抚刊刻誊黄，再行晓谕，毋任隐匿迟延，以广仁施而纾民力。钦此。

《时报》宣统三年五月四日（1911年5月31日）

湘抚力争自办铁路

湘抚杨文鼎代谘议局奏，力争自办铁路，不甘借债折，早已到京，内阁搁置不奏。嗣因湘民力争，日形激烈，今日（初四日）始将该折呈览，并请严旨申斥。旋奉明发上谕。（初四日亥刻北京专电）

《时报》宣统三年五月五日（1911年6月1日）

申斥杨文鼎上谕*

五月初四日内阁奉上谕：杨文鼎奏，湖南谘议局呈称，湘路力能自办，不甘借债，据情代奏一折。铁路干路收归国有，业经定为政策，明白宣示，并饬将川湘两省租股一律停止，及将已收之股妥筹办法，系因商办干路徒增民累，朝廷为减轻小民担负起见，改定政策，仍不使少有亏损，在百姓当乐从之不暇，岂有反抗之理。该省谘议局不免误会，所呈各节，事多失实，迹近要挟。杨文鼎身任地方，息事安民是其专责。既经明降谕旨，果能仰体朝廷爱民之意，晓以利害，剀切开导，群疑当不难尽释。乃于甫经决定政策，竟率行代为渎奏，殊属不合，著严行申饬传旨。昨又降旨，饬将湖南省因路抽收之米、盐、房各捐，概行停止，朝廷体恤民艰无微不至。仍著该抚恪遵迭次谕旨，一面切实劝谕，一面会同妥筹办法。如有匪徒暗中鼓动，致生事端，即著从严惩办。倘再措置失宜，酿成重案，定为该抚是问。钦此。

《时报》宣统三年五月五日（1911年6月1日）

初五日上谕恭注

湖南谘议局以湘路力能自办，不甘借债，呈请湘抚杨文鼎据情代奏，以冀收回官办之成命。乃一朝封奏，而严旨夕颁，一则曰语多失实，再则曰迹近要挟。与湘抚以传旨申饬之严谕，以杜其后此渎奏之途；斥湘民以匪徒鼓动之危言，以绝其集会演说之渐。政府防民之术，诚可谓无微不至也矣。记者瞻念前途，窃不尽有鱼烂土崩之惧也。

湘民此次之力争，争借债也，非争国有民有也。国家果有此财力，而不至仰哺于他人，则铁路固一国公有之路，政府既意主收回，亦孰敢持异议以相抗者。而无如收回之后，国家并不能一日有，不旋踵而仍为他人囊中物耳。欲释国民之疑，必先举借债之有利无害，与此次筹商借债之内容，一一明白宣示，使国民无复纤芥之疑虑，庶几见睹日消，天下咸释然于政府之果不我欺也。今谕旨止声明国有，且自矜其体恤民艰，而于湘民所断断以为不可借债问题，绝无一字之答复，方枘圆凿，掩耳盗铃，遁辞知其所穷，吾固知政府之内恧矣。然自兹以往，湘民之对于借债问题，益晓然于政府之积虑处心，实有不可告人之隐。密云不雨，载鬼张弧，群疑众谤之交乘，行见有加而无已耳。

谕旨所为言之不足而长言之者，无过于停止租股，及因路征收之米、盐、房各捐，以是为减轻小民担负，似也。虽然，民间担负之重轻，当问其果否出于心之所愿，非其所愿，虽取只毫发，而不能谓之非苛，果出于本心之所乐为，而毫无压力以逼迫之，则毁家纾难之诚，虽罄其所有而无所于悔。川湘两省之有租股及米、盐、房诸捐也，为办路经费计，实为抵制借款计。人情罔不乐生而畏死，忍目前之苦痛，冀以救后日之死亡，夫是以一票朝传，而众擎夕举也。不然，以川湘之民气，苟此举稍有压力于其间，有不奋然反抗者哉。收捐款而并无反抗，此可验湘民之心理并未尝病此举之厉已矣。今必指为厉民，而毅然勒令停罢，乃停罢之后，所以与之代兴者，顾即睽睽万目中，所惊心动魄视若虎狼蛇蝎之外债也。此即至颛蒙无识中，亦将疾首蹙额于大劫之将临，而不肯见信于噢咻之空谈矣。矧夫借债问题，其本息之重，期限之严，而加吾民以四十年之负担者，更甚于租股及各捐万万也。重轻多寡之间，虽妇孺亦知其比较，政府之视我国民，将谓并此判断力而无之耶，欲市德而反以贾怨，其此举之谓乎。

孔子有言曰：成事不说，遂事不谏。朝廷既以铁道国有为政策，记者何人，其尚敢伸眉仰首，以争论其可否是非。虽然，千虑一得之愚，窃有欲贡诸政府者。川汉、粤汉两路之久而无成，非财力之不足，而实任事者之不得其人。川路如乔树枏，湘路如余肇康，粤路如梁诚，此皆以路局为城社，而遍殖私人，以恣其侵蚀中饱者。三省国民怨之次骨，欲得而甘心也，非一日矣。无论绳以国家旌功瘅恶之大义，此诸人者，罪状昭然，断无可久容于化日光天之下。即政府为要结民心起见，亦当举此数人误国殄民之愆尤，明白晓谕，使海内咸知其罪状，而分别褫革勒追，以符与众弃之之经义，庶几三省国民知朝廷之果能为民除害也。其对于收回国有之问题，将心悦诚服之不暇，而尚能蓄意反抗耶。不此之务，而徒将压力以为防川之计画。偾事诸人，胥得逍遥法外，他日收回之事既定，但乞得权贵人一言嘘植，仍可调入路局，坐食厚薪，私人一家之生计，毫发无所亏损，而此数百万商民绞脑沥血之母财，则长此终古，无丝粟回复之希望矣。事之不平，孰有甚于此者，而庸觊反动力之不缘以起耶。“此宜无罪，女反收之；彼宜有罪，女覆说之”。诵《瞻卬》之诗，吾其如市贾三倍之君子何哉。

《时报》宣统三年五月八日（1911 年 6 月 4 日）

浏阳乱事之结束

湖南浏阳掠米之乱，得长沙来函云：浏阳一县素为匪徒所窟宅，常至滋事，已非一日。近因官场鉴于去岁闹米风潮，不知由于遏粜为乱媒，转又议及禁米出口，屯户恐受禁贱之害，乘机涌运出境，于是米价顿昂。四月十八日，浏阳县城忽有痞徒借口米贵，聚众求官粜减价，拥闹县署，捣毁城内外警察站岗所及刘绅昆山家、余广兴、万斯各米店，其势甚炽。县令朱国华、中路巡防队官蒋寿廷会同各团绅劝谕，仍盘据不散。乃具禀省中各宪，请示办法，并请兵往镇浏阳痞匪。为首掠劫有黄三、黄二者，经朱令国华、巡防队官蒋寿廷当场拿获，立予正法，余党即窜散。现人心安定，街市贸易如常，乱事即平弭矣。可见实以禁米为厉也。

《时报》宣统三年五月十五日（1911 年 6 月 11 日）

湘人反对铁路国有专电

铁路国有之旨出，湘人愤懑，决计与政府反抗，若不能如愿，定行全省罢市，学堂停课，工艺辍业，不完课税，誓死不从。虽大吏严禁，若辈仍开会演说，势甚汹汹，城垣匿名揭帖，到处皆是。寓居长沙之外国妇女小孩，一律出境，或潜入领事公馆，以避意外。瑞制军严谕已到，民始稍安。（十八日未刻长沙专电）

《时报》宣统三年五月十九日（1911 年 6 月 15 日）

湘省争路之大风潮

自干路国有之旨下，有谓宜仍争归商办者，有谓万不能争回者，有谓虽不争全路，必争作官商合办者，有谓虽允合办亦无人敢合者。谘议局、教育会、商会、自治会、湘路协赞会，皆有专折，呈请代奏，湘抚皆允奏。惟谘议局一折，已奉谕旨申饬，其余皆以语太激烈，未及代奏，仅允录送内阁，亦未知肯送否。湘人见谘议局被谕旨申饬，愈益愤激，该局议员有多数辞职者，以致不能开会。继而各学堂亦相率罢课，昨日（十二）已停数十校，惟优级师范及公立法政学堂未停，今日亦均停止。官场中□此情形，恐酿事端，谕令各监督召集上课，因今年改办通学，各学生均在外寄宿，无由召集。行政官防备甚周，每日巡防队、警察队及加募之侦探队，沿街穿巷，四处巡逻，前往后继，昼夜不停，手擎枪械，如防匪寇，街市行人，皆不敢偶语。又出示禁止开会，取缔印刷店，凡有广告等事，皆须经巡警道派人核阅，方准付印。又取缔信行邮局，凡有外来信札送学界、军界者，皆需检阅。又请各学堂监督检查学生信札。此次学堂停课，皆用学堂真笔板油印纸发行，暗中通传，竟至同时罢课。其传单痛骂盛宣怀，有不与俱生之概。吁！人心如此，盛氏能不惊心哉！

谘议局议员既以不得争路辞职，其未辞者大受唾骂，谓既不肯辞职，又不能争路，何颜复立于议会。于是不辞者不能不争，又不能独争，乃合词挽留去者，仍请来局同争。无奈去者自去，存者愈危，尚未知如何结局也。

谭议长先已晋京赴联合会，屡次回电，不必派代表来京，以致公举代表数人，借口推辞，迄无肯出发者。近日谭来信，又谓本局须立争，不可以辞职卸责。于是在局者以此为留行之口实。其挽留书有云：昨接谭议长电云，辞职不如力争求解散办法似妥。应请台从于十三日来局发表高见，以便进行云云。余俟续采。

《时报》宣统三年五月十九日（1911年6月15日）

湘省争路之大风潮再志

协赞会者于三月始成立，在会者五百余人，公举会长李达璋，副会长粟戡时、周广询；又举干事四十人。李为商会坐办，为大股东；粟为去年湘路代表，在京断指者；周为今年代表，被同人牵制，又被议长电阻，尚未出发者。该会初立，尚无势力，然议会、教育会、商会、自治会之热心路事者，皆聚于此，亦诚足以代表舆论，倾动一时。初时，每日有定时开干事会，因来人甚众，往往不约而合，聚集满堂，喧聒不能发言。官场亦忌其开会，随不复开大会，惟随时开小会，细商办法。昨十二日又开一会，其启单附录于后。此会结果，以多派说士同往谘议局，催保力争，又往铁路公司迫开股东会云云。其传单云：

敬启者：铁路国有，前蒙杨抚代奏，此次上谕压制，非常猛烈，议员因此而辞职，学堂因此而罢课。本会员有责任，不能坐视，特于本月十二日午前九时起【至】十二时，开各团体及各学校职员会于太平街贾公祠，妥筹善后办法。务望临时降驾。湘路协赞会公启。

《时报》宣统三年五月二十日（1911年6月16日）

湘省争路之大风潮三志

议员辞职之原因　湘议员辞职者，先已去三人，一曾熙，一曾继辉，一粟戡时；近日去者十四人，黄瑛、丁鸣盛、陈晋鑫、李恒泽、左学谦、宋增馨、周翼崧、周广询、刘佐璇、刘忠训、童光业、罗士杰、彭施涤、萧理祥。其原因虽不一，要皆以争路为重。初奉收归国有之命，有谓宜激烈竞争者，有谓宜用和平竞争者。既而主和平者居多数，遂以和平之文呈请代奏，及奉旨申饬，议员主激烈者催议长加电再争。正议长已往京师，副议长陈炳焕、周名建皆立和平，不允加电，前迫而辞职。及各界团体责备议员，议员无词以对，乃公缄挽留辞职各员，允以再争。辞职各员本以不得争路而去，今闻又允争路，遂稍稍回局，大有再接再厉之概，总以争回商办为目的。纵不能全路争回，亦欲争回半路，官商合办而止。若合办亦不得，则以全体解散为最后之办法云。

各界愤激情形　湘路国有问题，为全湖各界所同争。初则各以呈文呈请抚台代奏，杨抚和平接得，概允代奏。及代奏实行，止有谘议局一折，余均未见明文，遂以为未奏已不服矣。及谘议局奉旨申饬，各界愈为不平，遂有议员辞职、学堂罢课之事。又闻商界亦欲罢市，但以各行尚未齐心，故暂未罢，最后如仍无转机，则恐迫而罢市矣。各工匠亦皆会议对付之策，其详尚待再探。最奇者，各码头、箩行、轿行亦均会议对付，如有洋人来湘干预路事，即野蛮对付云。各股东纷纷奔走催开大会，官场中最忌开会，尤忌此股东之会，极力遏止，属公司中人切勿召集股东。股东闻之愈益不平，均自行组织会议，愈聚愈众，秘谋拒款方法。此际尚未发表，不知其详。

又有一事，甚为激动人心，则宣布债权国上谕也。此谕出于某人自日本归来揭出，外人对付中国真象，作为此文，广为传布，以人心益怀不平。其宣布之文暂阙。

湘路公司弊端百出，已见前报，不待赘述。只以欲入股者观望，路工迟钝，致集股无多，仍蹈借款覆辙。热心路事者，久已催促进行，公司不理。余总办肇康又袒护私人，不肯认错。以故弊端日多，屡经发觉，皆不肯整顿，众情恶恨已极。此次收回国有，皆该公司办事不力所致，群向公司诘问，有迫令退股者，有挟制不准交递者，有仍欲占路不愿退股者，有迫令自己辞退公举接办以抗邮部者，纷纷扰扰，应接不暇。余肇康旁皇无措，惟盼祷督办大员早来，冀得推卸责任；官场中人亦盼早来，冀得营谋差事，共沾利益；已将东茅巷自治筹办处大公馆腾出，拱候钦使之至也。湘人见之则皆为伤心惨目之事，以故益激忿怒云。

学界停课之传单广告多不胜录，虽经官场极力防遏，警察密为干涉，然仍不能绝。今检得五纸，印刷者四，书写者一，亦可见人心之皆同矣。特将原纸附录，以见人情云。

学堂传单一　敬启者：粤汉铁路以盛贼断送外人，谘议局呈请杨抚代奏，尚复欺蒙君上，一味专横，而先朝庶政公诸舆论、湘路永归商办之旨，悉置不顾，实属罪大恶极。现在谘议局纷纷辞职，以谢我父老兄弟，同学等以路亡国危，学亦无益，不如全体即行解散，以为谘议局后援，是所至祷。湘南全体学生公启。

按：此系用笔写者。

学堂传单二　顷接教育会公启，命各学堂一律开课。倘有意见，可于三日内由办事人汇送该会，以备采择等因。似此办法，殊属迂阔，而一味敷衍。且昨日热风尚未波及全体，大抵由于管理之擅闭信件，同学无由得知。嗣因热血同胞，多方鼓吹，始有动机，若不坚执，奚足收效。况教育会权利甚微，何能擅此重任，盖亦欲效杨文鼎之故伎耳。鄙意以为教育会欲为调停，只可作最后之办法。倘即照常上课，则是吾辈无坚忍性、无团结力，不特为各界所訾笑，抑且为政府所窥破，将来任来何等之压制，我辈必不能反抗，我辈任有何等之要求，必不能许可。中国前途，何堪设想。望我同学诸君，皆于今日一律继续停课，力行勿懈，万勿以我为学界之一小部分，而不作中国前途想也。十二日湖南全体学生开启。

学堂传单三　此次各学校停课，筹办抵制借款策略，本□□□等为原动力，黄提学洞知，讵□恐祸及身，忽于昨日下午七时，在教育会开会，主张照常上课，出尔反尔，殊无人格。然我辈停课，志在争路，路不回不止，万不可视□□□等为转移，见笑外人。城内各校今日仍一律停课，想贵校诸君子亦表同情。十二日湘省学界公启。

学堂传单四　本科因湘路现已停课，请同学诸君限于明日下午三时来堂研究一切，特此布知。五月十二银行科代表报告。

学堂传单五　路亡国亡，学亦无益。既经停课，万不可稍懈，致受官府之压制。众志成城，甚望诸君勖之。全省学生公启。

以上四纸，用真笔版印者。

纷纷解散救危亡，铁石心肠亦感伤；
如何两校官绅辈，不及周南女学堂！
法官薪水误迂儒，愧煞须眉小丈夫；
若是他年为政党，依然卖国不容诛。

右外人送贴，绅校学员见此，尽行停课。

《时报》宣统三年五月二十一日（1911年6月17日）

湘省争回干路风潮

各学堂之停课　省城各学堂学生于日前遍发传单，通告全省学界，无论何项学堂，定期本月十四日起一律全班停课。当经杨抚出示，严行禁止，并由黄伯雨提学派员先期劝导，勒令一律照常上课。是日并无一人上堂授课，即有一二上课者，各学生均摇铃喝令停止。各监督只得以教员缺席为题，报告抚院。杨抚以此等要挟万不可长，已电告政府，谓各学生如仍敢抗违明谕，停课要挟，应请勒令全体解散，以示惩儆等语。大约日内即当明奉上谕矣。

谘议局之解散　省城谘议局各议员左绅学谦等三十余人，因路事争回无效，现已决议全体辞职，所有本年预算各案，至今未能议决。因此次临时会议本拟续请延长期限，继因各议员纷纷辞职，致不能再展会期。即常驻议员现正将经手事件清理一切，以便续请交卸云。

商界之罢市　省城各商界前数日有倡议以全体罢市力争干路者，当经遍发传单，无论何项贸易，一律停止。兹以各学堂已经停课，各商界有定于本月十五日起一律罢市之议。各家均暂开半板，并议定如果三日内尚无复电到湘，即行全体将半板一律闭歇。刻经长沙府戚守乾卿及长、善两县亲往劝慰，嘱令不必罢市，杨抚允为代奏，准即并愿以一官之去就，为之力争；否则即当严拿首要，从重惩办云云。未识各商能仰体宪意否也。

学生之开会　本月十四日，长沙府中学堂各班学生共计一百七十余人，在省城隍庙大开会议。杨抚闻信，立饬中路巡防队统领吴道曜金拨兵一哨，前往勒令解散。讵该兵勇等竟敢公然放枪，各学生亦纷纷暴动，顷刻之间，人声鼎沸，聚众至数千人。后经警道、学司、长沙府、长善两县及各界员绅等驰往弹压，再三劝解，始各解散，否则不堪设想矣。

杨抚之示谕　杨抚因学生停课事，连夜赶印告示，遍发各学堂。其文曰：为再行严切示禁事。照得干路改归国有，累次钦奉谕旨，所有因路抽收之款，一概停止。朝廷体恤民艰，至优极渥，凡属商民，同声感激。本抚院谆谆劝戒，并邀请正绅切实开导，明达士绅均无异言，听候督办大臣来湘会商办法。乃近日忽又有私送传单，逼令学生停课之事，实堪诧异。须知借款造路，国家实有万不得已之苦衷。然京汉铁路即须借款修造，近日备款收回，毫无阻碍。即津浦铁路亦系借款，工程迅速，于地方亦甚相安，有何嫌疑，辄生畏忌。况湘省原有赎路修路之款，谕旨屡次宣示，不使稍有亏损，将来查明确数，必妥筹拨还。湘省得此大宗，可以择造枝路，广兴实业，于民间生计实属有益，何不深思，贸然抗抵。

查学生不准干预政治，久有定章，□尔青年亟应遵守，何得听信谰言，借端废学，自甘暴弃。已饬提学使严申儆戒，传知各堂监督约束诸生，照常上课。如再不遵，即行照章惩处。至此次散布传单，必有暗中主使之人，意在扰乱煽惑，妨害大局，居心殊为叵测。本抚院有保护地方责任，岂能置之不问？迭次谕旨何等森严，此等不逞之徒必应遵旨按名访拿，尽法惩治，以静地方。除饬各地方官及派出警队军队认真严密查拿外，合再出示严禁。为此示仰军民人等，一体懔遵。其各安分营生，切勿以身试法，致遗后悔。切切。特示。

鄂舰之来湘　杨抚以路事风潮日剧，诚恐乱民乘间暴动，为害不可胜言，特于日前电达鄂督，请速拨派重兵来湘，会同防堵。兹已由瑞督饬派鄂舰楚省兵轮一艘来湘驻扎，现泊小西门，专以保护洋商为目的。并闻已派定鄂省陆军两标即日来长，听候分别调遣云。

《时报》宣统三年五月二十三日（1911 年 6 月 19 日）

湘省争回干路风潮

湘省因争回干路事，连日以来，传单四布，到处皆是。杨抚闻信，即传巡警道桂龄到院，嘱令转饬各段巡警，严密访拿为首倡议之人，务获从重惩办，惟不准当场扭拿布送传单之人。因湘省民风极悍，去岁三月之乱，亦因当场拿人，痞徒乘机一哄而起，致成不可收拾之暴动。此次风潮酝酿已久，必有痞匪暗中煽惑，希图一逞。故外面极宜镇静，断不可以激烈从事。杨抚又饬警道，无论何项传单，均须不动声色，先觅一张，火速呈送到院，以凭察核词意，为将来拿人定案之张本云云。

前次倡议罢市之传单，杨抚即责成商会总理龙璋，谓有人主张罢市者，即由该总理即时举发，照匪徒例就地正法，否则即惟该总理是问云云。并察核此次传单，多系油印，显系由学堂中印出（前次传单，系属铅字排印，后经长、善两县谕令各刷印局，不准代印此项传单，故改用油印）。当即传知学司，转饬首府两县，悬立赏格，有能知刷布此项传单之人指名告发者，每指一人，赏钱十千文；能拿获到案者，每拿获一人，赏钱一百千文，俟讯明口供，即行照发。并准无论何人，有能知发起此传单之人不愿挺身告发者，准其用匿名邮信指名呈控，以凭拿办云云。亦可谓吹毛求疵、无味之举矣。

省城风潮日剧，无知之徒相传为铁路已卖归洋人，因是情形汹汹，颇有迁怒洋人之势。杨抚恐匪党从中煽惑，则去岁三月之乱，又将再见于今日，当即严札巡警道桂龄、中路巡防队统领候补吴道曜金，饬令转饬各巡警弁勇，认真严密稽查，并令添派军队警队，不分昼夜，轮流梭巡。革靴之声，彻夜不绝。又饬各派干勇分驻教堂各处，以资保护。至城厢内外各客栈旅馆，无日不有人调查，虽夜亦必数次，致旅客为之不安。是诚可谓草木皆兵矣。

湘谘议局日前电达督办粤汉、川汉铁路大臣端午帅，要求设法维持；并力陈湘路股款，多系商民血赀，有倾家投入以冀将来之利益者，一旦提归国有，合省惶恐万状。虽经明奉谕旨，不使丝毫亏损，究系含糊笼统，不知何日方能到手。请明定办法，宣示期限，以安人心等情。旋杨抚接准复电，内开：长沙杨抚台鉴，顷接湘谘议局佳电，眷念殷拳，至为感悚。鄙人昔年抚湘，今又督路，于湘关系至切，诚如来电所云，前次沁电，力能益湘，断不诿谢云云。即鄙人奉命办路以来，所持之宗旨，至四省商办公司收回办法，应俟遵旨，四面会商，奏明办理。恭绎初三日谕旨，已收之款不使丝毫亏损等语，将来筹议收回之法，总不外上遵朝旨，下体民艰，湘中士绅当所共喻。至鄙人遇有必当维持之处，于情于理，均所应尽，请代转致为荷。云。真。等因。然湘中商民，其势汹汹，必欲退还现款方无异议，现已合词电恳午帅，预备现款来湘，以便退还股本，未谂午帅如何复答也。

京官大理寺少卿王世琪，本湘省宁乡县人，此次因争路风潮，湘人多不直王，谓为献媚取巧，贻害湘路。于是旅省宁乡县各学生复大发传单，不认为宁乡人。好事者复为提倡挖掘王之祖墓，事已为王所闻，密电湘抚请为保护。杨抚当即转行宁乡县遵照办理，想当不致算有他变矣。

省城官、民立各学堂学生，与湘籍留东学生，及旅居东三省、京师等处绅学各界湘人，函电纷驰，异常复杂。杨抚恐有革党借端挑衅，暗通消息，当即饬令学司黄以霖遴派学务公所各科员，逐日分赴各学堂，搜查学生往来函电。凡学生函件，无论有无关系，均须先送本堂监督、堂长及职教各员等，先行拆阅，其无关紧要者，方准转交，否则即行扣留，不得转递。一面并函商省城电报局，凡暗码电报，暂请停止递送；其明码而关于学生反抗路事者，无论往来，均一律暂停，不得代传代送，以免别滋事端云云。

《时报》宣统三年五月二十四日（1911年6月20日）

湘南争回干路风潮

近日争路风潮，省城稍息，而各府州县又复闻风相继并起，均以罢市停课或抗不纳租等词，耸动全体，传单四出，谣言蜂起，一与省城无异。地方官辄以恐匪徒乘机煽惑为词，纷纷电禀，请速拨兵弹压。连日以来，省城新军及中路巡防水师各队，东驰西抹，有若奕棋。大吏并密电各属，凡关于学生函电，均须严密稽查，先行拆阅，不得径行转达，以防匪类煽惑云云。可知官吏之对待人民，无在不以匪党目之也。

日前因学堂复行停课，湘路公司经理余肇康、商会总理龙璋等，谒见抚院，要求设法维持。杨抚大为不悦，谓余等曰：路事与我何干，我与湘人素无雠隙，岂我必欲使湘路改归国有而后快耶？现既不能挽回，非我之过。乃湘人辄借此要挟，动曰停课罢市，是有意与我为难也。今与公等约，嗣后再有此等举动，惟有以革命党三字对付，幸即早日转相告诫，万勿以身试法，否则虽明知其冤，我亦不能顾也。言讫即请茶送客，余等不能答，唯唯而退。

路事暗潮日剧，官吏之恶感日甚一日，早已包藏祸心，预伏以匪党对付主义。故日来借匪党煽惑为名，杨抚另行委派侦探二十名，奔赴城厢内外，严密稽查有无开会演讲情事，即娼寮妓院、茶楼酒市等处，靡不各有密查，暗中侦探。故近日以来，凡以身家为重者，均绝口不谈路事，以免无端被祸云。

此间官绅，因路事起，大生意见，凡事皆暗中掣肘，格格不入。此次谘议局举行临时会，原为审查本年地方行政经费预算起见，继因路事吃紧，该局即电达各省及旅京同乡京官，有学堂停课、商界罢市之语。抚藩学警道等闻之，大为不悦，立即函致该局，勒令更正；一面电告政府，声请纠正。盖罢市罢课，均于彼等考成有碍，故绝对不赞成也。杨抚并责该局擅行电达并不呈稿之罪。各议员大愤，是以纷纷辞职。杨抚亦不慰留，听其解散，因路事大反对者，惟谘议局，此时议员既相率辞职，则反抗路事之力更薄弱矣。此亦消灭风潮之一法也。至财政预算各问题，至今并不成立，各议员已经辞职，无可决议，遂亦延搁置诸脑后矣。

杨抚近奉邮传部来电，以干路改归国有，所有前此湘路公司已收之各项零整股款，共有若干，饬即逐一清查，先行电部，以凭查核等因。当即札委候补道王铭忠会同公司总理余肇康督率员绅，次第清查，以便报部。无如各股款内有多数系由各府州县代招，均未换给股票，一时无从查悉，未便悬拟。现已通电各属，饬即先行查报；一面即行赶速添给股票，以免日后轇轕。其长沙、善化、湘潭三县，距省较近者，仍由总公司换给股票。余均由各府州县原经手人处理。

《时报》宣统三年五月二十八日（1911 年 6 月 24 日）

湘省之天灾民乱

湘省自四月迄今，雨多晴少，河江水势每日暴涨数尺。近日阴雨更甚，竟日不止，天气奇冷异常，端节以后尚著棉衣，为从来所未有。各乡禾苗不仅不能滋长，且因是腐烂生蛆，势将不可救药。倘再阴雨不止，其势非复行栽种，决无生理。农民见此情形，仰天大哭，纷纷持苗入城，要求减租。长、善两县近已会衔示谕，虔求晴霁，禁止屠宰，然恐亦无济于事也。

长沙县河西乡尊阳明道，五福乡团素称膏腴之地，近因雨多天冷，禾多腐烂，一般富室及屯户等相率闭门不粜，屯贱居奇，致数日之间，谷价飞涨。乡民大愤，遂聚集多人，挨户吃食排饭，顷刻之间，聚众至五千余人，沿途喊叫，其情形一与去春无异。该都团等飞报到省，已由该县请拨兵勇，驰往弹压，不识能及时解散否也。

杨抚近接常德府刘守华电禀称：该府自十五、十六两日，大雨如注，昼夜不息，以致河水陡涨，上下两南门均已封闭，御水板已筑至八九块，其低洼各处如德山一带，已成泽国，沿河居民田园屋宇及男女老少人口，被水冲没无算。现杨抚已饬妥为防护，一面即派员前往勘灾，筹办善后。有谓常德府城地势极低，倘再水涨三尺，则全城覆没。前岁水灾之患，又将复见于今日矣。奈何！

连日又接岳州、澧州、华容、南洲各厅州县电禀，均以天雨不止，水势大涨，沿岸居民被灾极重，请分别赈抚等情。且恐匪徒乘机煽乱，纷纷以拨兵拨款为请。杨抚大为窘迫，焦灼万状，常谓司道曰：我无御灾捍患之才，与其将来干不下去，不如先行退避为妙。大约不日即当接续请假，奏请开缺矣。又洞庭湖西一带各府州县，均全恃湖田，以济西南六七府之民食，现在大小麦、黄豆等，因雨水过多，收成已不及十成之五。此次初稻将实，又被大水冲溃，十去其六，将来之结果可想而知矣。

又湘阴、益阳、宁乡等县，因十七、十八两日大雨不止，水势陡涨一丈余深，现在均已上岸，沿河屋宇冲塌无数，人民淹毙者甚众，河街铺户均已闭门登楼，停止贸易。现该县等已禀报到省，不识如何办理也。

辰州府知府景守方昶，日昨因公晋省，叩谒抚院，系因该府各属县地处边隅，山箐林密，会匪极多，历任府县从未彻底追究，致养痈成患，势将不可收拾。现在各处匪势均四处揭竿，无从扑灭。该府兵力薄弱，请速拨派重兵，以便大举清乡云云。不识杨抚如何办法也。

《时报》宣统三年六月一日（1911 年 6 月 26 日）

江华罢市风潮

江华县炼锡公司利民、阜康、裕国、富湘等家，前因抽收井税委员通判颜镡、警务局长唐士麟谋将该公司已经完税之锡，共计九十九饼，重四千二百六十七斤十两，约值银二千余两，借口缉私，尽数强掳入局，希图吞没。当经该公司等电禀到省，杨抚已札行衡永道委员查办。不知若何，忽于日前遍发传单，大动公愤，全县一律闭市。其始末情形，因颜镡前任江蓝厅（即江华县接境），婪贪殃民，被控累累，曾经二次撤任；此次事起，电禀大吏，而各大吏不曰一面之词，即曰确保无别情；即查办委员，又复为颜洗刷，故商界大愤，必欲杨抚严参颜、唐二人，方肯了结，否则唯有以野蛮举动对付。近日该县商人并聚集多人，搜索颜、唐二人，大有欲得甘心之势。现颜等已远飏，不知下落，不知将来如何发落也。

《时报》宣统三年六月十八日（1911年7月13日）

谕湘路赶紧开工*

七月十七日内阁抄奉上谕：湖南京官署大理院少卿王世琪等奏，声明湘路股款情形一折。据称国家特因各省股本不敷造路，故筹巨款以期速成。既准商民一律附股，并无排除民股之心，已为中外所共见。惟湖南商股不过百五十万，恳将房股租股皆准作为私股，路用盐斤加价、赈粜米捐之款，皆准作为地方公股，款皆实银，请一律给与分红分息股票。以后商民继续附股并请照收，以免向隅等语。所陈各节，核与五月二十一日谕旨，各省所抽所招之公司股票尽数验明收回，由部特出国家铁路股票按股分利办法，尚属相符。朝廷筹款收路只在速成，并非排除民股。湘省绅商已能仰体所拟各节，尤见爱国之诚，自应准如所请。即由该部将其公司股票尽数验明，换给国路股票，其赈粜捐款、盐斤加价两项既归路用，亦准作为地方公股，俾得一律分红分息，藉充本省备荒及地方公共实业之用，责成公正绅士会同经理官为督察。自经此次颁谕之后，该公司即应遵照迅速交收。著邮传部会同督办铁路大臣即日派员接管，赶紧开工，克期告成，以重交通要政。钦此。监国摄政王钤章。奕劻、那桐、徐世昌。

《时报》宣统三年七月十九日（1911年9月11日）

湖南太平墟捣毁官盐局

湖南耒阳县属之太平墟曾被痞徒捣毁盐局，抢夺钱物。兹探得确切情形如左：

该处本系淮盐引地，光绪二十九年因粤氛未靖，淮运梗阻，居民借食各盐相沿已久，淮岸几废，淮税亦因已减色。前年岑抚拟开办官运，以规复淮引。嗣因淮盐低潮，行销不通，乃改为商运，官局抽收厘金，藉抵淮税。该处自设局抽税以来，商人贩户多不满意，年湮日久，集怨甚深，早已成为怨府。此该局被毁之第一原因也。

自铜币行用，无论漕粮关税毫无折色。该局司巡收铜元所有湘字者，每枚作钱八文；其无湘字者，每枚只作钱七文；小洋一角时价如作钱一百一十文，该局只肯作钱八九十文。以此抑勒留难，商人焉得而不痛恨。此该局被毁之第二原因也。

自铁路国有，各项路捐一律停收，经杨抚札饬各局并颁发誊黄示谕，该局于六月初七日奉到，当即专勇分送各卡，一律遵办。因各卡路途远近不一，统限于初十日停收。该处商贩因平日积怨已深，或因误会，或系怀疑，谓五月中已誊黄遍贴，商民莫不歌颂，岂该卡所闻反较小民独后，如出示在初八而标期在初十。遂众论沸腾，群欲与该局为难。经团绅极力开导，始行解散。然其猜疑之心终莫能释。此该局被毁之第三原因也。

闰月底系该处赶墟之期。是日赶墟之人往来络绎，商贩中重提此事，坚称该局隐匿誊黄，浮收路捐，互相传说，愈传愈大。有向该局询问者，彼此言语冲突，悻悻而去。于是赶墟之人咸抱不平，蜂拥到局，先毁旗竿，复将局中器具捣毁，并将税钱二十大串及司巡衣服、钱物乘机夺去。此地距耒阳县仅二十里，毕令闻信驰往弹压，并查勘情形，当拿获二人，连日研讯，尚无确实口供云。

《时报》宣统三年八月十三日（1911年10月4日）

江　西

江西洋务局详议进贤县条陈责成绅耆保教章程禀

为核议详请交遵事。案准藩司移奉抚宪李批：进贤县陈庆毅禀，遵饬谨就管见所及议拟八条，内论教案两条缘由，奉批。内开：论教案两条，本部院前饬各属设立教务公所，即欲责成绅耆调和民教，有事易于约束，设法排解。该县所请责成保护得力给奖，前据各属禀办教务公所事宜，亦有议及者，应由司录出，移会洋务局归并教务公所案内妥议章程，详明饬遵。又参用西律一节，亦不为无见，而事关制度，未便遽定。此全在各州县遇有民教事件，秉公平断结。果能合于情法之平，无论中律西律，未尝不可厘然当于人心。苟其曲意偏袒，或抑教而庇民，或屈民以向教，虽定西律仍无济耳等因。批司移局。奉此，查抄折内开办理交涉审断教案，宜参用西律一条，既奉抚宪明晰批示，无庸再议。至保护教堂、教士、教民，宜责成其绅耆人等一条，据称保护教堂、教士、教民，向无责成其绅耆人等，安分者袖手旁观，好事者有心容纵，又复狃于官赔巨款，并不累及绅民，故毁堂仇教之案层见迭出。查上年各案，实由绅耆人等见理未明，轻信谣言，并未认真保护所致。拟请通饬各州县予先访查绅耆人等姓名，一律给谕保护，以免推诿。如有刁民意图滋事，一经该绅耆等风闻，迅即面禀州县，以凭飞拿究办。并拟请明定章程，出示晓谕，凡有毁堂仇教之案，先勒命该绅耆等交犯，分别派令赔偿，责令绅耆清缴。如查有邻县绅民在场滋事者，一律严办派赔，俾知各有身家之累。庶几无事之日，互相劝诫；有事之时，合力解散。倘不肖州县假公济私，意图科派，即行从严参追，以防流弊。至该绅耆等果能认真保护，迨二年之久，民教相安无事，拟请由州县查明最为得力之人详请优奖。其次拟由州县送给匾额，奖给银两，以示鼓励，下届期满亦准照办。再，此条派赔一层虽似苛刻地方，而实非好为苛刻。火烈民畏，蹈火者鲜。果能教堂无恙，即地方无恙；教士教民无恙，即平民无恙；保教即所以保民，并无他意等语。核阅所语，尚属切实。拟请通饬各属，查各都图乡村绅耆人等姓名，造具花名清册，由县酌给谕单，责成将族中子弟严加约束，毋任滋事妄为。境内如有教堂教士，务必随时认真保护。倘有刁徒地棍藉端滋闹，能解散者，立即妥为解散，如其违抗不服，即飞速禀官拿办，以杜衅端。若民教有因钱债田土等事争论，亦须排解处息，免致结讼成仇，别酿祸患。但凡事总宜公正，不可稍有偏袒。设有争端，尤须赶速预防，毋稍怠忽。若保护不力，致有毁堂仇教之案，查明系某都某图某村之人滋事，即由某都某图某村之绅耆交犯归案；应议赔款者并将该绅耆临时酌惩，以为约束不严之戒。如有邻县绅民在场滋事，一律照办。该绅耆等果能办事得力，自应酌予奖励。拟请酌以三年为率，三年之内，如果民教相安毫无事故，准即查明最为得力之人，自给谕保护之日起扣满年限，详请酌给外奖，或由各州县送给匾额，以示鼓励，藉资观感。是否有当云云。

抚台李批：据详已悉。所议保教章程，尚属周妥。惟遇事责令绅耆赔偿一节，似觉稍苛。盖乡间良善绅耆畏事者多，若立法过严，即人皆避之，转恐从有其名，仍无实际。不如将此层删去，改为临时酌惩似较活动，且亦不必遍张晓谕，使彼将来有所藉口也。仰再悉心酌核，通饬遵办具报，并候督部堂批示。

此缴。

《中外日报》光绪二十八年二月四日（1902年3月13日）

江西洋务局详复湖口县禀平日与教士开诚布公每逢词讼不论民教随准结由

为核议详复事。案奉抚宪批：湖口县知县倪廷庆禀，遵饬造关教民清册，先将讯断案件，杜绝临讼投教缘由，恳乞察核由。奉批：所论教案办法，深得要领。苟能平日开诚布公，遇事衡情准理，随准随结，使民教咸知畏服，则争心自息，其临讼投教之习，必能渐绝，是在贤有司之尽心民事耳。禀甚为嘉，尚应否通饬各属一体加意察理，仰洋务局核议详奏，并转饬知照。此缴。禀抄发。等因。奉此，查前据署莲花厅同知恩彦禀，另陈管见，以杜临讼投教之弊等情。奉抚批，饬局会同臬司核议，当以民间临讼投教之风，诚恐不免，该厅请于给发保甲门牌之时，暗中志记何户何人何时习何洋教，随时报案，俾地方官先知底蕴等语。当奉抚批：能于保甲之中，寓以钳制之法，亦属釜底抽薪之道等因。即经由司局会议，拟责成保甲委员及教务公所绅董，督率地保于发给门牌时，留心查察，如某人向习何事，是否载在正册，抑系另户于何年月日习何洋教，系何教士所收，入教后是否仍执原业，随时报县查明。如某人素非善类，或系临讼入教，或冒充教民，均与教士妥商，随时革逐出教，勿稍姑容。即由各州县自奉文之日起，定限两个月，查明造册禀报洋务局，查考以后再按月造册，分别新旧入教，或有开除，列为四柱，具报洋务局一次，以备随时稽查。倘有含混讹错，致办理教案名姓不符者，即由局详请儆惩。但恐一邑之中幅员辽阔，地方官耳目难遇，仍须联络各公正绅耆，藉资助理，其于本地情形较为熟悉，访查较易，遗漏无虞，清教务兼以戢匪徒，洵为两得。详奉抚宪批示：

如详办理，饬即转饬遵办在案。今据湖口县禀：稽教民之事，必须牧令与得力保甲委员亲历遍查，方无流弊。至于乡间绅士地保，解事者少。若令于领换门牌暗中志记，不但徒然虚文，且恐稍涉张扬，别生枝节。今查抄详内恩丞以为如此办理，可以杜临讼入教之弊，自系未能透悉教务之源。思今日刁民临讼投教，大率抹其原控情节，辄架以阻教大题，或称被殴或称被抢，改头换面，一派虚词。教士务广招徕，无不立时函托，必翻原案始休。地方有司，即明知为临讼入教，亦安得而禁之。且有未曾入教，仅止赴堂听讲数次，教士即以教友相呼。而听教之人，亦遂昂然自大，偶与平民口角微嫌，即向教堂捏诉。该教士亦无不多方袒护，以期必胜。我虽据理而争，彼终牢不可破等语。查本局等前详，本有责成保甲委员督率地保留心查察，非备委诸绅士地保。又该县称釜底抽薪之法，莫若由地方官于各教士开诚布公，与之相接，每逢词讼案件，不论民教，随准随结。其有刁民图诈与夫情虚畏究等案，料其必将投诉教堂，即先详述案情函教士，如有此等之人赴堂捏诉，请其从严申斥，以免败坏教规等语。本局复查现在各属教堂日见其多，民教词讼，自必较昔渐增。如地方官尽心民事，一涉讼庭即为衡情准理，持平速结，则民教咸知畏服，争心自息。平时尤当与各教士推诚相与，虽款曲而不可曲徇其请，当婉商而不可抗直自矜。庶于办理教案有济，而民间临讼投教之风自可杜绝。拟请再行通饬各属遵照办理，则较前次详定之案，更为周密审慎，防于未然。至前饬定限两个月查造教民清册呈送以后，按月造送一次，仍应照办，不得以空言了事，是否有当云云。抚台李批：如详办理，仰即通饬各属一体遵照，仍候督部堂批示。缴。

《中外日报》光绪二十八年二月十日（1902 年 3 月 19 日）

江西巡抚李陈明办理两教民人互斗案奏片

再，南昌县属茌港地方，向有天主、耶稣教民居住，素不相能。光绪二十七年五月十七日，天主教民玉连之子文芝生因于耶稣教民钟全生、钟六喜等木排过渡未给渡资，彼此口角争闹。文玉连向同教之樊聚秀告知，樊聚秀起意纠众寻殴，于十七、十九两日迭向械斗，互相抢毁什物。耶稣教民万发坤、邓六生、许广府、万向福、万英泰五人均被殴伤平复。伍细存、朱和平、陈发魁、景德桢四人均于受伤后溺水身死，万克皮、万髻头二人均被追溺毙。时有高安县耶稣教民陈海修挑水经过，水桶撞及天主教民傅丙发即傅髼头左髀，口角争论，亦被傅丙发用尖刀戳伤毙命。先经由省访闻，派委管带刚字右营副将蒋必望会县督勇，驰往弹压，两造均各逃散。当以代理南昌县事即用知县陈瑞鼎不能防范，饬即撤任，摘顶留缉。复加派试用道丁乃扬随带委员往督营县勒缉查办，一面电请军机大臣代奏有案。旋据先后拿获天主教民樊聚秀、钟文生、万成章、樊乌子即三乌子、万福章、葛洪泰、邓贵和、曾正兴，及耶稣教民伍廷栋、万盛和、朱坤明，暨起衅之钟六喜、文芝生等，各发交署南昌府知府查。恩绥督同委员逐一研审，照律定罪，详由洋务抚司道会同臬司核转到臣。当即会同督臣刘坤一研讯供词，拟议罪名，详晰咨会外务部，并照会法美两国驻沪总领事去后。旋复派委试用道丁乃扬赴沪查办事件，会晤两国总领事议及此案。法总领事以教民互斗，应听中国按律惩办，惟若定以斩罪，未免过重，再三恳求贷其一死。丁乃扬会商江海关道袁树勋，与该总领事反复辩论，固请不已，告知美总领事，则以听从中国酌办为言。臣复据情电请部示，随准外务部复电，可即通融办结，以敦睦谊等因。自应即为拟结。除傅丙发即傅髼头致伤陈海修身死起衅不同，应另行照例审勘办理，暨朱坤明一犯已在押病故外，拟请将为首起意纠众械斗之樊聚秀、钟文生二名及执持凶器带人追殴，以致被追伤溺六命之万成章、樊乌子即三乌子、万福章三名均从宽贷其一死，各予永远监禁；并将随同逞凶械斗之从犯葛洋泰、邓贵和二名各予监禁十年；其曾正兴一犯，讯止刃伤万发坤左脚平复，情节稍轻，拟予监禁三年；又耶稣教民伍廷栋，因樊聚秀纠众寻斗，心怀不甘，与万盛和并获押病故之朱坤明约人互斗，亦属不法，拟将伍廷栋酌予监禁三年，万盛和监禁二年；其起衅酿案之钟全生、钟六喜、文芝生均照不应重律，拟杖发落；又天主教士游泳，闻知教民纠人械斗，辄出洋银十元助其斗费，已据樊聚秀供明，殊非传教劝善之道，按情定罪，实与同谋无异，姑从宽照会主教领事撤换，以肃教规。在逃余犯俟缉获日另结。前代理南昌县事即用知县陈瑞鼎撤任后，随同缉犯，尚知愧奋，应请开复摘顶处分，照常差委。是否有当，谨会同南洋大臣两江总督臣刘坤一附片具陈，伏乞圣鉴训示。谨奏。

奉朱批：该部知道。钦此。

《中外日报》光绪二十八年五月四日（1902 年 6 月 9 日）

清单照录（各县摊还教案赔款清单）

庚子北方肇衅，各省乱民群起仇教。江省各县焚烧教堂劫掠教民之案，不胜枚举，虽已一律议结，惟赔款恤款为数甚巨。昨由南昌访事人觅示各县每年摊还教案赔款数目清单，亟为照录，以备调查。

南昌钱一千串，进贡钱七百五十串，又三十五千九百文，又银七百五十元。新昌钱四百八十三串。上高钱一千串。丰城银二千元。临川银一千五百元。金溪银二千元。南城银一千一百元。南丰银一千六百六十七元。新城银一百五十元。高安银二千元。

新喻银五百五十五元。鄱阳银二千七百五十元。浮梁银二千五百元。安仁银一千八百元。卢陵银一千八百元。吉水银六百三十五元。泰和银一千一百九十二元。南康银一千七百五十元。信丰银一千一百二十五元。安远银七百元。以上共钱三千二百六十六串，银二万五千九百七十四元。

《中外日报》光绪二十九年三月八日（1903 年 4 月 5 日）

江西统捐滋事详志

探得江西统捐征税过重，办法亦苛，除于各要处设立税局外，水旱道均添设查验所，零星小货如鸡蛋一枚亦须抽钱一文。于六月十五日开办后，商民咸多不服，闻较从前厘金多征不啻一二倍，故九江之瑞昌，饶州之浮梁，建昌之新城等处，均经人民聚众哄局。袁州之宜春统捐委员钱林年别驾于开办之先，未经明白晓示，遽于六月十九日开办。当日居民聚众哄卡，府县营弁闻变驰往弹压，人数愈众愈多，不可收拾。遂邀集绅士会议于城隍庙。人犹如潮，而至县官刘步元大令被石击伤，防营军械悉被抢掠焚毁，捐局劫掠一空，司巡人等亦多受伤。后于十八日复至县署哄闹，经官绅竭力排解，始渐散去。现上台先将知县刘大令撤任留缉，派李大令嘉芬接署县篆外，拟即委姜秀澜太守驰往查办。以上访稿。

《中外日报》光绪二十九年七月八日（1903 年 8 月 30 日）

临江教案志要

江西闹教一事，已纪本月初二日报。兹接江友来函，略谓此次闹教，实在临江属境起事，后仇教者愈聚愈众，势甚汹涌。地方官虽力为弹压，亦竟无可如何。郎主教闻警后，当于上月二十五日电告驻沪法总领事巨君，电请江抚夏中丞迅即发兵保护。兹将法总领事致江抚电文大致探录于后。

江西抚台夏鉴：顷准郎主教电称：贵省临江府属现有匪徒聚众闹教情事，焚掠伤人，势极猖獗，于各教士教民等颇极危险等因。合亟电请贵抚部院迅即派兵前往肇事地方，妥为弹压，竭力保护，并严饬地方官速将肇事匪徒务获重办，足纫公谊云云。以上访稿。

《中外日报》光绪二十九年十二月六日（1904年1月22日）

江西吉安教案录要

前岁吉安闹教一案，已历志报端。昨得江友来函，谓有张文兰者，本在此案首要之例，旋由江省南路顾主教（江省天主教本分三路，故每路有一主教）与地方官将此案议结时，本议将该犯从重拟办，讵嗣后不知如何，该犯竟被免脱，虽经地方官严为缉拿，迄未弋获。而彼时顾主教因此案业已议结，不予深求，该犯始得远飏无事。近来临江府属新喻等县，又酿闹教巨案，而吉安又喧传张文兰业已潜回。事为顾主教所闻，深恐该犯一经回吉，难保不死灰复燃，再肇巨案，因即函告驻沪法总领事，电请江抚夏中丞迅饬该地方官严为防护，当经法领事准函电致抚辕。兹将来电大致探录于后。

江西抚台夏鉴：顷准贵省南路主教顾函开：近闻前吉安闹教案内拟办要犯张文兰，现已潜行回吉。所闻果确，深恐与教士教民又多为难，请为核办等因。本总领事查张文兰一名，实系前年吉安闹教案内首要，照议拟办之犯，如果回吉，势必故智复萌，别酿巨故，实于教务大有关系。合亟电请贵抚部院严饬地方官妥为防护，以安民教，足纫公谊云云。

闻抚辕于本月初十日接电后，即于翌日除飞饬该地方官妥将吉安教堂教士严密防护外，复饬将该犯务获严惩。

《中外日报》光绪二十九年十二月十八日（1904年2月3日）

续志清江鞭刚会匪仇教事

临江府鞭刚会匪仇教被拘，纠众劫狱，杀及县差，已详前报。今悉其事乃教民某甲与教民某乙通奸而起，当经私议，给钱和事。内有生事之人从中唆使，甲遂反其议，串同鞭刚会匪与乙寻仇，伤及一命。省台旋派知县黄锡光前往查办，虽经拘住会匪数名，匪首仍未就获。后黄令委署新建改派知县汪培接办其案，到临即访缉匪首，一面与教士和平商办。该天主教士某君索办凶犯外，索赔款三万金，并索土地若干方，闻亦有华人从中生事。后匪首果经访缉到案，羽党聚众汹汹，经汪委员竭力开导，免罹法网，始各散退。前月二十三日，汪委员同主教郎守信至离县城三十里某处查事，当晚即出劫狱之案。现闻新任临江府沈璘庆太守函致教士，商将在教生事华人指出惩办，一面督同营弁，严缉匪犯。现闻劫去之犯，已经陆续投到。杨观察函致当道，请将清江刘令暂缓撤任，新喻张令鼎铭恐日后有变，告病开缺。现委石令守谦接署县篆，匪犯之事不难了结，惟不知赔款之事如何商办也。以上访稿。

《中外日报》光绪二十九年十二月二十二日（1904年2月7日）

江西新昌教案三志

江西新昌教案业已两纪报端。昨又接南昌来函，谓抚辕于上月底接驻沪法总领事巨十七日所发来文，词意之间，颇归咎于去年办理临江教案者之过于懦怯，以致酿成新昌教案。兹将法领来文大致抄录于后。

为照会事。准江西主教郎函称：西历一千九百四年正月间，立约议结临江教案，至今尚未办结。匪犯蒋雅仲、傅凤远等十名应得罪名，虽已议定，然未究办一人，以致新昌县棠浦地方近复有二教民被害之事，情节甚为重大，凶犯亦迄今未获，函请核办等因。准此，本总领事查该处地方官办事懦怯，似有不愿查究之意。官既如此，则该处居民自以为官长既有仇教之心，匪胆遂因之益张，地方更因之不靖。穷其祸，必致谣言四播，匪党日多，皆将明目张胆，倡言害教，而无所忌。相应照会贵抚部院，请烦查照，严饬地方官将未了旧案，迅速照议办结，并将此次新出重案严行拿办，按律治罪，以安民教。日后如再有意外之事，恐贵抚部院亦难自诿也。望速施行云云。以上访稿。

《中外日报》光绪三十年六月十三日（1904 年 7 月 25 日）

江西新昌闹教四志

南昌专函云：瑞州府新昌县属民教素形凿枘，上月初八日，棠浦地方忽有龚姓以房产之故，号召党徒与教为难，旋竟将喻坑华式教堂拆毁，并将堂内所有器具抢掠一空。闻教中人云，该教堂房屋以及器皿共值七千余金。龚某既率众将教堂拆毁，后复连劫附近教民二十余家。闻内中一家最称巨富，约有三万余金，亦被龚党劫掠殆尽。肇事时，该党将教民胡三和刘兆椿二人肆意凶殴后，复将胡、刘掳去，闭之某姓祠堂中。当时已闻有因二人受创甚深、业已毙命之说，惟是否确凿，尚容续探。闻当时又有陈、冯二教民亦被匪党掳去，闭之祠堂中，凶殴几毙。新昌县闻警后，即派差驰赴该处弹压，并由该差等拿获匪党多名，正拟押解回城，复被龚党纠众劫去。新昌县知事不了，始飞禀上台核办。十八晚，抚辕方接新昌县令之报告，而上海法领事严厉之电文亦至。夏中丞即飞饬吉安军，迅赴肇事地方弹压，并派二委员驰往查办，相机因应。闻郎主教之意，以为此次新昌教案，固由于该县令不能实力保护弹压，亦由于去年临江教案未能照约办理所致。故此次必须将纵匪殃教、延不拿办之地方官一并问以应得之咎，并将肇事各犯尽法痛惩，并将此次被害各教民一并优加抚恤。闻抚辕于本月初又接上海法总领事来函略谓，近闻临江、瑞州两府教堂及教民身家产业均属可危，关系殊为重要，合再函请贵抚部院严饬拿办，并竭力保护云云。以上访稿。

《中外日报》光绪三十年六月十四日（1904 年 7 月 26 日）

乐平县学堂被毁记闻

近闻饶州府乐平县小学堂有被毁之事。兹悉其起事之由，实因抽收靛青捐，以助该学堂经费所致。该县产靛最旺，卖买皆用银元。地方官新定一例，谕令靛户每卖银一元，除正项厘税外，加抽钱一文半，约计每年靛价可售一百万元左右，则所抽亦成巨数。无奈该处人民，向来固执，前闻举办学堂，群情已极不悦，且咸呼之曰“洋学堂”。又误以为县学堂，乃洋人所设，嗣令加捐充费，益形仇视。竟于六月初八、九两日，聚众数千人，与官为难，旋将学堂及该处盐厘两卡，分别打毁。复又迁怒于教堂，将该处新近建造尚未落成之华式教堂砖瓦木料恣意毁坏（江西内地各州县镇市无不有教堂，而乐平教堂直至今年始行建造者，亦因该处人民素来嫉教所致）。现已报告到省。十九日，藩台悬牌将该县知县杜豫堂大令璘光先行撤任，酌委冯寄云大令用霖驰往接署篆务云。

《中外日报》光绪三十年六月二十四日（1904 年 8 月 5 日）

详记乐平县加抽靛捐肇祸事

乐平县因加抽靛青捐，致肇巨祸，所有该县小学堂暨盐厘两卡，悉被乡民率众打毁，并迁怒教堂，将新近建造、尚未落成之天主堂，一并毁坏等情，业志本报。兹悉尚有教民数十户，皆以皮鞋为业者，亦被一律毁辱。其肇事之期，实系本月初九、初十两日。初十日众乡民持械毁教堂，而教堂新近尚未筑墙盖瓦，仅只搭有木架，因即将木架及一切梁柱材料聚而焚之。继而查得该教堂之地皮，系绅士汪寿田售与洋人者，复哄至汪绅家中，打毁一空。现在省中特派派办处朱畹香观察，随带专办教案之商笙伯大令言志，于十八日驰往查办，不知如何了局也。

《中外日报》光绪三十年七月一日（1904 年 8 月 11 日）

记乐平闹捐滋事始末

前纪江西饶州府乐平县，因加抽靛青捐款，致肇巨祸，所有该处学堂、教堂、盐卡、厘卡以及绅士汪寿田住宅，悉被乡民率众打毁各节，兹据靛业中人之自乐来浔者言，此次闹事初虽极其猛烈，幸能即时平静，并未劳地方官之调兵弹压，而乡民已各归田舍，一无声息。迨由省派往查办之朱畹香观察等驰抵县城，则地方早经安堵如常矣。惟其激成是祸之原因，约有数端：

一、由于该处厘卡，每遇乡民负贩之零星小件征税太苛，设有漏越，辄被严罚，甚则送县枷责。而该县杜豫堂大令，又不恤民瘼，每遇乡民讼事及厘卡送惩者，无不遭其重刑。倘有民教交涉，则更一味庇教。以故民间之积怨成仇，已非一日。

一、由于该县富绅汪寿田，平素助官殃民，凡地方议抽各种经费，皆出自汪之主裁，而抽取之法，颇多不公。近又以其房地租售与教堂。杜大令以学堂需费，向之商酌，遂复有抽靛捐之举，以致众情愤怒，群起与官绅为难。当其打毁学堂、教堂之时，杜大令适因该县北乡禀报械斗之案，已于先一日前往履勘。故众人哄至县署，知县令公出，并未吵扰，旋即折回，击毁开鞋店之教民数家，并未殴毙人命，亦未劫掠财物。谣传杜大令失去印信之说，实系不根云云。并闻查办此案之朱观察暨商笙伯大令刻已返省销差，将应惩闹事首犯，应修被毁房屋，应赔教堂砖瓦木料一切事务，谕令新任冯寄云大令用霖妥速办理，随时禀报。以上访稿。

《中外日报》光绪三十年七月七日（1904 年 8 月 17 日）

乐平因捐闹事最详情形

乐平县因捐闹事，详情已迭纪前报。兹又得南昌来函，叙述此案始末情形，更为详尽。故特再行登报，以供众阅。

乐平县因抽收靛捐，作为小学堂经费，致肇巨祸。按乐平每年出靛百余万，西乡居其大半。当时县中定此章程，因靛户售洋一元，抽钱一文半，为数甚微，故只与靛行商明，未与乡间绅士议妥。适有西乡举人徐凤钧者，充学堂副监督，为城内保甲局绅蔡嘉谟所讥，遂辞监督之任，心甚不悦。嗣后县中传谕西乡，应完靛捐，徐即反对此事，作长函痛斥城绅之非，语侵官长，县亦不之理。六月初十日，西乡绅士来县，请将靛捐变通，不宜偏重西乡，县亦允之。县官杜大令正欲下乡弹压械斗，许俟回县再商。不料乡民即聚众持械，蜂拥入城，连日打毁盐厘各卡、学堂、教堂及保甲局、绅士、教士多家。闻当日闹事情形，竟同化外，并入县署抢劫。现在绅士虽有悔罪之意，而乡蛮尚自鸣得意，官兵至境，尚敢笑骂阻难。闹事之初，势焰凶猛，行人往来，均需搜索，故初次之禀，系将情形寄由南昌县江召棠大令属幕友傅君梅槎代拟借印上呈。当时有失印之谣，因是而起。

该处向无教堂，去年法领事照会地方官，谓须设堂传教。当时该县郭曾准大令，以该处民风强悍，再三婉却不遂，即许租赁民房传教，近复购地创建教堂。此次被毁者，据洋务所询悉，系是赁屋云。

厘卡所劫除票据外，据报衣物、银钱计值八万，盐卡被劫亦报二万之多。

上台派朱子春观察、商言志大令前往查办，并将杜璘光大令撤任，委冯用霖大令接署。该县民人颇有悔初意之非，致累官长撤任，因肯赔偿了结。府中派鄱阳绅士数人前往会议。闻杜大令任乐平，尚洽舆情。此次之变，固由乡绅与城绅冲突而起也。

《中外日报》光绪三十年七月二十二日（1904 年 9 月 1 日）

新昌教案中变

新昌教案延久未了，平民仇教之心仍未稍释，既不信官吏之劝解，又不服官军之弹压，聚众不散，势甚汹汹，近将防营军械劫去不少。上台现已拨若干军械，解赴防次。目下办案之员皆束手无策云。

新昌闹教之初，旗帜上有“官逼民反”字样，现已改用彩色旗号。日前有清江等处鞭刚会党数十人，至新昌助乱。新民谓此举系抵制洋教，并非叛反，却之不纳，各给川资千文而散。近该处绅士，以现任南昌县江召棠大令前任上高，民情尚洽，上高与新昌毗连，新民亦甚感戴，因禀请派该员前往调处。新昌居民均纷纷避乱迁徙，迩闻奉新道上，日有逃人经过。

《中外日报》光绪三十年七月二十二日（1904 年 9 月 1 日）

纪乐平县闹事以后情形

乐平县民情素称强悍，民心团结，好勇斗狠，从前发逆肇乱，该县民人力能自守。闻该县小儿弥月，亲好家皆送黑铁数斤以致贺，尚武之风厥有由来。故每以小事，动辄械斗，不畏官势，不惮兵力，故历来县官办事，无不曲徇民情，以防冲突。此次杜大令抽收靛捐兴学，为数尚微。该县人即藉此启衅，恨教堂者往打教堂，恨厘卡者往毁厘卡，泄忿取闹，并无一定宗旨。地方无赖又趁势劫掠，所有盐厘各卡及保甲局、学堂、教堂与绅士家，均被打劫。教民被劫者六十余家。又恐县中保护洋人，并至县署大加搜索，幸杜令尚洽民情，未受毁伤。事出之后，各绅士出为调停，赔偿了结。百姓闻信，乱势复炽，宣言欲毁县署。西乡一带，时鸣枪炮，合邑惶惶，纷纷迁徙。往来亲兵递寄信件，皆须截留拆视，出入船只亦须盘查。现虽有续备右军兵数哨，然不足以资镇慑。官吏欲往拿人，百姓即聚众抵抗。事逾一月，毫无端绪。省城委往查办之员，不过略将闹事情形禀复一次。闻同往办案之商大令言志，现亦因患病回省云。

《中外日报》光绪三十年七月二十四日（1904 年 9 月 3 日）

新昌教案近闻

新昌县教案，前上台派续备军廖名缙统领前往抚办，统领仍主平和劝解，不欲轻易进剿。奈该处人民顽固不化，初七、八等日，棠浦墟有罢市之举。故官兵即定于初九日进剿，附近居民闻风迁徙。委往调处之江召棠大令，于初九抵棠浦墟，即为开导照常开市，并令绅耆交凶缴械，磋磨既久，始有端倪。惟赔款之事，恐一时尚难议结。

《中外日报》光绪三十年七月二十四日（1904 年 9 月 3 日）

江西乐平县民变警闻

乐平县因捐闹事情形，已历详前报。日前该县传说，教堂所购地基，定于七月十五订界，实则并无其事。乃各乱民忽申言，定于十六日后纠众入城滋闹，城厢铺户居民，闻风迁徙。至十六日果将衙门纵火焚烧，县官杜大令赴乡劝解，即被围困。办案之朱子春观察及粮厅等均无下落。驻扎续备右军兵勇受伤甚多，纷纷奔逃，营官唐玉才突围而出，至饶州府禀诉此情。旋由弼太守良将情驰禀大吏。委署乐平之冯用霖大令行抵饶州，不敢前进。现上台电派九江道瑞观察澂并委马大令肇修，调遣内河水师右军任统领福黎，督率所部驰往办理。瑞观察以浮梁亦有仇教之风，现尚在景德镇调处，未知能速到乐平办理此事否。以上访稿。

《中外日报》光绪三十年七月二十五日（1904年9月4日）

新昌教案已平

瑞州府新昌县教案，自始迄今，已及三月，委员调兵往办未平。日前该邑绅耆禀请江召棠大令出为调处。江令于初七日由省赴新。该邑棠浦墟地方，于初七、八等日，一律罢市。官兵本拟初九进剿，江令于初八行抵棠浦墟，遂即竭力开导，并倩上高绅耆善为调处，令即交凶缴械，绅士唯唯从命。现闻主使闹事之武秀才龚姓及首犯二名皆已投案，军械亦缴出若干，各乡并出具勿再滋事之结。江令将龚姓及首犯一名带回讯办。刻下乱势虽已渐平，唯赔款不知如何议结耳。按江令曾任上高七年，民情欢洽，新昌时有竹木经过上高地界，高民每多阻挠需索，江令善为调停，故新民亦颇感戴云。

《中外日报》光绪三十年七月二十五日（1904年9月4日）

江西教案纷起

据江西二十二日专函云：本月中省垣忽传警报，据称瑞州府及三桥两处教民，又起冲突，各教民房屋产业，被仇教者之焚劫者，实繁有徒。由是教士教民均闻风逃避殆尽，而二处教堂亦不免岌岌可危云云。

瑞州府总本堂某司铎据各教士报警后，即电达江西全省主教，转电法国驻沪巨总领事核办。十七日，江抚方议派兵驰往肇事地方弹压，而驻沪法领事诘问之电文已至，电中并有特派兵轮一艘，驶赣自行保护之语。翌日，抚辕又据九江道飞电，现有兵轮一艘，高悬法水师旗号，溯江上驶，请为核示云云。

二十日，省垣迭据饶州府及景德镇、乐平县、流店等处先后闹教之警报，知饶州府、景德镇两处之天主教堂以及病院、修女院等，均极危险，流店、乐平两处教堂，一则被抢，一则被毁，正在飞饬该地方文武，分别妥为弹压保护，并严拿首要各犯间，而翌日驻沪法领之电文又至，词致颇为严厉。兹将法领事十七晚及昨晚致抚辕二电，探录其大旨于后。

十七晚驻沪法总领事来电：顷准□主教来电，江西瑞州府及三桥教堂，近因又有抢劫火焚之事，二处教堂均极危险等因。贵抚部院虽曾允为妥速办结，而该处情形何以愈不平安？各要犯何迄未缉获？是以本总领事特派兵舰一艘，驶往该处，以资保护云云。

又二十一日傍晚法总领事来电：顷据电报，饶州府及景德镇教士暨病院、修女院势均危急，乐平县教堂被焚，流店教堂被劫，虽迭经本总领事电准贵抚部院允为办理，而未见竭力保护，所以一波未平，一波又起。本总领事视此事为贵抚部院之责任，故已电请本国驻京大臣核办云云。

《中外日报》光绪三十年七月二十六日（1904年9月5日）

乐平县戕官毁署详情

乐平县因捐闹事，系因西乡绅士徐凤钧，函诋保甲局绅、北乡蔡家谋起衅。而厘卡中平日苛虐，亦颇种毒人心。闻初次闹事，系北乡地棍夏混天麻子，号集乡民蜂拥入城，冒称徐凤钧为首，肆行劫掠。西乡滋闹，实在此后。此前所登详情，尚未述及，特将七月十六日戕官毁署情形补录于后。

朱子春观察于十三四日出告示一道，大旨令所毁各处，应即赔偿，不得刁蛮抗违云云。比时街中编张揭帖，谓十六日复须集众，拘杀朱道，店铺居民不必惊恐。某把总经过目见，即揭得一纸，往告杜县令，杜即往告朱道。朱道大怖，即由考棚搬入县署，急令续备右军驻扎县署门首，并令杜令下乡排解，经绅士留在乡间。十六晨，有乡民百数十人，到县署侦探，携石击兵。兵等即开空枪恐吓，见众人不惧，即上子药击毙乡民数命。混天麻子因即带同二千余人入城，先将捕署放火，监犯脱逃，被伤二人，复至县署纵火，为兵所见，即开枪击毙。杜令眷属逃避于教官家。朱道闻扮作平民逃走，或谓骑马突围而出，现尚不知下落。粮捕厅把总等员存亡未卜。各兵以乱势至激，不能对敌，弃械而逃。营官唐玉才逃至府中禀告，弼守据禀上台，派九江道瑞道澂、马令肇修、内河水师右军，并派常备中军第二营周振鳌督率所部，驰往剿办。抚台另行密委吴令鸣麒带一警察巡长，前往侦探消息。饶州府禀请领快枪二千枝，并派官轮船二艘，到饶传递公文。闻某邻县以火药子弹若干，解赴乐平接济，皆被其劫去云。

《中外日报》光绪三十年七月三十日（1904 年 9 月 9 日）

再论江西乐平之乱事

江西乐平县滋事仇教之案，迄今两月，卒未定局，而乱民且窜入安徽婺源界内，此实今日内患之至切者。其地又处于长江流域各省心腹之区，稍一牵动大局，即有震惊之虞，其横流虽不若广西之甚，而隐忧实较西乱为深矣。夫内乱之起，必由于内政之失，不究其所以为失，则更不知其致祸之原。本报前曾论之，以为肇患之故，实因民怨已深，有触即发，然但约略言之，而未尝证之以实事也。乃今者征以近闻，而益自信前说之确也。按此次乐平之乱事，以抽收靛捐兴办学堂而起，然所收之捐不过每石一文，其细已甚。乃乡民竟至因此生变，不独迁怒于学堂、于教民，甚至拆毁地方官署，及其他一切之局所，铤而走险，以入于邻境，隐若有负隅之势焉。闻者方讶其过于横决，而据习知其事者之所言，则亦有无怪其然者。盖学堂为一县所共之官立小学，而靛捐实只出于县之西乡一隅，主持捐事之劣绅，又非此乡之人，则靛户自觉其不平，一也。所谓抽收靛捐者，非取之于售靛之商户，而收之于负贩之穷民。此等贩靛之民，平日负靛入城，于县署有挂号之费，于保甲局有查验之费，此皆定则所未闻，即所谓中饱者也。民之重累已深，而今又以收捐之举，加以重困，其何以堪，二也。而僻壤之情状，尤有不易骤明者。靛捐之事，闻之者，固莫不以为靛，商品也。靛捐，商品之税也。不知靛出于地，而山县之地，其田本非上额，此地既已产靛，即不能再产谷麦与其他物，而民之有地产靛者，即不啻以靛为田，其视靛之丰歉与谷麦之收获无殊。是加收靛捐，即无异于加赋，其必至于聚众相抗者，固亦势使之然，三也。

此三者，皆其显著之近因；而其远因，又有在靛捐以外者。其害为江西一省之所同，而乐平之乱，实亦由此而致。则厘金之统捐与淮盐之认销是已。

查江西一省，厘局之多至有一百三十余所，为各省之所未有。前十年曾经言官奏闻，奉旨酌裁，而当事者仅裁其二以应命。且厘金委员，以比较盈绌而定其功过之例，实创于江西（前布政使方汝翼定之），故江西厘金之重，尤甲于天下。有百千钱之货品，而厘局辄指为二三百千之货价，以多收税额者；有他处已征足额，而此处又额外取盈者。尝有携一百零十千钱之货物，而所纳之厘税乃至三百四十千之多。言之骇听，商民之重足而立者，盖已久矣。乃自前年中英新定商约，有裁厘之议。其时柯逢时方护理江西巡抚，乃亟亟议办统捐，统捐者设一总局，专司查验。凡有货物皆归总局一并征收，即以其并收之额，摊解于各厘金局，而厘金不为重征，略如江海关之代收洋药入口税者。然此盖为他日裁厘之后巧借名目以为抵制起见，而先行试办者也。然统捐既兴，而厘局又不遽撤，叠床架屋已难免。厘局之因缘为奸，乃非惟不撤厘局，而且严课，其比较者如故。夫厘局应收之款，既归统捐局代收，而坐听摊派，则何有比较之可言。今上官之督责者如故，则下吏不能不违例重征，且乐于借端侵蚀，有断然者矣。自是以来，江西一省，既有统捐，复有厘金。民之既纳统捐者，虽执有完纳票据，而沿途经过各厘局，若非重纳厘金，仍循旧例，则厘局必不放行，民固无如何也。此患不仅在于乐平，而乐平之祸基，实胎于是。闻乐平一县境内，统捐局与厘金局并峙一方，遥遥相望。民之运货出境者，甫纳于此，又输于彼，茹恨切齿，自不待言。而乐平出产靛为大宗，民之运靛出境者，屡受其害。故近日加以抽收靛捐之举，而其作乱之情遂更莫能制矣。

至淮盐认销，近日始行。盖以江西全省大半为淮盐引地，而边境之地，每为浙私、粤私所侵入，故淮盐督销道员某，定为认销章程，大致强民购买。夫食盐本有定制，规复引地，要非不可，而操之过蹙，不察民之所便以行之，则其偾事必矣。乐平邻近广信府，浙私每由广信入境，色洁而价廉，其民行用已久。今一旦强其以高价，购重浊之淮盐，则其不愿已甚，所以滋事之徒，遂并盐局而毁之也。

综以上之事实而求之，则乐平致祸之源，彰彰著明，不啻为各省之明鉴矣。窃谓此事虽微，引而申之，则知近日之为政，有必不可行者数事。以一县之学堂，而专取之于一乡，民尤不服，则知以南方之财，供北方之用之不宜也；以靛税之有额外中饱，而民遂不堪，则知国家之不合提中饱也；加收靛捐，无异加赋，而致成巨乱，则知加赋之说之谬也（近日有主此说者，本报前曾论之）。而统捐一事，柯巡抚创之于江西，而乐平起事，推之于广西，而梧州闹捐（见四五月间本报）。其祸之著如此。而一考近日奏牍，知云贵等省，犹以此事之新章询于江西，欲为取法，抑又何耶！又闻江西所定淮盐认销之章程，颇为江督所赏，欲以推之各省，是亦不敢附和者也。

《中外日报》光绪三十年八月十日（1904 年 9 月 19 日）

乐平乱事续闻

乐平县因捐滋事，迭详前报。前月十六日，因朱道子春令赔所毁各处局所，并饬拿北乡土棍夏混天麻子，致激成毁署戕官之变。上台电派九江道瑞观察澂，量调常备前军三营，多带军火，驰赴饶州，相机进剿，并派常备中军第二营及内河水师右军，前往助剿。而乐平民人，亦合八乡之众，以抵官军，然究竟怵于兵势，不敢如从前之刁蛮无忌矣。

官军抵饶驻扎，尚未进剿。闻杜令亦驰禀当轴，暂无用兵，仍冀和平了事。省城常备中军第二营系由陆而行，现抵安仁，令勿前进，观察情形，相机办理。

常备前军请发行粮，以充军食。现已发给行粮二千，预发军饷六千，令岳统领斟酌办理。

冯用霖大令见形势汹汹，在饶逗留不敢进发，闻日前由该县绅士到府迎迓，伴赴乐平接印。

十六日，滋闹之时，均欲搜索朱道，幸营兵设法，护送出险，于日前回省。

按六月间初闹之时，上院派员调处，绅士本允议赔，因突患水灾，所植靛青尽行淹没，收成无望，故乡民复行悔议。夏混天麻子系北乡之土棍，六月间初次滋事，由其号集北乡人，冒称西乡，肆行劫掠。前次饬拿之时，北乡已动公愤，朱道不审事机，复欲缉拿，故有此变耳。

《中外日报》光绪三十年八月十一日（1904年9月20日）

乐平乱耗续志

乐平乱象未平，八乡团结以待与官军抗拒。杜大令初经绅士保护，现为乱民围困，不能出境，人已急疯，官眷逃回省城，物件均被劫掠，宦囊如洗。乐平县内现被乱民占住，至前次之纵火，闻只焚去大堂云。

冯用霖大令前虽经绅士到饶郡迎迓接篆，因恐被害，故现仍在饶，尚未接印。

九江道瑞观察现拟俟兵调齐，设法将杜大令救出，即督兵进剿，务获首犯惩治。

夏混天麻子系北乡土棍，扰事主使之人，现又称为得胜麻子。

《中外日报》光绪三十年八月十四日（1904年9月23日）

赣抚夏电请代奏乐平乱事稿

北京军机处王爷中堂大人钧鉴：江西乐平县前因小学堂经费不敷，该县知县杜璘光与城绅议定抽收靛捐。西乡产靛最多，乡民不服，兼城乡绅士意见龃龉，又有东北乡匪棍夏病意，绰号混天麻子，乘机鼓煽莠民，将学堂打毁，兼及教堂新买房屋，并盐厘各卡，此六月初九日事也。当派候补道朱子春带勇前往，督同府县查办，并将杜璘光撤任。该县绅士情愿交凶赔款，恳求宽办，并指夏病意为此案要犯。朱子春饬拿未获，该犯竟敢造谣，纠众图抗。杜璘光下乡弹压，不遵。于七月十六日拥众持械入城，营勇抵格，互有伤夷。乱党遂放火烧毁典史署头门、县署清白堂，绅士、教民各家亦有波及。官弁幸俱无恙。得信后飞调九江道瑞澂，并陆续抽拨常备、续备各军水师炮船，驰往听候调遣。现据禀报，乱民渐皆解散，惟夏病意仍纠众据村图抗。该道于初七日督兵前进，严拿首要，相机惩抚，并饬各营扼要分驻，以防窜逸。俟得续禀，再行详细奏陈，并将办理不善之员一并参处。伏乞代奏。夏旹谨肃。

《中外日报》光绪三十年八月二十日（1904年9月29日）

乐平乱事返闻

夏病意现纠集数千人，以待官军。九江道瑞观察澂拟调齐兵队，于十一日进剿，将布置情形具禀大府。旋奉批示：严为剿办，得力之员，从优保奖。日前并领去功牌数张，以便随时奖给而资鼓励。

《中外日报》光绪三十年八月二十日（1904年9月29日）

婺源县禀皖抚公文（为乐平抗捐事）

敬禀者：窃照江西乐平县民因抗捐肇衅，拆毁教堂、局卡，旋复焚署劫囚，形同化外，业经卑职将侦探情形驰禀宪鉴在案。顷复据探勇回禀，此案已蒙江西抚宪饬调练军一营，并委九江瑞道宪亲带一营驰抵饶郡，先期颁发告示，剀切晓谕绅民，听候持平办理，判分玉石，勿再执迷不悟，贻悔噬脐等因。旋有该邑各乡绅士，赴郡谒见瑞道宪，复善言开导，饬令赔款交犯。传闻匪首夏廷义，情愿自行投首，地方诸绅并有酌交数犯及认赔四万金之说，惟教堂坚执不得重造。瑞道宪亦允暂不置议，俟结案另再筹商。目前该处乡民虽未一律解散，亦未敢另滋事端，阛阓渐次复业，第过客往来乡间，仍时多盘诘。委署新任冯令及盐厘各委员，已由各绅伴同到乐，此后但能宽猛兼施，使之畏威怀德，或可望弭平了事。卑职正拟驰报间，适于八月初七日戌刻，准管带续备军马队刘参将移知，遵奉抚宪札饬派哨官王应臣，督带马队二十四名，驰抵卑县驻扎巡探。卑职当于城内为觅客寓安住，一面示谕商民遵照，毋事惊疑，如遇该勇等赴街购物，一律公平交易，不得居奇争竞，并拟俟休息一二日后，商请王哨官，酌带马队十名，前往西乡董门等处周历巡查，藉以宣示声威，安靖地方。其余马勇仍驻县城，专备侦探消息及驰递文报等事。至卑县民情，近均安谧如常，堪以上抒宪廑云云。

敬再禀者：前禀缮就，正发间，适于初九日亥刻又得探报，乐邑南乡立坦、潘村两村乡民，本有夙嫌，乘此多事之秋，纠众械斗，潘村被杀五十余人，阖村三百余家多被焚掠，存者寥寥，现潘姓已赴县禀报。新任冯令早经到乐，尚未接篆，瑞道宪所统各军，亦尚在饶郡，以致该邑近复谣言蜂起，商民颇形惶惑。似此一波未平，又起一波，虽与乡民滋事之案无涉，然民情强悍，几同化外，恐非大加惩创，不足以资慑服也。

按：乐匪入婺源境事，昨据该处官场中人来省述及，七月中旬婺源西乡董门等处，时有匪党多人到彼窥探，以致商民异常惊惶。据闻此等匪党系匪首夏廷义所派往，联络婺源声气者。幸江省水陆各军已到，婺令先事防范，匪众来往，未致滋扰，亦未蔓延云云。兹据婺令禀，乡民尚未解散，绅民坚执不得重造教堂。又有械斗，至被杀五十余人，被焚掠三百余家之事。恐乐民激变之势，业已酿成，而无复挽回也。

《中外日报》光绪三十年八月二十二日（1904年10月1日）

乐平匪乱进剿确情

乐平县民初时闻调集官兵之信，群欲抵制，后以大兵将到，各畏惧而散，惟夏病意仍纠众据村，以图抵拒。九江道瑞观察于十一日督兵前进，先至该村，夏病意已逃匿无踪，严索案犯，已获数名。劣绅蔡嘉谋亦已拘拿到案，交饶州府管押。即将进剿情形飞禀上台，并拟禀委商言志、吴鸣麒二大令至乐平司审案犯。

《中外日报》光绪三十年八月二十六日（1904年10月5日）

法舰来江之原因

近日驶来法国兵舰一艘，名卜色列司，船长名罗克，副长名安德物，本在鄱阳湖游弋，旋奉该提督之命，顺便至省，询问新昌、乐平二处教案情形。昨见抚台，始知新昌已拿有凶犯，乐平亦复派兵前进，故该舰不日即将回沪云。

《中外日报》光绪三十年八月二十六日（1904年10月5日）

剿匪请械禀批

九江道定期进兵，禀陈匪党猖獗情形，并请发给军械。略云：乐平各乡以大兵将至，皆畏祸解散。惟夏病意就据某村，欲图负固，并欲入城杀掠。闻前次烧毁衙署，盘查行旅，前后杀伤平民及勇丁廿余人。乐平城中居民逃避，十室九空。定十一日督兵进剿，请发帐棚若干，为行军之用。抚台于十二日，接到此禀，当即批发所需军械，立饬发令两首县差役，连夜搬入轮船，运送行营。今将抚台批示，照录于下：

据禀及单禀二件均悉。夏病意闻大兵将到，尚拟纠众，先期入城杀掠，其在塍乐村挖沟放水，聚持枪械，希图死拒，已属形同叛逆，罪不容诛。现在该上下两村良善之户，既皆迁避，亦复何所顾惜。该道准十一日督队前赴该村，各营哨到齐后，亦皆分别布置，并悬赏邻村协拿，四面围捕，谅不难于得手。绅士马秉泉、马振声仗义奋勇，实堪嘉尚，事后应由该道禀请优奖。被扰教民性命财产，已派员清查，为议恤根据。初次滋事首犯，暂缓拿办各节，权衡缓急，办法均合。所需帐棚，已谕饬如数发交轮船运送。方府经济川应准留营办公云云。

《中外日报》光绪三十年八月二十六日（1904年10月5日）

九江道瑞澂剿办乐平土匪禀牍

窃职道进兵乐平，由饶开队日期，并札饬水陆各营布置情形，业于八月初六日申报在案。职道初七日黎明开队，酉刻抵石镇街，该处为鄱阳、万年、乐平三县交界地方，万年县文令炳堃迎于河干。查询地方情形，尚称安堵，饬令严密防范，并将右军前营两哨留驻于斯。旋据新委乐平县冯令用霖函报，该令自饶起程，初七日午刻行抵相离乐平县城五里地方，把总门序宾、绅士汪鉴堂均仓皇迎报，县中有谣，夏混天麻子于初六日宰猪，纠合四弓四社，人众约千余人，拟初八日出刀进城，城内纷纷迁避。局绅已有人前往查探。典史方学谧、商人汪馨山继至，所言相同等情。职道登时传令偃旗息鼓，连夜进兵。本拟行抵寡妇桥，舍舟登陆，因沿途过渡为难，直至十五里之韩家渡，以八成队登岸，以二成队押船。初八日午刻进城，居民铺户十空其五，门尽阖焉，凄凉惨淡，与庚子都门所见大略相同，惟少遍地尸首而已。职道经各家沿门安慰，此次带兵千余人，保护地方，枪炮坚利，夏匪虽悍，可保无虞。冯令于是日巳刻，甫经接篆。职适暂行驻扎北门内书院，先后接见文武各官及城内绅士。佥称初七日之谣，东北乡绅士朱怀远前往查探，实有其事，所以未敢入城者，缘职道进兵告示，指明初八日由饶起程。夏病意原拟即于是日，入城杀掠，先发制人，讵我兵初七日已抵石镇村而南。东乡巨族马秉泉、马振声，复遵职道在饶密谕，率领马姓子弟二百人，于初七日夜先行进城。匪知有备，故不果行，惟众犹未散，尤宜严加防范等语。职道答以似此情形，非剿不可，本应克日进兵，围村穷捕，诚恐玉石不分，诸绅能否设法，以计擒之。而各绅之心散而不聚，不特夏病意不敢协力兜拿，即初次滋事之首要各犯，责成交出，亦复互相推诿。惟有提纲絜领，择要先派水陆各营，分扎要隘，并密传口令，昼夜轮流梭巡，以防来袭。俟探明夏病意实在下落，职道躬亲督兵驰往兜拿。一密□□□□□□□□□□□□□□□□□□□□□□□或于既拿之后，逃入某村躲避，该村乡民即行协拿送营，生擒者赏洋银一千元。如已击毙，认明正身，减半赏给。一札委马令肇修、鄱阳县丞曹鸿泽、乐平汛把总门序宾，会县分投确查，教民被拆被抢者若干家，被杀者若干人，前次所闻被杀人数，是□□□□一清查，以为抚恤根据。查教民被拆被抢者，据陶主□□□三十五家，所需恤款，职道与之磋商，议明三十五家不过两千金之数，倘嗣后查出多若干家，即按照三十五家所得两千金以内之数，摊算加增。惟教民被害一命，恤款若干，一再相商，始终不肯预定，只得查明再议。至初次拆毁堂各首要，现已访明，本应指名勒交，惟夏病意尚未就获，未便同时并举，致令畏罪之徒，与夏相附，转添羽翼。总之，此案初次滋事，应办拿凶赔款及教堂之事，抵乐之后，察看情形，非将夏病意擒获不能开议。而夏病意抗拒之志已决，恐非用武不能就我范围云云。

再，前军四营所缺两哨，于初八日二鼓抵乐。据四营帮带面禀，二营所缺一哨，已由饶径赴涌山，是前军所调三营，均已到齐。

又单禀：前禀缮就，正封发间，据密探绅士石金声与马振声先后飞报，睦乐上下两村，明白晓事之家，俱已迁避，妇孺亦无一人。惟夏病意纠约一千余人，内有窃贼数十名，意在死拒。环村挖沟，深五六尺，村外稻田放水贮满，暗藏犁锄，所持军器抬枪四五十枝，马枪四五百枝，余皆竹矛等情。职道观此情形，夏病意决非悬赏所能拿获，若不早图，势成滋蔓。约计涌山所派前军第二营、防堵一营，应已扎定。职道准于十一日，将前军四、五两营，右军左营三哨及炮台护队一百四十名内，挑选精练八成，分为三路，由职道督同开队，潜迫该村。所余二成，分扎由睦乐村来城必过之登高山，及县城南北各门要道，并轮流梭巡。查登高山离城东北三里，为左文襄扎营旧地，营址七十余处，历历可数，立马一望，无论何路有兵犯城，瞭如指掌，而东北一面来犯者，非假道于斯不可。现已设炮二尊，派勇一哨，驻于其巅山内，有泉可汲，并无缺水之虞云云。

《中外日报》光绪三十年九月一日（1904 年 10 月 9 日）

擒获洪江会匪

江西洪江会匪，以仇教抢劫为事，放卖飘布，勾人入会，以万载为最多。今年新昌闹教，该匪亦附和助乱。七月间，焚毁高安金塘、塘头教堂及抢劫新喻狮子寺防营军械，皆其所为。日前新喻县被获曾有群、傅光天二名，解省讯办。有匪目洪升，在上高闻同党被擒，潜逃至省，经南昌县江召棠大令访知，即饬差密拿，于八月十七日在皇殿背候补把总陈立贵家拿获，回县审问，直供不讳。兹将原供照录于后。

洪江会匪头目洪升供词。据武生洪升供：年二十四岁，高安县人，父母均存，兄弟两人，武生居次，并未娶妻。武生于光绪二十七年，蒙吴学台取入县学。承祧伯父为嗣，继父、继母均已去世。入武学后拜署瑞州府崗城把总凌国龙为师。武生未入学以前，农田度日。二十八年在常备前营中哨，随营充当学生，那时常备军统领系刘先文。是年十月告假出营，欲考讲武馆，投陈立贵名下，学习马步枪。二十九年五月二十六日，在省警察南局充当巡兵，至九月十一日请假回家。在从先学习拳棍之业师洪勋家内，与那万载县人彭云山认识，邀武生入洪江会，将来有好处。武生被其煽惑，应允入会，封武生为圣贤第二。该会即哥老会，另入门户，山名圣驾临潼山，天下黄河水，西岳华山香，红集忠义堂，取有各种名目，曰总查、总堂为最大。第一曰新富，即总当家。第二曰圣贤。第三曰副当家。第四无名目。第五曰红旗。第六曰巡风。第七、八亦无名目。第九曰江口彭云山，系都天大元帅，洪勋系新富老大。如遇面生已入会之友人，只认衣服大襟上扣不扣，对襟靠不扣，发辫上打一个结子，以为记号。彭云山喊武生老二。洪江会匪惟万载县最多，约有一二千人，高安约二百余人，大半买票保家。上高不知数目。彭云山有名册簿。上高另有头目，高安系洪勋武生同洪蠢等，伪职是当家第三，住在离高安县城五十里，名曰十七都会上村。武生曾在本村及附近谌、简二姓，共卖了飘布十四张，计十四人，按名收洋一元，并名册交与彭云山去了，共十四人，均为江口老九。各人另招人入会，名册均在洪勋处。七月初九日在新喻县狮子寺，抢夺洋枪，共去三十余人，那时武生正患痢症未去，曾有群、傅先大、彭云山、洪勋都在其内。先是七月初八日，大众议事，武生在场，议烧各处教堂。十一始烧塘头教堂，亦去了三十余人。洪江会的人原议，待文武官员往乡救护教堂去了，城内定然无兵，十五日夺去瑞县府城，好抢富家财物。武生不肯依议，众会友五六人要把武生杀死，比求洪蠢干父洪云说情，才将武生饶过。烧金塘、塘头等处教堂，抢毁教民房屋，曾有群并在其内。本约十四日去烧三桥教堂，因闻棠浦龚姓依和无事，彭云山就赶往万载，止住会上之人莫来，各处会友均闻风逃散，各顾各人。八月初一二日听见洪蠢被拿，武生亦怕拿获，于八月初六日潜来省城，欲借陈立贵之屋暂住。陈老爷不肯，亦不知武生已入会匪。武生就往饭店借住。蒙案下访闻，饬差拿获的，今蒙提讯，委系一人来省，是在烟馆上娼家寻朋友，并未邀人入会。彭云山现闻逃往袁州一带去了。所供是实。

《中外日报》光绪三十年九月三日（1904年10月11日）

九江道瑞澂督兵进剿乐平土匪情形禀

敬禀者：窃职道督营抵乐，拟先拿获夏病意，再办初次滋事一案，并密探夏病意聚众抗拒，实有其事，择期督兵进剿各缘由，业于本月初十日，专轮禀报在案。职道发禀之后，密传各营，于十一日子刻拔队，分为三路：第一路前军第五营，取道石桥及石下村等处，以拦其前。第二路前军第四营，取道岐山船仓、耆德等处，以抄其后。职道率同蒋令殿甲、方府经济川，亲督炮台护勇十四队，右军左营前右两哨，由平山冈小路插入，捣其中坚，约计行程均四十余里。先后于十一日黎明，齐抵夏病意所居下睦乐村外，犄角驻扎。沿途经过地方，夜探毫无知觉，而该处环村皆山，道路险峻，其村口所挖濠沟既深且阔，村内无人，恐有埋伏，遂饬前军四五两营，先登该村东西两面最高之山，俯瞰其下。职道自率中路之兵，堵其村口前后中三条进出之路，而后分兵一半，迫临该村，鸣枪一排，乘烟拥入，阒其无人。屋内搜出锣鼓各一面，旗帜四面，矛杆七十九枝，铁叉二十柄，钯枪三杆，铁翅枪一根，大小刀二十五柄，短柄火枪三柄，独眼火枪一杆，木锏一对，木棍四根，铁头棒一根。复在屋后山上拿获一人，已被流弹击伤左腿。问其姓名，始曰吴世保，继曰夏廷垣。诘以夏病意与所纠人众现在何处。据供该匪自七月十六日焚署后，受伤回村，仍聚死党二百余人，制办旗矛枪棍，预备抗拒官兵。嗣闻我兵于初八日由饶开队，该匪即于初六日宰猪，纠合四弓四社约千余人，拟于职道由饶开队之日，先行出刀进城，杀掠一空，踞城图抗。讵我兵先于初七日开队，该匪约计行程，兵到在前，且闻带新式枪炮，极为坚利，故未果行。所纠人众，登时散者十有其八，仅存其二，皆死党。该匪雄心未已，复到各乡，强者求之，弱者胁之，均未允。后初九日亥刻回村，与党痛哭而散，与胞兄廷栢、妻詹氏、长子大混、二子细混、胞侄大金，于初十日丑刻潜逃，伊正发虐昏迷，不知逃往何处等语。

职道当因夏病意与其死党既经畏逃，所居庐舍，藏有土造火药，未便遗留，以致匪徒复聚，纵火焚之。其余附近各村，当夏病意气焰方张，难免无其附从之户，惟于初六日该匪复行纠约，既因畏惧未从，人亦迁徙，未便搜索，迫于附匪。遂传各营，不准擅入他村，损人一草一木，撤队回城。沿途查问各村，夏病意初六日宰猪纠众，意图犯城，无人不知。初十夜，痛哭解众，罄室以逃，尚未闻见。缘该匪焚署之后，非附从者不得入村一步，计亦黠矣。职道回城，随即明悬赏格一千元，严拿夏病意。一面派营分赴各乡，无论初次、二次凶犯，一体按照查明各数勒令交出，但与弁勇相约，如非拒捕，不准擅开一枪。此亦职道万不得已之举，与抵乐之时筹拟先拿夏病意，再办初次滋事一案，宗旨大相违悖。而初次滋事之人，始拟暂缓者，今反先获。计打卡拆堂之犯，拿获者四名，投首者三名，督同乐平县冯令用霖、委员马令肇修、鄱阳曹县丞鸿泽、候补直州判王州判大锟，先后研讯大概情形，均已承招。其余首从要犯，各绅士始皆纷纷来城，禀请止兵，按名自交。似此情形，大约交凶一事，不致非兵不可，堪以仰体宪台和平了结之至意。惟乐平民知法，并不知恩，将来案结撤兵，能否绝不滋事，决非职道之明所能逆睹。至夏病意为两次滋事首要，职道耳目未周，进兵稍缓，致已先逃，皆职道一人之过，应请宪台批饬记过，以儆在事员弁。除将投首拿获之各犯，督同县委，讯取确供，另禀办理，一面严拿夏病意及两次滋事首从要犯，务获讯办外，所有职道进兵睦乐村，匪先潜逃，并投首拿获初次滋事人犯情形，合将各犯姓名事由，开折禀请鉴核，批示祇遵。

敬再禀者：窃查两次滋事人犯，陆续投首拿获，案情重大，头绪纷繁，仅恃职道审讯，万难兼顾，而冯令、马令查办一切事宜，亦日不暇给。查有候补知县商令言志，例案熟悉；袁令励桢、吴令鸣麒，听断明白，拟请调乐审理此案。查袁令现办鄱阳厘卡，离乐甚近，可以兼顾。合无仰恳宪台批准施行云云。

谨将乐平两次滋事投首拿获首从人犯姓名、事由，开折呈请鉴核施行。

投首三名：汪德泰即鼎飞，武生，西乡里汪人，系武局头目，两次滋事首领；蔡嘉谟，正北乡人，举人，向充保甲局董，靛捐系其起衅。该族三百余户，恐于到案后或有不测，业经解府交学看管；吴大妹，西乡武局文案。

拿获四名：王成仁，即木卵麻子，西乡菱湖州人，系初次滋事助力之犯；汪乱世狗，西乡里汪人，系初次滋事助力杀人之犯；汪气卵，西乡里汪人，系初次滋事助力之犯；徐镛城，即松林，文生，西南乡寡妇桥人，系武局主持聚众不散之犯。

抚批：来禀及另单清折均悉。该道此次进兵，首匪夏病意党羽多散，纠合未成，先期逃匿，以致未能就获，殊为可惜。该匪罪魁祸首，断难任其漏网。所获之夏廷垣，据称虐发昏迷，不知逃往何处，难免非狡供搪塞，应再提案，研诘去向，严密拿缉，并再加赏洋一千元，以期必获。该道自请记过，具见引咎责躬之意。惟该道初抵乐平，未知虚实，不能不俟布置妥协，再行前进，尚非迟误事机，应毋庸议。初次滋事之犯，既已获到七名，其余未获两次首要各犯，并即分别勒交严拿，提同确讯，录供禀办。举人蔡嘉谟已解府城，亦饬饶州府弼守，就近讯供禀报。请委各员，吴令鸣麒另有要差。商令言志、袁令励桢二员，候饬臬司，会同派办政事处札委，星驰前往，随同讯办。乐邑民情蛮悍，此事肇祸内情及将来善后之策，尚希详细访查，妥筹处置，是为至要。切切。此复。

《中外日报》光绪三十年九月三日（1904年10月11日）

婺源县禀江督乐平情形公文（为乡民抗捐事）

敬禀者：窃照前因江西乐平县乡民抗捐滋事，焚署纵囚，卑县境壤毗连，深虞窜越，仰蒙抚宪饬派续备马步各军，先后到县驻防，业将分防处所及节次侦探情形，随时驰禀在案。卑职于八月廿六日，复轻骑减从，亲诣西南两乡，周历巡察，各都所办团防保甲，均尚整齐。并与张管带会晤。驻防各军与地方绅团，亦均联络和好，民情一律安堵如常。至乐邑滋事匪犯，已经拿获，及地方绅士交出多名，讯供禀办。惟匪首夏廷义等在逃未获。瑞道宪现仍驻该县，悬赏严缉，以期必获，务尽根株。卑职已面饬各团董，并商请张管带分派弁兵，在于交界处所，严密巡缉协拿，以杜窜匿。卑职旋于九月初五日回署。

伏查此次乐平匪徒肇事，初势甚张，幸该省查办迅速，宽猛兼施，得以解散，似不致再有他虞。张管带昨与卑职晤商，欲稍住旬余，即督队回省。查卑县西南两乡，处处与乐接壤。卑职此次周巡，便道至乐邑东乡之段家地方住宿一宵，藉以探民情也。该村人烟稠密，亦系著名强悍之区，尤为藏垢纳污之地，与婺犬牙相错。现该县滋事匪犯，虽已获办过半，而匪首在逃，人心尚未大定。值此冬防吃紧，尤虞宵小潜滋。可否仰恳宪恩俯准酌留续备步队数十名，在乡分驻，与地方民团联络巡防，以壮声威，俟明正再行回省之处，卑职未敢擅便。至奉派马队，似可先调回省。徽属境内，悉系崎岖山径，本不宜于驰骤，马匹往还尚不及健步便捷。以后如有紧要公文，当由卑职专差驰递，以免迟误。是否有当，合将卑职赴乡巡查团防，及乐邑近日情形，拟请酌留续备步队暂驻缘由，具禀仰祈鉴核批示。

再，于本月初四日，奉抚宪札：准江西抚夏电，瑞道已进兵睦乐村，夏病意已与兄及妻子等同逃，请饬婺源文武一体严密堵拿等因行县。除遵分移张管带并营汛及照会各乡团董一体上紧堵拿外，合行驰禀。

再禀者：窃卑职月前风闻江西景德镇又有窑工滋事，拒伤营勇情事，当派练勇前往确探。兹据回禀：此案衅因碗窑工人以口角细故遽尔停工，各纠党羽，于八月念二日聚众械斗，经保安营前往弹压排解。后以该勇出言鲁莽，遂与营勇相哄，杀伤巡查及营勇数名，并毙马一匹。廿四日，浮梁县郑令亲自督队弹压，又被杀死蓝旗一名，各哨官及勇丁伤者甚多，景镇同知并被石击伤，该匪等亦经官军开枪轰毙七八名。业已就近禀请瑞道派营到镇，并由饶州官亲往查办。现各窑尚未开工等语。并接张管带函告，探访情形与探禀大略相同。窃思江西饶郡各邑，民情均异常蛮悍，械斗拒捕，视如故常。乐平乡民滋事，尚未完结，而景镇又酿伤毙勇弁之案。似此愍不畏法，若非严加惩办，恐不足以昭炯戒。至乐平一案，顷又据探勇抄回瑞道告示，以被毁衙署、营房、卡房及厘卡银钱，责成闹事各村拟赔银二万两，藉示薄惩云云。

《中外日报》光绪三十年九月二十六日（1904年11月3日）

九江道札德化县分认保护洋人财产教堂文

案查前奉抚宪札开：照得时事多艰，谣言滋甚，报纸消息诸多讹传，诚恐内地伏莽暨匪党游勇借此煽惑，妄思作乱，亟应预为防范，并保护洋人财产教堂，倘有奸徒造言生事，即行严拿惩办等因。当经本道通饬所属四府，督饬各县，赶将警察、保甲、团练等事，切实整顿。一面会营分拨勇丁，前往教堂附近地方，或租民房，或设卡房，常川驻扎，昼夜梭巡。如有匪徒造谣生事，随时严拿究办在案。九江自开埠通商以后，教堂林立。以前沿江一带民教多事，九江城内外各教堂，迭经各前镇派拨兵丁分驻防护。近年镇标营兵先后裁汰，所存无几，本年续备前军奉饬分别裁并，常备前军又系专事训练，预备征调。本道再三筹画，九江南门城内，设有美国同文书院一座、育婴堂一所。该处迤南向设卡房，前营驻兵五名，迤北设有卡房，后营驻兵五名。城内仓巷有美国圣公会一所，迤南又设有妇幼医院一所，该处紧靠后营游击、守备两署。本道署后有英国教士洋房一所，现派亲兵在左近驻扎。镇署西边洋式教堂一所，镇署相距甚近。各该处教堂洋房，或设防兵，或离衙署较近，自应分认巡查，以均劳逸。除向派兵丁驻扎卡房，仍由所管各营照常派兵驻扎外，其余各教堂洋房，拟请以附近何署即归何署保护。城内正街建有洋式化善堂一所，城外正街设有福音堂一所，该处均系闹市，且已设有警察巡勇，拟即由警察局添派巡兵一名，在该教堂门首站立，随时防护。城外新关间壁建有天主堂一所，该处系英国租界，本难派兵往驻，且洋街巷口及招商局码头，向各设卡房一座。拟照从前办法，仍由九江镇各派营兵数名，常川驻守防护。以上各处无事之时，责成附近官员兵役，力任巡查。遇有口角滋闹，立时劝散。倘聚集多人，形将滋事，立即分报在城文武各官，各带兵役驰往弹压。此外乡镇教堂，应由县遴派妥干丁役，责成地保乡董，协同认真约束，严密防范。时事艰难，凡我寅僚，各宜力图补救，和衷匡助，庶几消弭隐患，绥静地方。除禀报抚宪立案，并分别移行外，合就札行，为此札仰该县立即遵照，查明邻近教堂洋房，认真巡查，实力保护，务保无虞，仍将办理情形禀复查考，均毋违延。切切。此札。

本馆按：右札似亦非近时所下，以该处现时保护方法，即照此札办理，且于九江城内外教堂及洋人产业，叙述綦详，故特录之。

《中外日报》光绪三十一年二月十五日（1905 年 3 月 20 日）

萍乡工人滋事

（四月二十一日下午三点半钟发，六点二十分钟到，本馆东京专电）闻江西萍乡地方，因洋工程司与工人不协，以致工人滋事，洋工程司颇受微伤，住屋外围亦被毁损，工人亦有伤者。当经官竭力调停，业已无事。

《中外日报》光绪三十一年四月二十二日（1905 年 5 月 25 日）

记闽粤两省协防江匪事

江西会昌等县匪徒滋事，并由赣抚胡中丞飞咨闽粤大吏，拨营会剿各情，两志本报。兹闻赣闽粤三省大吏，均已飞饬三省毗连地方文武，赶练乡团，会同营汛，合力防堵。

闻福州将军以江西会昌匪徒滋事，与闽省武平县接壤，已飞饬汀漳龙道并汀漳镇总兵，拨营驻扎沿边各要隘，以便赣粤各营互为声援。

《中外日报》光绪三十一年五月十七日（1905 年 6 月 19 日）

行知严拿飘匪

浔城官场，近日接奉省台行知，以铅山县属之河口镇，近有匪徒聚众，谋为不轨，经该县闻信，驰往拿获数名，并起获飘布、逆约、令旗等件，提讯供认不讳。并供景德镇亦开有山堂，授有军师、钦差大臣等伪职。诚恐该匪党到处勾结，为害地方，饬即严密查拿务获尽法惩办，以绝根株云云。现在地方文武一体，昼夜梭巡，不稍疏懈。

《中外日报》光绪三十一年七月四日（1905 年 8 月 4 日）

更正江西石城县土匪破城事

昨又得江西友人来函言：昨函所言广东土匪攻破江西石城县一节，现得赣南道江切吾观察电禀：革生闻姓犯案多起，禀请监禁二年。某日伊族众纠集数百人缒城入署，将该革生抢出，随逃出要犯三名，枪毙家丁一名。由道飞饬续备军星夜驰往防守，谅保无虞等因。可见该处无土匪攻城情事，亦无抢劫官绅占据城外各逆情。合亟更正，以昭核实。

《中外日报》光绪三十一年八月十一日（1905 年 9 月 9 日）

详记淮盐加价

江西淮盐每六百斤为一引，原售价银二十五两四钱八分。上年因江西筹议兴办铁路，拟将盐价每斤加价四文，拨充铁路经费。禀定收银三厘二毫，每一引应加银一两九钱二分。自七月初一日为始，所有南昌、瑞州、袁州、临江、吉安、饶州、九江、南康等八府属行销淮盐引地，凡赴总分各局买盐，每引均照二十七两四钱定价云。

《中外日报》光绪三十一年八月十三日（1905 年 9 月 11 日）

盐斤加价核计

江西盐斤每斤加价四文。就江西淮引界内人数计之，有二千四十六万七百九十八人，按每年大约销引之数三十四万二千七百十八小引扣算，每斤加四文，共计八十二万二千五百二十四千七十九文，每年每人合钱四十文；扣按十一万小引扣算，每斤加价四文，每年每人合钱十二文九毫二忽一微。

《中外日报》光绪三十一年八月十三日（1905 年 9 月 13 日）

记江西永新县聚众抗粮事

吉安府永新县乡人聚众抗粮，经该县张振之大令禀请上台派兵弹压，现闻胡鼎帅札饬吉安续备后军发队前往。乡人闻信后四处谣传，遂联合各乡围攻县署，多方要挟。势正激烈，未知如何了结也。

《中外日报》光绪三十一年十一月六日（1905 年 12 月 2 日）

拿获抗粮匪首（永新）

吉安府属永新县前因聚众抗粮，经续备前军统领袁道平参戎坦调兵弹压。闻该兵一到，诸民均允纳粮交凶。该军邹哨弁已将匪首尹五妹子拿获，现已电禀上台矣。

《中外日报》光绪三十一年十一月十三日（1905 年 12 月 9 日）

南昌惊电（南昌知县江召棠被害）

本埠官场得南昌来电，谓该处有未了教案，赣抚饬江大令到教堂办理，如或不谐，定将摘顶云云。大令患之。到堂后郎主教索款若干，大令难之，遂于席间取膳刀自刺，曰某不欲功名，并不欲性命矣。迨经人遏阻，已受重伤。衙役在场者出门呼救。众民闻之入堂，杀教士一人，旋往学堂中杀西教习五人、福音堂教士夫妇二人，并于乡间拆毁教堂三四处，为祸甚巨。闻法总领事业已前往办理，法美兵船亦经开往云。

《汇报》光绪三十二年二月六日（1906年2月28日）

江召棠被害缘由*

江西新昌县棠浦地方龚姓闹教杀命一案，迄今已三年之久，而地方官吏竟置不理。讵于前月廿九日，忽有南昌县江令召棠来堂拜谒王总司铎安之，称欲商办棠浦一案，但须免拿凶犯，含糊了结。王总铎不允，该令百般强求，均未允诺。该令见王总铎不允其请，竟终日在堂流连不去，直至点灯七点钟该堂饭候，该令竟欲在堂用膳，王总铎因碍地方官情面只得听之。后该令复申前请，王总铎始终坚执不允。讵江令竟托故辞出，潜至空室无人之处，用刀自行划伤颈项，伤势颇重。及经王总铎知觉，连夜诣辕报知抚宪胡中丞，请其饬令抬回县署，请医调治，一面电知驻浔郎主教。此上月廿九日江令在堂用刀自伤之实在情形也。本月初一日九江道玉观察亦得有省城大宪来电后，即照会郎主教请为核办。而郎主教因先得有省堂来电，已备知此事详细，亦即据情照复。现尚未闻作何办理，容俟探详再报。

《汇报》光绪三十二年二月六日（1906年2月28日）

南昌大教案三志

江抚胡复上海、江西商会电。江西商会绅商诸君公鉴：来电已悉。江令在天主堂受伤，极关国体，正在电商外务部、南北洋大臣据理核办。不料忽有此暴动，伤害法教士六人，并波及英教士夫妇二人，致毁法教堂三处，英教堂一处。以极有理之事，被莠民败坏至此，夫复何言。现设法办理，力求和平。

本部院忝抚是邦，化民无术，遘此大难，视诸君尤为愧怍也。廷幹。歌。

南昌县复上海江西商会电。江西商会鉴：电悉法教堂毁二，学堂毁一，教士毙六，波及耶稣堂一，毙教士大小三。众心浮动，尚祈协力挽救。江。歌。

闻江督周玉帅，已派陈季同副将前往南昌弹压。又电致驻沪英、法总领事，请速派员前往，商量办法，并嘱勿派军舰前往。《文汇报》云：英国浅水兵舰梯尔号及法国炮舰奥尔兰号已于初六日由沪起程，向鄱阳湖进发。《文汇报》得九江初五日来电云：自避难各教士来此后，今日下午已访得详细情形。据言初三日晨南昌城内粘贴传单，唤召绅商士庶等集会，商议天主教教士行刺江令一事，时到会者约有数千人，一时大动公愤，遂致激变。故此案实由教士之刺杀县官而起。当起事之前，华官屡劝金哈默教士迁避，彼以此事只关于天主教会，故未听从。天主教会中所有财产均被毁坏，损失颇巨。育婴堂中所留养之女孩三百口，业已散失。美以美会及内地会中家产未尝扰动，该处英领事威那现正在竭力办理。

初六日续得九江来电云：美以美会教士铿拔克由南昌发电来此，谓此间有百姓数千，因惧外国兵舰驶至，故已纷纷迁避。南昌县江令并未殒命，英领事威那及一医生将于明日往南昌。金教士之尸骸已于今日埋葬，有中国官学堂所聘用之日教员两人，亦偕同教士搭抚宪所派之小轮昨日抵此。《字林报》接九江初五日来电云：南昌教士之被戕者，为金哈默及其妻子，并天主教教士六人，其余各教士均于今日安抵九江，合天主、耶稣教会中男妇小孩等共三十五人，天主教会所有财产均已被毁。

《时报》光绪三十二年二月七日（1906年3月1日）

南昌大教案七志

本馆南昌访员初三日函云：正月二十九日南昌县江云卿大令召棠被法国天主堂诱刺一事，全省士民本皆静候官场商办，毫无暴动。至二月初二日江抚贴出告示，略谓：照得南昌县江令于上月二十九日，在法国天主堂，因从前棠浦、在港等处各旧教案，与堂中神甫互相争执，该令气忿，致生此变，有该令挟痛手书多纸可凭。该令伤痕连日医治，当保无虞。惟案情重要，必应彻底根究，秉公核办。本部院现已督同两司，据实电达外务部、南北洋大臣；一面特派盐粮两道，会督洋务局司道，暨南昌府新建县，传集人证，悉心根鞫，务得实在情形，并候江令医痊，令其明白呈递亲供，由本部院核明，拟定办法，请旨定夺。事关国体，本部院与司道等决不肯含糊了事，贻患无穷。尔绅士商民人等，爱国同心，本部院等自能曲鉴。惟静候官办，毋得误听传言，致失事实，而从藉口。本部院忝抚是邦，出此等罕闻之案，其为愧愤，较吾民为尤切也。其各懔遵毋违。特示。云云。

学界中人以示意含糊偏袒，遂于初二日遍发传单，由江西全体学生领衔，准于本月初三日十点钟，开特别大会于百花洲沈公祠。是日黎明，百花洲畔已觉人山人海。而鼎帅先期调集陆军第一标五营进城，或十人一起，或三四人一起，皆带洋枪，配齐子药，分段巡缉，另由裴标统督带亲兵，屯扎沈公祠左近，并派三营弁兵，无论何国教堂，严密保护。而十句钟时，老贡院天主堂之火起矣。当时祸从猝起，自抚州门起至三道桥止，仅见人头拥挤，自肩以下皆隐。至起火之由，或谓百姓所烧，或谓该堂因进出之人太多，锁上堂门，因堂中尚有三百余人避至楼上，不得已自行举火，一时黑焰飞天。若警察若营勇一往施救，尽遭毒打。人言藉藉，有谓总分巡、左右营官受辱者，有谓神父王安之被杀者，有谓近堂富户被抢者，并有谓进外天主堂被土人焚烧者，全城鼎沸，无从调查。

鼎帅急出四言告示晓谕云：江令一案，正在查办，院司迭示，开导解散。乃有匪徒，纠集流氓，肆行焚杀，波及英人。天主三堂，一概毁坏，不服弹压，形同化外。事外洋人，杀毙多名，似此暴举，从来未闻。谕尔良民，各安生业，毋得附和，致遭殃孽。所有凶犯，严饬拿问，再滋事端，格杀勿论。

又初四日函云：初三日痞棍流氓焚毁教堂一事，当时祸从猝起，全城皆乱。事后鼎帅督同司道，亲往踏看，始悉起事之由，实因初三日学生在沈公祠开特别大会，遂致蜂屯蚁聚。无如下流社会倍蓰于上流社会，开会诸公乃悬牌示众，谓人数太多，改期再会。于是下流社会始则与在会绅士为难，沈公专祠打毁殆尽。继则一哄而散，齐往天主三堂，聚众毁杀。是役也，先烧老贡院天主堂，次烧法文学堂，因该堂洋人逃往救主堂中，而英人乃遭波及，最后则焚进外马厂之天主堂。共计打毙洋人八名，华人之被踏死、烧死者亦十余名，总分巡左左营，均被毒打。惟洪游击、姚分巡保护至切，受伤至重。绅士邹凌瀚家因保卫洋人被抢一空。鼎帅一面出示安民，一面命洋务所从丰殡殓洋人，每棺一具派巡兵二十名、差官二人照料；一面分派防绿各营，驰赴未经闹事各教堂保护；一面电达江督周玉帅，请示方略。江省日夕惊恐，大有十室九空之象。钱当二铺，应接不暇。现派藩司综办，臬司督办，赣南江道留省会办，粮盐道帮办，首府两县作为随员，均为初三日教案而委，亦善后之策也。孟子青直刺暂不赴宁都州任，权篆南昌、新建。赵令有撤任留缉之信，特札防绿各营，略谓：初三日痞棍流氓乘机煽惑，致毁教堂，杀毙洋人多名。该防绿各营如果防护得力，何至出此巨案。本部院方深内疚，业经请旨议处。该将领弁兵人等，事前已失防范，厥咎匪轻。现在人心未定，凶多在逃。如能缉获真凶，人赃确凿，并于弹压地方，保护教堂，力图振奋，尚可稍赎前愆。倘再出事故，本部院惟有据实撤参，决不意贷云云。

《文汇报》得南昌初六日来函云：先是法教士邀请南昌县主赴席，时差役人等均站立门外，同席者为一教士及一法教会司帐。用点毕，教士以拟定之交涉案两件，呈请该县主画诺。该案系教会所预备者，县主不允，教士固请之。县主曰：余愿死。教士曰：汝死甚好，刀与剪任汝自择。县主曰：余理直，何惮死！遂取刀自刺其喉。至以后华教士曾加功割刺与否，则传说不一。此正月二十九日事也。该县主当晚即舁至署中。至初一日垂危时，乃将当时情形用笔记述。至初三日而祸乱始作，其时即戕害天主教士六名及耶稣教士两名。

《字林报》得南昌初九日来电云：九江英领事维那君已于昨日抵此，上高及瑞州两处之教士已由华官派兵护送，约明日可抵此处。南昌县主之第二姬业以身殉。该处地方拟为该县主建立专祠。

《时报》光绪三十二年二月十二日（1906年3月6日）

法教士谈江令被伤情形*

江令自尽致起闹教巨案，本报业已登入第七、第八期内。兹复得南昌友人访函，详述一切。据云江令既伤，新建赵令闻信而至，赵一见遂退出乘马飞奔上院，陈诉一切，未几阖城皆知。粮道、盐道、首府、新建县令以及三营将弁齐至该堂，城守丁及南局警兵亦陆续前往驻扎门首，藉资弹压。盐道等促法教士王安之出见。王教士既见各官，神色自若，默不一语。署盐道沈太守询以江令无故致伤，王答言不知。新建赵令趋向王前附耳告曰，若不实告，则更难下场矣。王云现在江令生死未定，不便相告，要问情形，过日再谈。各官又问可否略语大概。王曰，列位大人要诉大概，我即遵命略述一二。先是江令因教案与敝教素有交涉，今又因新昌一事，江令前曾面对予曰，敝署不便细语，如有暇能俯贵堂磋商，则为好极。予约以何时，答曰初一衙参无暇，廿九无事，倘能备酒相邀，尽可前来商酌。届期江令果来，谓予曰，贵教士要我赔金偿命，弟虽能照办，而苦洋务局宪不能俯允。若要照办，除非作一长函向弟严词诋责，则弟藉便呈示上宪，俾可如命。予答以吾教中人主张平和，信札中断不能有诋毁之词。江曰，倘君不能作函，可嘱贵帐友刘先生代作一函。予闻言以为江令或有细情不便面谈，须托刘先生转致。因云君果有事与刘密商，予当请刘入内。江云不必请他，我当亲往外房谒之。予心以我等密商教案，恐外边或有教民窃听，故是夜宴叙皆在密室。今忽闻江欲出外，深恐有意外之虞，力阻不使行。江则坚欲前往，予亦只得听之。江既至刘房与刘语后，刘即来予内房复告一切，江乃一人立于外室。须臾，忽闻喧呼，谓已被伤矣。盐道答曰，今听君言，已知一切。倘江令能不死，则此事或尚易办。总之予等来此，不过守大事化小事，小事化无之主义云云。王复言曰，倘诸位大人不疑吾有他意，则属万幸，如疑是我杀害，则敝教亦不得不设法处置。言次，首府徐太守问曰，江令之伤究系何物所致？王正色对曰，这个我怎么会晓得。盐道曰，可否请你出去亲晤江令一面，苟以好言安慰，则江令心地略宽，当可早为痊愈。王颇惧一出外厅，户外百姓有与之为难者。各官促之至再，王不已，行至江令椅前，徐徐言曰，你也不用着急，好好静养，总不怕的。究竟此中情形，你自己是明白的。江令闻言，睁目相向，苦不能出言。各官遂亦退入内厅，并闻各官与王晤谈时，刘先生亦出立于右，神气怡怡，若无事者，然惟不一语耳。至初一日，江令夫人亦往该堂，一点钟后始备籐椅，将江令舁回本署。江当时口不能言，惟书“棠浦一案，非死不足报宪恩”十二字。

《汇报》光绪三十二年二月十三日（1906年3月7日）

南昌教案起事详情

南昌闹教为庚子后第一交涉重案，牵动两国，杀害多人。警电、遥传、访函迭至本馆，同人已将所得情形，详细登载第七、八、九期报内。今又访得起事情形，再登报端。笔不惮忙，纸常苦短，亦欲与海内同人寻头溯尾耳。据云，正月廿九日江令受伤后，全省士民本皆静候官场商办，毫无暴动。至本月初二日，江抚出有告示，略谓江令于上月廿九日在法教堂，因从前棠浦、往港等处各旧教案与教士互相争执，该令气忿致生此变。案情重大，必须彻底根究。现已督同两司据实电达外务部、南北洋大臣，一面特派盐、粮两道会同洋务局司道暨南昌府、新建县传集人证，悉心根鞫。事关国体，本部与司道决不含糊了事云云。而学界中人以示意含糊偏袒，遂于初二日遍发传单，由江西全体学生领衔，准于翌日十点钟开特别大会于百花洲沈公祠。是日黎明，百花洲畔已觉人山人海。鼎帅先期调集陆军第一标五营进城，或十人一起，或三四人一起，背带洋枪，酌齐子药，分段巡缉；另由裴标统督带亲兵屯扎沈公祠左近，并派三营弁兵，无论何国教堂，严密保护。及开会时，先由学界中人演说开会宗旨，禁止暴动。但其所言宗旨皆非来会者所存之宗旨，故齐声反对。一时唤打之声内外一致，由是大乱，将屋内桌椅捣毁一空，而齐赴老贡院教堂，霎时间老贡院教堂乃烈焰横飞矣。虽当乱党麇集老贡院教堂时，该处护军曾发空枪，乱民不惧，蜂拥上前。护军见势不敌，遂不复阻止。火起后若警察若营勇驰往施救，亦遭毒打。是役也，先烧老贡院天主堂，次烧松柏巷法文学堂，又纷往进贤门外拟焚关口法教堂。适路过罗家塘英国耶稣堂，见英人正在礼拜堂演说江令事，乱民遂亦焚之，并将英人二名击毙，最后焚进外马厂法教堂。法教士之死于是役者六人，王安之教士亦在其内，闻华人之被踏毙烧毙者亦有十余人。洪游击、姚分巡竭力保护，遂受重伤。鼎帅知事决裂，一面出示安民；一面命洋务局将被杀之教士从丰棺殓，每棺一具，派巡兵二十名、差官二名照料；一面电达江督请授方略。事前不防堵，事后反慌忙，可笑孰甚。

本馆按：江令自刎情形，业已调查确实，俟下期详述。

《汇报》光绪三十二年二月十六日（1906年3月10日）

南昌大教案十二志

南昌访函云：江云卿大令之妾陈氏年逾花甲，性情贞淑，以大阖因伤殒命，恸不欲生，俟大令棺殓毕，乘间在灵帷自缢以殉。全省士民均同声感悼。

按本馆所接南昌访函，除此事外尚多有报告，以其与从西报译出者大致相同，故不复录。

南昌县江大令禀稿　敬禀者：窃上年新昌棠浦民教滋事一案，外匪造谣煽惑，教民杂处，其中势甚岌岌。卑职当奉宪檄，前往开导，冒险入村，晓谕解散，交出两犯，得不酿成大事；乃法教士王安之未遂私图，转相责难。近复以荏港案内监禁五犯，要求并释未允，嫉视益深。前月二十七日，王安之以有要事商酌，函约卑职于二十九日赴堂宴饮。辞谢未获，遂于是日下午三点钟，随带茶号家丁各一人，前往该堂。王安之阻止从人，不准随入。及至入座，谈及公事，勒令将棠浦一案办抵三人，给赔恤银十万两，并将荏港案内监禁人犯全行开释。以理答之，王安之异常恫吓，声言如不应允，即立时以尔之性命抵偿棠浦教民，否则电知领事，派拨兵轮督办。卑职因其语言狂悖，即欲辞出。该教士谓事未议妥，不许行走。卑职虑其非理相加，伪为小解，走出厅门，密令家丁往请新建赵令，席终赵令未至。该教士复邀入密室，出示议约，立逼签字。卑职仍以正言力拒。讵该教士愈加无理，势将用武。卑职见其神色暴戾，即托故走出。其时中门扃闭，无路可走，只得避至司事刘姓房内，央其劝解。乃该教士从后赶至，授以一刀一剪，逼言汝死案即可了。卑职气忿填膺。该教士喝令二人强执卑职两手，用力一刀，复用剪猛戳咽喉，卑职血溢昏跌，痛不知事。现在伤重垂危，因公殒命，死不足惜。惟该教士饰词邀饮，屏绝仆从，始而恫吓，继而呈凶，蓄意预谋，戕杀印官，为寰球从来未有之事。应请大人委员秉公查办，以存国体。伏枕哀鸣，仰乞垂鉴。

《时报》光绪三十二年二月十七日（1906年3月11日）

南昌大教案十四志

《汇报》云：江大令惨于初七日巳刻身死，实因伤势沉重，饮食不能下咽，令人不忍目睹。初八日下午抚宪及藩臬各宪亲临看视，均洒泪痛哭。是日亥刻入棺小殓，由介弟南坡大令禀明层宪，盖棺而不封钉，加漆而不封口。初十日上午抚宪复督同藩、臬、粮、盐、首府及各同寅亲临吊丧，均各抚棺痛哭。各大宪欲亲行礼，由孝子等环跪挡阻。抚宪挥泪而谕曰：尔父为国为民，捐躯饮恨，我必奏闻，请旨优恤，万不忍其淹没也。同寅诸君均各次第行礼而退。

江大令被害后，教案决裂，现经上台札饬严拿匪等，闻已拿获多名，均于初九日解往南昌府署，上台特委署盐道沈子培观察、云南候补道翁述堂观察会同审讯。

英领事倭讷君于初十日巳刻率众亲诣各处教堂地方详细察看，当即绘成图样。省宪派兵随同保护。验毕，领事即偕臬台余廉访前赴臬辕饮宴。

《文汇报》得九江十三日来函云：据闻察得南昌县主之伤并

非由于自刺。果尔，则行刺者果系何人，此亦一疑问题也。自受伤至殒命其间约历一礼拜。当乱事未起以前，据华人传说，谓该县之伤，尚不至于致命云。

《字林报》得南昌十七日来电云：法国炮舰奥尔莱号于十五日抵此，英国炮舰梯尔号亦于今日抵此。法人曾将江令之尸体仔细检验，赣抚亦曾派医生代政府检验。

《时报》光绪三十二年二月十九日（1906年3月13日）

南昌大教案十五志

南昌江令被刺回署后，即上一禀于上宪，陈明当日惨被诱刺情形，该禀已登十七日本报。兹悉当日更有附禀一件，系因当时有诬江令为自尽者，故特自辩明。其词录下：

再，卑职颈项共有三伤，恐他人有谓卑职系自尽者，则三伤可验，不辩自明，求大人作主。卑职召棠忍辱禀。

又探悉江令廿九晚受伤后，即在教堂内忍痛亲缮一禀。兹为补录于下：

敬禀者：卑职于今日三点钟应法教士王安之之招，席间谈及新昌教案，要挟万端。卑职据理力争，不允所请。忽被一五十余岁者将卑职右手握住，左手又被一三十余岁者从后执紧，猛将卑职喉间刀划伤，旋用剪刀刺进。可怜文官无用，遽尔昏迷，求各大人作主。卑职为百姓请命而来，死无足惜。惟值此国家多难，总求宪台以保护教堂为第一要义，免贻外人口实，然后电达外部，执理固争。卑职服官数十年，薄得民心，倘因卑职被刺，百姓乘机蠢动，焚毁教堂，伤害教士，上贻君父忧，则卑职虽死，亦不瞑目。惟请大人怜之。

《时报》光绪三十二年二月二十日（1906年3月14日）

南昌教案再志

南昌一案，其中情形已纷载各报，捕风捉影，事半模糊。即本报九、十两期详细登载，亦有未尽之处。今又据友人函述各节，事较详细确实，亟译之以供众览。据云上月廿四日，南昌令江召棠以王教士之请，曾来堂商办本地小案数件。议毕后江令对王教士曰，吾愿与贵教士申议新昌一案。江令因新昌闹教案内曾将闹事首凶数名释放，并将被告两人带至南昌，亦许不罚教士。因江令轻纵罪犯，将事控诸沪埠法总领事，并控诸北京法使署。此时江令知己身将有不便，故急欲议结此事。惟是日尚未详议，江令动身时曾面嘱堂内备筵，请予以便，再商此事。王教士谓不必劳驾，吾来署商议可也。江令曰不然，此处地方较为清静，不若敝署喧哗，故坚执前议，且云吾来时只带仆从二三名，亦不至惊扰贵堂。至翌日江令又饬人持片送礼数色至堂，并云明日准来堂。王教士初讶其错记所订日期，然仍设馔以待。至是日果来。王教士延入客厅，俄出馔请饮。讵江令坚却谓，今日来此非为餔啜也，因欲请贵教士缮一函与吾，内言新昌事，责我何故不速行了结，措词宜十分严厉。盖新昌案悬宕至今，实非吾故，因上宪不允耳。且上宪于吾前日办事，功绩毫不存诸心。贵教士既以此函与吾，吾可速了此案。惟函内宜加一语云，若不照办，将调兵舰来南昌云。江令即饮茶一杯而去，临去时又云廿九日再来。以上情节有西士罗君 Rossignol 在场亲闻，可为证人，实非虚语也。嗣王教士嘱司事刘先生作函，邀江令廿九日来堂宴饮，函内切勿稍露圭角。至廿九日三句钟江令来，即团坐而饮。席间毫不提及新昌事，惟闻江令屡言予心中十分烦恼，因上宪不鉴予苦心。席散，江令忽欲趋入杂役人住室处，王教士止之曰，此处现方准备造堂，十分尘秽。江令不听，呆立于彼，后经再三相劝始往王教士卧室旁小厅内。入此室后，江令始议南昌案内章程。王教士初疑该令权限未必及此，且彼平日未邀宪眷，今日又非奉命来此，恐所言章程不能办到，今姑嘱将章程数条书出，函寄九江郎主教处。即授笔一枝，江令又不肯下笔，云吾愿至刘司事处录出，由刘呈阅。江令即至刘室内，而王教士遂亦入内矣。江令于刘室内录出后，为刘细讲一番，即授于刘手云，你进去亦须将情形讲于教士听，一如吾之讲于尔听者。于是刘至教士处，历时约一刻之久。及刘去后，江令忽从室中出，与从来之兵附耳细语，兵即飞奔而去。初不知所语有何事，兵之去为何事也。江令复至刘室，将门紧闭。是时适有在堂一役人送茶来，江令曰，你拿去，我不要，役人遂出。江令又将门关闭。未几又有一役人经过此室，忽闻室中有长叹之声，役人疑之，从玻璃门内探望，见江令卧一长椅上，颈中血如泉涌。役人骇绝，奔诉王教士。教士至江令处，知系自刎，即飞赴抚辕详诉一切，回堂即请医生敷药。江令口不能言，索笔作字。一夕间书有数纸，有与王教士者，有与刘先生者，字条中语意大抵谓，今日之死为救此方百姓起见。又与伊弟二纸，一要药，一言此次举动实心中有鬼逼迫所致。然至是而外间已风声鹤唳矣，阖城百姓皆误谓教士杀县令。抚宪胡中丞即派诸官来查，至者有盐道、新建县令、臬司，王教士即将一切情形详细指示。至晚王教士接洋务局宪公文，嘱交出凶器。教士即复云此事吾全不晓得，系江自刎，吾安有凶器交出。此信甚长，缮好封发已初二午刻矣。是日学界中人遍发传单，其文曰，现本省天主教堂诱刺南昌县江大令，欺藐吾国已达极点，凡我同胞靡不心痛，兹准于本月初三日十点钟开特别大会于百花洲沈公祠，无论官商工农学界，均请降临，以筹文明抵制挽回国权之策，决不暴动，致碍大局。专此通知，敬祈转布。江西全体学生白。云云。是日新昌县令来堂索佣人二名，谓臬司要研究案情，并请王教士同去。教士不允，谓堂中人一入衙署，外人见之，愈信为堂中杀人而被逮者。且吾去，外间更疑吾为凶首被官拘去，不若请臬宪来堂，无论询问何人，均可从命云云。未几匿名揭帖愈多，措词皆异常激烈，且用红色水大书以醒人目。此两日来，堂外已有兵看守，惟闻哨弁诫兵卒曰，当心勿放洋人逃走。是来堂之兵非防匪也，防教士之出走耳。至初三日十句钟后，一唱百附，烈焰横飞，教堂遂为焦土，教士遂毕命乱匪之手，此非无妄之灾乎！

以上各节，一由西士马君 Martin 于闹教后亲述。马君盖与王安之教士住居一堂，见闻甚确；二由西士罗君述出，罗君于江令自刎时虽不在堂，然于闹事前亲闻于王安之教士者也。今二君尚在，可作证人。

本馆按：此函大略，亦载诸本埠法文报，英报亦即译登。

《汇报》光绪三十二年二月二十日（1906 年 3 月 14 日）

南昌教案续志

九江续函云：当江令于正月廿九日在堂受伤后，臬宪余廉访及粮道、盐道并南昌府徐太守、新建县洋务局委员吴全先后均来堂勘视形迹伤痕，确为自刎。江令当臬宪余廉访来堂验看之时，自书“教堂自尽，辜负宪恩”八字，并该令受伤后在堂亲笔自书字据数纸，内间有血迹，及笔法模糊认不清者，大略谓我死为救新昌棠浦子民，并不与教堂为难，请教堂勿怨我，勿恨我等语。其字据现尚留存在堂，可为江令自刎确据。

本月初一日江令抬回县署以后，外间即谣言欲焚杀教堂教士，与江令报仇。并有大绅家在大中学堂肆业之子弟十余人，在江报馆用铅字印就传单万余张，自行乘轿或骑马在街散布，虽僻巷小户及五大宪各衙门，亦无不送到，各衙门均受而不辞，并不禁阻，尚谓其热诚爱国。闻该绅等与江令非亲即友，故出而为首，以泄其仇忿。

当初一、二日南昌谣言焚堂杀教并散布传单，王总铎即虑有事故，迭次函请抚宪胡中丞请派兵保护，而胡中丞力言可保无事。固请不已，始派老弱标兵三营来堂驻扎，名为三营，实则数十人耳。又皆空手，均无刀枪等军械，又名为保护，实则暗防王总铎私行脱逃，有该兵官向兵丁等私言，被堂内人窃听可证。迨至闹事之际，该兵等不惟不任保护，反行助匪等之势，乘势殴人抢物，无所不至。另扬言曰洋鬼子今日均已升天。又闹事之际，省城各大宪及地方官并未出外弹压，故任匪等自是日午时烧堂杀人，至晚始止。不然合通城之官势及合省之兵力，不能保护数教堂及数洋人，谁其信之?

当初三日午时，匪众来烧老贡院堂之际，前门人多不能出，王总铎由后墙挖洞而出逃，奔至系马桩福康小轮船公司道员邹殿书家藏避。讵匪等由后追至，入室搜出，在门前用乱石及刀击至垂危，又复拖至东湖三道桥地方，方始气绝。身上衣裤均被匪等剥去，将尸抛掷湖内浸至一日夜之久。匪等复又乘隙迁怒于邹家不该容藏洋人，当将该道员家器项、衣物、银钱、古玩抢劫打毁一空，所失颇巨。

当是日匪等焚烧老贡院堂之际，松柏巷法文学堂五西教习均逃奔出城外，意欲渡河至马厂堂暂避。乃无人肯渡，该教习等情急出洋二十元，亦无有应者，后被匪追至，均被击毙，尸身亦均被抛掷河内。

又老贡院堂马司铎禹鼎当烧堂时，仓皇逾垣出外，冀欲逃避，讵被匪等瞥见，用石乱击，致头身受有重伤。幸后有兵丁数名上前力救送署暂避，得免击毙。初五日抵浔后在医院诊治，未知可有性命之忧否。

匪等将老贡院堂及法文学堂焚烧以后，又复拥至城外马厂堂，幸该堂罗司铎望达及仁爱会五贞女闻风得早，均避于附近工艺厂内，后于是晚改装杂于兵卒中混进署内，次晨即乘西泰官轮来浔。

又城内老贡院堂石司铎长年，于未闹事前染有微恙，在城外马厂堂医院诊治，然并无妨碍。此次事起仓卒，该司铎当经罗司铎抢救背负出外，适值是日风雨交加，倍受寒湿惊恐，于初五日来浔后医药无效，延至是晚九点钟在九江医院逝世。总计南昌此次闹教，焚毁城内老贡院堂一处，城外马厂堂一处，城内松柏巷法文学堂一处，共三处。击毙王总铎安之一人，法文学堂西教习五人，惊毙石司铎一人，共七人。又焚毁福音堂一所，击毙英国金姓牧师夫妇及其小孩共三人。其城乡各教民家被抢、被殴、被杀者，尚未查悉数目。此本月初三日南昌闹教之实在情形也。

《汇报》光绪三十二年二月二十七日（1906年3月21日）

南昌大教案二十六志

津海关道梁观察敦彦，随员直隶知府汇谦，号益轩，旗人；知县邵孔亮，号斌侯，安徽人；钱固骧，号瑞亭，浙江人；江西知县宗鹤年，号子立，江苏人。又哨官一人，亲兵六名，家人五名，厨子一名。法国三等参赞端贵，随员文案赵庚云，号孟祥，奉天人；上海主教樊体爱、罗望达，教民刘宗尧（即王安之之刘司事）、周姓（系武职，江西奉新县人）、艾老三、胡姓、武姓、胡姓，另六人未详姓氏。总管张姓，浙江人；厨子王姓，山东人。梁观察、法参赞及随员等坐大官船四号，由官轮局派小轮三号拖带到省，法舰阿纳利亦护送来省，于念五日到。梁观察行步上岸，法参赞穿便衣乘绿呢大轿，均至滕王阁小坐，各命舆入城，至抚院拜会。宴毕，到八旗会馆公寓。江令妻子拦舆哭诉其夫父遭害情形，甚为惨状。次日（念六日）中丞仍在本署设筵宴会。樊、罗两主教住新巷课吏馆旧址。

江云卿大令卒后，同寅皆有哀挽联轴。闻有某观察之联文云："会垣重地而敢戕官，目中岂尚有人哉！吁，同寮之耻也，同宗之戚也，同乡之疚也，同种之忧也。公理不伸，致于仇杀，民情亦大可见矣。噫！谁尸其位乎，谁速其祸乎，谁任其责乎，谁职其咎乎？"又闻某绅联以四字云："为民流血。"

南昌县江大令前任上高八年，有惠政，乡人为立生祠以祀之，邻界新昌棠浦乡人亦受其惠而德之。前年棠浦教案几决裂，官军订定某日进剿，乡人亦预备是日决死抵抗。大令闻信，兼程星夜前往，请缓师期，即冒险入棠浦乡，解散调处，乡人感戴不忘。兹闻大令为教士所杀，棠浦乡人为设灵位龚姓祠，挂孝举哀，如丧父母，同时上高乡人则就大令生祠挂孝举哀云。

《时报》光绪三十二年三月三日（1906年3月27日）

江抚胡批靖安县禀

（为天主教民肆闹县署事）

靖安县曾森桂禀：天主教民舒宽裘等纠众直入衙署，寻衅闹堂，殴兵毁物。当将滋事之犯拿获五名，讯责管押。可否从轻发落，抑提省审办，恳乞鉴核训示由。

批：据禀天主堂教民舒宽裘，乘该县放告，无故纠众入署，寻衅闹堂。据供称因酒醉糊涂所致，一再恳求免办，尚有畏法之心。除行按察司并派办政事处洋务所遵照外，仰南昌府速即选派干员前往查明，会同该县提犯，究明有无为首之人，就近确讯断结，具复核办，毋任滋事干咎。切切。仍候督部堂批示。缴禀抄发。

《时报》光绪三十二年三月八日（1906年4月1日）

恽学士毓鼎论南昌教案折

奏为江西教案，祸由激成，办法宜争先着，庶足抑强邻而纾隐患，恭折仰祈圣鉴事。窃见江西南昌县教堂诱戕知县江召棠一案，该神甫恣横不法，骇人听闻，以致激成民间暴动，焚教堂，杀教士。臣闻法公使要求惩办官吏，查拿首要，其兵轮驶入鄱阳湖，意在恫喝。夫地方官固有不明弭乱之责，然首县猝被戕毙，事出情理之外，民间举由义愤，势难兵迫威陵。防范之疏，弹压之不力，俱不任咎也。平民聚众闹教，且不辨是非，波及英国，固难逃倡乱之诛。然百姓生视父母官为教士凶杀，而漠然无动于中，安得为国民？犹之子弟目击其父兄为盗所戕，而袖手不为报仇，安得为孝子悌弟？且江召棠素得民心，该神甫胆敢诱杀县官，其平日鱼肉华民不言可见。此次暴动，实有激而成，是故办乱民以谢英人则可，更诛我民以媚行凶之法人则大不可。况该神甫凶悖无理，不特为我国自有教案以来所未见，亦为各国自有交涉以来所未闻。若再办官吏杀良民，以讨罪雪耻所当行，反为息事求和之迁就，辱国体失民心，臣不知国将何以为国也。嗣后各国效尤，皆将施其野蛮手段，民间义愤所积，势将一决难收，教案之多必有倍于今日者。臣愚以为敌衅固畏轻开，国势亦不可过弱；邦交固当兼顾，民心尤不可重违。处置之方，切宜审酌。此案英国一面须认误伤之过，申饬地方官不善保护，查拿倡乱匪徒以谢英人，而分英法合从之势，抚恤赔偿酌量办理。法国则责其诱杀县官，令将该神甫王安之交出，按律惩办。其英国损伤，事由法国而起，抚恤赔偿之款，似应索诸法国，乃得其平。夫同一惩办赔偿，为英人言之，则不失敦睦友邦之体，为法人言之，则启宠纳侮，不特无以示各国，亦无以平江民之心。盖未经焚杀之先，直全在我，既经焚杀之后，而又波及英国，则不能不苦心分别曲折，以剂其平。臣既愤法人之横，又恨愚民无知，往往逞一时之忿，上累朝廷，此亦事之可痛者。臣徬徨数日，难已于言，愚昧之见是否有当，伏乞皇太后、皇上圣鉴。谨奏。

《时报》光绪三十二年三月九日（1906年4月2日）

临川绅民痛悼江令*

江云卿大令前任临川，颇多善政。如创办小学堂暨育婴善局、蚕桑工艺等局，皆可指数。其尤著者，临川旧有廖家摆圩堤，颓废多年，不能修复，自大令接篆后，独力捐廉，倡议兴修，所有长堤一带修筑如初，约计可多收稻谷三十万石。土人名其堤曰“江公堤”。另建生祠三处，一在乡间，一在城外，一在城内。今闻大令被刺遇害，远近乡民深为悼痛，城中绅士等邀集农民，先在各生祠挂孝三日，望风遥祭，仍拟联名上禀抚宪，奏请加恩列祀名宦云。

《时报》光绪三十二年三月九日（1906年4月2日）

法参赞要求处置江召棠*

三月初四日北京电云：赣抚胡廷幹电奏，谓法参赞端贵声称江令召棠自刎图赖，大坏教堂名誉，关系非轻，应予江令革职处分。持之甚坚，磋商未协，拟请先行提议初三日匪徒焚毁教堂杀害洋人案。外部以不能先后倒置，不允。

《汇报》光绪三十二年三月十一日（1906年4月4日）

南昌府徐呈报南昌教案禀

敬禀者：窃卑府于正月二十九日夜，闻南昌县江令在老贡院法国天主堂被杀受伤情事，当即驰往，与署新建县赵令查看。见江令倒卧在教堂司事刘宗尧房内椅上，咽喉刀伤甚重，血流不止，询问衅情，已不能言。据将亲笔供词呈由卑府，于是晚面呈抚宪察阅，奉谕复至教堂确查如何致伤情形。王安之强词诿辩，次早又随臬宪、盐道宪前往详讯，而王安之乃执手枪势欲行凶，未便追究。爰即督同赵令提讯江令随从之茶房黄荣、家人徐荣，并称江令初入教堂，经王安之邀至花厅对坐茗谈，旋请至大饭厅上席，即令伊等出外，将门关闭。定更后见江令走出，低言棠浦教案大翻，被王安之威逼不放，速请新建县来。伊徐荣驰马往报。二更时候伊黄荣见王安之提灯，同两中国人出门走去。旋有管堂之哑吧走来，用手比做本官被杀形状，适新建县已到，进内见江令被杀等语。饬县详细复讯，录供开折禀报。旋奉抚宪谕饬传知警察各分局，加意保护教堂。卑府复念堂多兵分，恐难力及，密谕各局厂委员，无论何处，但有附近教堂、教士、教民，不拘何国，均宜随时设法，一体保全。二月初三日早，风闻百花洲地方有学堂学生虑及愚民暴动，会议演说劝解，观者人众，随即驰往弹压。讵莠民藉词为父母官报仇，一倡百和，拾石乱击，已将演说之人赶散，蜂拥至老贡院天主堂门前掷石，将保护教堂之常备军弁勇及警察南局总分巡殴伤挤跌，堂内业已起火。警察东西局两总分巡闻警，率兵驰至救火，均受石伤，不能前进。莠民乘乱破门而入，王安之由后门潜逃，被莠民追逐，用伞柄纵殴，逃入邹绅凌瀚寓所。莠民追入，尽毁邹宅器具、物件，将王安之殴毙，移尸三道桥，弃入东湖。同时松柏巷法文学堂火起，五教习均已逃走。适卑府驰至，遥见马教士由天主堂逃出，仓猝奔避，莠民随之，南局黄总巡力以蔽护。卑府督饬兵役，奋勇阻击，令徐分巡惠全暨总局巡兵王清泉扶掖马教士上城，潜至进贤门官厅，交委员杜灿光密藏保护。又见罗家塘救主堂火起，饬徐分巡前往救护，见金教士夫妇及其女已受伤倒地，适西局总分巡赶到，将金教士夫妇救出，女教士已死，金教士移时殒命。随饬南局总巡将其长女交朱家濠耶苏堂女教士花玉林收留，另派总局巡长将其次女保送棉花市小教堂藏匿。一面查得法文学堂逃出之教习五人，已出进贤门，立即驰救，闻已在三角塘被人殴毙。卑府因念马厂天主堂与工艺厂相离咫尺，堂内男女教士多人，亟宜保护，暂时躲避。又虑工艺厂流民闻风蠢动，严谕该厂委员、卑府照磨朱建勋、许令德芬前往传知陈令夔、程委员步云，会同相机设法保全维持。堂内火起，莠民将原派保护巡兵挤散，纷纷由前门拥入。许、陈二令以该堂后门人尚不多，赶进，见城外沈分巡觅得罗教士望达，欲出后门，闻门外人声鼎沸，即商同拔去堂旁菜园竹篱走出。尚有石教士昌年卧病，并法国女教士四人、中国女教士一人未走。该员等见火已延烧及近，遂饬令巡兵、教民将石教士送至工艺厂附近教民罗姓家中，并将女教士五人亦护送至徐姓屋内，旋即乘间一并邀入工艺厂。朱照磨建勋、程委员步云不动声色，稽查厂内各号流民，均尚安静。卑府至厂，莠民有来厂索问者，均督同该委员等弹压开导，始行走散。当查该厂巡兵太少，饬令不得稍涉张皇，以免惊恐。一面派陈令夔入城面禀各宪，并派许令德芬设法护送男女各教士出厂。卑府亦不敢久停，免露风声。复闻耶稣堂有人哄闹，即驰往救护，会同马队营将英国教士读耳老夫妇及其子女，与英教士李思忠夫妇并其女一共七人护送至马队营暂避。分命德外分巡孙焌速雇红船驶至铜元厂，将葆灵女书院女教士郭恺悌、胡云两女教士，福音堂简牧师夫妇及两女、鹿先生、美医院贾尔思夫妇儿女四人、教会好小姐、中国女教士五名皆上小轮船。许令德芬徒步奔赴轮船局，适小轮已开至铜元厂，即定西泰轮船又因不能上驶，复遇水师营哨官吴攸济，同至义渡局借救生船，开至工艺厂附近之将军渡，时将四更，雨路泥泞。许令登岸回厂，时有警察局委员童令炳森、常备军魏营官、水师营洪统领等带兵亦先后皆至，商允男女各教士改装杂在兵队，护送同上轮船。马队营亦同时保护英国教士读耳老等七人共登小轮。卑府亲赴铜元厂河干，眼见各教士登轮开驶赴浔，时天已将曙。后往附近城内外各教堂巡查，计保护未毁者十余处，严饬营县及警察各分局暨各委员认真防护，不准再有疏忽。伏查此事衅起已死法教士王安之杀伤地方官，激成众怒，以致变起仓猝，防不胜防。当时弹压之弁兵等，因滋事之人无一持械，且观看人多，良莠莫分，未敢放枪，是以顾此失彼。现已勒差拿获首要，各犯容俟确讯究办外，合将滋闹及保护情形禀报大人俯赐察核云云。

《时报》光绪三十二年三月十一日（1906 年 4 月 4 日）

南昌大教案四十一志

法参赞端贵在西大街崔姓屋内挟妓饮酒，大受政府电责。端得电后惊骇失色，疑必有人电告，即告于臬台请为查究。余廉访旋饬南昌县孟大令至电报局查询。据电局中人云，除暗码外，并无明码告此事者，惟报馆中有数电亦未详何人所发，即照禀复云云。

外务部电：南昌教案提京商议，梁观察、法参赞均于十三日启程回京。

法参赞带来之文案赵庚云沿途招摇需索，到江后亦复任意妄为，一切供应无不挑剔，当道不敢稍拂其意。日前向绅士索银三千两可保无事，某绅士许一千二百两，事为法参赞所知，并获往来书信，即将赵送交抚台惩办，旋发南昌县管押。

此次教案出后，天主教民赴县禀报抢劫者有数百起之多，多系挟嫌诬告。日前樊教士特告白各教民不准妄告无辜。有教民二人在乡间需索，已由县拘案惩办。

南昌天主堂神甫闻即派樊体爱充之。

王安之司事刘宗尧现在看守，以备外部提质。

南昌教案，政府命鄂督张香帅查办，现香帅派署臬梁鼎芬廉访来江查察情形，已由鄂动身，日内可到。

陈季同副戎定十六日回宁。

洋务局添委办理交涉，各员除支应一员外，余均定日内一律销差。

洋务局派委招待英领事，各员无不托交名条求委差使。现闻王祖彝大令已委瑞昌统税。

近日洋务局料理教案案卷，以备梁廉访调查。闻初十日罗望西教士函送不甚安分教民某甲，请南昌孟紫乡大令惩办。当即出票提案讯究，忽有多数教民偕来县署根问情由，经孟紫乡大令将罗教士来函掷阅，各教民始各星散而去。

《时报》光绪三十二年三月二十日（1906年4月13日）

南康民变

南康府近有民变情事，该处教堂岌岌可危，特请九江常备前军统领陈得龙副戎带兵一营，于初八日午后分乘官轮局船，驰往弹压。闻其起事之由，因建昌府近曾拿获匪票小头目一名，供出党羽，经该府奚游击驰禀九江总镇刘军门，飞饬附近营汛严密缉拿。南康城守黄海门前日拿获形迹可疑之乡民四人，拟欲解究，众心不服，纠合一二千人持械劫夺，与官为难。想必有莠民煽惑其间也。

《时报》光绪三十二年四月十二日（1906年5月5日）

南康民变续闻

南康府因黄守备误指乡民为匪，群情不服，纠众劫夺，哄毁衙署。九江常备军除初八日开去一营，以资弹压外，闻尚不敷分布，于十三日续又派出一营，仍乘官轮局船驰往云。

《时报》光绪三十二年四月十七日（1906 年 5 月 10 日）

饶郡匪警详志

赣函云：鄱邑砚田街时山地方，忽有会匪数百蚁聚。日前该邑县丞刘二尹，因奉饶州府何崧生太守札委，赴各乡谕办团练，以防会匪蠢动。乃甫至砚田街谕办，适该会匪亦使匪党至该处遍贴灭洋檄文与安民伪示各一纸。乡民奔告刘二尹，请其速避，恐会匪猝至，地方不能保护。刘二尹见势不佳，即避于他村，复又使人侦探。黄昏时始见有匪数百人，由砚田街村后经过，树旗旄，罗弓矢，炮队前呵，马兵后应。开首大旗则大书悖谬之字，声言前赴景德镇焚烧，顺流到饶，以为我等除害安良。初六日该匪行至浮梁县所辖洗马桥，遇一乘马者，该会匪即将人杀毙，夺其马而去。后至景德镇，探有巡防兵驻扎，复回匿时山，勒民入会，备食物财帛应用，否则抢劫，致民不堪命。该地绅董来城与刘二尹面禀，陈朗侪大令转禀省宪发兵剿办云。

《时报》光绪三十二年四月二十二日（1906 年 5 月 15 日）

饶州匪警续闻

饶州、景德镇、浮梁、鄱阳各县，近有票匪势甚猖獗，已派九江常备军前往相机剿办等情，曾志本报。兹闻此项匪徒党羽众多，结盟散票，该处有多数绅士亦均入会，甘与为伍，毫无顾忌，骚扰实已多时。是以景镇各磁窑往年二三月即须开窑者，今年四月均尚未开。日昨新任赣抚吴仲帅过浔，闻悉情形，复又面谕玉关道，续派常备陆军三百名，星驰前往，以厚兵力而资防剿，俾免酿成巨患。

《时报》光绪三十二年四月二十三日（1906年5月16日）

南康府民起事缘由*

江西南康府民滋事已见本馆中电。闻起事原因，因前任星子孙奉文，粮串每张加征三十文，乡民不从，致聚众滋闹，毁典史衙门云。

《汇报》光绪三十二年四月二十三日（1906年5月16日）

义宁茶工滋事

义宁州茶工麇集，因春雨过多不能采摘，致市上食米不敷，群情鼓噪，兼有湖南平江会匪从中煽惑，大有蠢动之势。由该州金牧会同驻扎该处之巡防军竭力防堵，一面飞禀省台请示办法。

《时报》光绪三十二年四月二十四日（1906年5月17日）

南康匪警三志

南康府星子县革生吕昌蕃勾结匪徒，散卖票布，冀图纠众肇乱。经该县禀报南康府会营查拿，并由该府驰禀省台，浔道拨派九江军队驰赴防堵，人心大定。该匪吕昌蕃闻风潜逃来省，南康营备办会缉公文，密委外委李洪胜追踪而至，已在省城司道前茶馆缉获，送交南昌县收禁，听候处办。兹追录南康府王守禀稿如左。

敬禀者：本年四月初五日，据卑属星子县杨令焕禀报，该县所属清风党地方，有革生吕昌蕃兄弟勾结匪徒，散卖票布，谋为不轨。业经会营严密查拿。现据城守营兵丁探称，伊等行至钱家湖饭铺住歇，吕昌蕃等聚集数十人，各执刀矛围店喊杀，伊等往后门逃出。似此置备军械，一经禀拿，势必拒捕。南康营兵丁仅七十名，不足以御凶锋。禀恳转禀，请拨常备军队下县，以壮声威等情到府。查此事前经卑府据报批饬会营严拿，一面拨发告示，解散被惑愚民，并禀报宪鉴，请饬接署该县刘令迅赴新任在案。兹复据卑府密派亲信友丁侦探回称，该县五七八都地方，闻有莠民拟于初八、九日聚众起事之说，虽系谣传，而人心惶惶，不无震动。加以该星子县杨令病势甚重，忽于昨晚潜令眷属贪夜出城，登舟迁避。民间知之，益形慌惧。查该县所禀情形，虽不十分吃紧，而证之卑府友丁所探，颇属有异。因思卑府地控鄱湖，又近长江，深恐外来匪徒乘间勾结煽动之事。且现在存城兵丁为数无多，势殊单薄，一旦果有警信，诚未必足以抵御。为地方计，不得不先事预防。再四思维，除据情转禀巡宪就近调拨驻浔防营，即日拔队星驰下府，以便相机搜拿，一面严缉吕昌蕃等务获究办，并藉以资镇摄而安民心外，理合禀请查核云云。

《时报》光绪三十二年四月二十六日（1906年5月19日）

命恩铭严拿土匪上谕*

军机大臣奉旨：恩铭电奏称江西鄱阳地方匪徒倡会，窜入安徽建德县境，经拿获汪荣周等六名讯办。匪徒闻风逃散，窜回江西浮梁之桃墅店，并闻立有盘山会名目，羽党甚多等语。匪徒倡会滋事，实为地方之害，亟应加意防范，及早扑灭，以遏乱萌。著恩铭、吴重憙督饬各属，严密堵拿，迅速惩办，期尽根株，毋稍大意。钦此。

《时报》光绪三十二年闰四月一日（1906年5月23日）

饶属匪警余闻

饶属滋事系新昌、都昌、余干等县人，共四百余名，经鄱阳县在山中捉获制旗裁缝，始知踪迹。有一数十名窜入浮梁西乡，杀一教民并两猪，摘取心肝祭旗，旗上大书“扶清灭洋”字样。该党本系仇教，又与该教民素有仇隙。尸亲不敢呈报。经浮梁戴把总查知，仍不欲地方官相验，现均逃散。本拟将请兵之禀追回，某太守以景德镇正值四月窑厂开工，每届此时，四处客民纷至，恒有抢劫之虞。现在浮梁县尚押抢案之犯四十余名，况属风声鹤唳，民思蠢动，不若仍藉兵力以镇慑之。新中丞吴仲帅道出九江时，经玉水清观察禀陈景镇可虑情形，遂又饬常备前军统带陈得龙加拨兵丁，即日由小轮装运赴饶，一面电咨安徽抚台堵截。外间浮言因而愈甚，实已平静无事矣。二十日有鄱阳亲兵赍投玉观察及南京周玉帅申文各一件，鄱阳陈朗侪大令致德化濮瓜农大令信一函，据称亦谓该县安静如常，惟九江府属彭泽县，昨有禀到郡，以鄱阳匪徒将窜入境，闻当道派常备前军前往防堵。

《时报》光绪三十二年闰四月三日（1906年5月25日）

萍乡中学堂之风潮

日昨由江西萍乡县学界致电上海中国公学，略云：萍乡中学堂因监督汪凤翙及教员李德镛营私舞弊，激起风潮，挟县令彭信汪唆使，突于本日下午发兵差围堂，各学生有刀伤者，有被拘者。如此情形，难免众愤，其详细函达，祈将电语登报云云。

《时报》光绪三十二年闰四月九日（1906年5月31日）

江西因米贵激变警闻

《字林报》得南昌初九日电云：江西抚州建昌中间之尧山（译音）地方居民，因米贵激变，会匪乘机起事，百姓多迁避城中。驻泊南昌之英国炮舰斯那帕号，定于明日起程向该处进发。抚台现正在调派营兵，预备驰往弹压。教堂并未挠动。

《时报》光绪三十二年闰四月十日（1906年6月1日）

抚州荣山因米贵起事*

九江电云：抚州府荣山地方有土匪五百余人，因米贵作乱，掳去兵役五人。已由南昌暨九江迅派防营及绿营兵前往剿办。

《汇报》光绪三十二年闰四月十五日（1906年6月6日）

江西饥荒情形

江省今岁水灾，禾稻淹没不少，被水各区收成无望，均肇饥荒。兹值青黄不接，米价飞涨，省城米价每石涨至五千以外，现尚未已，各米肆且均奇货可居。民食攸关，事甚急迫，当道拟开平粜，尚未实行。日前距省六十里之市汊镇有罗全兴米店因囤米不售门市，专应客贩，被乡民抢劫一空。又有外省来江运米出口者，亦多被乡民阻截云。

《时报》光绪三十二年闰四月十八日（1906年6月9日）

南昌府属乡民因米贵滋闹类志

江省今年水患，早稻被淹不少，以致各米店高抬米价，并多停售门市，专供客贩，以致民情鼓噪。如市汉、茌港二处，乡民均有先后捣毁米店之举。奉新县因外来购运过多，民心亦颇不靖。日前省城各米店亦均抬价居奇，经地方官出示禁止，并由藩司周方伯出示，严禁各处不准运米出境，于是民心稍安。

市汉距省六十里有米店二十余家，间有牟利过甚者，不应门市，专供客贩，民心惶惶。各米商因商议开设公所平粜，乡民有不知其详，误会者以米店罢市，因纠众将该处最著之罗全兴抢劫。各米店公禀南昌县孟大令，即饬差拿获数名，并请委员管纯桓大令赴乡查察情形，以凭核办。

茌港距省九十里，因运米出口过多，该处乡民纠众抵制，亦捣毁米店一家。日前教会孔牧师去抚州经过该处，见民情汹汹，急告抚台。即饬将该处教堂保护，故派员往查，较前处尤为认真云。

奉新县西乡与义宁州交界，因所有米谷多被客商贩运出口，东南北各乡亦存米不多，均有匮乏之虞，民心惶恐。该县应大令衷驰禀上台，即派南昌城守营兵四十名前往弹压，以免滋事。

《时报》光绪三十二年闰四月二十二日（1906年6月13日）

临川会党起事*

江西临川县一百零八都毛排村，有会匪甚夥，名曰仁义会，在建昌府地方扰乱，乡民惊恐异常，几有不可收拾之势。并于建昌城乡等处遍贴伪示，语多狂悖。闰四月初六日，建昌府派营兵在该村富户彭信仔家中搜获火药八斤、匪徒十余名、匪妇一名。解府严讯，皆直认不讳，并认未经擒获之彭信仔即该会头目等语。现在该府属县抢民财物、勒民入会等情日有数起，致乡民皆纷纷结团自卫，教民因之寝食不安云。

《汇报》光绪三十二年闰四月二十五日（1906年6月16日）

税卡被抢详志（瑞昌）

瑞昌税卡被抢一节，闻当时天未破晓，乡民聚众持械，有一千余人，蜂拥至卡。除将一应物件掳掠净尽，并击伤司事、巡丁各一人外，卡员王祖彝亦受微伤。其内眷从睡梦中惊起，衣履不全，状极狼狈，仓猝觅船逃至九江，昨由德化县令代为照料回省云。

《时报》光绪三十二年五月五日（1906年6月26日）

南昌教案合同

为立合同事。近因南昌滋事，杀毙法人，焚毁教堂、学堂一案，大法国、大清国政府均愿将此案公平议结，以期两国交谊益敦和好，已经商定各派委员会同查明办理。大法国钦差特派三等参赞官、世袭子爵、花翎头品顶戴端贵，大清国外务部奏派直隶津海关道、花翎二品顶戴梁敦彦，前往南昌详细查明南昌县知县江召棠身故缘由。

本年正月二十九日，南昌县知县江召棠到天主堂与法教士王安之商议旧案，彼此意见不合，以致江令愤急自刎。乃因该令自刎之举，传有毁谤法教士之讹，以致出有二月初三日暴动之事。中国国家已自将有罪之人惩办。兹将外务部与驻京法国钦差议定各条开列于左，免致嗣后彼此或生异词。

第一条　应给被害教习五人家属抚恤银四万两，另给一万两作为后来新教习等川资经费之用，其款应以库平库色兑交驻沪法国总领事收领。

第二条　新昌等旧案及南昌新案所有被毁教堂、学堂、养济院等处，及教内之人房屋并一切物件，总共赔偿银二十万两整，交由教堂提款偿补各案教内之人之损失，作为一律了结。

第三条　第二条所载库平库色银二十万两分为十次交过，每三个月为一期二万两，交由法国主教在九江收领。

第四条　所有被毁教堂各红契，应由地方官从速补给管业执照。并在南昌县城内借予教堂房屋一所，以待教士盖有房屋，即行迁移。

第五条　江西巡抚应行从速出示晓谕。其告示底稿已经外务部与法国驻京钦差会订。

以上五条分缮华文、法文各四份，其一存外务部，一存驻京法使公署，一存江西巡抚衙门，一存九江天主堂。

大法钦差驻扎中国全权大臣、佩带荣光四等宝星巴押

大清钦命大学士外务部会办大臣那押

协办大学士外务部尚书大臣瞿押

外务部左侍郎联押

外务部右侍郎唐押

西历一千九百零六年六月二十号

大清光绪三十二年闰四月二十九日

《汇报》光绪三十二年五月九日（1906年6月30日）

江西德化县贫民饿死*

九江府首县德化乡间，本年并未被灾，然因本地向来多种杂粮，米谷甚少，今距城数十里外竟有乡民因米贵饿死者。有绅士将情形面禀濮大令，求设乡间平粜局，尚未奉准，是果无意耶。

《汇报》光绪三十二年五月二十七日（1906年7月18日）

吉安府镇压求缓征赋之乡民*

吉安电云：吉安府清赋局何守师昌委赵彝鼎下乡催旧欠，逼

勒需索，乡民十五日来城求缓，统领袁坦击伤多名，毙一人。十六日乡民来城较多，游匪更居中煽惑，地方官统领带兵出城击散，枪毙三人，刃毙一人，伤三十四人。吴抚现派赣道江毓昌、沈守璘庆查办。

《汇报》光绪三十二年六月一日（1906年7月21日）

吉安激变实情

江西吉安府属卢陵县催赋激变，已略载前报专电。近接确实访函，谓由地方官坐视清赋局委员带同兵役按乡逼迫旧粮而起。清赋局赵彝鼎带同兵役数十名，往乡按村征追光绪十四年以后未完清之旧粮，初至延福乡，继至儒行乡，威逼严求，不堪言状，声言既完旧粮又须加缴串费，且勒索供应。足迹所至，扰及鸡豚。众人忿其太苛，因各村集议村出一人至郡递禀。赵委闻此消息，即私行回郡，先见总办何师昌，继谒州县，均捏报乡民抗拒情形。及乡民聚众数百人到城，欲递禀伸冤，讵城门皆闭，城外营兵即指为叛民，放炮轰击，致伤多命云云。

《汇报》光绪三十二年六月十二日（1906年8月1日）

瑞昌民人抗拒兵差*

江西瑞昌之乱，孙景裴太守奉委督兵前往查办，一再饬绅明白开导，仅令其将所抢之赃悉数缴出，并交犯二十名，即行督兵回郡，从宽发落。乃该民抗不遵交，太守复向开导，并允减交十名，而该民等于所抢之赃悉不承认。太守不得已即饬县签派兵差并警兵共计二十四名，前往该村指名拘提，乃该民竟将兵差悉数捆缚，声言处死。太守闻信即饬常备军百名前往救援，现仅放十六名，余尚不知下落。而常备军到后，仍敢开枪围捕，似此负隅自固，恐难即日安靖也。

《汇报》光绪三十二年六月二十二日（1906年8月11日）

江西余干统捐局被毁

江西余干县（饶州属）黄泥洲地方，设有烟土统捐局，由该县令兼办其事。日前该县杨大令适在局中经理税务，不知何故陡来乡民多人，将局卡拆毁，随带亲兵均受重伤，并劫去库书一名。现由该县禀报到省，兵备处即委员督兵前往弹压。

《汇报》光绪三十二年六月二十九日（1906年8月18日）

德清县闹荒记略

径启者：德清县自七月初旬以来阴雨连绵，十八日起至廿二日止，日夜大雨如注，四乡田禾淹没十之八九，农民纷纷告荒。西北乡各区农民，因历年来丁漕两项库中柜上擅将洋价短缩，受亏匪浅。藉此凶荒，于念六日亭午，相率入城罢市，一拥至丁家弄，将库总书施墀笙所居之华厦捣毁迨尽，打伤乘风抢物豆腐司一人，于第二日殒命。念七日晨，湖防水师统领周某带炮艇三艘来县弹压。各区乡民仍纷纷入城，愈聚愈多，又将库书及收书江梅生、沈幼生、沈菊轩三家住宅打坏不堪。邑令傅石孙率亲兵、警察、城勇，守营邵琴轩、周统领带兵弹压。各乡民麇聚，将炮船某哨官拖至西门外，周统领即排队出城追还哨官，枪毙乡民一人，跌毙一人，当获一人。其时将近五点，乡民始各散去。惟县署及学教各堂并市场居民等均毫无损碍。是晚城中人心惶惶，谣言蜂起，居民各自迁徙，邑令即发明日闭城之令。念八日晨，浙西总巡张蓉初带炮艇一艘、枪船数艘，适有事过境，邑令挽留，以资镇压，一面请各绅士出城婉言劝导。各乡民数千人集于城之东北乡，离城三四里之遥。各绅闻而雇舟至该处解劝。彼云：我百姓们有数事相求，烦诸公转致大老爷，如得允从，我即各回乡里，决不再有暴动之举；若大老爷不肯允许，百姓们惟有铤而赴险之法，限今日即赐回音为要。其所求之事列款如下：

一、请大老爷从速定期下乡勘荒。

一、百姓们应纳地丁银两，以后详价须照入市，不能短抑。

一、百姓们所完漕米，不能有步之一字，步即加补也。惟米之好否，任凭比较，其折价须照府城一律。

一、被捉乡民即日释放。

一、被枪毙、跌毙二人家属须议抚恤。

一、丁漕二款须另行给示勒石，以昭大信。

各绅士返城，以此情形达之邑令。邑令与各官绅熟商良久，除勒石须从长计议外，概行应允，乡民始得散去，大局渐即安静。然饥黎载道，有朝不保暮之势，不识在上者如何善其后也。闻邻邑武康县亦有同样之举动。

《时报》光绪三十二年八月五日（1906年9月22日）

瑞金县衙门被毁*

宁都州属之瑞金县，日前忽有莠民勾同外匪，人数众多，乘县城无备，胆敢纠众入城，将城内衙门捣毁一空。地方文武印官均被殴伤，幸未致命。并将县城官立学堂、警察各局焚毁罄尽。业经赣南道江访吾观察雷禀抚辕矣。

《时报》光绪三十二年八月二十二日（1906年10月9日）

铅山县缉私惨闻

仆好远游，终岁离家者八九。五月间由福建返江西，十七日道经铅山县，见乡民挑盐者三十余人，挨肩而过。仆随之与盐者谈，问此地至河口路几许。盐者曰三十里，路甚近，先生怕歧误可随我辈行，我等皆弋阳兴安人，河口乃必由之路。仆闻之甚喜，以铅山山路崎岖，殊难问讯，有盐者作我先导无虑三叉矣。于是与盐者趋亦趋步亦步，沿途谈话几忘行路难。

又问盐者曰，此盐系代铺家挑乎？盐者曰否，我广信例食浙盐，价甚贵，且味淡，我皆贫苦人，省得一文得一文。故此自行走福建挑买，能买龙洋二元，大家可食半年，小家可食一年。我等所挑者皆家食也。仆又曰，贵府既例食浙盐，尔等又挑福盐，岂无盐官缉捕乎？盐者闻余言，面白而肉颤，半晌不作声。仆知其闻吾言而心有惧也，遂以他语乱之不复问。

行过铅山县城三里余，地名北极庙。盐者汗流浃背，息肩席地而坐。坐稍定后，路人声汹涌，余方驻足听，盐者已望见之，大呼曰：不好了！不好了！捉盐者来矣！余返首而视，捕者百余人，水涌而来。盐勇肩枪负炮，状如狼虎；盐委跨马督队，凶若恶神。盐者伏地乞命，叩首声如敲竹，愿以半予之。捕者圆眼怒目，丝毫不许。盐者再跪求，捕者趋前而夺之，盐者以手捉箩绳，意似不舍。盐委曰：不必与伊拉扯，开枪击之可也。盐者闻此言，滚地哀号，愿全予之。而捕者必须送转铅山县城，盐者手颤足软，似有难色。盐委喝曰：此乡蛮知法不知恩也！尔等开枪击之！于是炮声隆隆，连发数响，毙一人，弹从右眼入，穿脑后出，脑浆流地，而一手犹把于箩沿。众盐者抢地呼天，大声号救。捕者曰：尔好好送盐去，不再击尔，不然又开枪矣。众盐者见已死一人，恐惨万状，更不愿送盐转铅山县城。捕者又连发数枪，毙二人，一弹从右额角穿入，一弹从脑后入，由口中出，受伤者十余人，生全十余人。捕者见死伤过半，将盐自行肩回，未伤十余人一概捉将官里去。书至此，鼻酸心悸，泪涔涔下矣。

仆见捕者将未伤十余人捉去，返身追随之，伺其如何发落。

至县署前，捕者将盐者十余人围住。越一小时见官从外来，高坐堂皇，鼻骨倒竖。盐者匍匐堂下，伏若木鸡，颤颤无一言。堂上官肆言恐喝，手白纸一张，饬令完具领尸甘结，否则砍尔头颅去。盐者皆叩头愿具甘结，案旁吏遂以白结令其画押。堂上官下堂乘舆出，盐者亦抱头鼠窜而去。

余疑之。官自外入，知为公事回堂，事毕而又乘舆出，岂公堂一处，住宿又一处乎？询问行路人，始知县官因公晋省，堂上者乃三百钱便而翁之捕厅也。

经此一番往返铅上，表已到酉刻，知其难抵河口，遂投旅店宿。明日行路经捕署门首，见衣缉私号衣者五人肩盐入署，回问旅店主人，曰缉私巡勇何以挑盐入捕署？主人曰，此委员老爷送捕厅老爷之酬劳也。

第二日起赴河口，经昨日缉私处，死者腥臭于途，伤者咬啫于路，伤心惨目，不可言状。仆遂塞鼻掩耳而过之。

上详各节，系目击实在情形，想委员禀详上峰，又是抗官拒捕等名词，坐其应得之罪而已。

盐，食物也，与米粮同为生民所必之需也，而有公私之别。既有私矣，何小民买食则私，而官缉获之转而鬻之于人则不私，是岂私于民而不私于官乎？噫！是可见中国政界之一班矣！

《时报》光绪三十三年六月七日（1907年7日16日）

赣南闹教案详志

二十一日南昌函云：十九日赣抚瑞中丞迭接赣道王鹏九警电，赣州府城法国天主堂二所、南安府属南康县城法国天主堂一所，同于是日被乱民焚毁；南康县神甫江笃力并受击伤，旋即毙命；驻扎该县巡防后军黄管带寿山前往弹压，竟被戕毙；其余教士均派兵勇连夜护送下省。赣南接近粤东，现值钦廉匪乱猖獗，又该处拳匪、会匪麇集，深恐联合为患滋大。即电饬吉安巡防左军袁统领坦，率队就近驰往赣州。又电饬驻建昌府巡防右军前营蔡管带世衡，率该营取道往南安府。又在省城常备军二三两营内派六哨，归三营刘管带清泰率带，于二十日晚拔队驰往赣州。并派省城巡防中军右营颜管带云贵往建昌府驻扎，已定于二十二日拔队起程。闻此次闹教，实由民教相争，教民暴横积愤所致。并闻南赣各属均有毁教倡乱之谣说，警报频传，地方均异常危险云。

二十日自朝至晚，赣南来省警电仍陆续不绝。顷又闻抚署接到赣道警电，二十日下午赣州城内耶稣教堂两处同时被乱民拆毁。又电该府兵力单薄，地方危险，请省多派援兵。

赣省又加派陆军协统李瑞，于二十一日早起程往赣办理。二十二日函云，闻瑞抚以此等重大事件必须明干大员办理，方免遗误。署赣南道王鹏九到任未久，措置不善，特电饬卸任。赣道现委署臬司江毓昌留驻赣郡两月，专办此事，所有调往各军队均归该司节制。缘江廉访任赣道数年，威望素著也。闻瑞抚已接奉政府复电，饬令迅速剿平匪乱，妥筹善后，并饬各属妥慎保护教堂、教士，以免再有遗误。

赣南一带只有巡防队后军四营，兵力甚单，各处匪徒闻风滋扰，异常猖獗。经江臬司会商赣道，飞饬南安、赣州、宁都三处举办团练，以卫地方，业已将办法电禀来省。

闻南康县毁教原因，该县属大窝里地方，某教民因失牛事与乡民肇衅，该教民即捏称该处乡民系属拳匪，往县城天主堂江神甫督办处赴诉。即经江教士请县派巡防后军黄管带寿山带兵前往捕拿，该处乡民亦持械对敌，黄管带中枪阵亡，队兵亦溃。该乱民遂蜂拥入城，将天主堂焚毁，江神甫亦被枪毙。现匪徒愈聚愈多，声势甚为狓猖云。

陆军协统李瑞率带常备军往赣一事，兹悉率带员弁系二营管带董作泉、督队官唐祚桢、执事官何文斌、参军官李光藻。又另一访员函云，建昌府防军一营奉调赴赣，而建郡教堂亦多，尤宜保护。现经营务处派省城巡防中军左营兵丁一营，由杨管带秀元，于二十二日督队起程赴建郡防守。又闻二十一日南赣闭城告急，请速派兵。

南安府致赣抚电　抚藩臬营务处宪钧鉴：本月十八，探闻南康县属大窝里有民教滋闹之谣，卑府及申管带玉衡正在上犹查办神拳，登即派弁侦探，立刻率队驰往弹压。行抵康属朱均馆，据探弁飞报，教民因短价强买耕牛，杀伤平民，致激众怒，鸣锣聚众，与教互斗。洋人开枪，众怒愈甚，藉此煽动拳匪，遂将该处天主教堂焚烧，杀毙洋教士江督力一名，杀伤教民多人，并戕毙赣州派来黄管带寿山、哨弁宋芝瑞、严师贤及兵丁数人等语。遂即兼程前进，及抵大窝里，瞥见乱民约一二万人，均有器械旗帜，齐声呼啸，势将抗拒。自揣勇力太单，恐挫折损威，不敢冒昧从事。除拨勇赴南康保护，并赴赣禀商江署臬司王道外，仍请宪台飞调大兵赴援，以定地方，不胜叩祷。杨令畏葸不前，致酿奇祸，亦乞参办。安郡虽尚平静，而民心亦惶。卑府与申管带即日回郡。卑府隆禀。（二十一日到）

赣州致赣抚电　南昌大帅鉴：大窝里民教仇斗，郡城天主堂被焚各节，均经江道电禀。城内耶稣两堂今被乡民恃众抢拆，江、王两道力主开导解散，亦恐激变之意。奈愚民众多，不服劝导，并敢殴官。现南康危极，郡城外各处亦皆蠢动，势必有匪党主持，恐非大兵强挟不足抵制。应如何调队办法，乞速饬该两道遵照。雁龙。咠。（念一到）

赣州府县致赣抚电　南康大窝里滋事闻信后，赣城人心惶惶。鄢教士已救护回赣到城内天主堂。愚民观看拥挤，卑府等随同镇道亲诣弹压，不知何人掷石，一倡百和，阻挡不住，哄闹愈烈，砖石如雨，卑府县均受微伤。忽见该堂火起，只得退出，幸教士已避至道署，亦未延烧民屋，此外教堂无恙。现在举办团防，城内人心稍定。惟兵力太薄，接左军复电，仅拨三哨来赣，难资震慑。乞速派大兵济急。榕、培同叩。

《时报》光绪三十三年八月二十七日（1907 年 10 月 4 日）

赣南闹教案续志

二十三日南昌函云：南康县教案于本月十三日业已决裂，风声所播，而赣郡拳匪遂亦闻风煽惑，纠众毁教。现南康、赣郡两处拳匪声势俱盛，赣匪十九、二十两日焚毁教堂，二十一日又到处抢劫，所有向来奉教教民之店户，均被抢毁一空。经官兵捕获数十人，即正法数人，并将城门关闭以免袭击。二十二日，有身穿黄衣匪首手执令旗，率带数百人扑攻郡城。比经官兵击退，毙匪数人，生擒一人正法，现正追捕余匪，赣城可保无虞。又闻赣州府关以镛、赣县张学培均因到教堂弹压受伤。南康起事缘由，又闻系某教民勒买乡民耕牛，该乡民赴县禀诉，杨令不准，该乡民又赴教士江督力（江实系义大利人）处泣诉，反被江教士殴辱，因此激变云。

赣州府城内共有英法教堂四处，城外法教堂一处，概被焚毁。乱民现尚聚有二万余人，声势尚为汹汹。省中昨接赣电，驻吉安巡防左军业已到赣。

署南康县杨令寅揆，已由赣道电请撤参，并由赣郡委毛令宗澄往南康县代理篆务。

又二十四日南京函云：三十五标统带萧先胜奉江督端午帅命，统带本标二营赴赣，于二十四日启行，现麇集下关，一俟南琛兵轮一到，即乘之上驶。闻系督辕昨接赣电，谓匪徒蜂起，焚毁教堂，其乱甚剧之故。

《时报》光绪三十三年八月二十八日（1907 年 10 月 5 日）

乐平匪乱要闻

初四日南昌函云：乐平县在逃匪首夏病意，现又在皖赣交界之区纠合大股匪党，于初三日扑攻县城。经该县邹令嘉年派队迎拒，用枪击毙匪甚多。匪用大树作炮，内塞硝磺火药，轰击防勇百余人。该县已闭城待援，电省告急。现闻匪势甚大，百姓喧哗，县城异常危急云。

又闻九江来省常备二标陆军，已奉饬开乐平，定于初六日乘船用小轮拖往。

又另一访员函云：乐平县前于三十年秋间，有绰号混天麻子夏病意，即廷议，纠结徒党，逼胁乡愚，拥众持械入城，放火烧毁衙署、局卡。经前九南道瑞心愚观察督带水陆营勇驰往查办，拿获首要各匪正法外，惟夏病意在逃，悬立重赏，严密踩缉，终未得获。闻日前该匪已经潜回原籍，学习拳棒，招人入会，故猝酿此巨变云。

《时报》光绪三十三年九月十一日（1907年10月17日）

乐平匪乱两志

初六日南昌访函云：乐平逃匪混天麻子现又匿回该县，揭竿起事一节。兹闻该县因兵单，并未派队接仗（昨云伤毙兵勇百人，系属得之传闻，未敢据为确实）。惟因粮食昂贵，无米为炊，民之健者多铤而走险，一时附和，莠民甚众，匪势甚大。经该县迭次电省请兵，大吏以南赣匪乱现尚未静，该县与安徽接壤，人民素称强横，亟应从速扑灭，以免牵动大局。已电请九江镇迅派标营二哨下县剿办，闻尚须续派大兵前往云。

饶州府张太守检现尚在省，因接到乐平匪乱警电，即于初五日乘坐轮船驰往饶州矣（赣河近日秋汛大涨，轮船可以由省直达饶州）。

又另一访函云：乐平著匪夏病意潜回乡间，揭竿创乱，自称混天大王，声势甚炽。该匪用红巾裹首，纠集数百人，于初四晚在离城十里地方用竹结筏，以便水陆进攻县城。经该处防营李管带探悉实情，连夜拔队迎击，相持数时之久，毙匪十余人，并将该匪首枪毙，枭首示众，人心大定，地方已经安谧矣。

《时报》光绪三十三年九月十二日（1907年10月18日）

赣南被闹教堂之调查

赣南此次拳匪之乱被毁教堂多处，现计查明赣州府城内法国天主堂二所，英国耶稣堂二所，城外坪路口法国天主堂一所，南康县城内英法耶稣、天主堂各一所，大窝里法国天主堂一所，崇义县属杨盾寺、聂都墟两处德国福音教租赁民屋、诵经堂各一所，其余公私立学堂及教民房屋被毁不计其数。现均由省中大吏饬令各该处地方官，详细调查损失数目、价值，并将被毁教堂绘图，迅速呈核。

赣州城内耶稣二堂教士马设力、和为贵，自教堂被毁即在道署内暂住避乱。闻该二教士人极和平，此次教堂被毁并不苛求。经江门吾廉访、王逸仙观察与之商酌赔款二千元，为教堂修理及购办器具等项用费，二教士即经允诺并订立合同，以昭凭信。此项交涉即已和平了结云。

《时报》光绪三十三年十月四日（1907年11月9日）

南康县毛令禀查毁教原因

委署南康县毛大令到任后，上台饬令将该县焚毁教堂滋事始末情形查复。现闻其禀复内容，系因本年七月初旬，县属黄金坑乡民王裕配与教民王光海争牛构衅，邀请黄泰盛作中调处。王光海系属理曲，黄泰盛直言褒贬，因而招怨。嗣黄泰盛子侄黄闰辉、黄土狗老者，设坛学习神拳，王光海赴县禀报，彼此各怀仇隙。又因天主教民王鸿波、徐锦均等皆非安分，平日倚教欺压乡民，人多切齿。王鸿波因闻八月十五日焚毁教堂之说，即以大窝里教堂备有枪炮，非杀尽神拳不止，到处大言，人心愈愤。八月十三日，黄泰盛使令工人王卿巴以毁闹教堂为词，至各处鸣锣。十四、十五、十六、十七等日，张毛孜、刘南狗、黄盛泰子侄黄闰辉、黄土狗老连日鸣锣纠众。罗兴发绰号罗火烧天，骑马执刀在场指挥，哄往大窝里，众约数千人。教民开炮对敌，因见人数众多，疑惧逃散，教堂遂被焚毁，共毁教民房屋数十家。现已饬差将滋事各犯全行获案，听候上台核示惩办矣。

附录拳匪名单　扬欢美，已擒斩。钟茂源，已枪毙。陈世祥，已擒斩。赖兴贵，已擒斩。陈行章，已获。钟吉开、朱启文、钟圣谟、钟世昇、陈纯达、黄太盛、廖贤祥、吉艰贞、叶黑吉、李教化、刘南狗、邱黄斑虎、陈国琏、黄泰标、黄珍坑、杨盛友、廖竹乌眼、曹蚁孜、钟国莲、曹益盛、曹毛孜、邱丁报子。

《时报》光绪三十三年十一月三日（1907年12月7日）

雩都县令被殴破头颅之骇闻

闻雩都县黄令因公下乡，竟被该县乡民聚众掷石击破头颅，当由该县令飞禀赣州府派兵前往弹压。未悉究因何事，容续探明详报。

《时报》光绪三十三年十一月二十二日（1907年12月26日）

大庾县教民损失抚恤了结

大庾县属浮江溢、左拔、彭坑三处教民，于去岁八月二十六日被崇义拳匪窜扰焚毁。事后经驻该县教士朱德麟开出损失条款，要求抚恤洋七千余元。经该县陈令守谦派绅查明损失实在确数，与该教士议定酌恤洋二千元，作为了结。业已订立合同，禀报来省矣。

《时报》光绪三十四年一月十六日（1908 年 2 月 17 日）

禀结天主教民损失案

崇义县境内天主教案，经该县谕令邑绅杨哲颖、黄有洪等前往南康，与天主堂司铎安文思和衷商议，共赔抚恤毫洋四万二千毫，折合大洋四千元，作为县境天主教教民被毁、被拆房屋以及损失店铺财货、器具、衣物等件，无论已控未控、已报未报一并了结，公同议定立约。经绅禀复，由县查照原议，与安司铎于三十三年十二月廿八日换立约据，并议定滋事要犯由地方官拿办，与教堂、教民无涉；日后查出教民原失物件，均归官绅变价抵偿挪款，教堂、教民不得过问，亦不得向滋事各犯及犯族追论生事，以期民教永远相安。当经缮议约两纸，盖印签字，以一纸存县，以一纸交安司铎收执。三十三年内先付毫洋五千毫，其余三万七千毫，议俟三十四年春夏二季分限清交，另立期票交执为据。现据刘令昌言将此项议结缘由禀陈各宪察核。

《汇报》光绪三十四年二月十九日（1908 年 3 月 21 日）

督批饬拿南康闹教首犯

江西南康县毛令宗澄具禀江督，略谓去岁八月间，民教构衅，拆毁法国天主教堂，戕害教士、官兵，并杀毙教民，毁抢屋宇、财物一案，现与教士一律赔偿议结，呈请核示。当奉批：仰江西臬司会同洋务局转饬遵照，迅将已获未解之犯提案研讯，录供禀办，一面将在逃首要罗火烧天等悬赏购拿，务获究报。至所称应付第二期洋银一万四千两、洋边三万二千元，款尚无著，拟请转饬赣州官银分号就近挪拨，以便依限应付一节，应饬候抚部院酌核示遵，仍转移赣南道知照。

《汇报》光绪三十四年二月十九日（1908年3月21日）

纪赣民恳免民田改造营垒事

赣省现因办理征兵所需营垒，当道议在进贤门外、离城五里许之白马庙地方，购买民田一千余亩，以资建造。由南昌高大令会员勘量，饬缴原契照给价银，而乡民不允，纠众携同妇女于二月廿五日至抚辕拦舆乞恩求免，以安生命。即经沈护院谕饬巡警总局安置始散。复经沈护院督同司道府县会往进贤门外阅看厚生碾米公司后，往该田地方踏勘。一时乡民聚集千余，围沈抚之舆乞免，以致沈抚异常惊慌，谕饬飞调城内三营兵丁飞往弹压，以致大小文武闻报督队飞往弹压，一面会绅开导，其众始散云。

《时报》光绪三十四年三月二日（1908年4月2日）

安仁县抽收店捐激起罢市*

赣省安仁县属之郑家埠地方，人烟稠密，为市镇繁盛之区。有驻防县丞程仁汉禀奉庆廉访兴办巡警，以资防卫。因抽收店捐，不洽舆情，合镇罢市两日。经当道委员密查，系该县丞苛扰所致。由林方伯于五月初七日牌示，将该县丞撤□，以优贡县丞李鸿墀前往署理，体察地方情形，扩充巡警，以静地方云。

《时报》光绪三十四年五月十五日（1908 年 6 月 13 日）

萍乡仇教原因

萍乡县属前次匪乱虽经剿平，然匪首漏网尚多，因于上月初十日号召徒党群起报复，当场毁堂一所，杀伤教民四人。现沈护抚已饬该县杨大令查明情形，妥慎办理。

《汇报》光绪三十四年六月三日（1908 年 7 月 1 日）

盐斤加价扰民

赣省督销总局自奉七月初一日盐斤加价四文之命，即通饬遵行，各属府县乡村遂大受影响。盐商乘此机会陡抬价值，或百文一斤，或百零八文一斤。省城售盐自七月初一日起，每斤加至八文，故无论贫富皆怨声载道云。

《汇报》光绪三十四年七月十九日（1908 年 8 月 15 日）

抚州学界开会抵制蔗捐

抚州甘蔗行销省城甚广，该郡学界拟抽取此项蔗捐以充学务经费，合计每年可得捐银一千余两。乃水果行主某甲闻之，恐将其利源夺去（甘蔗到省时该行抽行捐，每年共得千余金），爰贿通某县令不准该郡学界所请，并详明提学一律批驳。该郡旅省学界以某令袒浙，阻挠学务，殊与该郡大有关系，同深公愤，业定于本月十五日在城内凌云巷该郡学界总事务处开会，集议抵制之策，已发传单布告周知矣。

《时报》光绪三十四年十月十六日（1908 年 11 月 9 日）

赣省抚州决议蔗捐大会

抚州商民入省售卖甘蔗，向被附近流痞假冒牙行抽收陋规，每年约二三千串。旧冬该府教育会调查员曾与蔗商禀发此事，公议将此款捐入会中兴办学务，林提学已批准，以地方之财办地方之事。正将定案，不意各水果行垂涎此款，纷纷运动，欲在该处领贴设行。南昌令李克鑅因书吏耸恿，为其主持禀详各大吏依议办理。抚州旅省各界人心大抱不平，于本月十五日假坐凌云巷教育分会事务所开全体大会。是日绅学两界到者一百余人，商工界则以大雨倾盆人数众多不能悉到，遂各举代表十余人莅会。十二点钟开会演说，公推副会长谢溥荫君越农（高等学堂教员）为主席，宣布开会宗旨。次由干事员姜旭溟君（汉口《江汉日报》总理）演说甘蔗素不投行之历史，及不能设行抽用之理由，并呈出所拟与当道抗议意见书约七八千言，交众决议，众皆认可。后由书记员程君祝冈演说此款关于抚州教育之前途与旅省全体之名誉，吾辈今日须合大群、出死力以争，众皆鼓掌。蔗商领袖章君亦决议死不投行受若辈之鱼肉，自败公益。是日本拟举定代表入都控告李令，后经众议决以捐事在省，各大吏倘肯转圜，尚非难事，不如仍先禀陈各宪，请示办法。若本省万无转机，然后自以入都为最后一著，于事理上转为周密圆满云。

《时报》光绪三十四年十月二十四日（1908年11月17日）

江西之征银解银问题

赣省各属征收钱粮，每银一两折征钱二千七百八十二文，其奉提赔款学堂练兵经费、司道府县办公费均在其内。现因钱价跌落，州县亏累，经大吏议定，援照江苏征银解银办法，奉请赣省各属亦拟改征银解银带征赔款等项及地方官办公经费等。则此后征银一两，约计农民须多费一千余文。现在农利虽较前为厚，加此重负，将来亏累不言可喻矣。

又云赣省大吏为体恤各属牧令起见，拟援江苏办法征银解银一节，冯抚昨接宁藩来电，以江苏禀请征银解银可望部中核准，遂决意援案禀请，已行司催速上详矣。

按江苏征银解银原奏，已奉部驳，部准之说不知何来也。

《时报》光绪三十四年十二月三日（1908 年 12 月 25 日）

鄱阳县学堂风潮学生星散

江西饶州府鄱阳县高等小学堂全体学生，现因堂长潘学明任用私人，败坏学规，致起风潮，所有全体学生罢课星散。该邑三路绅士，拟即另立学堂，以造就人才。现已禀恳林学使饬准照办矣。

《时报》宣统元年闰二月二十九日（1909 年 4 月 19 日）

九江英捕击毙命案详纪

初七日午刻，有湖口人路经租界闲玩，讵料英捕头撞见，喝令其走。伊不识英语，该捕竟将木棍乱击毙命，复令人抬至城内毛家巷。地保闻知，即报德化县，而邱令不即诣验，饬抬原处。租界洋人不准，后放在火帝庙旁。次晨邱令方验得小腹受木棍截伤一处，围圆一寸五分，斜肠受木棍戳伤，围圆一寸八分，血荫青紫色，右膝受跌伤，围圆一寸，皮破，已填格存案。闻阅书报社及商界均抱不平，拟开商会公论，容探后详。

又云湖口人余发程同周某二人，因事于初六日到九江，住毛家巷周氏试馆。初七午十一点钟，同行至租界，余发程因短视面撞著英总巡捕吗仕（译音），该捕遽以木棍奋击其腰际，登时遭伤而踣，行路者见而哗然。该捕乃遣人就近舁往医院报病，医验视之，以为伤及要害，无可施救。该捕则挥周某购生姜于市，一面以舆抬余发程置于南门外火帝庙之前。及二周至医院询之始知，遂赶至该处，而余发程则已逝矣。周遂具呈德化县请验，延至傍晚，德化县将就验而止，传言明早八点钟乃来。是时突有以柩至者，欲令草草入殓，不知其何自来也。喧传远迩，观者渐多，咸知英捕头因细故而逞凶强，其意尚欲粉赖为路毙，以冀脱逃法外。而县官乃不登时按验，殊非慎重民命之道。一时众情莫不奋激。我国官吏，若不亟与英领事交涉，缉凶究办，殊不足以伸公理也。其详容耳探报。

《时报》宣统元年三月十二日（1909 年 5 月 1 日）

九江英捕毙人案四志

十一日奉九江巡宪文批：湖口县监生周瑞棠禀，此案于本月初七，据德化县邱令锡渊禀报，即经本道照会英领事，将巡捕房行凶洋人先行收禁，一面饬县会同英领事公平审办在案。现据该县验明伤痕，填具格结禀报，兹仰九江府转饬德化县，速即根据法理，照约会商审办，务雪死者之冤，毋得率延。并饬传谕该生等知照，此案有本道及府县主持，该生等务须静候办理，毋得轻举妄动，致碍大局。切切。是日，九江道照会英领事，谓昨据德化县禀，已验得湖口人余发程受伤深重，请将逞凶洋人照约究办，以协邦交。英领事复照九江道，谓湖口人余发程初七日因在租界调戏妇女，被洋巡捕将棍驱逐，伊向染病，故而身死。刻闻九江之水木工人二千数百名，因案未了结，心实不平，遂于是日停工。外面纷纷鼓噪，并集至万寿宫公议，闻同帮各店亦有闭市云。

浔道照会英领事文　为照会事。本年三月初七日酉刻，据湖口县监生周某某报称，雇伙余发程来浔买货，本日午刻在租界游玩，被巡捕房洋人用手提棍连戳两下，登时倒地。该洋人见势不佳，抬至巡捕房内，延医看视，服以药水不效。该洋人即雇中国人抬出租界，行至毛家巷地方，气绝身死，报乞验尸等情到县。据此，德化县因其时天色已晚，未能诣验，即于次日清晨带同仵作亲自验明，余发程小腹左边及左胯等处，均被木棍殴伤，确系因伤殒命。查人命至重，杀人者抵。中国杀人之案，分别是故是斗，拟以斩绞，绑付市曹处决，使众目共睹，以戒人不可轻犯。今巡捕房洋人与华民余发程起衅甚微，殴伤立毙，自应惩办，以儆凶顽，而伸死者之冤。相应照会贵领事，请烦查明，将被控行凶之洋人先行收禁，一面订知会德化县，以便传集人证，会同证明究办。

《时报》宣统元年三月十五日（1909 年 5 月 4 日）

九江英捕毙人案五志

余发程命案，初十日虽经英领事邀同德化县会讯，尚未缉凶究治，而英捕头码仕于十一日竟敢携带眷属，乘坐隆和轮船擅逃。由是人心愈愤，议论纷歧，恐将酿成重大交涉也。

《时报》宣统元年三月十六日（1909 年 5 月 5 日）

九江英捕毙人案六志

十二日突来兵舰三艘，一名陀托瓦，一名也克沙，一名又记。湖口帮闻知，谓系抵御中国计，并悉逞凶洋人已赴上海，愈为鼓噪，笔难尽述。是以九江道文观察即饬德化县会同汪委员承豫，前赴英领事，询及逞凶洋人因何而走，兵船因何而来。领事则曰：兵船游历长江，时常有之，无关交涉。洋人未知因何逃遁，我即电上海总领事扣留，一面照约和平办理，断不致碍邦交。二公可至商会与郑总理妥商，此案有领事主持，众商须无庸惊异。后汪委员赴商会外，即禀道员，由九江道电请江督及上海道转电沪总领事，谓无辜击毙命案，理应照约治罪，尚任其逃逸，是何情理？希扣留饬浔，以息民愤。刻奉回电，曾请前途照约酌办，以固邦交，似各湖口帮不宜妄动，鼓播民情，静候地方官和平妥结，免伤大局。目下尸仍暴露，案亦悬悬而待也。

《时报》宣统元年三月十八日（1909年5月7日）

九江英捕归案讯办*

九江租界英捕码仕，因击毙余发程案，挈眷窃逃，匿迹芜湖，被驻芜英领事查获，已派巡捕押送回浔，归案讯办。（十八日酉刻芜湖专电）

《时报》宣统元年三月十九日（1909年5月8日）

万载县警察之风潮

万载县警察委员管士超，不洽舆论，闻日前警岗尽被商民鼓众毁去。闻其被毁原因，系因警察禁止演戏，如有贿赂即不禁止。商民不服，致酿成此风潮。现该县令将警察被毁缘由掩饰禀报，商民亦将被扰情形赴府禀控，未知大吏若何办理也。

《时报》宣统元年四月三日（1909年5月21日）

九志九江英捕毙人案

余发程案医验之后，又旬日矣。社会静候谈判，仍无实际办法。英领照会浔道之文，尚未探悉。颇闻英领欲以二百银示优恤，完此重案。社会于此惧官场稍与迁就，以为争得一步便是一步，不知外人之有意宕延，伺我间隙，原欲附重就轻。此案办法要以先定码仕罪名为纲，其他皆条目也，不争其纲而就其目，是余发程之冤仍未伸雪也。当事者诚知外交关键与国民目的所在，当不以轻诺曲徇为尽责。商会因于二十八日二句钟复行开会，筹议对付之策。

《时报》宣统元年四月三日（1909 年 5 月 21 日）

为余发程案敬告九江父老

旅浙浔人盛宝同

余发程之案，变出非常，黯无天日。忧时者不尽潸然出涕，为余发程一哭，虽非哭余发程，实哭我九江，而实哭我中国也。今者余发程之尸已剖验矣，且系延美国医士剖验矣，证据确凿，铁案难翻，是英人已处百无一是之地位。乃阅各报载英领照复浔道之文，优闲藐玩，目无中国，且似以延请美医为多事。推其发言之强，用计之巧，无非激成人民之暴动，如稍受影响，即大有转屈为伸之势。惟愿吾九江人民，幸勿堕其计中，宁使我有充分之理，不使彼有一隙之乘，总以力戒暴动为第一对付方法。矧地方官为民请命，大力主持，尚甚静候核办，自有结果之一日，可断言也。独惜地方官与英领只能从余身死一方面驳辩，而不知以双方面之事实为前提。夫所谓巡捕者，只有捕人之责，断无打人之权，人纵因捕而反打，亦仅正当防卫，扭送捕房，禀候裁判官惩办，是为尽巡捕之天职。世界文明各国，同此法理，岂英为文明之最，何独不然！纵使余发程在租界有不法行为，捕之可也，胡能打，打之犹可，胡致死，此第一层之可驳者也。而况余发程行走租界，毫无过失。乃英人谓其跟随洋商妇人窥伺，巡捕用棍轻推，余身体软弱，随自倒地云云（此层并下层，系领事首次复浔道照会）。夫人非病夫，何至软弱若此，即病至软弱，行将就木之时，又安能行路，安有野心，恐古今中外，无是理亦无是事，此第二层之可驳者也。英人又谓该巡捕见其倒地，助抬至医院诊治，该巡捕既未重打，安肯有此举动，尤觉不攻自破，此节三层之可驳者也。至谓延请美医为乱牵混，尤难索解。在国际公法中，固有仲裁裁判之事，此案纯属国际私法，请美医，盖请其验尸，非请其裁判也。譬如有染疑难病症者，本国医未能诊治，断无阻其转请外国医之理，而医士即伤言伤，犹医士之即病言病，既非徇情，又非舞弊，此第四层之可驳者也。何地方官吏皆不出此？总之，我国现在未能收回领事裁判权，故外人对于我国，有强权无公理。差幸此次九江人民尚不暴动，尤望坚忍到底，环求长官据约力争，执理辩护，以求达为死者昭雪之目的而后已。亦明知九江非无真知灼见之俦，无俟鄙人之喋喋，但鄙人亦九江一分子，身寄他乡，心怀桑梓，深恐山有猛兽，林木且难利用；园有螯虫，葵藿竟尔抛荒。九江诸子，幸垂察焉。

《时报》宣统元年四月四日（1909年5月22日）

赣省调查户口风潮续闻

赣省各属因调查户口，迭起风潮，已纪前报。现闻崇仁县乡民，因抚郡营兵到县，不敢抵抗，已一律解散。抚州府范守亦已到县，会绅先为觉导，续得调查户口实数，以免阻碍宪政。

丰城县闻亦因调查户口，人民造谣，聚众抗阻，致酿重大风潮，商店均各罢市。一日，该县令赵骏飞请附近防营到县弹压，风潮始平。

省垣现在调查户口，下流社会亦起种种谣言，而妇女尤为惊疑。幸风气渐开，明白事理者多，得免风潮云。

《时报》宣统元年六月十七日（1909年8月2日）

丰城县查户之大风潮

丰城县前因调查户口，乡民妄听各种谣言，聚众滋事。当经省城派巡防队□哨、内河水师炮船数艘，前往弹压，风潮渐平。闻因接续调查户口，乡民造谣愈甚，现聚集男妇数千，与官为难，风潮剧烈异常。赣抚接到该县赵令警电，即于二十日派南昌城守都司王德升，督带绿营兵八十名，携带快枪通码驰往镇慑矣。

《时报》宣统元年六月二十六日（1909 年 8 月 11 日）

丰城县之民变

丰城县因调查户口，乡民惑于谣言，聚众抗阻。乃该县赵令骏并不善为解散，深居城内，一任弁兵胥差下乡滋扰，致激众怒。该县把总李仕焕被大浇黄姓殴伤，该令即目为匪族，电省请兵剿办。当经省中迭派巡防水师绿营下乡弹压，乡民被扰不堪，甚有全族逃匿者。闻该令愈使其严酷手段，致惹起全县人民之反抗，并有围城欲得该令甘心之说。该令又以兵单张大其词，仓皇电省请派大兵。闻赣抚颇不以该令办理为然，业派员前往该县查办；因恐风潮愈酿愈大，初四日又加派巡防队一营，驰往镇慑。该邑地方蹂躏之情形，不堪闻问矣。

《时报》宣统元年七月十一日（1909 年 8 月 26 日）

丰城查户风潮之平静

丰城县查户风潮，现闻业已平静。所有户口册，亦经县令以兵力镇慑调查竣事。调往该县水陆营兵，均已次第回防矣。

《时报》宣统元年七月十八日（1909 年 9 月 2 日）

宜春民变续纪

宜春县绅借学苛捐，激成民变。闻民情愤激愈深，大有不甘之势。袁州府周太守，因郡城兵力单薄，巡防营管带哨弁均已受伤，而外间谣言纷纷，异常恐惧，电省告急，日有数起。闻冯抚在浔得电，已电饬吉安巡防左路统领袁坦，带兵前往剿办，并电刘藩札委知府承恩，驰往该郡确查滋事真相。该郡来省考试优拔之士子，因闻乱信，亦多买棹驰返者云。

袁州府周守致省电　初四、五日郡城被围，屡派官绅开导，乡民百端要挟，必欲进城毁学杀绅。初六日乡民进逼城下，炮声四起，围攻西北门，城守营不敢迎击，严行守御。午后哨官受伤，轰开城门，营兵始出追击，夺获军械多件。现仍重围，城外必有匪党在内煽惑，势甚危急，乞调兵救援。

萍乡县杨令致省电　郡城乡民聚数千，重围四日，文报不通。初三、初六两日，开枪互击多次，兵民均有重伤。屡派侦探前往，一未回报。

又闻现因会匪煽惑，附和日多，已成决裂之势，但该郡兵单绝粮，飞电告急。当由兵备处电派吉安袁统领督兵两哨，就近驰往剿办。惟冯中丞自九江行辕电，以顷据周守鱼电，宜春情形甚急，城中兵单粮绝，乞大兵救援等因，飞饬兵备处，速派巡防前路一营刘管带清泰，督率中佐两哨，即于初十午间起行，水陆并进，赶赴宜春，听候袁统调遣矣。

《时报》宣统元年八月十六日（1909 年 9 月 29 日）

宜春民变三纪

袁州府告急电　南昌抚藩兵备处各宪钧鉴：支、鱼两电不知到否。会匪勾结乡民，四路要截，文报不通，粮绝兵单，郡城危急。乞飞速调左路大兵，星夜来袁救援。知府邦翰禀。阳。

巡防营管带张国梁电　南昌抚宪兵备处宪钧鉴：袁郡闭城多日，乱民四路截杀，文报不通，城中食乏，势甚危急。闻有匪徒勾结，事恐愈酿愈大，兵单难支。除已电禀两次外，特再电闻。梁叩。

《时报》宣统元年八月十七日（1909 年 9 月 30 日）

宜春民变四纪

宜春县民变，闻其原因，系有广西漏网游匪布满三湘，由浏阳、醴陵等县灌输袁州府属各县，散放票布，勾结党羽。现值宜春北乡乡民固苦绅士借学苛捐，该匪党即煽惑滋事，自初六日攻城不开，即四路裹胁，如不从者，即行围杀，以故附从日众，声势浩大。现闻吉安巡防统领袁坦接奉抚电，已于初十日督带防兵一营，就近驰剿，已有电禀来省。赣抚初接该府警电，以系民变，必无大事，仅电调驻萍乡巡防兵两棚到府防守，嗣闻有匪勾结，即由省城、吉安两处添派营队驰剿。又以临江、樟树一带接近该府地方，兵力单薄，特派内河水师加拨炮船，前往驻防，以壮声援。

《时报》宣统元年八月十八日（1909 年 10 月 1 日）

宜春民变五纪

激变之原因　袁州府学务经费素称充足，凡禀报开办学堂，从未提及筹捐之事。乃现任该府周守邦翰，与陆绅绍明等，竟私借办学为名，抽取各乡米捐。各乡民以食为天，纷纷聚议反对。本月初二日，首由北乡发难，聚众数百人，入城跪香，要求免捐。周守因闻乡民有聚众之谣言，异常恐惧，即派巡防营管带张国梁，带兵驻防城外，乡民被阻不得入城，颇为哗然。适值宜春县令张善禄丁忧去任，无人出而劝散。该守又惧不敢出，并不派能员正绅出面开导，反传地甲里正入署，责令解散，拘拿为首之人惩办。乡民闻之尤哗，坚欲入城，久持不退。张管带即率兵队先开空枪一排，尚未吓退，遂上子弹轰击，一时枪林弹雨，血肉纷飞，乡民伤亡无算，而民愤愈深矣。

管带之滥杀　驻扎袁州巡防左路管带张国梁，因平日并无军事，无可邀功，此次竟不嫌居戎首，目民为匪，开枪乱击。乡民自初二日受创后，聚众愈多，乃于初三日持械攻城，张管带又开枪轰击，乡民伤之愈多。该郡乡民素有蛮悍之名，虽受巨创，散而复聚，初六日复又攻城。张管带因见乡民人众，又电调驻萍乡防营两棚到郡助战。闻三次开枪，乡民死伤不下数百之多。周守、张管带自初二酿变起，至初七日始有电到省，仅云兵民互战，管带、哨弁、兵丁受伤，乡民之死伤则一字不提，并借口有匪勾结，为耸听邀功之地步。现巡防左路统领袁坦已带大兵往剿，乡民之血尚不知流几许也。

匪党之勾结　袁州府属各县，与湖南壤地相接，素为会匪出没之区。自宜春北乡乡民酿变，各乡均愤官兵滥杀，附从日众。闻有匪党勾结，希冀起事，以故围城多日，并四路裹胁，以壮声势，乡民之愚，殊可怜矣。

官绅之攻讦　宜春民变酿事之后，周守自知咎重难辞，以苛捐之罪诿之于绅，电禀省宪，有乡民欲入城毁学杀绅等语。现该绅士张绍明等，亦以该守苛捐激变，管带乱杀邀功，请即撤换惩办，以抒民怒等语电禀省宪。此亦一是非，彼亦一是非，未知大吏如何处之矣。

《时报》宣统元年八月十九日（1909年10月2日）

宜春民变五志

江西宜春之乱，近日尤众，势焰猛烈，直同叛逆。城中危险，处处堪虞。事既如此，非可解散所能了事，附城民情异常惶恐，迁避亦多。虽经调兵六哨先后到宜，尚不敷剿办之需。该府县警电交驰，坚请大兵，以保地方而免巨案。冯抚阅电，颇形焦灼，转商熟悉军务之刘雨山方伯、兵备处总办张子蔚观察，决议即派巡防队统领杨观察会康督队，于十三日午后起程，星驰赴宜查看情形，斟酌剿办。惟此案事关围城之乱，冯抚已将乱事大概情形电恳军机处代奏矣。

复于十四日接到该府电禀，擒获匪首一人，余均闻兵将到，畏死窜散。所有乱民，经官绅遵将冯中丞电谕查明学堂苛捐条例，勒碑示禁，并一面奏革此案祸首丁忧在籍福建优贡知县卢元弼功名，一面严拿讯办，以快人心，宣言解散，乡民始行贴服，纷纷散归。业已开城，百货流通，地方安堵如常。现在官兵设法拿办附和，预备清乡，并派兵驻扎宜、萍交界地方，撤回未到之兵矣。

《时报》宣统元年八月二十一日（1909 年 10 月 4 日）

江西袁州府周、宜春县吴禀上宪文

（为宜民不服解散乞调大兵救援事）

敬禀者：窃照八月初三、初四两日，宜春北乡士民，因抽捐学款反对，聚众来城滋事，并知府等劝阻不准进城，互伤兵民，及请将劣绅、签分福建优贡知县卢元弼奏参革职拿办各情形，业经详禀宪鉴。自初三日击退之后，访闻该乡民等拥众在距城十余里之枫林、杨家山等村，停住不散，因此城门随时紧闭。初五日已刻，易绅子谷来署，面称竭力传谕劝导，该乡民一味逞强不听，往复至再，不能定议，必欲进城毁堂，杀尽学界绅首而后已。维时驻扎萍乡城内之第八营左右两哨，先后抵郡，知府即派正副哨弁各带四棚，分守东南大小北门四处，西门更为吃重，由第七营张管带担任防守。探得北路乡民有将萍乡县派送公文进省之勇一名捉去，捆吊不放，又有在杨家山隙地打灶扎棚情事，意在久抗，均未知其虚实。揭得粘贴，察看语气，仇视学界，非伊朝夕。知府会集文武商议，城内兵力尚单，安敢轻于举动，抽队出城追捕。特是城内粮食缺乏，最为可虑，铺户商民储有粮食者，又受乡民传单挟制，如敢出售，进城抢害，即谕以官府保护，率皆饰词推托。于是议开官仓积谷接济。知县德禄知官谷平时侵亏甚巨，且复众口同声，未经出议。

初六日辰刻，知府正会集文武商议解散良法，遣易绅子谷出城劝谕，返署代为邀免各项捐款，免究首先纠众主犯，而城外旗帜张天，炮声震地，乡民已四通城下。文武登陴守御，知府察看情形，势甚汹汹。随即出示诰诫兵勇不得鲁莽，胁从良民，即速散归，倘敢负隅抗拒，即属乱民，断难稍事姑容，毋贻后悔。讵持至午刻，竟敢来攻西北两门，炮声隆隆不绝，西门旋被轰开，十余人拥进月城。知府同在城楼，始令第七营兵队开枪，击毙首先抬炮进城各犯。小北门虽未攻破，该兵等同时开枪还击，随各退散。东南大北三门，炮声亦绝，当在西门拿获炮械多件。如此情同叛逆，果是真正乡民，何至胆大若此，深恐其中必有匪类乘间勾结思逞。但河北设有统税分局，铺户居民亦居多数，未闻被该乡民丝毫侵犯滋扰，又似无匪混杂，故仍不敢抽队开城出击，以城内教堂、衙署、仓库、钱粮、数万生民，无一不关紧要，知府等亦不肯稍涉玩视，不得不闭关谨守，以待外援。此初五、初六两日遣绅劝解不听，乡民胆大攻城，固守之实在情形也。

初六晚即发鱼电，无人敢往。探得四路乡民，凡遇往来人等带有公文信件，概须搜检，以及军火米粮，截留不准进城，并邮政信局亦均不敢开班，岂非欲绝一城之生命。知府等复发阳电，禀乞速调大兵救援。两次送电者，俱经挑选壮健之人，给以重资，切嘱将电底密藏身畔，绕道先后赴萍，迄今该差等尚未回郡，不知已未上达钧览。

知县德禄，系暂代人员，无力赔累，且诸事呼应不灵。查得前署县张令善禄，虽已以礼去官，亦有应尽之义务。知府邦翰委令帮同知县德禄，邀集城绅况勤学等，决议提取仓谷接济。现在会绅开办，约计粮食一项，数日内可保无虞。

现该乡民等不惟不即散归，复集多人，在距城东北西等门外数里之遥，竖旗屯众，开炮恫吓，谣诼纷来。知府等无法可施，惟当持之以恒，镇之以静，保守城社，为唯一之宗旨。仰恳大人俯准迅速飞调左路大兵，就近星夜来袁救援，不胜激切盼祷之至。再，府县两署刑事民事，目前不遑兼顾，并乞宪恩展限半个月，俟此案办妥再行核办，合并声请。余容续禀。

《时报》宣统元年八月二十七日（1909 年 10 月 10 日）

宜春苛捐激变之守令撤任

宜春苛捐民变一节，迭详前报。现喻绅兆蕃自萍乡来省面禀冯抚，以袁州府周守邦翰、代宜春县吴令德禄激变情状，当由刘藩牌示撤任。除宜春徐令已往接篆，另委余守长春前往接署矣。

《时报》宣统元年九月三日（1909 年 10 月 16 日）

南昌县拘押学员大动公愤

赣省筷子巷地方，吉安府有公业一所，邻近大清银行。现该行总办黎道经诰欲扩充行地，谕令南昌县郑令辅东向该府管理首士购买。闻该首士刘念慈（系河南候补佐杂，现在该省法政学堂充当学员）等，以系公业，又现在该郡留学东洋学生全恃此项租资以充学费，不允售卖。郑令即用野蛮手段，派差在法政学堂门首，俟刘念慈到堂上课时，即将刘拘扭到县，勒令写契。刘仍不允，遂发押班房。该郡学界闻之大动公愤，于十一日在百花洲沈公祠开大会，联名数百人，向抚藩学臬各署上控矣。

以现在预备立宪、谘议开局之时代，首县竟敢徇情，滥用威权，则外属之黑暗，更可想而知。呜呼，立宪云乎哉！

《时报》宣统元年九月十八日（1909 年 10 月 31 日）

靖安县罢市风潮起灭之原因

南昌府属靖安县禁烟委员家丁某某等，终日在外借端滋扰，商民甚为不平。日前妄指某店私开烟室，肆行入内搜查，需索不遂，竟将该店有孕之妇踢受重伤。合县商民因官袒护该家丁，大动公愤，全境一律罢市。县令余嘉珍适因事赴省，闻信驰返，劝令各商店开市，允将委员禀撤、家丁严惩云。

《时报》宣统元年十月一日（1909 年 11 月 13 日）

不上课专待瓜分

江西高等农业学堂学生，现因接到新嘉坡函云，日人有瓜分中国之志，以致大动公愤，停止不上日本教员之讲堂。虽由林提学分请学堂监督力为开导，未审能否无事也。

《时报》宣统元年十月六日（1909 年 11 月 18 日）

江西统领杨观察会康禀查办宜春乡民闹捐滋事文

敬禀者：窃宜春乡民闹捐一案，业经职道于初三日会议，酌拟善后办法十八条，当发支电禀请宪示在案。现在与议各绅均已认可，刊刷宣布，俟十一日文昌大会各乡绅耆齐集，即可定议实行。第观目前情形，大局似已定妥，然内容困难，则有不敢壅于上闻者。谨就疑虑所及，为我宪台砚缕陈之。

查宜绅新旧两党，势成水火，其积衅之由，已于晋电密陈，无庸赘述。此次乡图滋事，本由隅厢传单而起，实即贡生易子谷，附生徐贞、周元，革生周协中阴主其事。当围城时，周守请易子谷等前往劝解，乱众具呈九条，要求出示，浑称各乡图保，并无主名。其第三条内开油、米、麦、豆、布匹、纸炭以及百项土产，不得抽收一文以充学款。第六条又云各乡各村蒙学堂苛派勒捐尤难枚举，恳饬一律停办。揣其用意，是无论何项捐款，何处学堂，统须停止。此种破坏主义，岂能委曲迁就。乃周守因围困多日，急于解散，一概照允给示，并准勒碑永禁。自以为一时权宜，仍可设法转移，而乡愚得势，咸谓从此学堂可以不办，捐款从此可以永停，以致拆毁学堂之案同时并出。近闻民间仍执定府县出示不再抽捐之志，牢不可破。

此次职道所拟善后条款，其宗旨在剔除苛细杂捐，凡筹有的款者，自应仍旧抽收，与周守前示各条，不免两歧。此议一定，即当列款晓谕，恐乡愚闻知，仍不免造谣生事，致阻成议，此所谓困难者一也。

至新旧党之交恶，非一朝夕之故，是非曲直，原可无庸深究，然其患气所乘，于学界大受影响。易子谷等挟从前屏斥之嫌（易与徐贞、周元，均为阮故令所屏弃，周协中亦阮令所革拿者，闻皆卢元弼为之内主），久思伺隙寻仇，推翻新党，以快其私。兹则目的已达，方思牵引党类，以图规复权利。而四乡旧学之向管宾兴乐泮公款者，近因各乡兴办蒙小学堂，业已提充经费，一闻此变，其表面虽处于旁观，而利欲熏心，均不无死灰复燃之想。一旦兴学提款，仍复旧观，恐所欲未遂，不免暗中阻滞，煽动乡愚，复生种种障碍。新党卢元弼等把持新政，勒派苛捐，支销浮滥，予人口实，被祸固由自取。然闻其中热心公益，办事切实者，亦自有人。值此筹备立宪之日，地方庶政均赖开通绅士相助为理，兹乃一概推倒，同冒不韪，致使已然者见而寒心，未然者闻而裹足，从此群情涣散，何以备自治之基础。顷闻新党中人，鉴于前车，均不愿出办新学之势〔事〕，一并有拟将旧党煽众毁学情形赴部控诉之说。此后两党积怨，愈久俞深，则新政前途，何由期其发达，此所谓困难者二也。

有此两难，又不敢因难自阻，则欲为排难解纷之地，不得不筹通权达变之方。职道窃以为公可以服人，惟法可以靖乱。此次新旧交哄，无非为利而动，但使岁入岁出均有常经，额支活支不相紊乱，则当局既无从染指，旁观又何自生心。现在调查大同局、劝学所、教育会、工艺院及官小学等处每年进出数目，详细填列表格，可减者若干，可裁者若干，彻底澄清，重加厘订，俾旧党不至视为利薮，妄生觊觎；而新党亦晓然于前此糜费太多，以致受人指摘。过此以往，该地方官若能循照办理，切实稽查，则新旧两党当可逐渐融洽，化除畛域。至各项捐数，亦经分别大宗、零星两类，酌量停留，若有为公益所系，仍应旧贯，若者为厉民之条，应予裁免，实已权衡至当，毫无偏徇。将来刊布晓谕，倘乡愚仍执府县示谕不再抽捐之说，会图聚众复谋抵抗，则是阻挠新政，扰乱治安，冥顽不灵，实为法所不宥，一经访查得实，惟有派队严拿，讯明惩办。固不敢操切张皇致酿变故，亦不敢优柔姑息贻误事机。此又职道于两难之中筹所以结案办法也。

再，近闻善和乡一带，有抗不交犯缴械之说。职道已饬新旧任张、徐两令传谕该乡族房长等，详细开导，俟善后就绪，即当带队前往，威以兵力。设该乡聚众持械抗拒，应请准予格杀勿论。又隅厢会图传单，实为此案祸首，除易、徐、二周等阳为解散，姑从宽免外，其分赴各乡煽唆各犯，现已确得主名，自应查拿讯办。倘易、徐等不因利于己，出面干预，或暗中唆使，致滋别故，自不能稍事姑容，应即指名详革惩处，以儆刁风。以上各节，是否允当，理合禀请宪台电示遵行。

《时报》宣统元年十月十四日（1909 年 11 月 26 日）

赣省学界之大风潮

赣省医学堂学生，因【与】该堂教习王若宜（东洋千叶学堂医学生，学部考试医科举人）、王若俨（东洋千叶学堂医学生，学部考试医科进士）二昆仲教授不合，前因事冲突，致启风潮，现在停课已将月余，该堂监督熊元□已知难引退。冯抚、林学均以二王昆仲系留学新贵之士，不敢撤退，由林提学照会谢绅佩贤接充该堂监督，将为首之学生二十一名开除，全班学生愈加不服，于初二日假百花洲开全省学界大会。是日各堂学生均派代表到会，计会集人数不下五百余人，当议由各堂学生共结一团体，务须要求【易换】王昆仲二教员，如大吏不允易换教员，各堂全行罢课，以为要挟；并举代表数人，赴教育总会，责问会长，并不维持，殊为失职。因正会长喻兆蕃已返萍乡县，当由副会长欧阳述邀同医学堂监督谢佩贤、初级师范监督刘凤起等，往谒冯抚，商酌调停办法，以免酿成绝大风潮。拟教员暂不更换，学生亦不开除，俟明岁另聘教员，学生之不堪造就者，亦可革退云云。

讵冯抚以学生动辄聚众，嚣风断不可长，现在以要挟撤换教员，将来连本院亦可要挟换撤等语，各绅因之大碰钉子。各学堂学生闻信，初二日下午，已有数堂罢课。初三日，适值崇上皇太后徽号，休假一天，高等学堂、优级师范学堂、初级师范学堂、模范中学、洪都中学各堂学生，议定次日实行罢课。初四日，该堂等学生，遂均不上课。至其如何结果，容俟续报。

《时报》宣统元年十一月十二日（1909年12月24日）

饥民纷出之惨状

鄂省灾民，现因乞食四出逃荒，由九江来赣省者，络绎不绝，携男扶妇，啼饥号寒，惨不忍睹。而赣省各属凡与鄂连境者，均有灾民成群结队而来，并有取道赣州前往粤东者，而江北近亦有大队灾民来浔逃荒者。其困苦流离之惨境，殊大可悲矣。

《时报》宣统元年十二月十八日（1910年1月28日）

赣省禁烟抢米之风潮

赣省大吏，因各属种烟地亩尚多未拔除，前已委员分赴各县调查禁种。闻吉安府属之永新县，种烟最盛，乡民恃此为生。现值烟苗收浆之际，该县盛令时赓因恐委员据实查报，深惧上台督责，即带兵亲往各乡勒令拔除。西乡十四五六七八九等都乡民因惧官威，多即拔去。惟十二都萧、刘、尹三姓，族大人多，闻知此事，以官夺其生，乃鸣锣聚众，驱逐乡征粮局，声称拔苗便不完粮。盛令又会营前往恐吓，乡民死拒不退，盛令愤极，遂电省请飞饬吉安袁统领添兵助办。幸冯抚以民生为念，颇不以盛令为然，飞电切责，否则袁兵亦到该县，乡民恐无孑遗矣。其电录下：

（上略）盛令等电悉。愚民何知，烟苗收浆在即，绝其生计，亦殊可悯。本部院于正月间再三谆饬，固虑及此。地方官办事迟缓，既未能劝导于布种之前，又不能拔除于发苗之始，致烦兵力，已觉骚扰。仍邀集该都绅董剀切劝谕，十室之邑必有忠信，有能恪遵功令者，酌予奖励；其实在贫苦者，姑准收割一次，俾资生活，惟必须勒令出具以后永不再种切结，以杜将来。其十四五六七八九等都一律拔尽，必有晓事绅董相助办理，酌择尤禀请奖励。时事多艰，首以固结民心为本，是所望于良有司也云云。

广信府属之玉山县，栽烟地亩亦盛。乡民现奉县官示谕拔除，咸以种植之先并未禁止，现值收获乃欲拔除，心甚不甘，一次之收成，关于一岁之生计，亦相率聚众抵抗。该县令因见乡民声势汹汹，当飞禀广信府，请派巡防队下县弹压。该府关守当电省请示，已由冯抚电饬妥为解散劝导，不得以兵力骚扰云。

抚州府乡民抢米之风潮，现闻该郡乡民，因谣传官吏须严办滋事之人，仍聚不散。嗣因愈聚愈众，不下万人，该府李守深恐风潮酿大，当会绅极力解散。并闻该郡米价自滋闹之后，已稍平减云。

临江府属樟树镇及新喻县，现均有聚众抢毁米店之事，惟风潮未酿成抚州之重大云。

九江府现因米价奇昂，已由官绅会办平粜。而湖口县绅民，因贫苦小民无力自养，颇有抢米之谣，当禀恳县令电省，拨款贩谷平粜。已奉冯抚复准，暂由九江赈米拨用五千担，以资平粜。

吉安府米谷极廉，现亦因奸商贩运囤积，价值奇昂。乡民虽聚众把守河干，以为自保之计，凡有米谷下河者，概行抢劫。该郡绅士已禀县请求开仓平粜，并严禁米店涨价居奇云。

并闻赣省各属因米贵闹荒者甚多，各属乡民均自行禁阻出境。惟奸商囤积居奇，最为大患，地方官如能从严罚办一二，则风潮不禁而自止矣。

《时报》宣统二年四月三日（1910年5月11日）

江西测绘学堂之风潮

赣省测绘学堂自总办陈道旋枢败坏堂规、侵蚀公款之后，迭起风潮。业经冯抚札委吴道庆焘接充总办，查明陈道侵蚀公款，以为参办之根据。吴道碍于情面，未能立时据实禀复，而到堂认真整理，将二、三、四班学生分别归并讲堂，以节公费。一般教员多系陈道私人，暗使学生均不服从，大起风潮，捣毁讲桌，纷纷停课，势将解散，似此腐败现状已达极点。冯抚闻报大为震怒，以此事系陈道祸根所致，谕派南昌府武太守玉润为行政裁判官，于念二日由府传询该堂提调、会计王庆璋等，根询陈道侵蚀巨款一案，始得侵蚀一万余金之事，声复冯抚核示严办。惟该学堂学生风潮日久，尚未上课。当道以腐败之学生现在会议，预备命令以为解散。此事实以陈道为罪魁也。

该堂原有二、三、四班学生，惟二班学生三十余人，三班九十余人。新任总办吴道庆焘以天时渐热，三班讲堂太小，令该两班互相将讲堂迁调。二班学生不肯，以三班讲堂光线不足、制细图不易为辞。吴总办因初次发一道命令而学生竟不遵行，颇发牢骚，赴院请假，已三四日不到学堂。复由兵备处派许、钟两帮办到堂演说缓劝，而二班学生亦不允。三月念四日，兵备处总办张道季煜特到该堂，并随带陆军警察队官张某、排长王某，又警兵二十人，拟用强硬勒令迁让。不意二班学生固不服从，加之三、四班学生谓用警兵来压制，大不以人格相待为词，一唱百和，欲打警兵。尚有一无意识之王排长行礼作揖，丑态百出，众学生一轰而上，经该堂吴、魏两班长以身抵抗，王始脱逃，否则将不堪设想矣。张总办见此情形，知非强硬可以压服者，藉故而去，陆军警察人等遂各鸟散。现在该堂闹得沸反盈天，不知作何收局也。

《时报》宣统三年三月二十九日（1911年4月27日）

赣省重床叠架之加捐

赣省捐税几如牛毛，已无一物不征税抽捐，工商疲敝，实业退化，已达极点。富者渐贫，贫者极贫，失业游民日多一日。而理财家乃因库款窘迫之故，又于重征苛税之下，议加新捐，如房捐、木税、布、糖、土酒、米、谷、杂货及各种奢侈品捐之类，前曾经刘藩提出议案，被谘议局否决。现闻行政官厅以经济困难，意欲实行。此后吾民之担负愈重，生计愈难矣。

《时报》宣统三年五月五日（1911 年 6 月 1 日）

江西抚州抢米案详记

抚州府城，于五月二十六日，因米价陡然飞涨，民不聊生，致闹绝大风潮，其原因甚为复杂，兹备记如下：

（一）商会之营私

抚州商会总董郑子经，曾禀奉李守给发护照，至所属六县籴谷三万四千石，来城开办平粜。讵郑利欲熏心，徇各商之请，私将谷三万四千石转运省城、景德镇等处，高价售卖，以致谷市一空，价值益昂。

（二）米铺之居奇

市米既少，各铺益复居奇。每米一升，由六十文涨至七十文升斗。小民异常惶骇，乃聚集数百人，拥至县署，求平米价。

（三）县令之酿变

临川县倪令老而猾，见贫民蜂拥至署，乃出面谕众民，以米贵归罪于绅士，允为出示平定米价，每升定价五十文，并令众民持大堂所悬之锣，赴市鸣锣，宣布于各米商。当时倪令盖急欲遣散民，故众要求一一允从，而不知民势因之而益张矣。

（四）首士之激变

积谷首士杨吉甫，刻薄成家，积资巨万。贫民从县署出，倪令乃召各积谷首士计议平粜。杨争执每升定价六十文，嗣经众决定每三升一百七十五文，因杨囤谷千余石，意恐定价过低，已受亏损也。当各首士入署时，贫民数百人尾其后，知所定每米三升钱一百七十五文乃杨所争执，群焉大怒，直拥至其家，将所储之谷及衣服、器具、墙壁等捣毁殆尽。自午至酉，人以四五千计，前者未出后者复入，府县都司等弹压无效，并有数百人追寻杨氏父子，欲得而甘心焉。同时城外各米铺亦抢夺一空。人心惶惶，朝不保夕。翌日大卖积谷，每米一升定价五十文，风潮遂寝。此案发生由杨自取者半，由官放纵者亦半。该地方官绅先为预防，不抬价不激变，则抚州本为产米之区，即河道不禁，民食亦敷，嗷嗷数千人所抢为杨氏一家，所闹惟二十六一日，此以见人心之公，而地方官绅之罪不容诛也。

《时报》宣统三年六月十二日（1911年7月7日）

赣荒之愁云惨雾

食为民天，古人恒言。赣省近年以来，米谷流出太多，毫无限制，价值之昂，已增极度。去岁冯抚鉴于湘乱，已禁米出口，市价尚未臻平。乃商务总会因徇商之请，借口谷贱伤农，呈请弛禁，适中冯抚之怀，立时批准，于是内地各属陈红积谷，莫不为之一空。际此青黄不接，各属又偏灾时闻，乃陡现饥荒之状态，而冯抚与商务总会遂为众怨之府，人人嗟怨叹恨，亦可见官吏与奸商之无心肝矣。兹将各属因荒滋事情形，撮录于左，亦足见赣省民食恐荒之一斑也。

抚州府　抚州府为赣省产米最盛之地，近因销路既畅，来源已稀，各米商遂垄断居奇，米价每石骤增至七八千文，为从来所未有。民情异常惶惑，五月下旬，陡集数千人，将各米店打抢数十家，与去春酿事风潮前后同辙，亦地方之不幸也。现闻商务分会会长出面维持，碾谷平粜，风潮渐就平静云。

建昌府　建昌府出产亦以米谷为大宗，乃因自治会各绅放米谷船出口，而该郡巨绅饶士端（现充该府北盐局督销）霸揹积谷，不允平粜。民心积愤已深，亦于上月下旬聚众七八千人，将饶绅盐局自治员吴某（即受贿私放把持平粜之劣绅）之家打毁一空，并拥往建昌府、南城县二署大堂滋闹，公案已毁，势甚汹涌。当经府县公同正绅出面，允许立时开仓减价平粜，始得解散。事后南城县令胡濬奉饶绅之命，拘拿为首八人，重笞数千板，腥红满地，闻者无不心惨，而饶绅并借此招募扩勇一百名，亦可见该郡官绅之无人心矣。

南昌县　省垣米价极昂，小民谋生异常困难。近城乡镇尚无滋事之事，稍远僻之镇乡，则遏粜抢谷之风潮络绎不绝。现值早稻将次登场，大水骤至，低洼田亩概遭浸没，亦可见天公酷我民之甚矣。

新昌县　瑞州府各属亦产米谷之地，近因搬运已空，闹荒之事不一而足。闻新昌县棠山镇，繁盛之市镇也，共计铺户不下一二百家，现因某土豪囤谷数千担，垄断居奇，乡民因不得食，聚众一二千人打抢一空。一时市面震动，合镇罢市。当由县派防兵百名前往弹压，尚不知如何了结也。

乐安县　抚州府属乐安县，现在米谷奇昂，官绅议办平粜，半月之久，尚未议决。人民顿生觖望，因闻抚州抢米之事，亦群起思动，日前陡集数千人，拥至县署滋闹，并将大堂损毁。经绅士允即开仓，始息风潮。

永新县　吉安府属抢米闹荒之事，已迭有所闻。而永新县风潮稍大，闻系痞徒借口米贵，聚众打抢米店十数家。现尚不知如何措置也。

兴国县　赣州府各属均已开办平粜，略见平静，惟兴国县布置稍缓，风潮顿起。旋由官绅极力维持，开仓平粜，并严禁米店抬价居奇，风潮始已。

大水灾　总观以上各属滋事现象，未遇凶年已现如此之荒象，民生困苦可谓极矣。乃天胡此醉，近日又陡遭一最悲之惨剧，所谓章贡双流泛溢不已，加以江水骤涨，倒灌鄱湖，自九江以上饶州、南昌等府属低乡田亩村镇，概被浸没。灾情之巨，为近年所无，以致米谷价值闻风迭涨。现值早谷登场，谷价仍有增无已。来日方长，小民生计尚不知何若也。

善后　赣省米价向日极廉，自贩运出口遂达最高之值。二三月间即由自治会禀请禁口，乃冯抚贪此微末之税款，悍然不顾。现因各属滋事警告频来，始异常危惧，乃颁六月朔日禁口之电，并通电各属实行平粜，并令官绅劝捐储存积谷，而事已无及矣。

《时报》宣统三年六月十五日（1911年7月10日）